Die verkaufte Bildung

Ingrid Lohmann · Rainer Rilling (Hrsg.)

Die verkaufte Bildung

Kritik und Kontroversen zur Kommerzialisierung von Schule, Weiterbildung, Erziehung und Wissenschaft

Leske + Budrich, Opladen 2002

Gedruckt mit Unterstützung der Rosa Luxemburg Stiftung

Gedruckt auf säurefreiem und alterungsbeständigem Papier.

Die Deutsche Bibliothek – CIP-Einheitsaufnahme
Ein Titeldatensatz für die Publikation ist bei
Der Deutschen Bibliothek erhältlich

ISBN 3-8100-3348-0

© 2002 Leske + Budrich, Opladen

Das Werk einschließlich aller seiner Teile ist urheberrechtlich geschützt. Jede Verwertung außerhalb der engen Grenzen des Urheberrechtsgesetzes ist ohne Zustimmung des Verlages unzulässig und strafbar. Das gilt insbesondere für Vervielfältigungen, Übersetzungen, Mikroverfilmungen und die Einspeicherung und Verarbeitung in elektronischen Systemen.

Satz: Leske + Budrich, Opladen
Druck: DruckPartner Rübelmann, Hemsbach
Printed in Germany

Inhalt

Einleitung 9

Umbau der Bildung in der Wissensgesellschaft

Nico Hirtt
The ‚Millennium Round' and the Liberalisation of the
Education Market 15

Peter J. Weber
Technisierung und Marktorientierung von Bildung in Europa 29

Michael Wimmer
Bildungsruinen in der Wissensgesellschaft – Anmerkungen zum
Diskurs über die Zukunft der Bildung 45

Dieter Kirchhöfer
Neue Lernkulturen im Spannungsfeld von staatlicher, öffentlicher
und privater Verantwortung 69

Schule und Sozialarbeit zwischen Deregulierung und neuen Gestaltungschancen

Ingrid Lohmann
After Neoliberalism – Können nationale Bildungssysteme den
‚freien Markt' überleben? 89

Richard Hatcher
Schools Under New Labour – Getting Down to Business 109

Gita Steiner-Khamsi
School Choice – wer profitiert, wer verliert? 133

Ingrid Gogolin
Sprachlich-kulturelle Differenz und Chancengleichheit –
(un)versöhnlich in staatlichen Bildungssystemen? 153

Klaus Klemm
Über einige entscheidende Differenzen des Sachverständigenrats-
Gutachtens zu Milton Friedmans Modell der *School Vouchers* 169

Peter Paul Cieslik
Schulsponsoring 177

Martina Schmerr
Sponsoring an allgemeinbildenden Schulen – Erfahrungen,
Probleme, Handlungsmöglichkeiten 189

Horst Bethge
Ökonomisierung im Bildungsbereich – Privatisierung und
Deregulierung am Beispiel Hamburgs 207

Ralf Dermietzel
Die Ökonomisierung der Sozialarbeit 217

Gunnar Heinsohn, Otto Steiger
Wirtschaft, Schule und Universität:
Nachfrage-Angebot-Beziehungen im Erzieher-Zögling-Verhältnis 231

**Privatisierung und Marktorientierung in Universität
und Weiterbildung**

Hannelore Bastian
‚Markt' und ‚Dienstleistung' in der öffentlichen Weiterbildung –
Volkshochschulen im Umbruch 247

Mechthild Bayer
Weiterbildungspolitik heute – Modernisierung wohin? 261

Jürgen Lüthje
Privatisierung des Bildungsbereichs – Reflexion angesichts der
Erfahrungen an der Universität Hamburg 273

Inhalt

Martin Bennhold
Die Bertelsmann Stiftung, das CHE und die Hochschulreform:
Politik der ‚Reformen' als Politik der Unterwerfung 279

Alternativen für den Zugang zu Wissen und Informationen

Rainer Rilling
Virale Eigentumsmuster – Über einige Anfechtungen der
Hegemonie des Privateigentums 303

Hans Jürgen Krysmanski
Cyber-Genossenschaften oder: Die Assoziation freier Produzenten 315

Michael Schenk
Erfahrungen mit einer Genossenschaft –
Das Beispiel *ISP Service eG* 329

Stefan Meretz
„GNU/Linux ist nichts wert – und das ist gut so!"
Kampf ums Eigentum im Computerzeitalter 333

Über die Autorinnen und Autoren 351

Einleitung

Der vorliegende Band versammelt die Beiträge der Konferenz *Die Privatisierung des Bildungsbereichs – Eigentum und Wertschöpfung in der Wissensgesellschaft*, die im Juni 2000 an der Universität Hamburg stattfand (Organisation: Ingrid Lohmann, Rainer Rilling), sowie die des Symposiums *„Entlassen wir Schulen und Hochschulen in die Freiheit" – Neoliberalisierung, Privatisierung, Abschaffung öffentlicher Bildung: Globale und regionale Trends* (Organisation: Ingrid Gogolin, Ingrid Lohmann) auf dem 17. Kongreß der Deutschen Gesellschaft für Erziehungswissenschaft im September 2000 in Göttingen. In beiden Veranstaltungen standen Fragen der Privatisierung und Kommerzialisierung im Bildungsbereich im Zentrum. Es war daher naheliegend, die Beiträge in einem Band zu versammeln, gemeinsam mit weiteren Artikeln, die zusätzliche Aspekte der Thematik beleuchten. Wir danken den Autorinnen und Autoren, die sie uns zur Verfügung gestellt haben, sehr herzlich. Unser Dank gilt außerdem der Rosa Luxemburg Stiftung für die Unterstützung der Drucklegung, Alexander-Martin Sardina für die Aufbereitung des Manuskripts und Edmund Budrich für die Aufnahme des Buchs ins Programm des Verlages.

Im November 1997 hielt der damalige Bundespräsident Herzog seine erste, Aufsehen erregende *Bildungsrede*. Sie schloss mit den Worten „Entlassen wir Schulen und Hochschulen in die Freiheit". Herzog forderte eine nationale Debatte über die Zukunft des Bildungswesens; es gelte, dessen Effizienz zu stärken. Inzwischen sind die Rahmenbedingungen für die geforderte *Effizienzsteigerung* der Schulen, die *Profilierung* der Hochschulen im *Wettbewerb* und ihre Entlassung *aus der bürokratischen Fremdsteuerung* sichtbar: Fast zwei Jahrzehnte neoliberalistischer Politik haben *leere Staatskassen* hinterlassen; Schul- und Universitätsleitungen sind gezwungen, sich um Sponsoren zu bemühen, die Kinder und Jugendliche als Konsumenten gewinnen wollen; die Werbewirtschaft zieht in die Bildungs- und Wissenschaftsinstitutionen ein; Einrichtungen der Weiterbildung sind gehalten, ihre Adressaten als *Kunden* anzusprechen, und in der Jugendhilfe wird die Zustimmung zu oder Verweigerung von Hilfemaßnahmen von einer *Budgetierung* abhängig gemacht, deren Festsetzung betriebswirtschaftlichen Kriterien folgt, nicht denen des Bedarfs.

Begleitet von einer zunehmenden Polarisierung zwischen Arm und Reich schreitet die Kommerzialisierung und Privatisierung des öffentlichen Sektors voran. *Bildung* gehört zu den am raschesten expandierenden Märkten, in prosperierenden Staaten ebenso wie in den ärmsten. Alternative Modelle der Bildungsfinanzierung werden derzeit weltweit kontrovers diskutiert und vom wachsenden Interesse der internationalen Finanzmärkte an der Erschließung dieser neuen Märkte durchformt (vgl. dazu Berliner 2001; Radtke/Weiß 2000). Gibt es in dem vielbeschworenen *Sog der Globalisierung* noch Raum für Konzepte wie Emanzipation, Mündigkeit, Chancengleichheit, Interkulturalität, Verteilungsgerechtigkeit, Demokratie, Selbstbestimmung, Gemeinsinn? Oder sind sie inzwischen obsolet, überholt von *Standort*-orientierten Maßgaben für die Transformation der öffentlichen Einrichtungen in *for-profit*-Unternehmen? Ebenso steht in Frage, welche Rolle hierin die Entwicklung der Informations- und Kommunikationstechnologien spielt. Während die IuK-Technologien auf der einen Seite die technologische Basis für neuartige kulturelle und ökonomische Interaktionsformen bieten, bringen sie unter dem Diktat eines kapitalverwertungsgetriebenen Ökonomismus auf der anderen Seite gigantische Medienkonzerne und eine neue Schicht von Superreichen mit hervor, die die Weiterentwicklung dieser Technologien vollständig zu kontrollieren trachten (Müller 2001, Hamann 2001, Wall 2001).

Längst haben in diesem Prozeß die bisherigen Akteure einer staatlich-öffentlichen Steuerung von Bildung, Wissenschaft und Technologie – Bundes- und Länderparlamente, Regierungen – ihre Lenkungskompetenzen an supranationale Organisationen wie OECD, WTO, EU, IWF und Weltbank sowie an transnationale Konzerne und ihre Stiftungen (Bertelsmann, VW, Siemens-Nixdorf) abgetreten. Und obgleich das Wirken keines dieser Gebilde mit den klassischen Mitteln bürgerlich-westlicher Demokratien kontrollierbar ist, werden die Proteste so genannter Globalisierungsgegner gegen eine Steuerung der Weltwirtschaft, die aus den Verhandlungen und *agreements* der supranationalen Organisationen erwächst, in den nationalen Öffentlichkeiten kriminalisiert, ohne dass diese ihrerseits sich gewillt oder in der Lage zeigten, demokratisch legitimierte Steuerungskompetenz wiederzugewinnen.

Der Band greift also in aktuelle Diskussionen ein, für die es fast täglich neue Anlässe gibt. Dies macht die theoretische Analyse und Interpretation nicht gerade einfach, und schon das von uns insoweit umrissene Szenarium wird nicht bei allen seinen Autorinnen und Autoren ungeteilte

Einleitung

Zustimmung finden. Die Versammlung von kontroversen Beiträgen erscheint uns angesichts dessen als die geeignetste Form der Weiterentwicklung einer Theorie der bezeichneten Transformationsprozesse: Wir wollen Anstöße für das Zusammendenken von Entwicklungen in Bildung und Erziehung, Technologie und Wissenschaft geben, die zusammen gedacht und kontrovers diskutiert werden müssen, wenn Perspektiven generiert werden sollen, die zum Entstehen neuer Gestaltungsformen beitragen könnten. Wenn auch das, was an den gegenwärtigen Entwicklungen als Problem gesehen, und das, was als mögliche Lösung skizziert wird, sich in den einzelnen Artikeln neben zahlreichen Übereinstimmungen und wechselseitigen Ergänzungen zum Teil sehr gegensätzlich darstellt: *Diese Absicht immerhin, neue Wege politischer Gestaltung zu finden, ist allen Beiträgen dieses Bandes gemeinsam.*

Literatur

Berliner, D.C.: Education and Business: Incompatible Views About Education in the United States. Parallelvortrag auf dem 17. Kongress der Deutschen Gesellschaft für Erziehungswissenschaft, September 2000 in Göttingen. Tbp in: F. Achtenhagen, I. Gogolin (Hrsg.): Bildung und Erziehung in Übergangsgesellschaften. Opladen 2001.

Hamann, G.: Beam me up, Gütersloh! Bertelsmann-Chef will einen globalen Konzern schaffen. In: Die Zeit Nr. 27 vom 28. Juni 2001, S. 17.

Müller, W.: Killermaschinen ohne Seele. Ein Jahr nach der Anti-Trust-Entscheidung gegen Microsoft. In: Freitag Nr. 24 vom 8. Juni 2001, S. 6.

Radtke, F.-O./Weiß, M. (Hrsg): Schulautonomie, Wohlfahrtsstaat und Chancengleichheit. Opladen 2000.

Wall, B.: In 2001, The Rich Kept Getting Richer. In: International Herald Tribune, June 16-17 2001, http://www.uni-muenster.de/PeaCon/global-texte/rich2000.htm (im Juni 2001).

Umbau der Bildung in der Wissensgesellschaft

Nico Hirtt

The 'Millennium Round' and the Liberalisation of the Education Market

From November 30th to December 3rd, the representatives of the 134 member countries of the World Trade Organisation (WTO) met in Seattle for the 1999 ministerial conference. Tear gas, preventative arrests, and curfews solved nothing. The ministerial negotiations of the WTO, which were to open the way to the *Millennium Round*, have inexorably stumbled over the exacerbation of international competition. Is the globalised world already too small for the wolves which circle it? The defenders of public schooling should not be too quick to rejoice: In the shelter of the Geneva citadel of the WTO, far from the fires and the cameras of Seattle, the gurus of the free market will continue their work. The idea of the Millennium Round is far from being abandoned. One by one, the barriers to international free trade, including in education services, will continue to fall. The absence of immediate agreement on a renegotiation of trade in services does not mean that the market is going to slow down its conquest of the education sector. The framework of the existing agreement on the liberalisation of trade in services (GATS) already offers plenty of opportunities. It will be a case of everyone for themselves, but what does it matter to the prey to be shared out by private contract or fought over by its predators?

Two interests join together around the question of the liberalisation of education. On the one hand, the businesses traditionally active in the educational domain or in the related sectors – Multimedia; information and communicational technology; publishing etc. – see in a liberalisation of the school the means of conquering new and juicy markets: Global expenditure in education has risen, let us not forget, to more than $1,000 billion per year. On the other hand, the employers estimate that an educational system liberated from the control of the state, structured into autonomous and competing entities, will adapt more spontaneously and more quickly to the changing demands of the economy and of technological change. That is why, for some 15 years now, the employers' voices, increasingly numerous and more powerful, are raised to demand the deregulation of education. Marketisation from the point of view of direct profit, deregulation to form a productive workforce: These are the two aspects, closely tied together, of the present liberalisation of education. This double movement is in its turn sustained by two powerful catalysts: The introduction of new information and communication technologies in schools, and the spending restrictions operating in public education budgets.

A Market in Full Flow

A short time ago, the education market was still largely confined to the level of Higher Education. Among the four types of business services provided in the classification of the WTO – consumption abroad, commercial presence, cross-border supply and supply of individuals – it is the first which is still today largely dominant in the education market, essentially under the form of the pursuit of higher studies abroad. This market estimated at $ 27 billion on a world scale for 1995 is dominated by the United States, followed by France, Germany, and the United Kingdom. In 1995, the United States sold $ 7 billion worth of university education, which already makes education the fifth most important sector of export of services (WTO 1998). But little by little other forms of business are beginning to develop in the domain of education: The sale of distance courses on the internet or by information technology ('provision of cross-border services'), the opening of private educational institutions controlled by foreign companies ('commercial presence'), and eventually calling on foreign teachers ('the supply of individuals').

The University of California Los Angeles (UCLA) has been one of the first to offer 50 complete courses on the Internet, reaching students in 44 American States and eight foreign countries. The other Universities have not been long in following this development. In Europe, the University of Oxford has done so since 1998, launching in its turn a programme of fee-paying education on the Internet. The first courses proposed are in medicine, informatics, and history. Oxford has received, to help this operation succeed, important funds provided by Microsoft. Furthermore, some private companies such as Jones International, which are not tied to the traditional universities, have launched themselves in their turn into this adventure.

Initiated in university education, the movement is beginning to extend itself in the direction of secondary education and even elementary schooling. Fee-paying internet sites, like that of *e-Education*, which are becoming more and more numerous, offer to replace the public school or

The 'Millenium Round' and the Liberalisation of the Education Market 17

the traditional private schools. Encouraged by the increase in violence in the schools, 'home schooling' is undergoing a revival in the United States. More than a million American children are officially enrolled in this sector, and certain sources talk even of two million. But more and more often, it is not the mother who takes the role of teacher, it is the PC screen, in return for a payment of $ 2,250 per year (Zehr 1998). Also, in the United States the 'educational and commercial' television channel *Channel One* offers to supply schools with audio-visual equipment (satellite aerials, televisions, and video recorders). In exchange, the teachers must make their pupils watch the *Channel One* programmes, interspersed with advertisements, every day (GMV-Conseil 1998).

The Weights of Information and Communications Technology and the Budget

We can see that the transformation of education into a market service is closely tied to the development of information and communication technologies (ICT). As Mike Moore, the Director General of the WTO, noted:

„There are technical reasons for the acceleration of trade in services, especially in the area of information technology. In large part, it was the prospect of electronic transmission of services on a big scale which started policy makers thinking that we must have multilateral rules. An ever increasing range of essentially local services was transformed into internationally tradable products: Financial and business services, and education and health services are cases in point." (Moore 1999c)

In fact, the educational justification for the introduction of computers and the Internet in the classroom resembles more and more a simple alibi designed to camouflage the commercial stakes which are of the highest importance. There is, first of all, the immense direct market in machines and software. Since the French education minister Claude Allegre announced his intention to invest 15 billion Francs in order to hook up all the French schools to the Internet, the employers' daily paper *Les Echos* has not hidden its joy: „It's an immense building-site which has opened up there in which everyone can hope to have his share of the cake." (Les Echos, 15 January 1998) But equally, the entry of information technology into the school constitutes a formidable means of stimulating indirectly the markets in informatics, multimedia, educational software, and telecommunications. Millions of children spend a few hours a week initiating themselves in the joys of the mouse and surfing the Internet, and they all are potential clients for the industry. Questioned about the motives of his company's investment in educational information technology, Alain Falck, director of the *Business, Education and Research division* of Microsoft France, frankly says: „On the one hand, it is a market in itself; on the other hand, we think that it will have a catalyst effect. Our objective is to impose as widely as possible our Windows platform." (Les Echos, 15 January 1998) The European Commission equally recognises that one of the main functions of its action plan *Learning in the Information Society* is „to attain more rapidly a sufficient number of users and to pump-prime the construction of a real European education multimedia market." (European Commission 1996)

But the economic issue which is most important lies in the longer term. The initiation of young people into information and communication technologies will enable the stimulation of life long distance learning, so the workers of tomorrow will be able to qualify themselves at their own expense during their free time. This will be of great benefit to the employers, as well as to the providers of distance learning. The examples quoted above also show that to the pressure of technology that of the cuts in the financing of education must be added. The budgetary difficulties have in fact led numerous countries to reduce their expenditure on education or braking its growth. At the end of the 1970s, most of the industrialised countries had reached a level of expenditure on public education of around 7 per cent of their GDP. In the course of the last 20 years, this level has generally fallen to around 5.5 per cent or even less (with some notable exceptions particularly in the Scandinavian countries; OECD 1998). This signifies that the means allocated to public education are being reduced in relation to the evolution of the wealth of our societies. To put it simple: School buildings are more dilapidated than other buildings, the teachers are less well-paid than equivalent workers in the private sector, teaching materials in the schools are out of date compared to current standards.

The consequences are well known. States delegate control of austerity to the lower levels by augmenting their 'financial autonomy'. The reduced budgets encourage the replacement of teachers by computers and educational software. The lack of resources forces the schools to resort to commercial sponsorship while stimulating competition and adaptation to the demands of the market. Finally the lowering of the quality of public education encourages parents to seek alternative forms of learning: Private schools, educational CD-ROMs, books, distance learning on the Internet. To sum it up, everything comes together to stimulate the double movement of the marketisation *and* deregulation of education.

The Aims of the WTO

In 1994, the majority of countries which founded the WTO in 1995 concluded a first general agreement on the liberalisation of services (GATS). Education featured there explicitly, among eleven other sub-sectors. To remain outside this agreement the education system of a country had to be totally financed and administered by the state in a non-commercial perspective. But there are very few education systems which correspond to this profile. The majority of them permit private schools, whether subsidised or not, and come now within the field of application of the GATS.

These agreements constituted at the same time a general framework and an agenda aimed at progressively liberalising services. This agenda anticipated re-launching negotiations on the trade in services before the beginning of the year 2000, in the framework of the Millennium Round. Education will still be a question for the WTO in the coming three years. We must note straight away that it is not necessary to see the word 'education' figuring on the agenda of a negotiation for education to be effectively involved in it. Many insist in fact that the agreements which must be concluded in the framework of the trade in services, must be horizontal agreements that is to say agreements which concern all the sub-sectors. This is particularly what is demanded by the very powerful Coalition of Service Industries (CSI), the American lobby of service industries. On the other hand certain subjects on the order of the day of the Millennium Round constitute essential markers in the perspective of the liberalisation of the education market: Freedom of publication and sale on the Internet, guarantees in matters of transactions at a distance, the protection of intellectual property, the opening of public markets, etc. The projects most specifically 'educational', such as guarantees concerning the international recognition of qualifications, will follow rapidly (they are already being worked on: The European Commission has a project of computerised 'personal skills cards', which will one day replace national diplomas).

From 1999 on, on the demand of the Council for Trade in Services and in preparation for the Millennium Round, the Secretariat of the WTO has been constituting a working group charged with studying the perspectives for an increased liberalisation of education. In its report this group insists on the „crucial role of education in fostering economic growth" (WTO 1998). It is a reminder that the liberalisation of education is not only profitable for the industries of that sector, but that it also aims at deregulating education in order to better adapt it to the demands of *all* the employers. Furthermore, the working group underlines the development of distance learning, „a very dynamic area, benefiting from the development of new information and communications technologies." It welcomes the multiplication of partnerships between educational institutions and companies (such as the Western Governors University, founded by 17 governors of American States with the collaboration of companies like IBM, AT&T, Cisco, Microsoft, and Thompson International). The report also rejoices at the growing deregulation of the European education sector (above all in higher education), congratulating the authorities of the United Kingdom which since the 1980s have undertaken „a movement away from public financing, and towards greater market responsiveness, coupled with an increasing openness to alternative financing mechanisms" (WTO 1998). Finally, the working group lists the barriers which must be removed in order to liberalise the trade in educational services, for example the absence of „standards for professional training", the „measures limiting direct investment by foreign education providers", or „the existence of government monopolies and high subsidisation of local institutions" (WTO 1998). As Martin Khor remarks in *Le Monde Diplomatique,*

„at the WTO, as at the GATT, the creation of a working group is never innocent: powerfully driven by the bureaucracy of the Organisation, it sets a wheel in motion which quickly draws behind it the participating governments. Very quickly the question is no longer one of knowing if one is for or against the objectives announced in its title, but how to attain these objectives" (Khor 1997).

The USA as Pioneer

The United States controls 16 per cent of the world market in services. In 10 years time, their exports of services have more than doubled, which has permitted them to compensate 42 per cent of the deficit in their trade in goods. In particular, they are the leading exporter of educational services in the world. That makes them particularly attentive to the progress of liberalisation of these markets.

On October 16, 1998, 350 specialists in international trade in services, of whom 170 were business people, met at the Department of Commerce in Washington, D.C., to formulate their recommendations for the attention of the American negotiators at the WTO. This conference, entitled *Services 2000,* was sponsored by the Commerce, Service Industries, and Finance Unit and by the US Coalition of Service Industries. In his introductory speech, Michael J. Copps, Assistant Secretary for Trade Development at the US Department of Commerce, promised to „renew efforts to strengthen framework rules and national commitments on market access for services", concluding that „the US government must continue to support the efforts of American business to take competitive advantage in foreign markets" (US Department of Commerce 1998).

In the course of this conference, one working group particularly focused on education and training services. In its conclusion it notes that this sector „needs the same degree of transparency, transferability and interchangeability, mutual recognition and freedom from undue regulation or restraints and barriers that the United States acknowledges on behalf of other service industries" (US Department of Commerce 1998). The group insists on three points at the centre of the WTO negotiations concerning education: Firstly, the free circulation of electronic information and the means of communication. „Distance learning via electronic means (television, radio, fax, electronic mail, the Internet) is the most rapidly growing method of education and training provision in the global economy." That is why „the special needs of education and training providers include the unfettered access of providers to national communications networks; the free access of local citizens, corporations and organisations to the Internet and other electronic communications access points" (US Department of Commerce 1998). Secondly, the negotiators must attack the „barriers and other restrictions that limit or prevent the provision of educational and training services across countries and internationally." Thirdly, and finally, it is necessary to eliminate the 'barriers and other restrictions that prevent certification of the quality, acceptability and transferability of educational credentials such as degrees, diplomas, certificates, credits, continuing education units, and other measures of successful service delivery" (US Department of Commerce 1998).

These were the positions the US delegation during the WTO negotiations. On the occasion of a speech delivered on September 28, 1999, before the Council on Foreign Relations in Washington, Mike Moore, Director General of the WTO, addressed himself to the American leaders: „It's hard sometimes to be American because you are asked to lead and then accused of bullying when you do. But we need your leadership and your vision. [...] When America leads and defines an inclusive global vision, the world can prosper" (Moore 1999b).

The Positions of the Asia-Pacific Economic Cooperation Zone

The radical US position is far from being isolated. The Australian delegation to the WTO proposes that „in order to achieve the maximum possible amount of liberalisation and growth in trade in services, ministers should decide that the negotiations will cover all 12 services sectors and all four modes of supply. As a matter of principle, no sector shall be excluded from the negotiations" (WTO 1999). Before that the Australian delegation had already indicated that it „will be encouraging all members to make expanded commitments in all sectors, even the ones that have proved difficulties in both regional and multilateral services negotiations." Among these sectors the Australian delegation signals its „particular interest" in those „in which preliminary comments from Australian companies indicate we have a particular interest (environmental, education, and distribution)" (WTO 1998).

Among the United States allies is also South Korea. For the meeting of the 'ministers of human resources' of Asia-Pacific Economic Cooperation (APEC) 1997 in Seoul, Korean officials published a working paper which could not be clearer. It begins by affirming loudly and clearly its instrumental vision of education in the service of economic competition: „The emphasis on education for itself or an education for the good of members of the community without a big emphasis on preparation for future work is no longer appropriate. Such a dichotomous view of education and work cannot be justified in a world where economic development is emphasised." However, the Korean report notes, „at present in many economies the education systems do not sufficiently reflect the labour market conditions. Their inflexible and inefficient education systems are not able to meet the challenges of the new economic environment. The workers under such inflexible and inefficient education systems cannot meet the demands of industries and labour markets." It is therefore necessary to make education more 'flexible', in particular „school systems should be established to allow all students to study what they are interested in" and „employers, with school educators, should share the role of educating students" (APEC 1997).

The proceeding year the negotiators of APEC, meeting in Manila, had already come to an agreement „on the need for providing better opportunities for cross-member investment in the delivery of educational services and skills training" (APEC 1996). One could question the relevance of developments in the Asia-Pacific region for us in Europe, but as David Small, professor of education at the University of Canterbury, notes: „APEC is seen and has been used as an effective mechanism to ratchet up moves towards free trade made in other forums" (Small 1998).

The United States versus Europe?

Does the desire to liberalise education services risk coming up against other countries, especially European, which are said to be rather more attached to their public services? The official position of the European Union says nothing about education: The word does not appear either in the communication of the Commission to the Council concerning Seattle, nor in the final resolution of the Council of October 1999. There is no doubt that it is a question of a compromise between, on the one hand, the German and British positions – rather favourable to a certain liberalisation in education – and on the other hand, the 'Latin' position, led by the French, which is officially rather unfavourable to this liberalisation. In fact, in the report on the preparation of the ministerial conference of the WTO, edited by Beatrice Marre in the name of the French National Assembly, the positions do seem clear: „The future negotiations of the WTO will not put into question, in France, the foundations of the public services of health or education" (Marre 1999).

But the 'education' group of the US forum S*ervices 2000* had already anticipated this opposition and formulated the following directive addressed to the American negotiators at the WTO: „Under no circumstances should education and training be viewed as a marginal or 'throwaway' component of international commercial negotiations which can be sacrificed in order to achieve other objectives or to accommodate other countries" (US Department of Commerce 1998). No question therefore of retreating before the concerns which will certainly be formulated by countries which are too attached to their centralised education systems. „It is likely that other countries, especially members of and applicants for membership in the European Union, may take the view that education and training are non-commercial activities and therefore should be off the table during GATS negotiations. This position reflects their self interest as competitors and the weight of traditional cultural attitudes on the part of their academic and civil service community. It should be resisted." (ibid.)

Here, the representatives of the US interests in the education market unveil an often misunderstood aspect of the French position. France is, as a matter of fact, number two in the world in the export of educational services. A year ago, the French group *Vivendi* took control, through its subsidiary *Havas*, of the US educational and leisure software company *Cendant Software*. So the French 'resistance' to liberalisation is in the first place probably a defense of their monopoly-position in the French-speaking world education market.

Anyway, the French resistance should not be too difficult to break. In her report, Beatrice Marre is obliged to recognise the weakness of the position of her country. The 'French conception' of education as a public service „must in fact take account of another imperative: the freedom of education." The first article of the preceding agreement on trade in services concluded in Marrakech certainly excludes from its field of application the services provided in the exercise of governmental power. But in France, as in the majority of the industrialised countries, there coexist alongside the public education service private organisations providing similar services. Under these conditions, Marre can hardly sustain that no market services exist in France – in the sense of the Marrakech accord – in the sectors of education and health.

Break the Resistance

Since the official resistance of France will without doubt be purely formal, it is at the base, in the unions, where the disquiet grows today. The biggest world federation of public education unions, the Education International (EI), estimates that the Millennium Round „points towards an increased subordination of education systems to the requirements of private companies – and to the spate of privatisation and deregulatory measures this process entails. [...] Public education is increasingly being targeted by predatory and powerful entrepreneurial interests. The latter are aiming at nothing less than its dismantling by subjecting it to international competition" (Education International 1999). The EI underlines the „harmful consequences" which can follow the liberalisation of education: Growth of dependence on the outside, acculturation disrupted by the use of a foreign language in education, tendency for the homogenisation of education and an erosion of sovereignty. The EI also fears the negative impact of the liberalisation of the international business of education on the quality and provision of education services in the developing countries: „Is the idea of placing national education systems in a competitive situation, not tantamount to selling out the education systems in the weakest countries to a handful of large transnational corporations?" (ibid.)

For the EI, the generalisation of the use of new information and communication technologies in education „must now be analysed in the light of the growing pressure towards the liberalisation of trade in services" (ibid.). The EI estimates that in this new context it will be much more difficult to put these technologies at the service of the majority rather than for the benefit of private interests. The danger „of ending up with a 'mechanised' uniform education system" (ibid.) is real. The EI appeals to the vigilance of the unions in the public sector and in particular in education. The promoters of the Millennium Round are evidently conscious of this opposition. Speaking on September 28th before the Council on Foreign Relations in Washington, Mike Moore, Director General of the WTO, launched an appeal „to the supporters of the system, those that see and live its benefits, to take an active role in supporting governments as they work to preserve and strengthen the multilateral trading system" (Moore 1999b). The same appeal was reiterated before a meeting of European employers in Berlin (Moore 1999c; cf. Feketekuty 1998).

Pressure Groups

Other forces are at work in the shade. Based on the initiative of the US company Jones International Ltd, 'specialists in the on-line education industry', an international association has been set up under the title 'Global Alliance for Transnational Education' (GATE). Among the members of the alliance, one finds numerous multinational companies including IBM and Coca Cola. The principal action of GATE consists in comparing the content of diplomas and national certificates, with the aim of providing employers with guarantees in the matter of the competences of the workforce engaged or trained abroad. But GATE is also a powerful lobby which works for the liberalisation of education services and which enjoys the attention of leading members of international organisations, especially at the WTO. Its president, Glenn R. Jones, points out that

„the potential for education is staggering. In addition to quality of life issues, the market potential is one of the largest on the planet [...]. Virtually ignored at the beginning of this decade, investment and research firms now have analysts tracking private education offerings, mergers and acquisitions, including Salomon Smith Barney, NationsBanc, Montgomery Securities, Barrington Research, Hambrecht & Quist, the World Bank, and more than a dozen others." (Jones 1998)

According to GATE, it is impossible for the public authorities to finance the continuing growth of the consumption of education and training. Between 1985 and 1992, the number of students in tertiary education rose from 58.6 million to 73.7 million, an increase of 26 per cent. But during the same period the growth of public spending on education was only 0.2 per cent of the Gross Domestic Product of the countries. For the lobby, that is the key argument in favour of the marketisation of education. „From an entrepreneur's viewpoint," explains Glenn R. Jones, „here is one of the world's largest and fastest growing markets in which the existing players are not responding to customer demands." As a result, „the private training and adult learning industry is predicted to continue to grow at double-digit rates well into the next decade, reaching $ 50 billion annually by 2010" (Jones 1998). According to the head of GATE there is „no rationality at all" in choosing to exclude education from economic competition. Furthermore, whatever this rationality might be, „an entrepreneur knows that in the marketplace consumers will say who cares – just fulfil my needs." And if they don't get it from one source they will get it from another." For all these reasons, „entrepreneurs see education as an attractive large market entry opportunity" (ibid.).

Each year, the GATE association organises a large world conference to promote its ideas. At the Melbourne conference, the theme was „Access or Exclusion: Trade in Transnational Education Services." It was essentially about attacking all limitations on the trade in education services. Among the main speakers of this conference, jointly organised by UNESCO and the OECD, was Dale Honeck, member of the 'Trade in services' division of the WTO.

Bibliography

APEC: Meeting of APEC Human Resource Development Ministers, Manila, 11 January 1996.

APEC: The provisional themes for the 2nd APEC Human Resources Development ministerial meeting, Seoul, 1997, http://www.vcn.bc.ca/ed8resea/korean1.html (May 2001).

Education International: The WTO and the Millennium Round: What is at stake for Public Education, Questions for Debate, Number 2, May 1999, http://www.ei-ie.org/educ/english/eedQD2_may99.htm (May 2001).

European Commission: Apprendre dans la societe de l'information, Plan d'action pour une initiative européenne dans l'éducation (1996-98) Communication au Parlement européen et au Conseil au Comité Economique et Social et au Comité des Régions, Brussels, 1996

European Commission: Approche de l'UE en vue du cycle du millénaire, 1999

Feketekuty, G.: A framework for global trade in services. In: Department of Commerce, Results of SERVICES 2000, A Conference and Dialogue on Global Policy Developments and US Business, 16 October 1998, http://www.ita.doc.gov/sif/2kfullreport.htm (May 2001).

GMV Conseil: Marketing in schools, October 1998, http://europa.eu.int/comm/dgs/health_consumer/library/surveys/sur03_en.html (May 2001).

Jones, G. R.: Address given to GATE Conference, Paris, 30 September 1998, http://www.edugate.org/conference_papers/gate_address.html (May 2001).

Khor, M.: L'OMC, fer de lance des transnationales. Un gouvernement mondial dans l'ombre. In: Le Monde Diplomatique – May 1997, http://www.monde-diplomatique.fr/1997/05/KHOR/8161.html (May 2001).

Marre, B.: Rapport d'information déposé par la délégation de l'Assemblée Nationale pour l'Union Européenne sur la préparation de la conférence ministérielle de l'OMC à Seattle, le 30 septembre 1999, http://www.assemblee-nationale.fr/2/sae/rap-info/i1824.pdf (May 2001).

Moore, M.: Seattle: What's at Stake?, Transatlantic Business Dialogue, Berlin, 29 October 1999 (a), http://www.wto.org/wto/english/news_e/spmm_e/spmm13_e.htm (May 2001).

Moore, M.: Challenges for the global trading system in the new millennium, WTO, 28 September 1999 (b), http://www.wto.org/wto/english/news_e/spmm_e/spmm08_e.htm (May 2001).

Moore, M.: The future of international trade in services, World Trade Organization at The Third Debis Services Conference, Berlin, 21 September 1999 (c), http://www.wto.org/wto/english/news_e/spmm_e/spmm06_e.htm (May 2001).

OECD, Education at a glance, Paris 1998.

Small, D.: From the Colombo Plan to the APEC Process: Education and the Transformation of New Zealand's Regional Relationships, (1998) http://www.apec.gen.nz/NZ_Educ_.htm (May 2001).

U.S. Department of Commerce: Results of SERVICES 2000, A Conference and Dialogue on Global Policy Developments and US Business, 16 October 1998, http://www.ita.doc.gov/sif/2kfullreport.htm

WTO, World Trade Organisation: Preparations for the 1999 ministerial conference WTO, Services Trade Negotiations, Communication from Australia, WT/GC/W/353, 11 October 1999, http://www.wto.org/doc/ep/D3/D3317e.doc (January 2001).

WTO: Preparations for the 2000 services negotiations, Communication from Australia, WT/GC/W/116, 20 November 1998, http://www.wto.org/ddf/ep/C4/C4669e.doc (January 2001)

WTO: Education services, Background Note by the Secrctariat, Council for Trade in Services, 23 September 1998, S/C/W/49 (98-3691), http://www.wto.org/wto/services/w49.doc (January 2001).

Zehr, M.A.: More Home Schooling Parents Turn To Online Courses for Help, Education week online, 20 October 1998, http://www.edweek.org/ew/ewstory.cfm?slug=08home.h19 (May 2001).

Peter J. Weber

Technisierung und Marktorientierung von Bildung in Europa

Einleitung

In der Pressemitteilung zu dem Programm *Virtuelle Hochschule Baden-Württemberg* vom 11. September 2000 resümiert der Wissenschaftsminister des Bundeslandes, Klaus von Trotha: „Das Internet wird die Hochschulen tief greifender verändern als jede andere technische Innovation seit der Erfindung des Buchdrucks. [...] In Zukunft wird jeder das benötigte Wissen in höchstmöglicher Qualität überall, wo es einen Internet-Zugang gibt, abrufen können. Bildung wird zum Big Business auf einem rasch wachsenden internationalen Markt" (http://www.virtuelle-hochschule.de; http://www.sympra.de/presse.htm). Den Umbruch im Hochschulbereich prägen, so von Trotha, bahnbrechende Innovationen in der Informations- und Kommunikationstechnik, die Wissensgesellschaft mit ihrem Paradigma des lebenslangen Lernens sowie die Globalisierung und Ökonomisierung des Bildungswesens. Das Land Baden-Württemberg ist in seinem Selbstverständnis nur *ein* Akteur unter den zahlreichen Bildungsanbietern auf dem weltweit entstehenden Bildungsmarkt – eine Entwicklung, die Bildung mit einem Umfang von 740 Milliarden Dollar zum zweitgrößten Wirtschaftssektor im Jahr 1999 in den USA gemacht hat. Neben diesem ‚neuen' weltweiten, primär nach erwerbswirtschaftlichen Prinzipien funktionierenden Bildungsmarkt existiert weiterhin ein öffentlicher Bildungssektor, dessen ‚Marktaspekt' der OECD zufolge so zu charakterisieren ist: „Ich denke, wir sollten im Auge behalten, was letztlich unser aller Ziel ist: das riesige Ausmaß vergeudeter Anstrengungen zu vermeiden, das entstehen würde, wenn sich unsere Bildungssysteme in eine falsche Richtung entwickelten. Wir verwenden durchschnittlich 5 Prozent unseres Bruttoinlandprodukts allein auf die öffentliche Bildungssysteme – es ist eine große Verantwortung, dafür zu sorgen, dass dieses Geld auch gut ausgegeben wird" (Alexander 1997).

Supranationale Organisationen wie die OECD werden allerdings von der Öffentlichkeit im Zusammenhang mit Bildungsfragen meist nur am Rande wahrgenommen, obgleich in vielen Dritte-Welt-Ländern sowie in den osteuropäischen Transformationsstaaten Bildungsreformen während der letzten zehn Jahre durchgeführt wurden, die u.a. vom Internationalen Währungsfond, der Weltbank und der OECD getragen waren. Aber auch in der Europäischen Union sind der Öffentlichkeit z.B. Art. 3 des EG-Vertrages, Art. 126 und 127 des Maastrichter Vertrages (jetzt Art. 149 und 150 Amsterdamer Vertrag), das Weißbuch zur allgemeinen und beruflichen Bildung aus dem Jahr 1995 sowie Entscheidungen des Europarates oder des Europäischen Gerichtshofes, die allesamt nationale Bildungspolitiken wesentlich beeinflussen, wenig bekannt. Die nur wenig wahrgenommene aktive Rolle supranationaler Organisationen zeigt sich z.B. an Entwicklungen in Spanien oder in osteuropäischen Staaten wie Ungarn, die ihre Bildungspolitik schon in den 1970er Jahren – also vor der politischen Wende in diesen Ländern – an internationalen Standards ausrichteten. Mit der steigenden Bedeutung der Europäischen Union als Wirtschaftsraum wird auch die Gestaltung eines wettbewerbsfähigen Bildungssystems gefordert. Spanien, das mit einem Saldo von 7.544 Mrd. Euro der größte Nettoempfänger in der EU ist, bezieht so explizit Forderungen der EU an die Bildungssysteme ein – wie z.B. nach einer Ausrichtung an IuK-Technologien – und definiert dies zugleich als ‚europäischen Standard'.

Zu beachten ist nun folgendes Verständnis von Technisierung und Marktorientierung: Unter *Technisierung* wird der bildungspolitisch vorangetriebene und realisierte Einsatz von modernen technischen Hilfsmitteln in Lehr-Lern-Situationen verstanden, also z.B. die weltweit zu beobachtende Einführung von Computern in Schulen. Unter den Begriff der *Marktorientierung* werden alle Mechanismen gefasst, die zu einem freien Spiel von Bildungsangebot und Bildungsnachfrage führen. Dies ist z.B. der Fall, wenn über Leistungsindikatoren eine Transparenz und Vergleichbarkeit von Bildungsabschlüssen erreicht werden soll. Alle Entwicklungen, die einen Markt für standardisierte Bildungsangebote über einen lokalen, regionalen oder nationalen Raum hinaus schaffen, z.B. durch Bildungsindikatoren oder gleiche Abschlüsse wie einen Master, werden dann als *Globalisierung* verstanden. Dagegen wird mit *Entstaatlichung* ein Prozess gekennzeichnet, bei dem der Staat als Anbieter von Bildung (dazu zählen auch Aspekte wie Instandhaltung von Schulgebäuden) von Privatunternehmen verdrängt wird. Dies ist z.B. der Fall im Tertiärbereich, wenn dort immer mehr private Anbieter von Bildungsangeboten auftreten (z.B. Oracle, SAP).

Im Folgenden soll die Technisierung und Marktorientierung von Bildung insbesondere in Europa[1] skizziert und die zentrale Rolle von supra-

---

1 Die hier verwendeten Beispiele sind Teilergebnisse einer von mir durchgeführten Analyse von Entwicklungsprofilen in den Bildungsreformen einzelner europäischer Na-

nationalen Organisationen auf einem globalen und entstaatlichten Bildungsmarktes aufgezeigt werden. Zunächst werden Hinweise auf eine stärker werdende Marktorientierung in der Finanzierung von Bildungseinrichtungen gegeben. Folgt man diesem ökonomischen Fokus, so wird ein zweiter Aspekt von Marktorientierung in der Betrachtung von Bildungsrenditen deutlich, wie sie von der OECD errechnet werden. Die Beschäftigungsstrategie der EU wird im folgenden Abschnitt als Beispiel für eine an arbeitsmarktpolitischen Vorgaben ausgerichtete Bildungspolitik supranationaler Organisationen angeführt. Überlegungen zur Finanzierung von virtuellen Hochschulen zeigen, dass die IuK-Technologien ein Faktor der Globalisierung sind und dass die Vision einer virtuellen Bildung sehr kapitalintensiv ist. Demnach besteht ein Zusammenhang insbesondere zwischen Marktorientierung und Globalisierung sowie zwischen Technisierung und Entstaatlichung.

Marktorientierung von Bildung

In den Bildungssystemen der Industrienationen zeichnete sich ab Ende der achtziger Jahre ein Trend zu marktorientierten Bildungsreformen ab. Dass sich die an den wirtschaftlichen Kategorien des Neoliberalismus orientierten Bildungsreformen durchsetzen ließen, lag und liegt zu einem entscheidenden Teil am Übergang der Weltwirtschaft zu einer informationsgestützten Wirtschaft. Gleichzeitig wurden höhere Investitionen des Staates im Forschungs- und Bildungssektor notwendig, obgleich der öffentliche Sektor seine Ausgaben aufgrund der schlechten Lage der Haushalte verringern musste. Die besonders in den neunziger Jahren eingetretene Marktorientierung der Reformen lässt sich somit mit dem Zwang nach einer effektiveren (also zielbezogeneren) und effizienteren (d.h. mit einer möglichst optimalen Input-Output-Relation angebotenen) Bildung in einer Zeit der zurückgehenden öffentlichen Ausgaben erklären (Carnoy 2000, 68f.).

Eine besonders starke Tendenz zur Privatisierung lässt sich in den entwickelten Industriestaaten Europas insbesondere im Hochschulsektor finden, da seine Expansion, die als bedeutend für das Wirtschaftswachstum angesehen wird (Wigger/v. Weizsäcker 1998), nicht ausreichend mit öffentlichen Mitteln finanziert werden kann. Sehr auffällig ist der hohe Anteil privatfinanzierter Bildungseinrichtungen im Tertiärbereich des Vereinigten

---

tionalstaaten, die unter dem Titel *Zwischen marktorientierter Globalisierung und plurizentrischem Regionalismus* erschienen ist (Schleicher/Weber: Zeitgeschichte europäischer Bildung 1970-2000. Band II: Nationale Entwicklungsprofile. Münster 2000).

Königreichs, von dem die marktorientierten Reformen in Europa ausgingen (Tabelle 1). Noch deutlicher wird die mangelnde Finanzierbarkeit von Bildungseinrichtungen durch den Staat in den östlichen Transformationsstaaten (aber auch in Spanien), in denen Bildungseinrichtungen des Tertiärbereichs zu 20-30 Prozent aus privaten Mitteln finanziert werden. Ob die Stärkung der Privatfinanzierung in diesen Ländern zu einer qualitativ hochwertigen, effizienten und effektiven Bildung führt, ist aber noch offen, da sie u.a. mit der Neuordnung der Eigentumsverhältnisse in den Nachfolgestaaten der totalitären Regime zusammenhängt (Weber 2000).

Tab. 1: Finanzierung von Bildungseinrichtungen

	Verteilung in Prozent nach öffentlicher und privater Herkunft der Mittel für Bildungseinrichtungen nach Transferzahlungen (endgültige Mittel) zwischen öffentlichen und privaten Quellen im Jahr 1995 (OECD 1998b, 102)			
	Primar- und Sekundarbereich		Tertiärbereich	
	Öffentlich	Privat	Öffentlich	Privat
Tschechien	88	12	70	30
Vereinigtes Königreich	*	*	72	28
Spanien	87	13	76	24
Ungarn	92	8	80	20
Frankreich	93	7	84	16
Deutschland	76	24	92	8

* Keine Daten verfügbar

Die teilweise oder auch die selten vorkommende vollständige Privatisierung von öffentlichen Bildungseinrichtungen stellt nur *einen* Aspekt der Diskussion um Marktorientierung von Bildung dar. Im Hinblick auf ein marktfähiges Bildungsangebot spielen zudem Dezentralisierung und Budgetierung eine besondere Rolle, mit denen generell Grundsätze erwerbswirtschaftlicher Unternehmensführung in die gemeinwirtschaftlich arbeitenden Einrichtungen des Bildungssektors übertragen werden. Hierdurch ändert sich die Bildungsfinanzierung in ihrem Wesen, da sich erwerbswirtschaftliche Unternehmen in erster Linie um die Gewinnmaximierung bemühen (Formalziel), gemeinwirtschaftliche aber um eine staatlich organisierte Grundversorgung der Bevölkerung (Eichhorn/Engelhardt 1994) z.B. mit Bildung (Sachziel). Bei Zunahme von erwerbswirtschaftlichen Bildungseinrichtungen oder zumindest der Übernahme von erwerbswirtschaftlichen Prinzipien werden die Privathaushalte stärker gezwungen, Bildungsausgaben zu tätigen (OECD 1998b). Dies liegt daran, dass diese Einrichtungen kostendeckend und sogar profitorientiert arbeiten und somit ein Entgelt für ihre Dienstleistung verlangen müssen.

Solange die Mehrzahl der Bildungseinrichtungen aber noch an einem gemeinwirtschaftlichen Modell ausgerichtet ist, wie es die Zahlen für den

Sekundarbereich (Tabelle 1) zeigen, führen die Instrumente der Dezentralisierung und Privatisierung eher zu ‚Quasi-Bildungsmärkten', in denen sozialstaatliche Elemente weiterhin Bildungsnachfrage und -angebot beeinflussen. Zu bedenken ist auch, dass bei der Bildungsproduktion im Gegensatz zur Warenproduktion oder auch einfachen Dienstleistungserstellung eine Phasenverschiebung in der Produktion auftritt, die den Eigenanteil der Bildungsabnehmer während der ‚Bildungsproduktion' (Lernprozess) und damit die Anwendung der Markttheorie fraglich macht. Denn auf Quasi-Bildungsmärkten herrschen nicht die Bedingungen eines klassischen Güter- oder Dienstleistungsmarktes, auf denen es z.B. eine Transparenz des Angebots und ein freies Spiel von Angebot und Nachfrage gibt. Zusammen mit den Ergebnissen der bildungspolitischen Analyse der OECD für das Jahr 1999 (OECD 2000) lässt sich daher folgern, dass die Entwicklung der Weltwirtschaft zu einer informationsgestützten Wirtschaft eine Zweiteilung des ‚Bildungsmarktes' fördert: Einerseits setzen sich im Tertiärbereich immer stärker Elemente eines an erwerbswirtschaftlichen Kriterien und an Wachstum orientierten Bildungsmarktes durch, andererseits bleibt der Pflichtschulbereich noch den staatlichen Einrichtungen vorbehalten, so dass insgesamt von einem ‚Quasi-Bildungsmarkt' mit unterschiedlichen Teilmärkten zu sprechen ist. Typisch für den an Wachstum orientierten Bildungsmarkt im Tertiärbereich ist z.B. die Feststellung: „Frauen bleiben jedoch in einigen Fachbereichen in der Minderheit und Studierende aus niedrigen sozio-ökonomischen Gruppen haben die geringsten Chancen, gut ausgestattete Ausbildungsgänge und Einrichtungen zu besuchen" (OECD 2000, 97).

In der ‚neuen' makroökonomischen Wachstumstheorie spielen endogene Faktoren wie das Humankapital für das Wirtschaftswachstum eine bedeutende Rolle (Bodenhöfer/Riedel 1998; Weber 1998). Da bei diesem Humankapital-Ansatz der Transfer und die Transformation gesellschaftlichen Wissens im Mittelpunkt stehen, dienen Nutzenbetrachtungen von Bildung z.B. im Hinblick auf politische Stabilität, Umwelt oder Bevölkerungswachstum dazu, die non-monetären Effekte von Bildung zu analysieren (vgl. z.B. McMahon 1999). In der Praxis scheint diese Kosten-Nutzen-Analyse allerdings eher für Entwicklungsländer praktikabel, während für die entwickelten OECD-Länder die fehlende mikroökonomische Fundierung sowie die Einseitigkeit der traditionellen Inputmaße deutlich zu Tage treten. In diesen Staaten kommen insbesondere „der Effektivität und Effizienz des Bildungssystems [...] entscheidende Bedeutung für das Wachstum zu" (Bodenhöfer/Riedel 1998, 42). Somit muss stärker als bisher auf Kapitaleinsatz und Kapitalrendite bei Bildungsausgaben geachtet werden, so dass „Berechnungen des Humankapitals Renditen anzubieten scheinen, die vergleichbar sind mit denjenigen von Geschäftskapital"

(OECD 1998a, 70), d.h. dass sich der Einsatz beider Kapitalarten ähnlich verzinst.

Nach diesen Renditeberechnungen der OECD z.b. des im Bildungssektor eingesetzten Kapitals in Europa erzielt Portugal unter den OECD-Ländern die höchste Rendite der Bildungsinvestitionen (vgl. Tabelle 2). Als eher kritisch ist die Situation von Staaten wie Deutschland oder Frankreich zu bezeichnen, deren Bildungsausgaben schlechte Renditen abwerfen, wobei Deutschland im Umgang mit finanziellen Ressourcen im Bildungssektor am schlechtesten abschneidet. M.a.W.: In Portugal haben Menschen den größten Einkommenszuwachs zwischen 16 und 64 Jahren zu erwarten, wenn sie ihren Bildungsstand erhöhen.

Tab. 2: Humankapital und Finanzierung von Bildung

	Jährliche Rendite in Prozent des in Bildung investierten Kapitals im Jahr 1995 (OECD 1998a, 71) – Mittelwerte für Frauen und Männer		Anteilige öffentliche und private Bildungsausgaben in Prozent am Bruttoinlandsprodukt im Jahr 1994 (OECD 1998a, 37)
	Sekundarstufe II	Universität	
Portugal	32,8	27,8	5,7
Vereinigtes Königreich	16,7	15,9	*
Tschechien	17,9	7,9	*
Frankreich	14,1	13,4	6,7
Deutschland	5,6	9,6	6,0

* Keine Daten verfügbar

Festzuhalten ist, dass in den OECD-Ländern eine leistungsorientierte und monetäre Bewertung von Bildung zunimmt (Hutmacher 1997). Die Indikatoren in Tabelle 1 und 2 zeigen eine positive Situation von Ländern wie Spanien, Portugal, Ungarn und Tschechien, die sich allesamt schon in Zeiten der Diktaturen an internationalen Bildungsvorgaben insbesondere der OECD orientierten. Ihre Annäherung an OECD-Staaten wie Frankreich oder Deutschland und gar deren Überrundung zeigt ein Potential der Indikatoren, einen nach Marktgesichtspunkten globalen Bildungsstandard hervorzubringen, da alle Länder sich am Standard der weltweiten Bildungsindikatoren orientieren. Problematisch wird diese weltweite Marktorientierung von Bildung allerdings, wenn monetäre Größen die Indikatoren und die daraus abgeleiteten bildungspolitischen Maßnahmen bestimmen. Damit kann sich die Kapitalisierung von Bildung erhöhen (vgl. Becker 2000), bei der Bildung oftmals nur eine Legitimation über eine arbeitsmarktpolitische Komponente erhält.

Arbeitsmarktpolitische Orientierung von Bildung

Schon seit 1994 ist bei der EU durch die Beschäftigungsstrategie eine politisch bedeutsame Akzentverschiebung im bildungspolitischen Ansatz zu beobachten. Mit dieser Strategie hat die Bildungspolitik der EU in ihrem derzeitigen Entwicklungsstadium stark arbeitsmarktpolitische Züge angenommen. Der EU geht es darum, das Auseinanderdriften des Qualifikationsbedarfs insbesondere in Wissensindustrien (z.B. Internetökonomie und *eEurope*) und der auf dem Arbeitsmarkt verfügbaren Qualifikationen durch die Optimierung des Verhältnisses zwischen Bildung und Beschäftigung zu erreichen (Wordelmann 1996). Damit transportiert die EU ein Verständnis eines an Wirtschaftsprozessen ausgerichteten Humankapitals, das demjenigen der OECD gleichkommt.

Ähnlich wie die allgemeine und berufliche Bildungspolitik, auf die hier nicht eingegangen wird, hat die Beschäftigungsstrategie der EU drei Säulen (Europäische Kommission 1997; European Commission 2000; vgl. Abb. 1). Die erste Säule der Beschäftigungspolitik ist der Amsterdamer Vertrag, der im Bereich der Beschäftigung neue Impulse mit sich brachte, da in den Artikeln 125 bis 130 die Beschäftigungsstrategie direkt angesprochen wird. Bei der zweiten Säule, auf die hier ebenso nicht näher eingegangen werden kann, handelt es sich um das Weißbuch *Wachstum, Wettbewerbsfähigkeit, Beschäftigung. Herausforderungen der Gegenwart und Wege ins 21. Jahrhundert* – analog zum Weißbuch zur allgemeinen und beruflichen Bildung. Die dritte Säule ist der vom 20. bis 21. November 1997 unter Luxemburger Präsidentschaft anberaumte außerordentliche Ratsgipfel, der ausschließlich der Beschäftigungspolitik gewidmet war. Die Umsetzung der Vertragsbestimmungen sollte von diesem Gipfel an in einem Konvergenzprozess durch Koordination der Beschäftigungspolitiken aufgrund gemeinsamer Zielabsprachen (d.h. durch ein *management by objective* oder auch *change*) erreicht werden. Das Augenmerk lag mehr auf der Entwicklung einer maßgeschneiderten Strategie für die gesamte Europäische Union als auf einer passiven Unterstützung nationaler Politiken im Bildungsbereich, wie sie bisher üblich war (Hermans 2000).

Abb. 1: Europäische Bildungspolitik

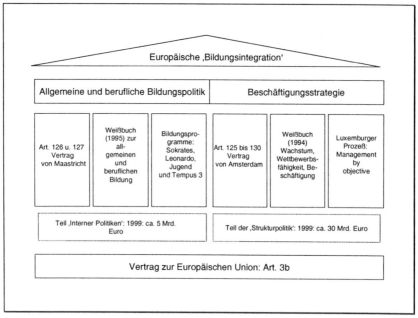

Die europäische Beschäftigungsstrategie ist also, ausser dass sie berufliche Bildung für wirtschaftliche Ziele operationalisiert, aus zwei Gründen für den Sachverhalt einer globalisierten und entstaatlichten Bildung interessant. Einerseits stellt sie einen Strategiewechsel der Europäischen Union von einer Politik der Verordnungen hin zu einem *management by objective* dar, bei dem Bildung nur als Qualifikation für den Arbeitsmarkt eine Rolle spielt. Die Einbeziehung von Bildung und Ausbildung in die Beschäftigungspolitik erfolgt andererseits im Selbstverständnis der EU komplementär zu den Bildungskompetenzen der Europäischen Union, wie sie im Maastrichter Vertrag in den Artikeln 126 und 127 definiert wurden (vgl. im Amsterdamer Vertrag Artikel 149 und 150). Während jene Artikel der EU Anschubmaßnahmen im Hinblick auf eine qualitativ hochwertige Bildung und Ausbildung in Europa ermöglichen, versucht der Beschäftigungsansatz eine gemeinsame europäische Strategie zu etablieren, die durch Einbindung von Bildungsmaßnahmen in die Arbeitsmarktpolitik indirekt eine Bildungsintegration initiiert. Der Beschäftigungsansatz kann mit ungleich höheren Mitteln als die allgemeine und berufliche Bildungspolitik gefördert werden, denn er ist Teil der Strukturpolitik, die mit 30 Milliarden Euro ausgestattet ist (vgl. Abb. 1). In der europäischen Bildungspolitik werden demnach weniger Vorgaben per

Gesetz oder Verordnung gemacht. Statt dessen wird mit quantifizierbaren Zielabsprachen, nationalen Aktionsplänen und multilateralen Kontrollmechanismen versucht, Bildungsmaßnahmen in die Beschäftigungspolitik zu integrieren. Ein europäischer oder internationaler Bildungsstandard ließe sich dann als die effektive und effiziente Bereitstellung von qualitativ hochwertiger Qualifikation definieren, die die Beschäftigungsmöglichkeit erhöht. Dies ist an sich eine begrüßenswerte Flexibilisierung der Bildungspolitik, aber eben stark einseitig ausgerichtet auf Qualifikationen insbesondere in den technikgestützten Wissensindustrien.

Technikorientierung von Bildung

Dem Trend zur Einführung der neuen Informations- und Kommunikationstechnologie in fast alle gesellschaftlichen Funktionsbereiche kann sich kein Land in Europa seit Anfang der 1990er Jahre verschließen. So haben computervermittelte Formen der Geschäftskommunikation seit längerem und der Kommunikation zwischen Unternehmen und Konsumenten in den letzten Jahren an Umfang und Bedeutung gewonnen. Im Bildungsbereich werden die Ausgaben für IuK-Technologien durch den sich neu etablierenden elektronischen Handel legitimiert. Nach OECD-Schätzungen werden das Bildungs- und das Gesundheitswesen sowie die Staatsverwaltung zu 20 Prozent ihres Volumens durch den elektronischen Handel beeinflusst (OECD 1999, 9). Bildung wird in Zukunft in vielen nichtstaatlich institutionalisierten Kontexten angeboten, in denen das Individuum seinen eigenen Nutzen und Vorteilen entsprechend Bildungsangebote sucht. Dies führt einerseits zu einer neuen Konkurrenz in der Bildungslandschaft und andererseits zu veränderten Bildungsansprüchen. Vielfach werden Bildungsnachfrager weniger an Wissensvermittlung interessiert sein als an Bildungsberatung und -moderation – oder um in der „neuen Diskursart" zu sprechen: Bildungsbroker werden die Vermittlung zwischen Bildungsanbietern und Bildungsabnehmern herstellen. Sie beraten und coachen Lernende auf ihrem lebenslangen Lernweg und unterstützen sie bei der Realisierung ihrer individuellen Bildungswünsche. Bildungsnachfrage und institutionelle Bildungsangebote werden immer weniger deckungsgleich sein, so dass sich Bildungsanbieter schneller auf latente Bedarfe zur eigenen Existenzsicherung einstellen müssen (Encarnação/Leidhold/Reuter 2000). Bildungseinrichtungen wie Schulen und Universitäten werden nur mit einer entsprechend erwerbswirtschaftlich geführten Verwaltung sowie hochwertiger materieller und personeller Ausstattung eine Chance haben, potentielle Kunden auf dem entinstitutionalisierten Bildungsmarkt an sich zu binden.

Bei dem Bemühen, Schulen mit modernen Technologien auszustatten, lassen sich in Europa unterschiedliche Trends erkennen:

Tab. 3: Öffentliche Aktivitäten zur Einführung und Festigung von IuK-Technologien in Schulen

	Ausgewählte öffentliche Aktivität/Projekt mit Internetbezug (European Commission 1998)	Anteil der Schulen mit Internet-Anschluss in Prozent im Jahr 1998 (OECD 2000)	Zahl der Schüler pro Computer im Sekundar-bereich im Jahr 1998 (OECD 2000)
Großbritannien	1990er Jahre: Partnerschaften mit der Industrie, die Schulen *managed services* zur Verfügung stellt, mit denen Informations- und Kommunikationsnetze auf lokaler oder nationaler Ebene geliefert, gepflegt und erneuert werden. 1990er Jahre: Viele Einzelprojekte	87	9
Schweden	1994: Umbau des Wohlfahrtsstaats (Aufbauprogramme im Bildungssektor für Internet-Ökonomie) 1994: Schwedisches Schulnetzwerk (http://www.skolverket.se/skolnet	91 (1997)	6 (1997)
Frankreich	1998: Aktionsprogramm der Regierung *Vorbereitung Frankreichs auf den Eintritt in die Informationsgesellschaft*	63	10
Deutschland	1996: *Schulen ans Netz* (http://www.san-ev.de)	33 (BMBF 1998)	*

* Keine Daten verfügbar.

In Großbritannien und Schweden findet sich das günstigste Verhältnis von Schülerzahl zu Computern. Großbritannien erreicht seinen Bildungstraditionen entsprechend das quantitativ relativ gute Schüler-Computer-Verhältnis durch eine dezentrale Förderung direkt über die Beteiligung von Unternehmen an der Bildungsproduktion; in Schweden hingegen fruchtet die staatlich zentrale Bildungsoffensive zur Förderung der IuK-Technologien in der Schule. Schweden nimmt auch in anderer Hinsicht eine Sonderrolle in Europa ein, da es versucht, den Wohlfahrtsstaat an die Bedingungen des neuen Marktes der Internet-Ökonomie anzupassen. Weniger erfolgreich verlaufen die Bemühungen in den beiden größten Staaten der EU, Frankreich und Deutschland. In beiden Fällen werden die IuK-Technologien zwar verbal zur höchsten Priorität erhoben, doch zeigen sich Probleme bei der Umsetzung, deren Gründe u.a. in der Finanzierung liegen. So weist eine Modellrechnung für die Vernetzung eines Drittels der deutschen Schulen für ein Jahr Kosten in Höhe von rund 73 Mio. DM sowie Providerkosten in Höhe von ca. 17 Mio. DM aus (BLK 1998). Eine geringe Ausstattung von Schulen mit Computern, aber noch viel mehr fehlende oder unzureichend ausgebildete Lehrer führen dazu,

Technisierung und Marktorientierung von Bildung in Europa 39

dass das Internet seltener verwendet wird (OECD 1999). Deutlich wird anhand der ausgewählten Beispiele, dass nur durch eine enge Verzahnung zwischen privatwirtschaftlichen und staatlichen Interessen wie in England oder Schweden die Kosten der IuK-Technologien erfolgreich zu bewältigen sind.

Nun stellt die Ausrüstung mit Computern nur eine Grundbedingung für das Lernen mit dem Internet dar. Die EU fördert u.a. mit der *Bologna-Erklärung* und z.B. Deutschland mit dem *Hochschulrahmengesetz* eine intensivere Vernetzung von Hochschuleinrichtungen mit Hilfe der IuK-Technologien auf nationaler sowie supranationaler Ebene. Angestrebt wird hierbei eine vernetzte Informationsgesellschaft, in der sich auch staatliche Hochschulen zu Anbietern von virtuellen Bildungsangeboten entwickeln sollen, was tendenziell zu einer gegenseitigen Annäherung von Präsenz- und Fernlehre führen wird. Die Dominanz der IuK-Technologien in der gegenwärtigen Diskussion lässt es sogar zu, von einer Hochschulentwicklung durch neue Medien zu sprechen. Deren Hauptentwicklungslinien sind denjenigen in der Wirtschaft ähnlich, da sich Hochschulen durch die Virtualisierung der Gesellschaft in zunehmenden Maß denselben Herausforderungen stellen müssen wie Unternehmen. Für Hochschulen sind dies dann die Optimierung des Nutzens der Bildungsabnehmer, der Wissensproduktion, der Zeitabläufe in Forschung, Lehre und Verwaltung, der Kosten sowie der Flexibilität (Littmann/Jansen 2000, 27). Die Auseinandersetzung der öffentlichen Hochschulen mit diesen Herausforderungen ist vor allen Dingen auch deshalb wichtig, weil sie immer häufiger mit (virtuellen) profitorientierten Unternehmen in Konkurrenz treten, die klassische Universitätsaufgaben besetzen (Brockhaus 2000, 156ff.).

An der Frage der Finanzierung einer technisierten Bildung definiert sich auch das Verhältnis von Staat und Markt im Bildungssektor. Noch gibt es sehr unzuverlässige Zahlen über die Entwicklungskosten von virtuellen Lehr-Lern-Angeboten, der Virtualisierung an Hochschulen oder gar der Veränderung der Verwaltung und Organisation durch mediengestützte kooperative Arbeitsformen. Befürworter von asynchronen Lernnetzwerken gehen grundsätzlich von einem Kostenvorteil solcher Lernformen aus. Für die Entwicklung eines weltweiten virtuellen Campus für 2000 Studierende wird in den USA von weniger als 15 Millionen USD ausgegangen (Turoff 1997). Die Kosten variieren allerdings stark je nach Grad der Virtualisierung. Eine von der *Bertelsmann Stiftung* beauftragte Expertenkommission zu den geschätzten Kosten der Virtualisierung der Lehre und ihrer Verwaltung unterscheidet vier Modelle:

- Präsenzveranstaltungen mit multimedialer Unterstützung,
- Lehrangebot mit 30 Prozent Online-Kursen einfacher Art,

- Lehrangebot mit 30 Prozent Anteil anspruchsvoller Online-Kurse und
- Online-Studiengang mit 30 Prozent Präsenzanteil.

Angesichts dessen mutet das eingangs angesprochene Förderprogramm *Virtuelle Hochschule* des Bundeslandes Baden-Württemberg mit einem Volumen von 50 Millionen DM für einen Zeitraum von 5 Jahren ab 1998 recht bescheiden an. Dennoch ist es ist die umfangreichste Förderinitiative eines Landes auf dem Gebiet des multimediagestützten Lehrens und Lernens in Hochschulen (vgl. http://www.virtuelle-hochschule.de; http://www.sympra.de/presse.htm). Ohne neue Modelle der Finanzierung kann eine Virtualisierung öffentlicher Lehrangebote daher allein durch den Staat nicht erfolgen. Schon 1996 gaben deutsche Universitäten dem Hochschulinformationssystem an, dass mit der mediengestützten Lehre ein drastischer zusätzlicher räumlicher und technischer Aufwand verbunden ist. Noch bedenkenswerter ist die Einschätzung, dass nur zwei Fünftel der Arbeitsgebiete der medienunterstützten Lehre im Bereich der Entwicklung bzw. Weiterentwicklung didaktischen Materials liegen (vgl. Lewin 1998, 70f.).

Tab. 4: Jährliche Gesamtkosten unterschiedlicher Modelle zur Umsetzung von Onlinelehre (nach Glotz/Kubicek 2000, 115ff.).

Modell	Gesamtkosten in DM
Präsenzveranstaltungen mit multimedialer Unterstützung	375.000
Lehrangebot mit 30 Prozent Online-Kursen einfacher Art	1.575.000
Lehrangebot mit 30 Prozent Anteil anspruchsvoller Online-Kurse	4.391.000
Online-Studiengang mit 30 Prozent Präsenzanteil	10.605.000

Kosten für einen Studiengang mit 4000 bis 5000 Studierenden, 15 Professoren und 30 wissenschaftlichen Mitarbeitern.

Dennoch werden innovative Bildungsangebote mittelfristig am Grad ihrer multimedialen und/oder virtuellen Gestaltung gemessen werden – allerdings sind dann die Finanzierungsstrukturen des Bildungssystems radikal zu überdenken. Kostenfreie und zugleich qualitativ hochwertige Bildung für alle wird dabei nicht mehr haltbar sein, da sie schlichtweg nicht zu finanzieren ist. Berücksichtigt man die Knappheit der Ressourcen an Universitäten insbesondere für die mediengestützte Lehre (Lewin 1998, 63f., 72) – wie im gesamten öffentlichen Sektor – dürfte eine qualitativ wie quantitativ nachhaltige Umsetzung virtueller Lernmethoden allerdings nur durch eine nicht auf einzelne Nationen beschränkte reale und virtuelle Kooperation zwischen den Universitäten möglich sein (Glotz/Kubicek 2000, 132ff.) – also auch eine Globalisierung und Entstaatlichung hervorrufen. Vor dem Hintergrund der Frage nach der Finanzierung der IuK-Technologien im Bildungssektor verstärkt sich zudem der Eindruck, dass Ende der neunziger Jahre eher dasjenige, was technisch möglich war, als die pädagogisch sinnvolle Umsetzung im Mittelpunkt der weltweiten technologischen Offensive stand.

Ausblick: Bildung zwischen Globalisierung und Regionalisierung

Für wirtschaftliche Wachstumstheorien spielen nationale Märkte eine untergeordnete Rolle. Auch die Aktivitäten der supranationalen Organisationen Weltbank, OECD und EU basieren im Grunde auf der Theorie des Wirtschaftswachstums, nach der eine gut funktionierende Wirtschaft die Basis für stabile Gesellschaften und damit Weltfrieden ist (Kim 1994). Bildung wird als Teil dieser nationalen Märkte tendenziell globalisiert, da in wirtschaftlichen Konzentrationsprozessen einer Konsumindustrie *gebildete Individuen* interessant werden, die sich lebenslang fortbilden, um weltweit einsetzbare Arbeitskräfte, aber auch Konsumenten zu sein. Die IuK-Technologien können den Prozess der Globalisierung befördern, da sie die Allokation von Bildungsangebot und Nachfrage insbesondere im Tertiärbereich weltweit ermöglichen. Der allgemeinbildende Bereich wird allerdings noch als national auszudifferenzierende Domäne verstanden, die ungleich sensibler auf ‚Eingriffe' durch supranationale Organisationen reagiert als der berufsbildende Sektor. Dennoch lassen sich Tendenzen erkennen, dass durch die Technisierung von Bildung auch der allgemeinbildende Bereich stärker globalen Zwängen ausgesetzt wird, denn kein größer angelegtes Förder- oder Forschungsprogramm ist mehr ohne Impuls oder flankierende Maßnahme aus privatwirtschaftlichen und/oder supranationalen Organisationen durchzuführen (vgl. z.B. die Initiative *Schulen ans Netz* oder die internationale Schulleistungsvergleichsstudie TIMSS). Somit trägt die Technisierung besonders zur Entstaatlichung von Bildung bei. Allerdings erhalten mit der Globalisierung gleichzeitig nachgeordnete Ebenen wie Region oder Nation eine neue, wichtige Rolle. Sie werden zu einem besonders starken Identifikationsrahmen für Menschen, die Globalisierung auf ihrer realen Erfahrungsebene immer wieder neu definieren (Hornberg/Weber 2000).

Globalisierung und Entstaatlichung werden demnach sowohl durch die IuK-Technologien als auch durch die Orientierung an transnationalen Bildungsindikatoren im Sinne einer effektiven, effizienten und qualitativ hochwertigen Bildungsproduktion gefördert. Die transnationalen bzw. globalen Zwänge sollten in ihrer konvergenten, zugleich aber nivellierenden Wirkung nicht unterschätzt werden. Damit einher geht z.B. die Marktorientierung der Bildungsreformen der letzten 30 Jahre in allen europäischen Staaten, die zu einer stärkeren Konkurrenzsituation – auch auf dem nicht mit einem Warenmarkt gleichzusetzenden Bildungsmarkt – führt. In der Diskussion um Globalisierung und Entstaatlichung von Bildung geht es letztlich um eine fundamentale Veränderung der Bürger- und Zivilgesellschaft, in der sich traditionelle Muster politischer, gesellschaftlicher, wirtschaftlicher und pädagogischer Prozesse verändern. Diese Änderungen müssen nicht negativ sein, wenn im Rahmen einer Marktorientierung auch ein Bildungsbegriff befördert werden sollte, der über die Vermittlung von Qualifikationen für den neuen Arbeitsmarkt hinausgeht. Dann könnten auch die immateriellen Werte von Bildung für eine Kultur- und Wertegemeinschaft wie die EU transportiert werden. Für diese Wertegemeinschaft wird es daher von vitaler Bedeutung sein, im Rahmen von wirtschaftlichen Wachstumstheorien ein Gleichgewicht zwischen Globalisierung und Regionalisierung sowie Privatisierung und Verstaatlichung herzustellen und eine zu starke funktionale Orientierung an beruflichen und technischen Qualifikationen zu verhindern.

Literatur

Alexander, T.J.: Der Informationsbedarf aus der Sicht der OECD. In: OECD: Wissensgrundlagen für die Bildungspolitik: Beiträge einer OECD-Konferenz in Maastricht vom 11. bis 13. September 1995. Frankfurt am Main 1997.
Becker, E.: Von der Zukunftsinvestition zur Effektivitätskontrolle des Bildungssystems. In: Radtke, F.-O./Weiß, M. (Hrsg.): Schulautonomie, Wohlfahrtsstaat und Chancengleichheit. Opladen 2000, 95-116.
Bodenhöfer, H.-J./Riedel, M.: Bildung und Wirtschfaftswachstum. In: v. Weizsäcker, K. (Hrsg.): Bildung und Wirtschaftswachstum (Schriften den Vereins für Socialpolitik, Bd. 258). Berlin 1998, 11-48.
Brockhaus, M. et al.: Hochschulentwicklung durch neue Medien – internationale Best-Practice-Projekte. In: Bertelsmann Stiftung/Nixdorf Stiftung (Hrsg.): Studium online. Hochschulentwicklung durch neue Medien. Gütersloh 2000, 139-164.
Bund-Länder-Kommission für Bildungsplanung und Forschungsförderung (BLK): Multimedia im Hochschulbereich, Heft 63. Bonn 1998.
Bundesministerium für Bildung und Forschung (BMBF) (Hrsg.): Schulen am Netz in Deutschland. Eine Momentaufnahme der Zahlen, Daten und Programme in den Bundesländern. Bonn 1998.
Carnoy, M.: Volkswirtschaftliche Strukturanpassungen. In: Radtke, F.-O./Weiß, M. (Hrsg.): Schulautonomie, Wohlfahrtsstaat und Chancengleichheit. Opladen 2000, 66-94.
Eichhorn, P./Engelhardt, W.W. (Hrsg.): Standortbestimmung öffentlicher Unternehmen in der Sozialen Marktwirtschaft. Baden-Baden 1994.
Encarnação, J.L./Leidhold, W./Reuter, A.: Szenario: Die Universität im Jahre 2005. In: In: Bertelsmann Stiftung/Nixdorf Stiftung (Hrsg.): Studium online. Hochschulentwicklung durch neue Medien. Gütersloh 2000, 17-29.
Europäische Kommission: Der Weg nach vorn: Die europäische Beschäftigungsstrategie. Luxemburg (Amt für amtliche Veröffentlichungen der Europäischen Gemeinschaften) 1997.
European Commission: European Handbook. Internet at School. Örebro 1998.

European Commission: The Lisbon European Council – an agenda of economic and social renewal for Europe. European Commission (DOC/00/7) 2000.
Glotz, P./Kubicek, H.: Finanzierung virtueller Studienangebote. In: Bertelsmann Stiftung/Nixdorf Stiftung (Hrsg.): Studium online. Hochschulentwicklung durch neue Medien. Gütersloh 2000, 103-137.
Hermans, St.: Die europäische Beschäftigungsstrategie und ihre Bildungsdimension. In: Schleicher, K./Weber, P.J. (2000): Zeitgeschichte Europäischer Bildung 1970-2000. Band I: Europäische Bildungsdynamik und Trends. Münster/New York/München/Berlin 2000, 219-246.
Hornberg, S./Weber, P.J.: Multikulturalität und Mehrsprachigkeit im ‚realen' Europa und im ‚virtuellen' Raum. In: Hornberg, Sabine/Weber, Peter J. (Hrsg.): Neue Bildungsherausforderungen in Europa zwischen Globalisierung und Regionalisierung, Tertium Comparationis Vol. 6, 1/2000, 26-39.
Hutmacher, W.: Ein Konsens über die Erneuerung der Wissensgrundlagen in Bildungssystemen: Gedanken zur internationalen Arbeit auf dem Gebiet der Bildungsindikatoren. In: OECD: Wissensgrundlage für die Bildungspolitik: Beiträge einer OECD-Konferenz in Maastricht vom 11. bis 13. September 1995. Frankfurt 1997, 101-117.
Kim, M.-S.: Bildungsökonomie und Bildungsreform. Der Beitrag der OECD in den 60er und 70er Jahren. Würzburg 1994.
Lewin, K.: Bestandsaufnahme über mediengestützte Lehre an Hochschulen. In: Hauff, M. (Hrsg.): media@uni-multi.media? Entwicklung – Gestaltung – Evaluation neuer Medien. Münster 1998, 63-80.
Littmann, P./Jansen, St. A.: Oszillodox. Virtualisierung – die permanente Neuerfindung der Organisation. Stuttgart 2000.
McMahon, W.: Education and Development. Measuring the Social Benefits. New York 1999.
OECD: Human Capital Investment. An International Comparison. Paris (OECD) 1998a.
OECD: Bildung auf einen Blick. OECD-Indikatoren 1998. Paris (OECD) 1998b.
OECD: The Economic and Social Impact of Electronic Commerce. Paris (OECD) 1999.
OECD: Bildungspolitische Analyse 1999. Paris (OECD) 2000.
Turoff, M.: Costs for the Development of a Virtual University! In: JALN Volume 1, Issue 1, March 1997. Quelle: http://www.aln.org/alnweb/journal/issue1/turoff.htm (Abruf 11.05.1999).
Weber, A.: Humankapital, Schulbildung und Wirtschaftswachstum: Eine kritische Betrachtung der Literatur. In: v. Weizsäcker, K. (Hrsg.): Bildung und Wirtschaftswachstum (Schriften den Vereins für Socialpolitik, Bd. 258). Berlin 1998, 49-76.
Weber, P.J.: Zwischen marktorientierter Globalisierung und plurizentrischem Regionalismus. In: Schleicher, K./Weber, P.J. (Hrsg.): Zeitgeschichte Europäischer Bildung 1970-2000. Band II: Nationale Entwicklungsprofile. Münster 2000, 353-392.
Wigger, B.U./v. Weizsäcker, K.: Bildungsfinanzierung, Ressourcenaustattung und Produktivitätswachstum. In: v. Weizsäcker, K. (Hrsg.): Bildung und Wirtschaftswachstum (Schriften den Vereins für Socialpolitik, Bd. 258). Berlin 1998, 125-144.
Wordelmann, P.: Internationalisierung des Wirtschaftens – Folgen für die Qualifikationsentwicklung in der Berufsbildung. In: Bundesinstitut für Berufsbildung (Hrsg.): Transnationale Zusammenarbeit und Qualifizierung für Europa. Berlin und Bonn (BIBB) 1996, 33-47.

Michael Wimmer

Bildungsruinen in der Wissensgesellschaft
Anmerkungen zum Diskurs über die Zukunft der Bildung

Die Frage nach der Zukunft der Bildung

Anlass für den gegenwärtigen Diskurs über die Zukunft der Bildung sind vor allem gesellschaftliche Transformationsprozesse, in denen rückblickend zwei utopische Strömungen der Neuzeit in ihrer Differenz klar auseinander treten. Mit dem Ende des Realsozialismus in Europa scheint einerseits jede Zukunftsvorstellung verloren, die eine den Status quo transzendierende Perspektive eröffnen könnte. Ist das politische Projekt einer Humanisierung der Gesellschaft in postmoderne Nöte geraten, binden sich auf der anderen Seite die Zukunftsphantasien zunehmend an die technologische Entwicklung, in der das Vollendungsprogramm seiner praktischen Verwirklichung zuzustreben scheint. Statt an der sittlich-moralischen Vervollkommnung um Willen eines politischen Idealzustandes der Gesellschaft wird mit Hochdruck an der Makellosigkeit des Körpers, der reibungslosen Kommunikation und der Unsterblichkeit des Geistes gearbeitet, d.h. an der Aufhebung der Zeitlichkeit und Körperlichkeit als Bedingungen menschlicher Existenz. So bewirken die Technologisierung und Medialisierung der modernen Zivilisation zwar in der alltäglichen Lebenswelt Veränderungen und zeichnen sich auch in der globalen Zukunftsverantwortung der Menschen gegenüber der Natur ab (vgl. Jonas 1979). Aber nach der Erschöpfung politischer Visionen fehlen verbindliche Zukunftsorientierungen, zumal sich die Medialisierung und Technologisierung in ihrer wahrnehmungsstrukturierenden und wirklichkeitskonstituierenden Bedeutung bereits auch auf die Strukturen der Zeiterfahrung auswirkt, die unserem Welt- und Selbstverständnis zugrunde liegen (vgl. Zimmerli/Sandbothe 1993; Lyotard 1989, 89f.).

Die erziehungswissenschaftliche Reflexion steht damit nicht nur vor der Aufgabe einer Diagnose der Wandlungen im Gegenstandsfeld, sondern zu fragen ist auch nach einer diesen Transformationsprozessen angemessenen Antwort, worin also die zukünftigen Aufgaben bestehen und auf welche Welt die nachwachsende Generation eigentlich vorbereitet werden muss. Diese Problematik umfasst die Frage nach den Wirkungen der neuen Technologien und nach der Bestimmung von für die Zukunft unerlässlich gehaltenen Bildungsinhalten und Kompetenzen ebenso wie die Frage nach der Bedeutung des sich wandelnden Verhältnisses zum Wissen und die dadurch eröffneten oder erschwerten Formen der Subjektkonstitution. Wie ist es aber möglich, eine Zukunftsvorstellung zu erlangen, ohne in normative Denkformen zurückzufallen oder den Anspruch aufzugeben, die zukünftigen Aufgaben nach eigenen Kriterien zu bestimmen? Eine Antwort hätte also nicht nur die neuen Anforderungen an die nachwachsende Generation zu bestimmen, sondern auch die Konsequenzen für den eigenen Diskurs zu reflektieren, denn es geht nicht nur um eine Vorstellung zukünftiger Verhältnisse, sondern auch um die Zeit und Wirkung der Vorstellungen selbst.

Wie ist also unter diesen Bedingungen eine Verständigung über die Zukunft möglich, die weder die humanistische Bildungsillusion fortschreibt noch einer Technisierung des Selbstverhältnisses das Wort redet? Die folgenden Überlegungen möchte ich in den Horizont dieser Frage stellen. Zunächst werde ich einige Anmerkungen zum gegenwärtigen Bildungsdiskurs und dem Problem seiner Kritik machen, dann der Frage nach der Bedeutung des Wissens für die neuen Bildungsvorstellungen nachgehen und diese mit einer Beschreibung gegenwärtiger Verhältnisse kontrastieren, um abschliessend zu der Frage nach der Zukunft zurückzukehren.

Die Ökonomisierung der Bildung und das Problem ihrer Kritik

Der gegenwärtige Diskurs über die Zukunft der Bildung ist kaum noch überschaubar in der Vielzahl der sich beteiligenden Stimmen, der Verschiedenartigkeit der Gegenstände und Probleme, der darin enthaltenen differenten Perspektiven, Voraussetzungen und Begriffsverwendungen. Inhaltlich geht es um vielfach miteinander verbundene und aufeinander verweisende Themen, wie z.B. um Bildung als gesellschaftlichem und wirtschaftlichem Standortfaktor, um Lernen in der Wissensgesellschaft, um Leistung, Begabung und Eliten, um Werteverfall und Werteerziehung, um Medien als Bildungschance oder -barriere und die Frage nach der Medienkompetenz, aber auch um die inhaltliche Ausfüllung und Bedeutung von Allgemeinbildung, um die Frage nach einer Ganzheitlichkeit der Bildung sowie um eine Neubestimmung des Bildungsbegriffs. Dass all diese Themen umstritten sind, ist bekannt. Immerhin lassen sich Übereinstimmungen in der Einschätzung der Situation sowie deutliche Tendenzen im Bildungsverständnis in der parteiübergreifenden bildungspolitischen Diskussion, aber auch in weiten Teilen des interdisziplinären Diskurses ausmachen. Dominant, wenn auch mit unterschiedlichen Schattierungen und Akzenten, zeichnet sich auf der einen Seite ein Verständnis von Bildung ab, das in ihr ein zentrales Element und Instrument sieht, angesichts der Dynamik des gesellschaftlichen Wandels und der veränderten Anforderungen die Individuen entsprechend mit Wissen, Kompetenzen und Fähigkeiten auszustatten und zugleich eine gesellschaftliche Akzeptanz der neuen Formen von Arbeit zu erzeugen. Dabei wird unter Bezug auf die Globalisierungsthese Bildung als gesellschafts- und wirtschaftpolitischer Standortfaktor angesehen und versucht, den Bildungsdiskurs durch eine ökonomische Denkform zu vereinnahmen, insofern die Leistungsfähigkeit von Bildung vorzüglich darin gesehen wird, dass sie es den Individuen ermöglicht, sich mit der notwendige Flexibilität und Anpassungsbereitschaft auch auf unvorhersehbare gesellschaftliche Veränderungen und neue Anforderungen im Arbeitsleben einzustellen. Diese als notwendig erachteten Fähigkeiten werden dabei aber zugleich als Eigenleistungen der Subjekte verstanden, die es gilt, durch Bildungsanstrengungen hervorzubringen. Die Vermarktungs- und Verwertungsaspekte von Bildung gewinnen hier Priorität, was sich z.B. in der Profil-Diskussion im Bildungsbereich, in den Implementierungsbemühungen des Total-Quality-Managements sowie in der auf grössere Praxisnähe zielenden Gestaltung von Reformen der Lehrerbildung zeigt. Zentrale Kriterien zur Beurteilung der Bildungsinstitutionen wie der durch sie hervorgebrachten Bildungsprodukte sind Qualität, Effizienz und Leistung, und zwar sowohl bezogen auf das Input-Output-Verhältnis wie auch bezogen auf die Passung zwischen Bildung und Zukunftsfähigkeit. Kurz: Bildung gilt dem Mainstream der bildungspolitischen Reformdiskussion – wie z.T. auch schon früher – als technokratisch-ökonomische Zukunftsinvestion, aber allerdings heute mit einer klaren Erwartung eines messbaren return-of-investement. Welche Strukturwandlungen des öffentlichen Bildungssystems damit verbunden sind, hat Ingrid Lohmann (1999) mit aller wünschenswerten Deutlichkeit gezeigt.

Gegen ein Bildungsverständnis, das unter Bildung allein das Erlernen von Fähigkeiten und Kenntnissen als Mittel der Interessenwahrnehmung im globalen Konkurrenzkampf versteht, werden von anderer Seite die größten Bedenken angemeldet (vgl. Peukert 2000). Nicht nur an der vernünftigen Begründbarkeit vieler bildungspolitischer Forderungen wird gezweifelt, sondern bereits die Möglichkeit der Prognosen wird in Frage gestellt sowie die ihnen zu Grunde liegenden Gegenwartsdiagnosen. Vor allem die Begriffsverwendungen von „Bildung", „Wissen", „Lernen" und die Widersprüchlichkeit der Konzepte bieten aus bildungstheoretischer Perspektive Anlass zur Kritik, da man sich in den Reformkonzepten zum einen explizit auf die Tradition des klassischen Bildungsbegriff beruft, der den Zweck der Bildung im Selbstzweck des Menschen sah, d.h. in der

„Entfaltung und Eigenaufklärung des menschlichen Geistes und der Freiheit des Wollens und Handelns von sozialen und natürlichen Zwängen" (Ruhloff 1997, 24), dass man zum anderen aber Bildungsprozesse ausschließlich an der Elle des Erwerbs gesellschaftlich und ökonomisch nützlicher Qualifikationen misst, Bildung also auf Ausbildung reduziert, mit Wissen identifiziert und mit Lernen kurzschließt. Gegenüber der nicht nur in bildungspolitischen, sondern auch in pädagogischen, sozialen oder kulturellen Fragen dominierenden ökonomischen Denkungsart wird auf den kritischen und widerständigen Elementen des Bildungsbegriffs insistiert, ohne die man, in dieser Perspektive, gar nicht von Bildung sprechen könne, wobei allerdings zugleich konzediert wird, dass der traditionelle Bildungsbegriff als solcher, d.h. mit seinen idealisierenden Bestimmungsversuchen der Menschlichkeit des Menschen und mit seinen weitgehenden Illusionen einer Höherbildung der Menschheit, unhaltbar geworden sei.

So zeigt z.B. Jörg Ruhloff die Pervertierung des klassischen Bildungsverständnisses exemplarisch an den Empfehlungen der nordrheinwestfälischen Bildungskommission „Zukunft der Bildung – Schule der Zukunft" auf, die Bildung als Anpassung an gesellschaftliche, politische, ökonomische und kulturelle Entwicklungstendenzen begreife. Diese z.T. polemischen Kommentare offenbaren aber nicht nur die funktionalistischen Verwertungsintentionen, die sich hinter einer sprachlichen Fassade verbergen, die nach außen die Autonomie und Freiheit des Subjekts zu wahren scheint, sondern auch die Schwierigkeiten des Kommentators, die Perversion des klassischen Bildungsgedankens unter Rekurs auf diese Gedanken selbst zu kritisieren, denn was in den gegenwärtigen Prospekten deutlich wird, ist nicht zuletzt ein problematischer Grundzug der humanistischen Bildungsidee selbst, nämlich Bildung als Selbstbildung zu konzipieren. Dass der klassische Bildungsgedanke immer schon Formen der Selbstkontrolle voraussetzt, das moderne Individuum sich also Techniken der Disziplinierung verdankt, das moderne Subjekt erst mittels Subjektivierungsstrategien sich als autonomes konstituieren kann, dieses spätestens durch Michel Foucault gelüftete Betriebsgeheimnis der humanistischen Bildungstheorie wird in den heutigen Bildungsvorstellungen selbst als Produktivkraft eingesetzt, d.h. nicht kritisch, sondern affirmativ bewertet. Was also die Kritik an den gegenwärtigen Bildungsvorstellungen als Perversion markiert, dass – mit Ingrid Lohmann gesagt – „der ‚freie Bürger', bisher nur Eigentümer seiner selbst und seiner Arbeitskraft", lernen soll, „sich selber als Person" zu bewirtschaften (1999, 190), ist strukturell im klassischen Bildungskonzept selbst enthalten in Gestalt eines spezifischen Selbstverhältnisses, das es den Individuen gestattete, sich den nicht selbstgewählten Anforderungen zu unterwerfen, diese Unterwerfung aber zugleich als Akt der Freiheit zu interpretieren. Der dieses Konzept tragende Gedanke einer allen Menschen gemeinsamen Vernunft ist bekanntlich problematisch geworden, und die Frage, wie sich unter den Bedingungen der fortgeschrittenen Moderne ein Selbst- und Weltverhältnis in Bildungsprozessen konstituieren kann, das weder den „Illusionen von Autonomie" (Meyer-Drawe 1990) erliegt, noch dem Anpassungsdruck nachgibt, ist seither eine der Grundfragen der Bildungstheorie. Doch gibt es kein klares Kriterium, das zu entscheiden erlaubte, ob dieses Selbstverhältnis allein nach Maßgabe eigener autopoietischer Operationen oder eher in einer Relation zum Anderen zu begreifen ist (vgl. Meyer-Drawe 1999). Ebenso wenig gibt es ein unstrittiges Kriterium, das es erlaubte, die Unverzichtbarkeit derjenigen „unproduktiven" Momente von Bildung zu begründen, die in der Reduktion von Bildung auf Ausbildung verloren zu gehen scheinen, wobei die Frage, ob es sich um „unproduktive", d.h. nicht-ökonomische oder anökonomische Momente handelt, keineswegs geklärt ist. Worauf kann sich eine Kritik also dann noch stützen?

Ohne sich also auf eine begründete Neubestimmung des Bildungsbegriffs beziehen zu können, setzt sich diese Kritik der Gefahr aus, dass auch der von ihr als noch heute gültig behauptete Kern des traditionellen Bildungsbegriffs nichts weiter als eine Illusion, Idee oder ein Versprechen sein könnte, von dessen Einlösung man nach 200 Jahren immer noch weit entfernt wäre. Dass man außerdem nicht darauf warten kann, dass die Erziehungswissenschaft endlich einen zeitgemäßen kritischen Bildungsbegriff entwickelt, an dem sich die bildungspolitische Diskussion orientieren könnte, sondern dass dringender Handlungsbedarf besteht, um die Aufgaben und Probleme der Zukunft zu bewältigen, muss gar nicht explizit gesagt werden, um die Funktionalisierung von Bildung für soziale und ökonomische Zwecke zu begründen. Diese Notwendigkeit scheint sich inzwischen von selbst zu verstehen, nicht zuletzt in Teilen der pädagogischen Diskussion, in der die Subordination der theoretischen Reflexion unter die praktischen Erfordernisse eine lange Tradition hat. Um in der Reformdiskussion Gehör zu finden, müsste man schon zeigen können, dass die Wirklichkeitsdiagnosen und die daraus abgeleiteten Realitätsanforderungen, mit denen eine Neukalibrierung des Mensch-Welt-Verhältnisses begründet wird, ökonomisch einseitig und daher fragwürdig sind, dass die intendierte Zukunftsbewältigung mittels einer so verstandenen Bildung eventuell gar nicht möglich ist, dass Bildung als Bedingung der Zukunftsfähigkeit vielleicht gar nicht pädagogisch bewirkt werden kann, und dass das, was bewirkt werden kann, nicht nur keine Bildung, sondern vielleicht auch gar nicht funktional ist. Doch auch das würde nicht unbedingt die dominante ökonomische Denkungsart unterbrechen, da solche Einwände vermutlich nur verstanden würden als Warnungen vor Fehlinvestitionen und nicht als Verpflichtung, diejenigen Bedingungen zu schaffen, unter denen individuelle Bildung – vorerst mit Ruhloff verstanden als „Mut zu vernünftiger Kritik" und als „Fähigkeit eines rückhaltlosen und selbstlosen Durchdenkens der menschlichen Lage" – überhaupt erst möglich werden kann.

Um eine so verstandene Bildung auch für die politische Diskussion als verbindliche Orientierung durchzusetzen, bedürfte es eines begründeten und nicht nur unter Bildungsphilosophen zustimmungsfähigen Nachweises, dass sie nämlich auch unter den gegenwärtigen und zukünftigen Bedingungen nicht nur wünschenswert, sondern notwendig wäre. Ob dies aber von einer Neubestimmung des Bildungsbegriffs erwartet werden könnte, selbst wenn sie sich nicht bereits vorweg als Antwort auf politische, ökonomische oder praktische Imperative verstünde, ist mehr als fraglich. Denn ein solcher Bildungsbegriff müsste nicht nur zustimmungsfähig sein, sondern entgegen der ökonomischen Denkungsart eine derartig normative Kraft entfalten, dass er mit seiner eigenen kritischen Intention und Hochschätzung des problematisierenden Vernunftgebrauchs in Widerstreit geriete. Gegen die ökonomische, soziale und politische Funktionalisierung der Bildung hilft kein Rekurs auf eine Letztbestimmung z.B. des Menschseins, sondern allein unnachgiebige Theorie, die der Versuchung widersteht, politische Handlungsprobleme lösen oder praktische Stellungnahmen wissenschaftlich begründen zu wollen und dabei Theorieprobleme in Moralprobleme verwandelt.

Theoretische Reflexion folgt anderen Regeln, hat aber allein schon deshalb die Zeitlogik der modernen Gesellschaft gegen sich, wie Norbert Bolz (1999) zutreffend bemerkt. Weil das rückhaltlose Durchdenken sich Zeit nehmen muss und also von außen betrachtet scheinbar nicht eilt, verliert es immer mehr an gesellschaftlichem Wert, denn was nicht dringlich ist, kann zurückgestellt werden und disqualifiziert sich selbst. Nur Dringliches führt eine Wertvermutung mit sich, bedarf der Teamarbeit und der Vernetzung, was wiederum Dringlichkeit erzeugt und Wichtigkeit impliziert. Eine solche terminierte Zeit ist mit Nachdenklichkeit unverträglich, so dass nur noch gedacht werden kann, was fristgerecht zu Ende denkbar ist mit dem Resultat einer Art „Fast Food des Wissens" (Bolz 1999, 44). Paradoxerweise produziert gerade die reflexive Modernisierung eine Entwertung ihrer Reflexion, die Beschleunigung aller Prozesse zum Zweck der Zeitersparnis eine Zeitknappheit und die gesellschaftliche Hochschätzung des Wissens die Feindschaft gegenüber theoretischem Denken. Was also in der gegenwärtigen Diskussion um Bildung und ihre Zukunft auf dem Spiel steht, ist nicht nur die Anpassung der Bildungsziele, -inhalte und -formen an die Herausforderungen durch den gesellschaftlichen

Wandel und die Reform des Bildungswesens, sondern die Zukunftsoffenheit der Zeit selbst und damit auch die Möglichkeit des Denkens, der Status von Theorie und die Bedeutung des Wissens.

Lässt sich also etwas gegen die reduktionistischen Bildungs- und Zukunftsvorstellungen vorbringen, das sich nicht nur einer anderen Bewertung oder Wertsetzung verdankt und nicht den Charakter eines bloß utopischen Wunschbildes oder eines Ideals hat? Ist es vielleicht möglich, eine Grenze der Verfügbarkeit über Bildungsprozesse anzugeben, etwas der ökonomischen Denkform Unzugängliches, was diese zwar als Gegeben oder sich vollziehend voraussetzen muss, ohne es aber selbst bedenken und sehen zu können? Ist die Dynamik gegenwärtiger Gesellschaften vielleicht so beschaffen, dass in ihnen selbst widerstreitende Elemente wirksam sind, die jede klare Zukunftsplanung fragwürdig werden lassen? Bezogen auf die momentan gängigen Begriffe Wissensgesellschaft, Bildungsökonomie und Medienwirklichkeit, die weniger als Begriffe denn als Chiffren zu verstehen sind, die erst zu entziffern wären, hieße das, nach der Berechtigung dieser Namen zu fragen, die in vielen Diskursen über die Zukunft der Bildung bereits vorausgesetzt wird. Was ist aber Wissen und hat die Wissensgesellschaft das Vergessen überwunden und das Nicht-Wissen beseitigt? Was bedeutet die Dominanz der Ökonomie über die Bildung und ist das Ökonomische eher als Realitäts- oder als Destruktionsprinzip zu begreifen? Wie ist ein Übergriff möglich, wenn es keine Strukturisomorphien gäbe? Oder lässt sich im Bildungsbegriff die anökonomische Spur einer Grenze der Verwertbarkeit erkennen? Und bedeutet Medienwirklichkeit, dass wir der völligen Beliebigkeit von Konstruktionen ausgeliefert sind, wovon wir uns nur dadurch befreien können, dass wir selbst zu Konstrukteuren werden? Leben wir schon in einer Zeit des Verlusts des Anderen, der Tilgung des Antlitzes durch die mediale Maske, der Verstellung der Zukunft durch selbstgemachte Konstruktionen, oder ist mit Widerständen, Ereignissen, Neuem noch zu rechnen? Wie steht es also heute mit der Bildung, d.h. dem Wissen, Handeln und Hoffen?

Diese Fragen kann ich natürlich nicht beantworten. Sie sollen nur die Perspektive deutlich machen, unter der man den gegenwärtigen Diskurs über die Zukunft der Bildung betrachten kann, wenn man nicht die Hoffnung aufgeben will, Einspruch erheben zu können, obwohl das Gebäude der klassischen Bildungstheorien, von wo aus die Kritik ihre Einwände formulierte, nur noch eine Ruine ist. Dadurch wird sie nicht uninteressant, nur unbewohnbar. Eine derart heimatlos gewordene Kritik muss das „Denken in Ruinen" (Bolz 1996) lernen, anstatt reinen Tisch zu machen und neue Totalitäten zu stiften. In diesem Sinne ist – nebenbei gesagt – der Dekonstruktivismus eine „Ruinenwerttheorie", die sich mit Metaphernruinen beschäftigt und so auf einer neuen Ebene ein „kritisches" Verhältnis ermöglicht bzw. die vakante Stelle der Kritik einnehmen kann. Selbst wenn diese nicht bloß zu einem bloßen „Ornament" geworden ist, wie Bolz behauptet (1999, 17ff.), so hat doch die moderne Gesellschaft das Medium der Kritik zu einem ihrer Entwicklungsprinzipien gemacht, indem sie ihre eigene Negation in sich aufgenommen und sich so gegen Kritik von außen immunisiert hat. Wenn die Wissensgesellschaft von außen nicht mehr kritisierbar ist, wenn man gegen die Medienwirklichkeit nicht mehr die Wirklichkeit selbst ins Feld führen kann, wenn Bildung und Ökonomie keinen Gegensatz mehr darstellen, dann bleibt nur die Frage nach dem, was die schöne Totalität von innen zersetzt und ruiniert.

Wissensgesellschaft und Gewusstseinsbildung

Der Begriff der Wissensgesellschaft hat im Diskurs über die Zukunft der Bildung Begründungsfunktion. Zugleich dient er als Rahmen für die Diagnosen und Prognosen (vgl. Nolda 1996; Wingens 1998; Heidelberger Club für Wirtschaft 1998; Zukunfts- und Bildungswerkstätte 1998; Maar u.a. 2000; Hubig 2000). Die Theorie der Wissensgesellschaft werde ich nicht diskutieren, geht es mir doch nur um die Frage, wie im Bildungsdiskurs mit dem Wissensbegriff operiert wird. Dabei werde ich mich auf den Aspekt des Verhältnisses des Subjekts zum Wissen beschränken.

Die Untersuchungen des Wissens- und des Bildungs-Delphi (Stock/ Wolff/Kuwan/Waschbüsch 1998) gehen von der These einer entstehenden Wissensgesellschaft aus, „in der Wissen für eine Reihe von gesellschaftlichen Aufgaben und Funktionen immer zentraler wird. Dies geht einher mit der Vorstellung, dass die Produktivkräfte Arbeit und Kapital an Bedeutung verlieren, während Wissen an Bedeutung zunimmt" (Kuwan/Waschbüsch 1999, 20). Entscheidend ist dabei „die Vorstellung der Aneignung und Verarbeitung von Informationen durch Personen", was durch das Bildungssystem zu gewährleisten sei. Wissen unterscheidet sich hier von Informationen dadurch, dass diese sinnlose und beziehungslose Partikel seien – gesprochen wird von Bits und Bytes –, wohingegen dem Wissen eine Struktur und Bedeutung eigne, die ihm durch die aneignende Informationsverarbeitung seitens der Subjekts erst verliehen werde (Wolff 1999, 18). Andererseits benötigen die Subjekte bereits Wissen, um diese Ordnungsleistung überhaupt vollbringen zu können. Dieses konstitutive Wissen wird im Wissens-Delphi Allgemeinwissen genannt, das die Allgemeinbildung nicht nur terminologisch verdrängt, weil es eine „ganz eigenständige Funktionalität [...] für die künftige gesellschaftliche Entwicklung" hat, die die Vorstellungen einer „weniger funktional ausgerichteten allgemeinen Bildung" ablöst (ebd., 15). Allgemeinwissen hat die Funktion, den Einstieg, d.h. die Aneignung von Spezialwissen zu ermöglichen, es soll zugleich die Kommunikation zwischen den Spezialwissensbereichen des Expertenwissens herstellen können sowie der Orientierung und Bewertung von Informationen dienen. Liest man das ganze Spektrum dessen, was Allgemeinwissen leisten soll (vgl. ebd., 15f.), dann gewinnt man den Eindruck, dass das, was früher Bildung hieß, nur umgetauft worden wäre. Allerdings würde man dabei verkennen, dass der neue Name auch eine neue Akzentuierung impliziert, weil das, was im klassischen Bildungsbegriff als Eigenleistung der Subjekte im Umgang mit Wissen galt, nun selbst auch als Wissensfunktion aufgefasst wird. D.h. das Wissen und die Bewertung und Bedeutung des Wissens werden auf die gleiche Ebene projiziert, womit suggeriert wird, die Lücke zwischen beiden Ebenen durch Wissensvermittlung und -aneignung schließen und somit das Verhältnis des Subjekts zum Wissen steuern zu können.

Dies ist nur deshalb kein Rückfall hinter das Reflexionsniveau moderner Pädagogik – wie also kognitiv Erlerntes eine verbindliche Bedeutung für den Lernenden gewinnen kann –, weil es 1. nicht mehr in erster Linie um die Konstitution des autonomen Vernunftsubjekts geht, sondern um dessen zweckrationales Verhältnis zum erworbenen Wissen als Produktionsmittel oder verwertbares Eigenkapital, und weil 2. eine subjektkonstitutive, das moralische Urteilen und Handeln bestimmende Bedeutung des Wissens aufgrund dessen sich verkürzender Halbwertszeiten und Spezialisierung eher dysfunktional wäre und nicht anzustreben ist. Vielmehr muss Aneignung und Verarbeitung mit schnell wechselnden Inhalten ohne Bedeutungskonstanzen rechnen, d.h. mit Austausch und Verschiebung. So ist es konsequent, als einzig konstanten Inhalt nur das Lernen selbst zurückzubehalten, das gelernt werden muss, wobei sich das Kriterium der Selektion, Orientierung und Bewertung nicht einer subjektiven Bedeutungsstiftung verdankt, sondern der Verwertbarkeit und Funktionalität des Wissens als Mittel, worüber eben nicht das Subjekt bestimmen kann. Es ist dieser Wert des Wissens, der sich externer Zweckmäßigkeit verdankt, von dem dieser Diskurs über die Bildung überzeugt ist: Dass das Wissen ein Wert ist, austauschbar, herstellbar und verwertbar.

Nicht das Lernen des Lernens ist neu, wie man schon bei Schleiermacher nachlesen kann (er spricht von der „Fertigkeit, Fertigkeiten zu erlangen"), auch nicht dessen Unabschließbarkeit und Totalisierung als überall und lebenslängliche Last, Bürde oder Verpflichtung, sondern neu ist die Behauptung der Gleichzeitigkeit der *Gleichgültigkeit* und *Relevanz* des Wissens: Gleichgültigkeit des je konkret sich wandelnden Wissens, seine durch das Subjekt nur nach Maßgabe der Nützlichkeit zu bestimmende Qualität *und* seine immens gestiegene und sich zukünftig noch enorm steigernde Relevanz für jeden einzelnen und in allen Lebensbereichen (Kuwan/Waschbüsch 1999, 22).

In gewisser Weise wird in diesen Konzepten einer verabsolutierten Subjektvorstellung das Wort geredet und zugleich die Frage nach der Bedeutungskonstitution funktionalistisch gelöst. Das Subjekt bleibt dem Wissen gegenüber distanziert, dem in seiner äußerlichen Mittelqualität eine inhaltliche Beliebigkeit und Austauschbarkeit eignet. Seinen Wert erhält es nur durch seine Anwendbarkeit unter unterschiedlichen Voraussetzung. Das vom Wissen losgelöste Subjekt erscheint so zum einen als absolut autonom, weil das Wissen jede verbindliche Bedeutung für es verloren hat, andererseits als absolut dem Wissen unterworfen, das es sich aneignen muss, will es denn gesellschaftlich bestehen. Welches Wissen es sich aneignen muss, die Maßstäbe seiner Auswahl, liegen nicht mehr in seiner Urteilskompetenz oder in der Qualität des Wissens, sondern allein in seiner von außen gesetzten sozialen Funktion der Lebens- bzw. Arbeitsdienlichkeit und Verwertbarkeit. Da das Wissen keine verbindliche Bedeutung mehr gewinnen kann, das Subjekt sich also auch nicht mehr im Lichte dieses Wissens betrachten und sich an dessen Eigenqualität im Sinne seiner Geltungs- und Kritikbedingungen orientieren kann, die es dann auch „für die Produktion und Verbindlichkeit eigener Ansichten und diesen korrespondierenden Haltungen" (Schäfer 1999, 87) anerkennen könnte, reißt das Verhältnis zwischen Subjekt und Wissen vollends. Zurück bleibt ein ganz und gar leeres Subjekt und ein bedeutungsloses Wissen zu beliebigen Zwecken. Was das Subjekt beim Lernen des Lernens also lernt, ist sich selbst. Dieses Selbst kann dann das Wissensmanagement als Selbstmanagement nach Erfordernissen des Wirtschaftsmanagements steuern. Galt für das moderne Subjekt, sich nicht den Wissensinhalten als objektiven Dogmen zu unterwerfen, wohl aber unter die Geltungs- und Kritikbedingungen des Wissens als kritisch geprüftes, bestätigtes oder revidierbares, durch die es seine soziale Anerkennung gewinnt (ebd., 84f.), so erhält das Subjekt nun die volle Souveränität gegenüber den Wissensinhalten, die nur noch von seiner individuellen Anerkennung abhängig zu sein scheinen, eine Souveränität, die es im selben Atemzug jedoch verliert, weil diese Anerkennung allein von Nützlichkeitskriterien bestimmt ist, über die es nicht verfügen kann.

Offen bleibt die Frage, wie sich ein solches Subjekt – vielleicht nicht nur, aber auch – durch ein solches Wissen konstituieren kann. Das scheint nur möglich zu sein, wenn man annimmt, dass es noch ein anderes Wissen gibt, dem Steuerungsqualität zukommt, quasi ein Verarbeitungsprogramm, in dem Wissen auf Wissen angewendet wird. Weil aber auch das

Wissen genannt wird, kann es sich hier nur um inhaltlich bestimmtes Wissen handeln, das die Lern- und Verarbeitungsfähigkeit vorab programmiert, so dass die behauptete Verarbeitung von Informationen zu Wissen durch Personen nur den Ort kennzeichnet, nicht aber eine diesen Personen und nur diesen zukommende Qualität. Dieses Wissen muss erst implementiert werden, um seine Funktion erfüllen zu können, die zugleich den Schein einer Eigenleistung des Subjekts mit sich bringt. Oder anders gesagt: Das Subjekt wird von den Wissenssystemen als deren Funktion erzeugt, die darin besteht, dass das Wissen sich auf sich selbst beziehen kann. Das Subjekt ist nur noch der Ort, wo das stets revidierbare und sich verändernde Wissen gewusst werden kann, dessen Bildungswert sich deshalb auf das Gewusstwerden reduziert: Bildung wird zur Gewusstseinsbildung.

Die Wortfügung „Wissensgesellschaft" suggeriert mithin, die wissenschaftlich-technologischen Infrastrukturen von heute ließen sich komplikationslos Subjekten oder einer Menschheit zuschreiben. Dabei macht es schon die virtuelle Omnipräsenz des Weltwissens fraglich, ob so etwas wie Wissensmanagement überhaupt noch möglich ist (vgl. Nassehi 2000). Kittler sieht in der gegenwärtigen Entwicklung deshalb eine irreversible Verselbständigung der Wissenssysteme: „Seitdem Computerprogramme gelernt haben, über das Überleben des Optimums zu streiten, seitdem die nächsten Computergenerationen nunmehr von ihrer Elterngeneration – also nicht mehr von Ingenieuren – entworfen, gebaut und durchgetestet werden können, ist das Wissen in eine Rückkoppelungsschleife verstrickt, die kaum mehr auftrennbar scheint" (Kittler 2000, 59). Ebenso habe das Wissen von der Natur längst aufgehört, „wie einst in Königsberg so genannte Erkenntnisse über eine so genannte Erscheinungswelt zu liefern. Was die Physiker an Daten noch erreicht, haben computergesteuerte Experimente schon zuvor in Computer und deren Statistikprogramme geschickt. Ganz entsprechend ist das Wissen von den Maschinen in eine Rückkoppelungsschleife mit den Maschinen selber geraten" (ebd., 61). Das Erwachen aus dem anthropologischen Schlaf ist in dieser Perspektive kein Menschenwerk, sondern das der Technik und der Wissenssysteme, in denen „Denken und Sein sich ins Selbe verwinden". Nico Stehr formuliert dies etwas milder: „Wissenschaft und Technik produzieren einen wachsenden Ausschnitt unserer Realität, während unser intellektuelles Vermögen, diese Veränderungen zu begreifen, zunehmend von wissenschaftlichen Ideen gesteuert wird" (Stehr 1994, 17), was zugleich die Gefahr bedeute, dass die mit der Wissenschaft verbundenen Hoffnungen durch die Wissenschaft in ihr Gegenteil verkehrt werden könnten, ohne dass der Mensch wirklich noch in der Lage wäre, dies anders denn durch Wissenschaft zu erkennen.

Gewiss, dies ist eine Überzeichnung, und so ist es von den Experten und Autoren des Wissens- und Bildungs-Delphi wohl auch nicht ganz gemeint. Dennoch liegt diese Struktur in der Konsequenz, wenn man die Differenz zwischen Bildung und Wissen zugunsten einer Selbstbezüglichkeit des Wissens aufgibt, durch die das Subjekt ausgeschieden wird. Die Qualität des modernen wissenschaftlichen Wissens wird systematisch ausgeblendet und so getan, als sei es schon ausgemacht, dass sich die Geltungskriterien wissenschaftlichen Wissens von kognitiv-methodologischen zu sozialen und politischen, von epistemologischen zum gesellschaftlichen Verwendungszusammenhang verschoben hätten, wie es in einigen Modernisierungstheorien behauptet wird (Weingart 1983; Beck 1982). Wie dem auch sei – die Entkoppelung von Subjekt und Wissen lässt zur Hintertür die Bedeutungsdimension des Wissens für die Subjekte wieder hinein, die zuvor verabschiedet zu sein schien. Dass das völlig entleerte Subjekt in sich selbst keinen Halt mehr finden kann (Gamm 1997), wird als Risiko und als Chance der Wissensgesellschaft gesehen. Neben den Risiken des Wissenswachstums, des Zugangs zum Wissen, seiner Verlässlichkeit und seiner ungleichen Verteilung sind hier besonders die Anfälligkeit der Individuen für politische Indoktrination und Manipulation bedeutsam sowie eine zunehmende „Irrationalismustendez in der immer komplexeren, entzauberten Welt der Wissensgesellschaft" (Kuwan/Waschbüsch 1999, 24). Gefährlich ist dies, weil die Menschen an bestimmte Inhalte glauben und glauben wollen, weil sie keine eigenen Urteilskriterien mehr haben, die es ihnen erlaubten, das Wissen kritisch zu prüfen und zu hinterfragen. Des weiteren wird aufgrund „der globalen Verfügbarkeit identischer Informationen ein Verlust regionaler und kultureller Identität" (ebd.) befürchtet. Derselbe systematische Grund der Risiken wird aber in Anspruch genommen, wenn von den Chancen die Rede ist, nämlich die Menschen durch Inhalte beeinflussen, ihnen Werte und Identitätsgefühle vermitteln zu können: „Weltanschaulich-ethische und politische Bildung und Erziehung gewinnen an Bedeutung" und immer wichtiger werde „die orientierungs- und identitätsfördernde Rolle von Bildungsinstitutionen" (ebd.).

Ohne hier auf die Wertediskussion eingehen zu wollen: Dass sie geführt wird und werden kann, hängt wohl damit zusammen, dass dieser Diskurs um Wissen und Lernen in der Wissensgesellschaft vom Wert des Wissens überzeugt ist, ohne dies aber eigentlich zu wissen, weil das Wissen nur als Wert gesehen wird. Und weil das nicht gewusst wird, fordert man eine zusätzliche Werteerziehung und verkennt dabei, dass 1. in der Moderne gerade die Wertlosigkeit als der einzige Wert gilt, der wertvoll ist (vgl. Schäfer 2000), und dass 2. diese Vorstellung von Allgemeinwissen – pädagogisch umgesetzt – praktische Werteerziehung schon *ist*, wobei zugleich dieses Nicht-Wissen um diesen Wert konstitutives Element dieses Allgemeinwissens ist, wodurch dieses Wissen – aus der Perspektive der kritischen Bildungstheorie – als Wissen wertlos wird.

Kurz: Der im Wissens- und Bildungsdelphi verwendete Wissensbegriff, der den Bildungsbegriff mit seinen angeblich funktionslosen Momenten ersetzen soll, kann das Problem der Subjektkonstitution durch Wissen nicht plausibel machen, weil es entweder als Informationen zu Wissen verarbeitendes Subjekt bereits vorausgesetzt wird, oder weil es, soll es sich durch Wissensaneignung und Lernen erst konstituieren, selbst nur als vom Wissenssystem verarbeitetes Resultat in Erscheinung tritt. Die implizite Bildungsvorstellung wäre, wenn nicht das Gegenteil, so doch nur die eine Seite von Bildung, diejenige nämlich, die, wäre sie alles, keine Bildung mehr wäre, weil sich in ihr nur die Ansprüche des Weltpols manifestierten, denen ein abstraktes, leeres Subjekt gegenüber stünde.

Natürlich entspricht das nicht den Intentionen der Experten und Autoren. Für sie geht es mit dem Begriff der Wissensgesellschaft gerade um das Problem der Bewertung von Informationen (v. Rosenbladt 1999, 55), um die Orientierung in der Datenflut und um Selektionsfähigkeit, um Kompetenzen in Erschließung und im Umgang mit Wissen. Doch da ohne Differenzierungen mit dem Wissensbegriff alles abgedeckt wird – Kompetenzen, Handlungsfähigkeiten, Kommunikationen, Orientierung, persönliche Werte, wissenschaftliches Wissen –, bleibt nichts übrig, außer eben Wissen und Gewusstsein. So könnte man mit Günther Dohmen fragen, „ob nicht die notwendig konstruktiv-lernende Verarbeitung einer wachsenden Fülle von disparaten Informationen zu sinnvollem Wissen zusammen mit der dafür zentralen Kompetenzentwicklung eher den Leitbegriff einer neuen ‚Bildungsgesellschaft' rechtfertigen würde" (Dohmen 1999, 53). Doch der Bildungsbegriff verträgt sich nicht mit dem der Wissensgesellschaft, der „die Betrachtung und das Durchdenken der modernen Gesellschaft unter einer neuen Perspektive" (ebd., 49) ermöglicht und es erlaubt, „die Spreu vom Weizen zu scheiden", wie es im integrierten Abschlussbericht heißt (Stock u.a. 1998, 97f.). Was die Spreu ist, wissen wir jetzt: der nicht-funktionale Bildungsanteil, das, was nicht Wissen, was anders als Wissen ist. Doch was Wissen ist, wissen wir damit nicht, und nicht nur wir nicht. Zwar ist die „Wissensgesellschaft die Gesellschaft, die mehr und mehr Probleme mit dem Wissen hat", wie Heimfried Wolff sagt, doch das erklärt nicht den Begriff des Wissens selbst, der als nicht mehr definierbar gilt, „so dass uns nur das Wort noch bleibt, um etwas zu bezeichnen, das gleichzeitig wichtig und unfassbar ist" (Wolff 1999, 17). Noch unfassbarer ist es dann allerdings, welche doch recht konkreten Vorstellungen und bildungspolitisch wirksamen Überlegungen und Konsequenzen bezüglich des Umgang mit diesem Unfassbaren formuliert werden.

Problematisch ist nicht, dass man nicht angeben kann, wie der Begriff des Wissens definiert werden könnte. Darin stimmen selbst die Wissenstheoretiker überein. So schreibt z.B. Nico Stehr: „Die eher undifferenzierte Behandlung oder besser Nichtbehandlung von Wissen selbst ist das größte theoretische Defizit existierender Theorien der modernen Gesellschaft, in denen dem Wissen eine zentrale Rolle zugeordnet wird. Der Mangel an Wissen über Wissen in den Sozialwissenschaften ist allerdings noch verbreiteter. Trotz der Tradition der Wissenssoziologie [...] ist das Wissen über Wissen sehr beschränkt" (Stehr 1994, 201). Aber im Unterschied zu den meisten Beteiligten am gegenwärtigen Diskurs über die Zukunft der Bildung in der Wissensgesellschaft werden die damit verbundenen Ambivalenzen und Paradoxien in der Entwicklung moderner Wissensgesellschaften nicht vernachlässigt. So sind z.B. Wissenschaftsfortschritte „unter Umständen mit entgegengesetzten Entwicklungen verbunden, und zwar mit einer wachsenden Fragilität der Gesellschaft" (ebd., 14), der „Effekt der Wissenschaften auf die moderne Lebenswelt impliziert nicht unbedingt, dass sich jedermann eine Art wissenschaftliche Weltanschauung zu eigen macht oder gezwungen ist, dies zu tun; [...] die kognitiven ‚Produkte' der Wissenschaft [...] (haben nicht) immer nur eine instrumentelle Rationalität; [...] das alltägliche Denken (wird nicht unbedingt) mit dem wissenschaftlichen Denken identisch" etc. (ebd., 15). Kurz: „Der wachsende soziale und intellektuelle Einfluss von Wissenschaft und Technik geht [...] entgegen den herkömmlichen Vorstellungen Hand in Hand mit einer erhöhten Kontingenz und Fragilität sozialen Handelns in der modernen Gesellschaft [...] die wachsende Transformation sozialer Bindungen und Wertvorstellungen durch Wissenschaft und Technik und eine erhöhte Kontingenz sind Teil des Wandels der Industriegesellschaft in eine Wissensgesellschaft" (ebd., 16).

Neben dem Paradox, dass sich gerade zu einer Zeit, in der die positiven Wirkungen der Wissenschaft nachlassen, der Einfluss wissenschaftlichen Wissens und technischer Artefakte auf alle Lebensbereiche ausdehnt und verstärkt, ist es vor allem das Dilemma der zunehmenden Unkontrollierbarkeit der Resultate rationaler Problemlösungen, das die Wissensgesellschaft auszeichnet, dass also Probleme, die aus Problemlösungen resultieren, tendenziell unlösbar werden: „Obwohl Ursachen und Art der gesellschaftlichen Veränderungen heutzutage in vielen Fällen auf die Wissenschaft zurückgehen, entziehen sich die Strukturen dieser Veränderungen und die resultierenden Handlungsmuster paradoxerweise zunehmend der ‚rationalen' Kontrolle, Planung, ‚Programmierung' oder Vorhersicht. ‚Zufällige', nicht-antizipierte Folgen, nur schwer erkennbare Risiken, sich selbst erfüllende bzw. sich selbst eliminierende Prognosen spielen gegenwärtig eine signifikant größere Rolle als noch in den sogenannten Industriegesellschaften" (ebd., 20).

Woher also nehmen die Bildungsexperten die Sicherheit ihrer Aussagen und Prognosen mit Blick auf 2020? Ist es nur Expertendünkel, dass man meint, man könne es schon und wolle es in Zukunft nur noch besser machen? Wie dem auch sei, man weiß nicht, was Wissen ist, sagt aber, wie man mit ihm – nicht dem Nicht-Wissen, sondern dem Wissen – umgehen muss, und man macht es auch gleich vor, indem man Wissen vorgibt, das die Spreu vom Weizen trennt, so dass man nicht mehr den Unterschied zwischen Wissen und Gewusstem, Inhalt und Bedeutung, Wissen und Bildung erkennen kann.

Das sich zersetzende Wissen

Die Rationalisierung aller Lebensverhältnisse und die Verwissenschaftlichung der Lebenswelt sind gelungen und gescheitert zugleich. *Gelungen* ist dieser Prozess, insofern die Modernisierung alle gesellschaftlichen Sphären erfasst hat und alle Prozesse in Ökonomie, Politik, Wissenschaft und Konsumwelt nach Maßgabe eines den je eigenen Kriterien gehorchenden Kalküls in einer abstrakten, selbstgesteuerten und rückgekoppelten Verfahrenslogik ablaufen (vgl. Luhmann 1997). Die exklusive Disjunktionslogik hat sich im binären Code als Maschinensprache verabsolutiert, die sich als die Quintessenz der zu absoluter Reinheit gekommenen formalen Gesetze des Denkens in einer Geist-Maschine verselbständigt hat, in der sich diese Form menschlicher Rationalität als Menschengeist manifestiert. Der Computer wurde zur „Metapher des Geistes" (Bolz 1992, 156ff.) und hat zur kommunikations- und informationstechnischen Formierung des Sozialen geführt: Schlusspunkt des Prozesses, in dem die Welt zum Bild wurde (vgl. Heidegger 1980, 73-110), über die der zum Subjekt gewordene Mensch glaubte, absolute Verfügung zu besitzen, zu einer Welt reiner Immanenz, in der der Mensch nur noch sich selbst begegnet und in der es nichts wirklich Neues gibt. *Gescheitert* ist dieser Prozess, weil jenseits der Immanenz des Imaginären das Paradoxe in den realen Verhältnissen selbst erscheint, erzeugt auch durch den ungeheuren Beschleunigungseffekt und die Komplexitätssteigerung der vernetzten und rückgekoppelten Systeme und dem rapiden Anwachsen der in Datenströmen zirkulierenden Wissensmenge.

Dieser gegenläufige Prozess spaltet jede Eindeutigkeit zur Pluralität möglicher Versionen, vernebelt die angestrebte Transparenz durch eine neue Unübersichtlichkeit und opake Undurchdringlichkeit der Objekte, unterläuft jede Notwendigkeitsbehauptung durch die gleichzeitige Gewährung anderer Möglichkeiten und zersetzt den Wirklichkeitsbegriff durch fiktionale Konstruktionen. Zu der Erkenntnis dieser Prozesse und Antinomien haben auch und vor allem die Wissenschaften beigetragen, selbst wenn sie ihr Wissen auf der Basis von Selbsttäuschungen erworben haben sollten und auf der Suche nach ganz anderen Erklärungen auf die paradoxale Logik moderner Gesellschaften gestoßen sein sollten, wie Bauman behauptet (1995, 282). So scheint es, dass der ganze Prozess einer ihn übergreifenden zirkulären und paradoxalen Logik folgt, wonach die Intentionen von ihren Wirkungen durchkreuzt und verkehrt werden und die zu bearbeitenden Probleme als Resultate von Problemlösungen anzusehen sind und dadurch den Charakter der Unlösbarkeit bekommen haben. So zeigt Bauman, dass die Kontingenzbewältigung durch Reinigung der Bedeutungs- und Klassifikationssysteme von Ambivalenzen in einem Teufelskreis notwendig, unaufhaltsam und selbstzerstörerisch neue und mehr Ambivalenzen erzeugen muss, d.h. dass das Problem durch seine Lösung potenziert, dass das Mittel durch die Ursache verstärkt wird, deren Abschaffung der Zweck war, oder kurz, dass man die Wirkung mit ihrer Ursache kurzschließt, diese so unwillentlich verstärkt und mehr Wirkungen erzeugt etc. (vgl. ebd., 14ff., 279f.). Deshalb spricht er von einer „Wahlverwandtschaft" bzw. Isomorphie zwischen dem Kampf gegen Ambivalenzen „und dem Auftauchen der antinomischen modernen Kultur" (ebd., 194).

Auch Gerhard Gamm konstatiert einen Zusammenhang zwischen dem Projekt der Transformation der Welt in prädikativ bestimmtes Wissen über sie mit dem Ziel der kausalen Analyse und Berechenbarkeit und den diesen Zielen widersprechenden Resultaten im philosophischen Diskurs der Moderne (vgl. Gamm 1994) sowie in den gesellschaftlichen Verhältnissen, wie sie von sozialphänomenologischen Studien dargelegt werden. „Die moderne Gesellschaft konfrontiert uns mit einer paradoxen Situation: auf der einen Seite eine ungebremste Ausdifferenzierung von Gesellschaft und dem Wissen über sie, auf der anderen ein beängstigender Zuwachs an Diffusität. Je bestimmter, das heißt analytisch differenzierter, genauer, in immer mehr Variablen und Kombinationen zerteilt, man die Gegenstände oder Ereignisse beschreibt, desto unbestimmter, bloß wahrscheinlicher und mehrdeutiger wird das Wissen darüber, wie sich ein System oder Gegenstand tatsächlich verhalten werden. Je unbedingter Philosophie und Wissenschaft versuchen, etwas ganz sicher zu wissen, desto größer geraten die Unsicherheitsmargen" (Gamm 1999, 51). Dieser Prozess wird nicht nur immer komplexer, sondern entzieht dem kategorialen Begriffssystem, mit dem diese Entwicklungen erfasst werden sollen, die Grundlage, so dass man mit zunehmender Steigerung und

Ausdifferenzierung des Wissens immer weniger weiß, was Wissen ist und was man in diesem Wissen eigentlich weiß.

Die gesellschaftliche Entwicklung produziert ständig und mehr und sich beschleunigend Probleme, für die sie keine Lösungen hat, und hat sie sie, werden sie in diesen Kreislauf investiert, der ihn beschleunigt, anstatt ihn zu bremsen. Sind Paradoxien Formeln für Prozesse des Scheiterns, dann wäre das Projekt der Moderne nicht nur gescheitert, sondern bereits in den „Zustand" einer sich selbst generierenden und reproduzierenden absoluten Selbstreferenz eingetreten, deren Motor die Bewältigungsmanie und der Lösungszwang von Paradoxien wäre, die aus dem Scheitern der Bewältigungsversuche resultieren. Oder anders gesagt: Die Lösungsstrategie von Paradoxien besteht selbst in der Form der Paradoxierung mit dem Effekt einer sich verstärkenden Rückkoppelung der Wirkungen auf die Ursachen. Diese Struktur eines mit sich selbst rückgekoppelten Systems gleicht einer absolut gewordenen Subjektivität im Sinne einer total gewordenen und spiralförmig aufsteigenden Reflexivität eines Verhältnisses, das sich zu sich selbst verhält, gefangen in einem Teufelskreis. Jeder Versuch, eine Lösung zu finden, ist in dieser Perspektive Bestandteil des Prozesses, der kein Außen mehr kennt, und steht deshalb in Gefahr, diese selbstgemachten Probleme zu vermehren, d.h. in Form von Lösungen etwas herzustellen, was man sich nicht vorstellen kann. Der Glaube, Lösungen zu finden und den Prozess beherrschen zu können, dieser Glaube, der ein integrales Element dieses Prozesses ist, beruht auf einer perfekten Selbsttäuschung und zuweilen auf einer gewollten.

Bildungsruinen: Wissen, Handeln, Hoffen und der Mensch heute

Wenn diese zeitdiagnostischen Aussagen die Situation der gesellschaftlichen Verhältnisse bzw. die Verflüssigung jeder Form von stabiler Verfasstheit in etwa treffen, dann lassen sich die Beziehungen der Menschen untereinander und zu sich selbst auch nur noch paradox formulieren. Oder anders gesagt: Wenn die westlichen Gesellschaften und die traditionell abendländisch genannten Kulturen sich nur noch in antinomischen Formeln beschreiben lassen, dann ist die Vermutung kaum von der Hand zu weisen, dass ihr Grund aus Unvereinbarkeiten, Rissen und Abgründen besteht, die im Scheitern ihrer Vereinheitlichungsbemühungen, Synthesebildungen und Fundierungsbemühungen zu Tage treten, wobei dieses Scheitern selbst auch nur ambivalent oder paradox bestimmbar ist, insofern das Gelingen in ihm nicht bestritten werden kann. Denn die in diesem Prozess zu Tage tretenden Desillusionierungen ermöglichen es dem Denken, seine eigenen Aspirationen als problematische zu entdecken und sich von Illusionen und einer Emanzipationsphantasie zu emanzipieren, die als in ihre verhängnisvollen Wirkungen verstrickt erkannt werden können. Wollte man diese Wirkungen beschreiben, so wäre neben den oben angesprochenen Antinomien und Paradoxien der Moderne vor allem an die Pathographie des modernen Subjekts bzw. der Intersubjektivität zu denken, an den „implosiven Narzissmus" des „autistischen Neutrums" (Kamper 1986, 83ff., 92ff.) sowie an die vielen Formen der Gewalt gegenüber dem inneren und äußeren Anderen.

Verschiebt man so den Akzent von der objektiven, gesellschaftlichen Seite auf die eher kulturell zu nennende Seite der denkenden, handelnden und hoffenden Menschen und versucht man, 200 Jahre nach der Erstveröffentlichung von „Immanuel Kants Logik – ein Handbuch zu Vorlesungen" die dort genannten vier Fragen der Philosophie ihrem Weltbegriffe nach zu beantworten, dann ergibt sich unter Berücksichtigung der o.g. Diagnoseversuche ein weniger problematisches als vielmehr paradoxes Bild:

Das *Wissen* weiß nicht mehr, was Wissen ist. Nicht nur ist das Nicht-Wissen mit dem Wissen zugleich exponentiell gewachsen, sondern es ist zunehmend weniger in der Lage, seine Aufgabe zu erfüllen, das Gegebene in Bestimmungen festzustellen. Satt dessen ist es mit dem *Unbestimmten* konfrontiert, an dessen Karriere es selbst mitgewirkt hat und von dem der Begriff des Wissens nun selbst affiziert wird.

Das *Handeln*, dem das Wissen keinen sicheren Rückhalt mehr gewähren kann, um Zwecke und Mittel eindeutig aufeinander abstimmen zu können, um planvoll und zweckrational tätig werden zu können, um Probleme eindeutig identifizieren und zwischen Alternativen nach klaren Kriterien rational begründete Entscheidungen treffen zu können, das Handeln also ist konfrontiert mit dem *Unentscheidbaren*. Abgesehen davon, dass auch der Wille, vom Unbewussten durchkreuzt, oft nicht mehr weiß, was er will, wird die Unentscheidbarkeit noch dadurch verschärft, dass die Probleme aus ihren Lösungen resultieren und aus den ihnen vorausgehenden Entscheidungen. Nicht nur die Frage, welche von verschiedenen Möglichkeiten man wählen soll, ist in vielen Fällen kaum noch eindeutig entscheidbar. Das eigentliche Problem besteht vielmehr darin, dass die Frage, ob Entscheidungen überhaupt noch möglich sind, unentscheidbar wird. Rational begründetes zweckorientiertes Handeln wird immer mehr abhängig erstens von Fiktionen, da die Ausgangsbedingungen der Entscheidung kontrafaktisch als stabil und konstant unterstellt werden müssen, während sie sich bereits im Vollzug der Handlungsumsetzung verändern, und zweitens von bewusster Ausblendung der personellen, systemischen, sachlichen und temporalen Konsequenzen des Handelns. Denn „könnten wir immer alle Folgen unseres Handelns voraussehen, würden wir ernsthaft darüber nachdenken, zunächst über die unmittelbaren Folgen, dann die möglichen, die wahrscheinlichen, die vorstellbaren", dann würden „wir uns schon beim ersten Gedanken kaum vom Fleck rühren" wie José Saramago in seinem Roman „Die Stadt der Blinden" (1999, 101) schreibt.

Das *Hoffen*, das in der christlichen Trias von Glaube, Liebe, Hoffnung als Element für „das emotionale Fundament menschlicher europäischer Welterfahrung" (Kamper 1998, 26) unerlässlich ist und eine Beziehung zum Fundamentalen – wie der Glaube zum Unbeweisbaren und die Liebe zum Axiomatischen – ermöglichte, ist grundlos geworden wie das Vertrauen (vgl. Wimmer 2000). Seit das Mitleid mit dem Anderen unter Verdacht steht, mehr Schaden zu bringen als Hilfe, wie Nietzsche meinte, und seit die Nächstenliebe als verkappte Form der Selbstliebe ihre Gutheit verloren hat und sich der Altruismus als eine verborgene Form der Aggressivität herausgestellt hat (vgl. Lacan 1973, 70), ist nicht nur „Zeit für gemischte Gefühle" (Kamper 1998, 26), sondern das, worauf das Hoffen sich nur noch richten kann, ist das *Unmögliche*, das, was es nicht gibt, was nicht wirklich und auch nicht notwendig ist, was aber doch für möglich gehalten werden muss, wenn man überhaupt noch von Hoffnung sprechen will.

Und der Mensch ist, wie oben schon ausgeführt, selbst ein rätselhaftes und paradoxes Wesen, Geist und Körper, Subjekt und Objekt, Ich und Anderer zugleich, ein Wesen, das, wenn es nur das eine sein will, aufhört, ein Mensch zu sein, und das, wenn es nur das andere sein will, dem Wahnsinn verfällt oder dem Tod. Seine historisch-anthropologischen Forschungen zum Schicksal des Menschen in der abendländischen Zivilisationsgeschichte und Kulturentwicklung gewissermaßen bilanzierend, schreibt D. Kamper: „Die Purifikation, die anthropologisch in der Konstruktion einer genuin menschlichen Welt passierte, ist auf Vernichtung hinausgelaufen. Der Körper ist der Verlierer des Krieges, der Geist der Gewinner. Aber was für ein Geist? Und was für ein Körper? [...] Alles konvergiert auf dieses Ziel hin, in dem der oberste Wert der Menschheitsentwicklung: die Himmelfahrt vom Zeitlichen ins Überzeitliche, vom Irdischen ins Ewige, sich als die Installation einer Welt entschleiert, in der weder gelebt noch gestorben werden kann. [... Es] wurde eine fatale Ewigkeit erreicht: reine Selbstbezüglichkeit ohne irgendein Anderes [...]: reine Immanenz" (ebd., 27).

Dieses düstere, apokalyptisch anmutende Bild mag einseitig überzeichnet erscheinen. Doch selbst wenn man es freundlicher zeichnet und die positiven Errungenschaften westlicher Gesellschaften stärker herausstellt, bleibt festzuhalten, dass die Visionen der Aufklärung und die Utopien der frühen Moderne gescheitert sind. Dieses Bild, von dem man auch Aufschluss erwarten muss über die Zukunft des Bildungsgedankens, dieses Bild ergibt sich, wenn man nur noch das Mögliche zurückbehält, nachdem das Wirkliche sich in Konstruktionen verflüchtigt hat und die Notwendigkeit sich nicht mehr begründen lässt. Die Kontingenzdebatte, in der diese Situation diskutiert wird, müsste die Frage beantworten können, ob man ohne Wirklichkeitskonstruktionen und -fiktionen und Notwendigkeitserzwingungen und -illusionen leben kann und welche Möglichkeiten bleiben, nachdem es nur noch Möglichkeiten gibt. Unter einem anderen Blickwinkel könnte eine Antwort auf die Frage darin liegen, dass die Verschiebungen im kategorialen Begriffssystem es erlauben, sich weniger an der Kontingenzproblematik zu orientieren als eher die Frage nach dem Anderen, dem Neuen und der Gerechtigkeit zum Leitfaden zu nehmen und damit das, was der Kontingenzbegriff ebenso wie die traditionelle Reflexion ausblendet: das Unmögliche, Unwirkliche und Unentscheidbare. Diese negativen „Kategorien", „Begriffe" oder „Modalitäten" sind Grenzbegriffe und als solche Synonyme des Paradoxen. Allerdings ist ihr Sinn negativ nur unter der Voraussetzung eines zu rettenden Vernunftsubjekts. Im Kontext eines Denkens des Anderen bleiben es zwar negative Ausdrücke, aber sie erhalten einen positiven Sinn, insofern sie auf ein Außen verweisen, das unter den Bedingungen der philosophischen Sprache aber nur als das Andere des Denkens, als das Unsagbare und Undenkbare ausgesagt werden kann. M.a.W. es sind Chiffren einer Erfahrung, der zur Sprache verholfen werden soll, um aus der Gefangenschaft redundanter Selbstbezüglichkeit auszubrechen oder wenigstens die Geschlossenheit des Immanenzraumes zu öffnen. 200 Jahre, nachdem Kant die Fragen nach dem Menschen gestellt hat, scheint mir eine solche Verschiebung der Frage nach dem Menschen zur Frage nach dem Anderen geboten, wenn die Frage nach einem Bildungsbegriff zur Diskussion steht, der unter den gegebenen Bedingungen dessen kritische Intentionen aufnehmen und wahren kann. Dazu wäre es aber unerlässlich, ein anderes Verhältnis zum Unvereinbaren, Paradoxen, Aporetischen einzunehmen, als in den bisherigen Umgangsweisen.

Um ein kurzes Resümee zu ziehen: Folgt man der autodekonstruktiven Bewegung des Wissens, wie ich es hier nur andeuten konnte, wird eine Grenze deutlich, die die sogenannte Wissensgesellschaft bis in ihre Verästelungen hinein durchzieht und von der her sich die Konstrukte der Bildungsreformatoren als unhaltbar erweisen. Nicht, dass sie keine Wirkungen haben würden – sie haben schon eingesetzt, bevor die Experten die Zukunft in ihren prognostischen Blick nahmen. Nur werden sie den Erwartungen wohl nicht entsprechen. Ähnlich könnte man, anstatt Bildung und Ökonomie als feindliches Verhältnis aufzufassen, das Ökonomische der Bildungskonzepte analysieren und umgekehrt das an-ökonomische Moment im Ökonomischen aufspüren, da es, als Ausgeschlossenes, vielleicht auch dort eine Spur seines Ausschlusses hinterlassen hat. Und im Diskurs über die Medienwirklichkeit, der im erziehungswissenschaftlichen Kontext vor allem ein Diskurs über Wirkungen der und Umgangsweisen mit den Medien ist, ließe sich zeigen, dass die immer noch dominante Differenz zwischen Humanität und Technologie ein Drittes systematisch ausschließt und der Verkennung Vorschub leistet, es gebe überhaupt ein unbeschriebenes Subjekt und eine nicht-mediatisierte bloße Wahrnehmung und Wirklichkeitserfahrung. Im Bildungs-Delphi ist die Rede von der „Gefahr von wachsenden Primärerfahrungsdefiziten bei Kindern, die in zunehmend mediatisierten und virtualisierten Lebenswelten aufwachsen", um dagegen „Lernen in Ganzheitlichkeit, physische Lebenswelterfahrung, Entfaltung aller Sinne und Selbsterfahrung in sozialen Bezügen" als „elementares Rüst-Zeug" in Stellung zu bringen (Kuwan/Waschbüsch 1999, 25), ohne in ihrer eigenen Metaphorik zu bemerken, dass auch diese Unmittelbarkeit bereits bewaffnet ist. Die Denkmöglichkeit eines Außen ergibt sich erst im Durchgang durch die Erkenntnis, dass alles bereits mit der Vermittlung anfängt. Dies bleibe ich hier schuldig, um noch einmal die Frage nach der Zukunftsvorstellung aufzugreifen.

Der Riss in der Zeit und das Erbe der Zukunft

Die Krux von Zukunftsvorstellungen, so könnte man sagen, liegt darin, dass sie sich vor die Zukunft stellen und sie damit zustellen im doppelten Sinne: zum einen verstellen sie die Zukunft und verbergen sie dadurch, und zum zweiten wirken sie ungewollt mit an einer Zustellung der Zukunft im Sinne einer Sendung, einer Schickung oder einem Geschick, das die Subjekte als Absender erwarten und von dem sie zugleich als Adressaten überrascht und enttäuscht werden. Die Zukunftsvorstellungen verkennen ihre eigene Zeitlichkeit, indem sie sich an den Anfang setzen und sich für ursprünglich halten. Was sich also im Handeln verwirklicht, ist nicht nur die Vorstellung, sondern immer auch das, was von dieser verstellt wird und im Resultat die angestrebte Harmonie zerstört. Die vorgestellte Zukunft wird durch die Zeitlichkeit der Vorstellungen, die das Subjekt zu beherrschen glaubte, subvertiert (vgl. Lacan 1973, 143).

Wie kann man dann aber – nicht nur in der Erziehungswissenschaft – überhaupt noch von Zukunft sprechen? Lässt sich heute noch eine Bildungs- oder Zukunftsvorstellung angeben und legitimieren, die weder den Charakter eines unbegründbaren Ideals hat noch auf eine bloße Prognose auf der Basis des Bestehenden reduziert werden kann? Und wie ist es möglich, einen belangvollen Begriff der Zukunft zu entwickeln, der ihre Zukünftigkeit mitsamt ihrer Unbestimmtheit und Kontingenz nicht durch illusionäre Scheingewissheiten gefährdet und damit die pädagogische Aufgabe selbst ruiniert?

Es gilt also, die Zeiterfahrung selbst zu befragen, d.h. zu fragen danach, was Zukünftigkeit ermöglicht und worin sich Zukunft weniger manifestiert als ankündigt. Die neuen Technologien, die die Zeit zu beherrschen versuchen, können in dieser Hinsicht m.E. nicht weiterhelfen, weil sie die Zukunft durch Beschleunigung zur Gegenwart werden lassen und das von ihnen forcierte Zeitregime die Zeit vernichtet wie zuvor den Raum (vgl. Lyotard 1989, 107-141). Es ist vielmehr das Soziale, in dem die Eröffnung der Zukunft ermöglicht wird. Die Diskurse, in denen diese Erfahrungen einer Neuinterpretation zugänglich gemacht werden, kann ich hier nicht mehr entfalten. Sie artikulieren auf unterschiedlichen Wegen eine Zeiterfahrung und einen Zukunftsbegriff, die auch für eine kritische Erziehungs- und Bildungstheorie relevant sind, weil sie die Genese des Neuen nicht in Erwartung transformieren, weder durch Rückgriff auf alte noch durch Vorgriff auf utopische Bilder. Das Utopische wäre damit nicht länger als Leitbild oder Ideal zu verstehen, sondern als etwas, das in der Zeitlichkeit von Intersubjektivitätsstrukturen selbst liegt, gleichsam als Zeitsplitter der Zukunft in der Gegenwart, die das Versprechen beinhalten, dass es nicht aufhört, nicht aufzuhören: Utopisches ohne Utopie. In der vorgegebenen Zeitstruktur vollzieht sich damit ein Riss, der die Chrono-Logie unterbricht, eine Öffnung auf etwas Kommendes wie auch auf die Vergangenheit, eine Spaltung der Gegenwart als diachroner Einheit von Vergehen und Neuanfang. Denn die Gegenwart genügt sich nicht selbst, in ihr ist ein Anspruch des Vergangenen wirksam, dessen Erben wir sind (vgl. Derrida 1995). Und sind wir als Erben mit der Vergangenheit konfrontiert, so wird in der Beziehung zum Anderen die Zukunft eröffnet. Der Bruch ist damit Bedingung der Zeitlichkeit selbst.

Solche Zeitstrukturen sind keine abstrakten Konstrukte, sondern bilden das sprachvermittelte Intersubjektivitätsgeflecht von Erfahrungen, die als fundamental für jede Kommunikation und Interaktion gelten wie z.B. Vertrauen, Versprechen, Vergeben. Es sind Erfahrungen, in denen das Subjekt auf eine paradoxe Weise gerade in einem von ihm nicht beherrschbaren Bezug zum Anderen eine Freiheit gewinnt, die ihm in seiner bloß illusorischen Autonomie versagt bleiben muss. An diesen Erfahrungen gilt es um Willen einer kritischen Bildungstheorie festzuhalten (vgl. Peukert 1984; Masschelein 2000). Folgt man diesen Überlegungen, so zeugen gerade die Ruinen der Bildung in der „Wissensgesellschaft" von dem, was diese dementiert: dass es etwas gibt, das technisch nicht substituierbar ist und im ökonomischen Austausch nicht aufgeht.

Literatur

Bauman, Z.: Moderne und Ambivalenz. Das Ende der Eindeutigkeit. Frankfurt am Main 1995.
Beck, U.: Soziologie und Praxis. Göttingen 1982.
Bolz, N.: Philosophie nach ihrem Ende. München 1992.
Bolz, N.: Die Moderne als Ruine. In: Bolz, N./Reijen, W.van (Hrsg.): Ruinen des Denkens – Denken in Ruinen. Frankfurt am Main 1996, 7-23.
Bolz, N.: Die Konformisten des Andersseins. Ende der Kritik. München 1999.
Derrida, J.: Marx' Gespenster. Frankfurt am Main 1995.
Dohmen, G.: Leitbegriffe für das Nachdenken über die Zukunft – Kritischer Kommentar zum „Wissens- und Bildungs-Delphi". In: Rosenbladt 1999, 45-54.
Gamm, G.: Flucht aus der Kategorie. Die Positivierung des Unbestimmten als Ausgang aus der Moderne. Frankfurt am Main 1994.
Gamm, G.: Die Unausdeutbarkeit des Selbst. Über die normative Kraft des Unbestimmten in der Moralphilosophie der Gegenwart. In: Luutz, W. (Hrsg.): Das „Andere" der Kommunikation. Theorien der Kommunikation. Leipzig 1997, 125-139.
Gamm, G.: Das Wissen der Gesellschaft. In: Jahrbuch für Bildungs- und Erziehungsphilosophie 2, Globalisierung: Perspektiven – Paradoxien – Verwerfungen. Hohengehren 1999, 51-64.
Heidegger, M.: Die Zeit des Weltbildes [1938]. In: Wegmarken. Frankfurt am Main 1980, 73-110.
Heidelberger Club für Wirtschaft und Kultur e.V. (Hrsg.): Bereit für die Wissensgesellschaft? Bildung und Ausbildung auf dem Prüfstand. Berlin/Heidelberg/New York 1998.
Hubig, Ch. (Hrsg.): Unterwegs zur Wissensgesellschaft. Berlin 2000.
Jonas, H.: Das Prinzip Verantwortung. Frankfurt am Main 1979.
Kamper, D.: Zur Soziologie der Imagination. München 1986.
Kamper, D.: Von Wegen. München 1998.
Kittler, F.: Von der Zukunft des Wissens. In: Sievernich, G./Budde, H. (Hrsg.): VI) Wissen. Verarbeiten, Speichern, Weitergeben: Von der Gelehrtenrepublik zur Wissensgesellschaft. Berlin 2000, 59-61.
Kuwan, H./Waschbüsch, E.: Wissensgesellschaft und Bildungssystem – Ergebnisse aus dem „Bildungsdelphie". In: Rosenbladt 1999, 19-36.
Lacan, J.: Schiften Bd. I. Olten 1973.
Lohmann, I.: http://www.bildung.com – Strukturwandel der Bildung in der Informationsgesellschaft. In: Gogolin, I./Lenzen, D. (Hrsg.): Medien-Generation. Opladen 1999, 183-208.
Luhmann, N.: Die Gesellschaft der Gesellschaft, 2. Bde. Frankfurt am Main 1997.
Lyotard, J.-F.: Das Inhumane. Plaudereien über die Zeit. Wien 1989.
Maar, Ch./Obrist, H.U./Pöppel, E. (Hrsg.): Weltwissen – Wissenswelt. Das globale Netz von Text und Bild. Köln 2000.
Masschelein, J.: Schöpfung und absoluter Anfang. Einige Bemerkungen über die christlich-theologische Erbschaft nach Hannah Arendt. In: Abelt, S. u.a. (Hrsg.): „... was es bedeutet, verletzbarer Mensch zu sein". Erziehungswissenschaft im Gespräch mit Theologie, Philosophie und Gesellschaftstheorie. Mainz 2000, 410-420.
Meyer-Drawe, K.: Illusionen von Autonomie. Diesseits von Ohnmacht und Allmacht des Ich. München 1990.
Meyer-Drawe, K.: Zum metaphorischen Gehalt von „Bildung" und „Erziehung". In: Z.f.Päd. 45 (1999) 2, 161-175.

Nassehi, A.: Von der Wissensarbeit zum Wissensmanagement – Die Geschichte des Wissens ist die Erfolgsgeschichte der Moderne. In: Maar u.a. 2000, 97-106.

Nolda, S. (Hrsg.): Erwachsenenbildung in der Wissensgesellschaft. Bad Heilbrunn 1996.

Peukert, H.: Über die Zukunft von Bildung. In: Frankfurter Hefte 6, 1984, 129-137.

Peukert, H.: Reflexionen über die Zukunft von Bildung. In: Z.f.Päd. 46 (2000) 4, 507-524.

Rosenbladt, B. von (Hrsg.): Bildung in der Wissensgesellschaft. Ein Werkstattbericht zum Reformbedarf im Bildungssystem. Münster u.a. 1999.

Rosenbladt, B. von: Zusammenfassung der Diskussion zu Schwerpunkt I. In: Rosenbladt 1999, 55-60.

Ruhloff, J.: Bildung heute. In: Pädagogische Korrespondenz, H. 21, 1997, 23-31.

Saramago, J.: Die Stadt der Blinden. Reinbek 1999.

Schäfer, A.: Subjektivierungseffekte des Wissens. In: Unbestimmte Transzendenz: Bildungsethnologische Betrachtungen zum Anderen des Selbst. Opladen 1999, 83-104.

Schäfer, A.: Wertvolle Wertlosigkeit. Unveröffentlichtes Ms.. Halle 2000.

Stehr, N.: Arbeit, Eigentum und Wissen. Zur Theorie von Wissensgesellschaften. Frankfurt am Main 1994.

Stock, J./Wolff, H./Kuwan, H./Waschbüsch, E./Prognos AG und Infratest Burke Sozialforschung: Integrierter Abschlussbericht zum Wissens- und Bildungs-Delphi. Bonn 1998.

Wimmer, M.: Grundloses Vertrauen und die Verletzlichkeit des Anderen. In: Abelt, S. u.a. (Hrsg.): „... was es bedeutet, verletzbarer Mensch zu sein". Erziehungswissenschaft im Gespräch mit Theologie, Philosophie und Gesellschaftstheorie. Mainz 2000, 47-60.

Weingart, P.: Verwissenschaftlichung der Gesellschaft – Politisierung der Wissenschaft. In: Zeitschrift für Soziologie 12, 1983.

Wingens, M.: Wissensgesellschaft und Industrialisierung der Wissenschaft. Wiesbaden 1998.

Wolff, H.: Potentiale und Dimensionen der Wissensgesellschaft – Ergebnisse aus dem „Wissens-Delphi". In: Rosenbladt 1999, 11-18.

Zimmerli, W.Ch./Sandbothe, M. (Hrsg.): Klassiker der modernen Zeitphilosophie. Darmstadt 1993.

Zukunfts- und Bildungswerkstätte (Hrsg.): Wissensgesellschaft. Bildungsperspektiven in einer Welt der Umbrüche. Wien 1998.

Dieter Kirchhöfer

Neue Lernkulturen im Spannungsfeld von staatlicher, öffentlicher und privater Verantwortung

Der folgende Beitrag versucht, Veränderungen in Bildungsvorstellungen und -institutionen unseres Landes aufzuspüren und zu identifizieren, die langfristig eine neue Lernkultur hervorbringen könnten. Die Perspektive wird wesentlich durch Erfahrungen aus der wissenschaftliche Begleitung von regionalen Bildungsprojekten bestimmt, die in Ostdeutschland nach 1989 initiiert wurden. Ursprünglich sollten diese Projekte dem Kompetenzerhalt von Arbeitslosen dienen, wirkten aber zunehmend als Ressource der Regionalgestaltung. Ostdeutschland hat im letzten Jahrzehnt nicht nur eine Transformation seiner Bildungsinstitutionen durchlaufen, sondern auch eine institutionell organisierte Ent- und Umwertung bisheriger Qualifikationen, die vielleicht nur mit den Erschütterungen traditioneller Bildungsvorstellungen nach 1945 vergleichbar sind.

Dieser Umbruch bringt bis zum gegenwärtigen Zeitpunkt eine eigenartige Mischung von Arbeitsmarkt-, Sozial- und Bildungspolitik hervor: Durch Umschulungs-, Qualifikations- und Bildungsmaßnahmen wurde ein Mechanismus in Gang gesetzt, in dem Bildung Arbeitsplätze schaffen und Dequalifizierung vermeiden sollte. Brückenkurse wurden initiiert, um die verschiedenen Bildungsabschlüsse einander anzupassen. Flächendeckende Arbeitsbeschaffungsmaßnahmen enthielten Bildungsbestandteile oder dienten kulturellen Aufgaben, Jugendliche durchliefen in Bildungsmoratorien Maßnahmen, die sozialpolitische Funktionen aufwiesen, Arbeitsämter fungierten als Bildungsberater und nutzen Bildungsmaßnahmen als Kompensation für fehlende Arbeitsplätze. Die Betroffenen ihrerseits entwickelten Strategien, in denen Bildungsmaßnahmen als Überbrückung oder Warteschleifen dienten, die sie in ihre Berufs- und Arbeitsbiographien integrierten. Weiterbildung erhielt die pejorative Deutung von „Zwischenlager" zwischen Phasen der Arbeitslosigkeit oder von „Zwischenzeit" bis zum Vorruhestand. Dem stand gegenüber, dass viele Arbeitnehmer, vor allem die „Neuen Selbständigen", in einem tätigkeitsintegrierten und tätigkeitsorientierten Lernen Innovationen hervorbrachten und Kompetenzen entwickelten, die als endogene Potenziale in den Regionen wirkten. Neben vielen destruktiven und demotivierenden Momenten enthält die Umgestaltung der ostdeutschen Bildungslandschaft möglicherweise auch Elemente zukünftiger Gesellschaftspolitik. Ostdeutschland könnte sich als – für Individuen äußerst ambivalentes – Experimentierfeld erweisen, in dem künftige Problemlagen, aber auch Lösungsangebote heranreifen.

Die Entgrenzung der Arbeit und die Herausbildung eines neuen Typus der Arbeitskraft

Der theoretische Zugang zum Thema wird in den Arbeitsverhältnissen gesucht. Heydorn (1979) hatte mit der Analyse des Zusammenhangs von Bildung und Herrschaft, Lohmann (1999) mit der von Bildung und Eigentum versucht, Bildung und Bildungsentwicklung nicht als isolierte kulturelle Phänomene zu bestimmen, sondern ihre Integration in Gesellschaftsprozesse zu erschließen. Es spricht manches dafür, Bildungsfragen in der Beziehung zu Arbeitsverhältnissen zu erörtern. Die Arbeit wird sich auch unter den Bedingungen einer Informations- oder Wissensgesellschaft als Akt der Selbstschöpfung des Menschen, als Sphäre der Menschenbildung erweisen. Die sich in der Arbeit ausprägende Arbeitsteilung wird die unterschiedliche Stellung der Menschen zu ihrer Bildung bestimmen, und die gesellschaftliche Form der Arbeit wird soziale Verhältnisse hervorbringen, die Selektion, Ausgrenzung oder Privilegierung auch Bildung beinhalten. Ein solcher Zusammenhang zur Arbeit, die nicht nur als Erwerbsarbeit gefasst werden soll, ist weit entfernt davon, Bildung funktional aus der Entwicklung der Produktion abzuleiten. Vielmehr wird Bildung in das Verhältnis des Menschen zu seiner Welt, das vor allem durch die Arbeit bestimmt wird, eingeordnet.

Entgrenzung der Arbeit

Die Beschreibungen und Prognosen der Entwicklung der Arbeitsgesellschaft sind unüberschaubar und enthalten alle nur denkbaren Szenarien, die mit publizistisch gängigen Termini wie „Krise oder Ende der Arbeitsgesellschaft", „Informations- oder Wissensgesellschaft", „Erlebnisgesellschaft statt Arbeitsgesellschaft" gefasst werden. Die verschiedenen Diskurse stimmen darüber überein, dass sich die Normalitätsmuster abhängiger Arbeit langfristig auflösen und das Normalarbeitsverhältnis einer Erosion unterworfen ist (vgl. z.B. Arnold 1997, Dohmen 1996). Die hier vertretene Argumentation folgt einem Paradigma, das mit „Entgrenzung der Arbeit" gefasst wird (Voß 1998, Voß/Pongratz 1998). Voß beschreibt Entgrenzung der Arbeit als sozialen Prozess, „in dem unter bestimmten historischen Bedingungen entstandene soziale Strukturen der regulierenden Begrenzung von sozialen Vorgängen partiell oder ganz erodieren bzw. bewusst aufgelöst werden" (1998, 474). Die Reduzierung fremdbestimmter und/oder in Lebensführungen geronnener, traditioneller Strukturen ist danach durch die Arbeitenden mit eigenen Strukturierungsleistungen auszufüllen. Die Erosion oder Auflösung der überkommenen Strukturen bringt Bedingungen hervor, unter denen sich neue Strukturen herausbilden, die ihrerseits Produktionseffekte auslösen und innovative Potenziale freisetzen. Entgrenzung beinhaltet insofern ein destruktives und ein konstruktives Moment. In der Gesamtheit führt die Entgrenzung der Arbeitsverhältnisse zu einer weitgehend neuen Qualität der gesellschaftlichen Organisation der Arbeit. Tabelle 1 zeigt die verschiedenen (("einfachen") Elemente des Arbeitsprozesses in ihren möglichen Entgrenzungen.

Entgrenzung des Lebens außerhalb der Erwerbstätigkeit

Tab. 1: Entgrenzungen in den Elementen des Arbeitsprozesses

Element des Arbeitsprozesses	Entgrenzungsdimension
Zeit	zeitliche Flexibilisierung, Vielfalt der Arbeitszeitformen in Dauer, Lage und Regulierungsform
Raum	Entgrenzung der lokalen Strukturierung und örtlichen Bindung von Arbeit
Mittel	wachsende Austauschbarkeit, Kompatibilität und individuelle Verfügbarkeit der Arbeitsmittel (IuK-Technologien)
soziale Form	Entgrenzung kooperativer Strukturen
Organisation	Abbau institutioneller Regulierungen und normativ organisierter Gefüge mit wachsender Autonomie der Akteure.
Qualifikation	berufliche Mobilität gegenüber standardisierten fachlich-beruflichen Arbeitsplatzspezifikationen
Biografie	Entstandardisierung der kontinuierlichen Erwerbsbiographie
Sinn/Motivation	Eigenmotivierung und selbständige Sinnsetzung gegenüber Betriebs- und Berufsbindungen

Die Entgrenzung der Arbeit wird durch eine „erwerbsgerichtete Durchgestaltung des alltäglichen Lebens"(Voß) und eine effizienzorientierte Organisation aller Alltagsaktivitäten unter der Sicht aktueller und/oder potenzieller Erwerbstätigkeit begleitet. Diese Entgrenzung der Lebensführungen fasst Voß als „Verarbeiterlichung des Alltags" und sieht darin eine Diffundierung von Arbeit und Leben. In ihrem Kern steht das Streben des Individuums, sich in seiner alltäglichen Lebensführung im sozialen

Umfeld einen Kompetenzgewinn zu organisieren, den es dann in der Erwerbstätigkeit einsetzen kann. Es sei zumindest angedeutet, dass solche Erscheinungen schicht- und berufsspezifisch auch schon in der Vergangenheit auftraten, z.B. bei Künstlern, Lehrern, Wissenschaftlern, dort aber als Ausnahmeerscheinung gewertet und auch persifliert wurden.

Der Arbeitskraftunternehmer

Diese Entgrenzungen der Arbeit und der Lebensführungen werden im Wissenschaftsdiskurs zum Konzept des „Arbeitskraftunternehmers" zusammengeführt, in dem das Leitbild eines autonomen, risikobereiten, souveränen Individuums vorgestellt wird, das die einfache und erweiterte Reproduktion seiner Arbeitskraft und seiner Kompetenzen selbständig steuert, seinen Vermarktungsprozess selbst organisiert und dazu entsprechende Kompetenzen zur Selbstorganisation benötigt (vgl. den Beitrag von Mechthild Bayer in diesem Band). Im Übergang vom beruflichen Arbeitnehmer zum Arbeitskraftunternehmer (in Formulierungen des Sozialgesetzbuches wie dem scheinselbständigen Arbeitnehmer oder dem arbeitnehmerähnlichen Selbständigen findet er sich wieder) werden dem Individuum alle Funktionen eines Unternehmers seiner eigenen Arbeitskraft übertragen und bisher arbeitsteilige Prozesse in die Person des Produzenten integriert:

1. Er übt die Kontrolle über seine Arbeit aus. Die Reduzierung von regulierenden Strukturen und die Organisation von Freiräumen zwingt das Individuum, sein Handeln selbst zu organisieren. Diese Selbstorganisation schliesst die Selbstkontrolle der Qualität der Arbeit, des Verbrauchs an Arbeitszeit, des Maßes an Kooperativität bzw. Selbstengagement ein.
2. Der Übergang zum Unternehmer seiner Arbeitskraft überträgt dem Produzenten die Organisation und Verantwortung für die ökonomische Verwertung seiner Kompetenzen. Ob er in Zukunft noch verkaufbar ist oder nicht, wird allein zu seinem Problem. In diesem Sinne ist das Individuum gezwungen, zur Selbstökonomisierung der Arbeitskraft durch eine zweckgerichtete und kostenbewusste, einfache und erweiterte Reproduktion der eigenen Kompetenzen überzugehen. Das Individuum ist gezwungen, den voraussichtlichen Bedarf an Kompetenzen selbst einzuschätzen, die Risiken seiner Verwertung zu prüfen und entsprechende Reproduktionsmaßnahmen seiner Arbeitskraft einzuleiten. Insofern schließt der Übergang zum Arbeitskraftunternehmer auch die Organisation der eigenen Bildung ein.
3. Damit ist eine neue Qualität der eigenen Vermarktung verbunden. Auch bisher war – mit Ausnahme von Zeiten der Hochkonjunktur

und eines Arbeitskräftemangels – der Arbeitnehmer gezwungen, sich anzubieten. Die Vorstellung des Arbeitskraftunternehmers geht davon aus, dass der Arbeitsuchende sich regelrecht inszeniert und im Prozess der Selbstinszenierung seine Kompetenzen erkennen lässt. Ein Teil seiner Arbeitskraft wird darauf hin orientiert, sich selbst günstig darzustellen und seine Vermarktung zu organisieren.
4. Das Individuum wird als Unternehmer gezwungen, seinen alltäglichen Lebenshintergrund auf die Erfordernisse der Erwerbssphäre auszurichten. Es ist aufgefordert, seinen Alltag der Entwicklung und Vermarktung der Arbeitskraft unterzuordnen und eine Alltagsorganisation anzustreben, die flexibel auf die Bedürfnisse des Arbeitskraftunternehmers – also auf sich selbst – reagiert und die Privatperson als Teil der Erwerbsperson fasst. Nischen oder private Räume stehen dem entgegen. Damit wird der Arbeitskraftunternehmer auch gezwungen, sich für diesen arbeitsintegrierten Lebensprozess ständig neu zu motivieren und einen Sinn zu konstruieren.

Insofern beschreibt Voß tatsächlich einen Entgrenzungsprozess. Er fasst damit jedoch nicht nur die Entgrenzung des Verkäufers der Ware Arbeitskraft, der jetzt als Regisseur, Dramaturg, Bühnenbildner und Schauspieler seiner selbst auftritt, sondern vor allem die Entgrenzung des Käufers, der jetzt einen unbegrenzten Zugriff auf die Person in ihrer Ganzheit erhält und das Individuum als Person den Verwertungsbedingungen als doppelt freier Lohnarbeiter unterwirft. Der Arbeitnehmer – und hierin könnte ein Zugang zum Verständnis der Privatisierung von Bildung liegen – verkauft seine Arbeitskraft „nicht nur vorübergehend, für einen bestimmten Zeittermin" und sondern „in Bausch und Bogen, ein für allemal" (Marx, MEW 23,182). Während er bisher durch die Veräußerung seiner ihm gehörenden Ware Arbeitskraft nicht auf sein Eigentum verzichtete, sich „beständig zu seiner Arbeitskraft als seinem Eigentum und daher zu seiner Ware verhielt" (Marx 23,182), verkauft er sich als Unternehmer seiner Arbeitskraft selbst, als Person.

Die Voßschen Vorstellungen des Arbeitskraftunternehmers beschreiben bei aller kritischen Distanzierung offensichtlich die Basiskompetenzen eines neuen Arbeitskräftetyps (Abb. 1):

Abb. 1: Basiskompetenzen des Arbeitskraftunternehmers

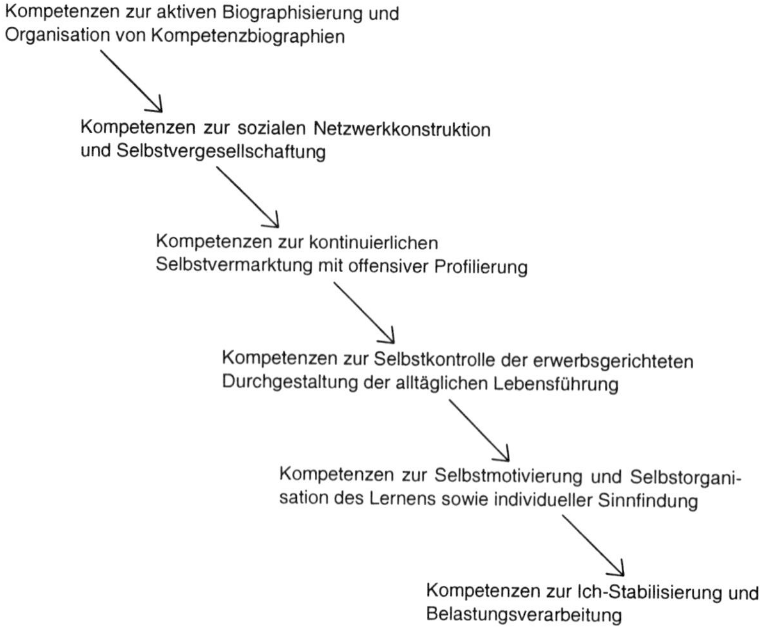

Kompetenzen zur aktiven Biographisierung und
Organisation von Kompetenzbiographien

    ↘

    Kompetenzen zur sozialen Netzwerkkonstruktion
    und Selbstvergesellschaftung

        ↘

        Kompetenzen zur kontinuierlichen
        Selbstvermarktung mit offensiver Profilierung

            ↘

            Kompetenzen zur Selbstkontrolle der erwerbsgerichteten
            Durchgestaltung der alltäglichen Lebensführung

                ↘

                Kompetenzen zur Selbstmotivierung und Selbstorgani-
                sation des Lernens sowie individueller Sinnfindung

                    ↘

                    Kompetenzen zur Ich-Stabilisierung und
                    Belastungsverarbeitung

Die Entgrenzung des Lernens – die Herausbildung neuer Lernkulturen

Die Entgrenzungen des Arbeitens und der Lebensführungen, die wiederum auf die Herausbildung eines neuen Typs der Arbeitskraft verweisen, verändern auch die Inhalte, Formen und Strukturen des Lernens. Der Arbeitskraftunternehmer wird – unabhängig davon, ob wir eine solche Entwicklung begrüßen – nicht nur über veränderte Kompetenzen verfügen müssen, sondern er wird sich diese Kompetenzen auch auf eine veränderte Art des Lernens – analog zur Entgrenzung des Arbeitens – in einem entgrenzten Lernen erwerben. Abb. 2 vereint die verschiedenen Entgrenzungsprozesse.

Die weitere Aufmerksamkeit konzentriert sich auf die Entgrenzung des Lernens und die darin liegenden alternativen Entwicklungsmöglichkeiten von Bildung. Die dafür in Tabelle 2 vorgenommene Gegenüberstellung könnte den Eindruck einer Versuskonstruktion oder eines Paradigmenwechsels erzeugen. Ich gehe davon aus, dass nicht ein Wechsel der Lernparadigmen zu erwarten ist, sondern deren Koexistenz. In der Pluralität der Lernprozesse und Lernformen wird deshalb auch traditionelles Lernen zu finden sein.

Abb. 2: Entgrenzungsdimensionen

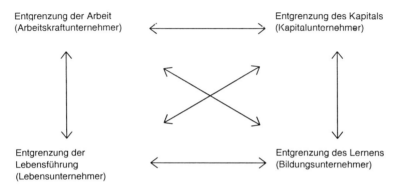

Tab. 2

traditionelles Lernen	entgrenztes Lernen
Lernfelder in gesonderten und schulisch organisierten Lebensphasen	Lernfelder in der Erwerbs–, Bürger- und Eigenarbeit
formelles Lernen	informelles Lernen (unter Nutzung der IuK-Technologien)
qualifikations- und zertifikatsorientiert	kompetenzorientiert
ressortbezogen	ressortübergreifend
Institution	Netzwerk
institutionelle Kursangebote	intermediäre Agenturen
	moderierende Akteure
zentrale Curricula	individuelle Arrangements

Mechthild Bayer charakterisiert diesen Übergang wie folgt: „Gemeinsam ist diesen Lernkonzepten ein Verständnis von Lernen als aktivem Prozess der Aneignung von Kompetenzen, den die Lernenden mitgestalten, das Ende einer frontalunterrichtlichen und leitergeführten Lernkultur, das Abschiednehmen von den Lernenden als Objekten des Lehrens hin zu einer Rolle als ExpertInnen ihres eigenen Lernvorganges" (Bayer 1999, 4). Wesensbestimmender Inhalt der Veränderungen des Lernens ist der Übergang von einem fremdbestimmten und fremdorganisierten Lernen, in dem Qualifikationen erworben werden, zu einem selbstbestimmten und selbstorganisierten Lernen, in dem Kompetenzen angeeignet werden. Dieses veränderte und sich verändernde Lernen wird Lernkulturen erzeugen, deren wesentliches Merkmal es sein könnte, sich ständig selbst zu verändern, und deren Effizienz darin besteht, diese Selbstveränderbarkeit zu ermöglichen. Insofern stellt dieser Wandel der Lernkulturen nur eine konsequente Fortführung der Individualisierung in der Bildung dar.

Lernkulturen haben sich auch in der Vergangenheit herausgebildet (z.B. in Zünften, Gilden), und sie haben in einer obrigkeits- und nationalstaatlichen Organisation ihre bisher vollkommenste Ausprägung erfahren. Lernkulturen auf individueller, institutioneller, betrieblicher oder regionaler Ebene sind historische Phänomene, sie bilden sich in gesellschaftlichen Kontexten heraus. Sie konstituieren sich in Systemen von Tätigkeiten, Werten und Normen, die individuellen oder kollektiven Subjekten bei der geistigen Aneignung der Welt ein gemeinsames Verständnis sozialer Zusammenhänge und kooperatives Handeln ermöglichen. In der Gegenwart verändert sich mit den Entgrenzungen von Kapital, Arbeit und Lebensführung auch dieser historische Kontext. Der veränderte Ansatz der neuen Lernkulturen besteht in der radikalen Unterwerfung aller Elemente von Bildung (Inhalte, Formen, Methoden, Zeiten, Orte) unter den Zwang zur Selbstorganisation. Dieser Individualisierungsprozess schließt *nicht* notwendig die Privatisierung der Bildungsbereiche ein. Und auch die Tatsache, dass Bildungsanstrengungen, -aufwendungen, -strategien der stärkeren individuellen Verfügung und Verantwortung übertragen werden, bedeutet noch nicht, sie zu privatisieren und als Wertbeziehung über den Markt zu realisieren. Privatisierung als ökonomischer und Individualisierung als sozialisatorischer Prozess sollten unterschieden werden.

Das wissenschaftstheoretisch-philosophische Begründungszenario gegenwärtiger Lernkulturen geht davon aus, dass für die Subjekte die Lernumgebungen ein Chaos darstellen, das unberechenbar und nicht mehr voraussagbar ist, das sich spontan, situationsabhängig und temporär herausbildet und das unter dem Druck ständiger Innovationen nur in fluiden Strukturen mit wechselnden Akteuren existieren kann. Lernen erfolgt insofern im Chaos und für das Chaos.[1] Das Chaos aber hat die Eigenschaft, selbstorganisatorisch Ordnung zu erzeugen und Entropie (Unbestimmtheit) abzubauen. Es kommt zwischen den Individuen in ihrem Lernen zur Herausbildung von Werten, Mustern, Routinen, Programmen, die als *Ordner systemischer Selbstorganisation* wirken (Erpenbeck/Heyse 1998). Lernkulturen fungieren danach als sinn-, wert- und deutungsgeprägte Ausführungsprogramme von Sozietät auf kognitiver, kommunikativer

---

1 Ein solcher theoretischer Zugang zum Bildungsverständnis verbindet verschiedene Chaos- und Selbstorganisationstheorien, z.B. die Autopoesistheorie Luhmanns oder die Selbstorganisationstheorien des Radikalen Konstruktivismus von Maturana und Varela, die Theorien der dissipativen Selbstorganisation von Prigogine oder Nicolis, die Katastrophentheorie von Thom oder die Synergetiktheorie von Haken, in einem einheitlichen Begründungszusammenhang.

Neue Lernkulturen im Spannungsfeld

und sozialstruktureller Ebene(Schmidt 1994, 243). In dieser Hinsicht unterscheiden sich Lernkulturen der Vergangenheit nicht von denen der Gegenwart; neuartig ist der Chaoscharakter der Lernumgebungen und der selbstorganisatorische Prozess ihrer Herausbildung. Gemeinsam befähigen sich die Individuen zur Selbstorganisation, sie erzeugen selbstorganisierend Ordner ihres Lernens, die sie auf gleiche Weise wieder ablegen. Die Zielgröße der Ordner ist es, die Subjekte zum Selbstordnen zu befähigen bzw. Hemmnisse und Blockierungen abzubauen und sich letztlich selbst aufzuheben, wenn sie nicht mehr zweckmäßig sind.

Lernkulturen dieser Art bedienen sich Institutionen und stoßen sie auch wieder ab, sie erinnern sich zweckmäßiger Strategien, um sie in anderen Situationen wieder zu vergessen. Der Vorwurf, solche Kulturen seien postmoderne Kulturen der Unbeständigkeit und Beliebigkeit, übersieht, dass Lernkulturen dieser Art eine bestimmte Rationalität des Lernens tragen, die sich durchaus auch der vorhandenen Formen und Institutionen bedient, sie aber nicht sich verselbständigen und zu Herrschaftsformen werden lässt.[2] Ich bin weit davon entfernt, solchen neuen Lernkulturen von vornherein emanzipatorische oder herrschaftskritische Merkmale beizuordnen, aber zumindest könnten sie auf dialektische Weise gegen Erstarrung und Dogmatisierung wirken.

Dialektische Widersprüche in der Herausbildung von Lernkulturen

Eine Analyse der Entgrenzungen des Lernens und der Herausbildung systemischer Ordner in ihnen lässt widersprüchliche Tendenzen erkennen. Die dialektische Sichtweise könnte möglicherweise Diskussionstendenzen relativieren helfen, die prononciert Entwicklungen der Deregulierung und Deinstitutionalisierung kritisieren oder favorisieren.

---

2   Damit ist sicher noch nicht die Frage beantwortet, warum es des Begriffs „Kultur" bedarf. Der Merkmalskomplex „Lernkultur" beinhaltet implizite Folgerungen, die durchaus paradigmenbildend wirken können. Der Begriff betont zum einen die korporatistische Konstruktivität, in der sich Übereinstimmendes, vielleicht auch Formatives verbergen kann. Lernkulturen enthalten insofern auch immer etwas Gemeinschaftliches und stellen Übereinstimmung her. Lernkulturen bieten (und fordern) zugleich aber auch Handlungsspielräume für Individuen(Subjektivität) und gestatten individuelle Differenz. Ohne die individuellen Handlungsdispositionen werden Kulturen nicht wirksam. Lernkulturen bringen außerdem eine strukturell-funktionalistische Qualität eines Organismus hervor, die auch Synergieeffekte auslösen und zeitweilige Stabilität bewirken kann, was u.a. für regionale und Gruppenidentitäten von Bedeutung sein kann.

Die Beziehung von Regulierung und Deregulierung

Es liegt im Wesen der Entgrenzung, Regularien und Normen abzubauen, welche die Individuen binden. Ein solcher Prozess ist in der Bildungslandschaft – vor allem der Berufs- und Weiterbildung – empirisch nachweisbar: Normative Steuerungsmechanismen wie zentrale Curricula, fixierte Qualifikationsprofile und Berufsbilder werden abgebaut, normative Durchläufe durch Bildungsmaßnahmen oder Qualifikationsstufen werden reduziert oder nichtnormative aufgewertet. Die unlängst verabschiedeten Leitlinien beruflicher Weiterbildung stellen einen solchen Versuch dar (vgl. Bayer in diesem Band). Zugleich wird erkennbar, dass sich neue Regularien selbstorganisatorisch im Sinne der erwähnten Ordner oder Handlungsprogramme herausbilden. Die Individuen geben sich und ihrem Handeln neue Ordnungsmuster, die zwar fließend und plural sind, die aber kooperatives Handeln sichern sollen. Es kommt zur Herausbildung von Kompetenzarchitekturen auf der Grundlage von Lernmodulen mit Regelungen der Anerkennung, es werden Qualitätsstandards und normative Evaluierungskriterien definiert (z.B. für die Anerkennung des Status als Privatuniversität). Die Selbstregulierungskräfte des Marktes bringen auch auf dem Gebiete der Bildung neue Regeln des Agierens hevor.

Deinstitutionalisierung und Institutionalisierung

Traditionell ist das deutsche Bildungswesen institutionell organisiert und hat wesentlich in der Definition eines Institutionssystems seine obrigkeitsstaatliche Funktion realisiert. Entsprechend hat sich ein funktionsdifferenziertes Institutionssystem herausgebildet, das eine dauerhafte Funktionszuschreibung des Institutionstyps und eine institutionelle Ressortbindung der Bildungsaufgaben vorsah. Das Individuum durchlief seine Bildungskarrieren als zertifizierte Institutionskarrieren, die mit der Grundschule begannen. Dem stehen gegenwärtig massive Tendenzen der Deinstitutionalisierung gegenüber, deren radikalster Ausdruck die Forderung nach Abschaffung der Schulen darstellt.[3] Bildungskarrieren vollziehen sich danach über selbstorganisierte und -gesteuerte Lernarrangements; Bildungsinstitutionen durchlaufen einen Funktionswandel oder -wechsel

---

3 Diese Gruppen befinden sich in partieller Interessenübereinstimmung mit Strömungen, die z.T. sogar alternativen Gesellschaftsvorstellungen folgen und deshalb den regulierenden Einfluss des Staates auf das Bildungswesen zurückdrängen wollen. Die Forderung nach Abschaffung der Schule, der Schule als Zwangsinstitution des Staates, und nach Autonomie der Bildungseinrichtungen ist nicht nur eine Losung der neoliberalen Kräfte.

zu situationsgebundenen Bildungsdienstleistungen, wobei auch Institutionen Bildungsfunktionen übernehmen, die bisher solche nicht wahrnahmen, wenn z.B. Arbeits- oder Jugendämter Bildungsmaßnahmen steuern.

Zugleich entwickelt sich in regionalen Bildungsallianzen, Bildungsfonds oder Bildungsnetzwerken eine nichtinstitutionalisierte und ressortübergreifende Kommunikation. Ebenso auffällig ist, dass nahezu jede Tendenz der Deinstitutionalisierung mit der Herausbildung neuer Institutionen einhergeht. In den Regionen entstehen intermediäre Akteure und Agenturen, die moderieren, informieren und beraten; Institutionen wie z.B. die Universitäten suchen Anschlussstellen für informelle Lernprozesse, die wiederum institutionelle Formen annehmen, und auch die Netzwerke schaffen sich regional wirkende intermediäre Institutionen. Es bilden sich offensichtlich funktional ausdifferenzierende Lernkulturen mit polyzentrischen Institutionen heraus, wobei unter bestimmten arbeitsmarktpolitischen Perspektiven diese Institutionen ein ähnliches Beharrungs- und Behauptungsstreben entwickeln wie traditionelle Bildungsinstitutionen.

Beziehung von staatlicher Verantwortungsübertragung und staatlicher Verantwortungsentsorgung

Es gehört zu den verhängnisvollen Folgen neoliberaler Gesellschaftsdiskussion, dass auch für den Bildungsbereich ein Rückzug des Staates aus seiner Verantwortung für die Bildung seiner Bürger gefordert wird: Im Rahmen einer europäischen oder globalen Integration verliere Bildung ihre nationalstaatliche Funktion, so wie sie seit Jahrzehnten ihre ordnungspolitischen Aufgaben nicht mehr wahrnehme. Der Staat habe seine Rolle als Organisator von Bildung aufzugeben und könne diese dem souveränen Bürger übertragen. Das Dilemma, dass der Ausgang aus der selbstverschuldeten Unmündigkeit des Bürgers sich mit Hilfe einer paternalistischen Für- und Vorsorge durch staatliche Institutionen vollziehe, löse sich auf.

Diese Diskussion übersieht, dass sich erstens der Staat eine Reihe von Interventionsmöglichkeiten zur Steuerung von Bildungsstrebungen vorbehält. Er lenkt nicht nur über Steuerzu- und -abschreibungen Bildungsbemühungen, definiert Standards, trifft tarif- und betriebsverfassungsrechtliche Vereinbarungen oder sichert sich über den Beamtenstatus staatsnahe Bildungsfachleute, sondern ist zweitens auch in Zukunft und vielleicht mehr denn je gefordert, die Zusammenhänge von Bildungs- und Sozialpolitik zu begleiten und sich insofern in seinem eigenen, ressortübergreifenden Tun zu profilieren. Staatliche Bildungspolitik hat nach wie vor institutionelle Verlässlichkeit zu sichern, das Recht des Individuum als natürlicher Rechtsperson auf Bildung zu garantieren, für alle den Zugang zu Bildungsmaßnahmen und -angeboten zu gewährleisten, Kompensations- und Differenzierungsprogramme zu initiieren oder auch neue Lernformen durch Investitionen zu unterstützen. Und auch die geforderte Autonomie und Pluralität der Bildungsinstitutionen bedarf wiederum eines gesellschaftlichen Konsenses, der vermittelt und moderiert werden muss und dessen vertragliche Form der Kontrolle bedarf.

Es sei jedoch auch an dieser Stelle angemerkt, dass selbst dort, wo der Staat einschließlich der Kommunen sich aus der auch finanziell definierten Bildungsverantwortung zurückzieht, dies noch nicht notwendigerweise zu einer Privatisierung führen muss. Sponsoring muss noch nicht Interessendominanz bewirken, wenn die Öffentlichkeit die Kontrolle behält (vgl. die Beiträge von Cieslik und Schmerr in diesem Band). Ein sich selbstorganisierender Wettbewerb, eine selbstbestimmte Outputorientierung oder selbstgesteuerte Effektivitätsprüfungen sind auch für staatlich verantwortete Bildungseinrichtungen denkbar, und Stiftungen als öffentlich kontrollierte Träger von Bildung können ein hohes Maß an Partizipation sichern. Eine solche Entlastung oder Entsorgung des Staates zugunsten des (in der öffentlichen Sphäre situierten) Citoyens wird allerdings wieder staatlicher Rahmenbedingungen bedürfen, die Vergleichbarkeit und Zugangssicherung gestatten. Vielleicht könnten insofern gerade Bildungssysteme interessante Mischformen staatlicher, öffentlicher und privater Verantwortung hervorbringen.

Lernkulturen als Felder divergierender sozialer Interessen

Lernkulturen entstehen zwar unter dem Einfluss und aus dem Wirken von Subjekten heraus, einmal hervorgebracht wirken sie jedoch als objektive Voraussetzung weiteren Handelns. Die sich herausbildenden Lernkulturen eröffnen den verschiedenen sozialen Gruppen in der Gesellschaft Spielräume, um ihre Interessen anzumelden bzw. durchzusetzen, und die gegenwärtig im Umlauf befindlichen programmatischen Papiere der Gewerkschaften, der Unternehmerverbände, der Industrie- und Handelskammern sind sinnfälliger Ausdruck solcher Gruppeninteressen. Es ist deshalb wenig fruchtbar, Entwicklungen wie die zu neuen Lernkulturen a priori des Neoliberalismus zu verdächtigen oder auch als Hoffnung künftiger Emanzipation zu deklarieren. Lernkulturen werden Felder sein, in denen Interessengegensätze wirken, und reale Bildungspolitik wird oft einen Interessenausgleich zwischen diesen gegensätzlichen Kräften suchen müssen, wie z.B. die Arbeitspapiere des *Forum Bildung* oder das Programm *Lernkultur Kompetenzentwicklung* (BMBF) zeigen.

Bildung als marktförmige Ware

Die gegenwärtig dominierende Tendenz in der Bildungsdiskussion wird durch Kräfte bestimmt, die auch Bildung bzw. die verschiedenen Bildungsbereiche dem freien Spiel des Marktes unterwerfen und dazu bisherige staatliche oder öffentliche Einflüsse zurückdrängen wollen. Es muss für das Kapital ein unerträglicher Zustand sein, einen weiten und sich erweiternden Bereich der Gesellschaft – 1996 wurden allein für deutsche Universitäten und Fachhochschulen 51 Mrd., für Weiterbildung 40 Mrd. bereitgestellt (vgl. die Angaben bei Heinsohn/Steiger in diesem Band) – nicht dem Markt und der Warenförmigkeit seiner Beziehungen unterwerfen zu können. Aus einer solchen Perspektive muss das Ende der bisherigen staatlich organisierten Bildung propagiert werden, um statt ihrer eine selbstbestimmte und individuell zu realisierende Qualifikation zu fordern.

Die Symptome einer solchen nicht nur vom Kapital gewünschten, sondern real sich durchsetzenden Tendenz sind vielfältig: Schulische Förderung und Nachhilfe befindet sich fest in den Händen privater Anbieter, die Eltern zu enormen Bildungsinvestitionen zwingen. Der Weiterbildungsmarkt wird durch eine Vielzahl privater Träger bestimmt. Privatuniversitäten oder Privatgymnasien erleben einen Ansturm von Bewerbern, die in den Einrichtungen einen höheren Bildungsanspruch garantiert sehen. Aber auch bisher staatliche oder kommunale Bildungseinrichtungen müssen sich um Mischfinanzierungen und marktgängige Serviceleistungen bemühen. Universitäten und Hochschuleinrichtungen erhalten ihre Rankingposition nach dem „erwirtschafteten" Anteil an Drittmitteln, die Diskussion um Studiengebühren der Bildungsnehmer reißt nicht ab, Familien suchen auf den Kapitalmärkten nach Finanzierungsformen von Bildung, deren harmloseste Form die Bildungsversicherung darstellt, und selbst das BAfÖG kann den Charakter als Bildungskredit nicht verbergen. Über Bildung vollzieht sich nahezu unmerklich ein Gespinst ökonomischer Operationen, das Bildung alle Merkmale von Eigentum gibt (Lohmann 2000). Die Gefahr weiterer sozialer Selektion durch Bildungsdifferenzierung ist damit programmiert.

Bildung als Eigentum

Der Privatisierung liegt ein Prozess zugrunde, der – bezogen auf Bildungsfragen – in der deutschsprachigen Literatur m.W. nur durch Ingrid Lohmann (2000) reflektiert wird. Lohmann verweist – mit Rekurs auf Heinsohn/Steiger (1996) – auf den Übergang von Bildung aus dem Besitz- in den Eigentumsstatus. Als Eigentum muss Bildung nicht mehr unbedingt der Person zu eigen sein, sondern kann von der Person getrennt werden. Damit verliert Bildung seine Bindung an die Person und wird als

Bestand an Wissen, Qualifikation, Kompetenz nur noch zu einem Moment der qualifizierten Arbeitskraft. Auf der Grundlage des Eigentumswerdens – und nur diesen Prozess wollen wir mit Privatisierung fassen – wird es möglich, über Bildung eine Vielzahl von ökonomischen Operationen zu konstituieren, die diese über die Geldform in den Markt integrieren (Kreditieren, Beleihen, Preisbildung), ein Prozess, den man als marktförmige Ökonomisierung der Bildung bezeichnen könnte. Diese Entwicklung ist in vollem Gange, und selbst scheinbar privatisierungsferne Prozesse wie die Zertifizierungsdebatten könnten sich als Teil von Bestrebungen erweisen, den Eigentumstitel nachprüfbar, justiziabel und tauschbar zu machen.

Diesem Übergang würde auf einer inhaltlich-substantiellen Ebene der Übergang zum Tauschwert der Bildung entsprechen, der den tatsächlichen Inhalt der Bildung zweitrangig bzw. nur unter der Marktperspektive bedeutsam werden lässt. Inhalte von Bildung haben danach lediglich noch die Funktion, (tausch-) wertschöpfend zu sein, der Gebrauchswert ist nur noch Mittel zur Tauschwertrealisierung (Kirchhöfer 1999). Einem solchen Vorgang könnte die oben genannte Herausbildung von Lernkulturen mit situations- und problemorientierten Inhalten oder offenen Curricula entsprechen.

Auf der strukturell-organisatorischen Ebene realisiert sich der Tauschwert auf einem offenen Bildungsmarkt, auf dem mehrere Anbieter zueinander konkurrierend auftreten, deren Wettbewerb weniger an der gebotenen Qualität als an der Kosteneffizienz orientiert ist, wobei Qualität häufig preisbildend sein kann, aber nicht sein muss. Die Bewertung erfolgt nach dem quantifizierbaren Aufwand für den Erwerb der Kompetenz, der durchschnittlich gesellschaftlichen notwendigen Arbeitszeit einer Ware vergleichbar. Zertifizierungsforderungen können quer dazu liegen. Einrichtungsübergreifende Vernetzungen von Anbietern in Lernkulturen könnten sich als Formen erweisen, in denen sich regionale Bedarfsermittlung mit Angebotsentwicklung, Programmplanung und politischer Durchsetzung von geeigneten Finanzierungsmodellen verbinden und so klassische Monopolisierungsprozesse und Herrschaftsformen ermöglichen. Lernkulturen könnten genau diese Sphäre sein, in der sich Produktions-, Zirkulations- und Distributionsprozesse von Bildung als Ware herausbilden.

Ein solcher Prozess der Trennung scheint im Widerspruch zur oben benannten Entgrenzung von Arbeiten, Lernen und Lebensführung zu stehen, in der der Arbeitskraftunternehmer seine Person ungeteilt der Vermarktung zu unterwerfen und damit die Trennung von Bildung und Person wieder aufgehoben zu sein scheint. Das Dilemma wäre sofort auflösbar, wenn man darauf verweist, dass dann eben die Person in ihrer Ganzheit zum Eigentum eines fremden Käufers wird, was bei der derzeitigen

Gesetzeslage nicht statthaft ist, aber viele Zwischenformen zuließe. Eine andere durchaus begründ- und belegbare Variante bestünde in dem Verweis auf die eintretende totale Entleerung oder Entfremdung der Person; sie fühlt sich – so sinngemäß Marx in den Ökonomisch-Philosophischen Manuskripten – erst außer der Bildung bei sich und in der Bildung außer sich. Ihre Bildung ist daher nicht freiwillig, sondern erzwungen, *Zwangsbildung*. Sie ist auch nicht Befriedigung eines Bedürfnisses, sondern ein *Mittel*, um Bedürfnisse außer ihr zu befriedigen. Schließlich erscheint die Äußerlichkeit der Bildung für den sich Bildenden darin, dass sie nicht sein eigen, sondern Eigentum eines anderen sein kann. „Wie in der Religion die Selbsttätigkeit der menschlichen Phantasie, des menschlichen Hirns und des menschlichen Herzens unabhängig vom Individuum, d.h. als eine fremde, göttliche oder teuflische Tätigkeit wirkt, so ist die Tätigkeit des Arbeiters [des sich Bildenden] nicht seine Selbsttätigkeit. Sie gehört einem anderen, sie ist der Verlust seiner selbst" (Marx 1977, 514). Die gedankliche Konsequenz ist Orwellscher Dimension: Die Flucht in die Nicht- (oder Un-?)Bildung als Ausdruck der Entfremdung.

Lernkulturen und Renaissance von Bildung

Die hier geschilderten Optionen der Leibeigenschaft oder der Entfremdung stellen nur *Entwicklungsmöglichkeiten* dar, die sich nicht zwangsläufig aus den Lernkulturen heraus ergeben. Es ist Merkmal dialektischer Konzeptionen, dass sie in dem Feld mehrere Optionen offen halten und damit der subjektiven Gestaltungskraft Einflussmöglichkeiten eröffnen, ohne damit die Kraft der objektiven Bedingungen unbeachtet zu lassen. Der Möglichkeit, dass Bildung als Ware ihren Bildungscharakter verliert, steht eine Option gegenüber, dass künftige Bildung, gerade um rasche Anpassungsfähigkeit und Innovationskraft zu sichern, bestimmte Merkmale der Zweckfreiheit, Allseitigkeit und Disponibilität als Handlungsfähigkeit sichern muss. Allseitigkeit wäre in einem solchen Verständnis die Basis künftiger Brauchbarkeit, und die Brauchbarkeit bestünde in der Allseitigkeit von Bildung.

Die Gebrauchswertorientierung von Bildung zu eliminieren, kann so durchaus auch bedeuten, eine bestimmte Zweckfreiheit zu erzeugen. Persönlichkeitsbildung könnte an den Zweck gebunden werden, zweckfrei zu sein und eine *allgemeine* Handlungsfähigkeit zu erzeugen, die z.B. in der Fähigkeit zur Selbstorganisation bestehen könnte. Die Bestimmung des Tauschwertes der Bildung nach deren Geeignetheit, innovativ neue Kompetenz zu erzeugen, kann durchaus auch dazu führen, der so genannten formalen Bildung höhere und der materialen Bildung geringere Bedeutung zuzumessen und damit wiederum auf die Kompetenz zur Selbstorganisation verweisen. – Oft gestattet das synthetische Zusammendenken von Versuskonstruktionen einen fruchtbareren Zugang in aktuellen Diskursen. So könnte auch die gegenwärtige Polarität von Bildung und Qualifikation als Einheit gedacht werden. Erst eine hohe, (in diesem Zusammenhang) zweckfreie Bildung wird dem Individuum die Möglichkeit geben, wechselnde Qualifikationen zu erwerben, versetzte oder gebrochene Bildungsbiographien zu gestalten und so den souveränen Lerner hervorzubringen, der neue Kompetenzen – einschließlich Qualifikationen – schöpferisch hervorbringt und sich in diesem Sinne selbst bildet. Bildung als Selbstschöpfung und Selbstvervollkommnung der Person, die nur noch sich selbst gehört, erführe in diesem Verständnis einer nicht mehr eigentumsgebundenen, d.h. nichtbürgerlichen Person ihre höchste Entfaltung.

Literatur

Arnold, R.: Von der Weiterbildung zur Kompetenzentwicklung. Neue Denkmodelle und Gestaltungsansätze in einem sich verändernden Handlungsfeld. In: Kompetenzentwicklung 97. Münster, New York, München, Berlin 1997, S. 253-307.

Bayer, M.:Bildungspolitische Rahmenbedingungen – Bildungsreform zwischen Handlungsdruck und Sparzwang. In: Handbuch zum selbstbestimmten Lernen (Entwurf) 1999.

BMBF, Bundesministerium für Bildung und Forschung: Lernen im Wandel – Wandel durch Lernen „Lernkultur Kompetenzentwicklung". Forschungs- und Entwicklungsprogramm, http://www.abwf.de/default.htm?http://www.abwf.de/Forschungsprogramm.html (im Juni 2001).

Dohmen, G.: Das lebenslange Lernen. Leitlinien einer modernen Bildungspolitik. Bonn 1996.

Erpenbeck, J.:Wissensmanagement, Kompetenzentwicklung und Lernkultur. In: Bulletin Quem (1999) 3, S. 2-8.

Erpenbeck, J./Heyse, V.: Die Kompetenzbiographie. Strategien der Kompetenzentwicklung durch selbstorganisiertes Lernen und multimediale Kommunikation. Münster, New York, München, Berlin 1999.

Heinsohn, G./Steiger, O.: Eigentum, Zins und Geld. Ungelöste Rätsel der Wirtschaftswissenschaft. Reinbek bei Hamburg 1996.

Heydorn, H.-J.: Über den Widerspruch von Bildung und Herrschaft. Frankfurt 1979.

Kirchhöfer, D.: Bildung als Ware. In: Hoffmann, D. (Hrsg.): Rekonstruktion und Revision des Bildungsbegriffes. Weinheim 1999, S.161-173.

Lohmann, I.: Bildung und Eigentum. Über zwei Kategorien der kapitalistischen Moderne. In: S. Abeldt u. a.(Hrsg.): „...was es bedeutet, verletzbarer Mensch zu sein. Erziehungswissenschaft im Gespräch mit Theologie, Philosophie und Gesellschaftstheorie. Helmut Peukert zum 65. Geburtstag. Mainz 2000, S. 267-276, http://www.erzwiss.uni-hamburg.de/Personal/Lohmann/prop.htm

Marx, K.: Das Kapital. Kritik der Politischen Ökonomie. Erster Band. Marx-Engels-Werke (MEW) 23. Berlin 1979.

Marx, K.: Ökonomisch-philosophische Manuskripte(1844). Marx-Engels-Werke. Ergänzungsband. Erster Teil, S.465-591. Berlin 1977.

Schmidt, S. J.: Kognitive Autonomie und soziale Orientierung. Konstruktivistische Bemerkungen zum Zusammenhang von Kognition, Kommunikation, Medien und Kultur. Frankfurt am Main 1994.

Voß, G.: Die Entgrenzung von Arbeit und Arbeitskraft. Eine subjektorientierte Interpretation des Wandels der Arbeit. In: Mitteilungen aus der Arbeitsmarkt- und Berufsforschung. 31 (1998) 3, S. 473-487.

Voß, G./Pongratz, H. J.: Der Arbeitskraftunternehmer. Eine neue Grundform der Ware „Arbeitskraft"? In: Kölner Zeitschrift für Soziologie und Sozialpsychologie (1998) 50, S. 131-158.

Schule und Sozialarbeit zwischen
Deregulierung und neuen
Gestaltungschancen

Ingrid Lohmann

After Neoliberalism
Können nationalstaatliche Bildungssysteme den ‚freien Markt' überleben?

> „Eager to start a school voucher program in New York City before he leaves office, Mayor Rudolph W. Giuliani flew the seven members of the Board of Education here today for an immersion course in how such a system would work. [...] The trip was financed with funds from the $12 million that the mayor set aside in the 2000-01 city budget for school choice programs. [...] Mr. Giuliani and his three allies on the board [...] smiled during the speeches by Milwaukee voucher advocates and chortled at their jokes while the four board members who appear to oppose vouchers were poker-faced and quiet [...;] the board member from the Bronx said that the trip was worthwhile but too one-sided, since the only anti-voucher people the New Yorkers heard from were a group of about 20 protesters who greeted them at the airport" (Goodnough 2001).

Neoliberalismus oder Der endgültige Abschied vom Wohlfahrtsstaat

Bildungspolitische Leitlinie der deutschen Bundesregierung in den 90er Jahren war die Beschaffung von *Akzeptanz* für die neoliberalistische Umstrukturierung des öffentlichen Bildungswesens. Wesentliche Beiträge dazu leistete der vorige Bundespräsident, Roman Herzog. Mit Schlagworten wie „Entlassen wir Schulen und Hochschulen in die Freiheit" und „Unsere Bildungsinstitutionen dürfen nicht zum Schlusslicht werden" bereitete er den Boden für entsprechende Maßnahmen (Herzog 1997, 1999).

Zielgröße ist der Abbau öffentlicher Bildung durch verschiedene Formen der Privatisierung und Kommerzialisierung, mit welchen Bildungsprozesse in *Eigentumsoperationen mit Wissen als Ware* umgewandelt werden (vgl. Lohmann 1999, 2000). Mittlerweile ist absehbar, dass am Ende dieser neoliberalistischen Transformation *öffentliche* Bildungs- und Wissenschaftseinrichtungen nicht mehr existieren werden; dass die Zugänge zum Wissen – sei es zu Schulen und Hochschulen, sei es zu elektronischen Bibliotheken, Datenbanken, Internetportalen – ökonomisch, technologisch und inhaltlich von transnationalen Konzernen und ihren Stiftungen kontrolliert werden; dass diese Zugänge – selbstredend – kostenpflichtig sind und so teuer, wie es ‚der Markt' zuläßt. Gefolgt wird hier einer Agenda, die wesentlich von der *Organisation for Economic Cooperation and Development* sowie der *World Trade Organisation* ausgeht; diese Agenda zielt auf den gesamten öffentlichen Sektor, weltweit. Hierbei nimmt für den Bildungs- und Wissenschaftsbereich in Deutschland die Bertelsmann Stiftung eine Schlüsselstellung ein. (Vgl. die Beiträge von Hirtt und Bennhold in diesem Band)

Grundgedanken und zentrale Stichworte der so genannten *Bildungsreden* stammten also nicht aus Herzogs eigener Feder. Sie gehören vielmehr der ideologischen und finanzpolitischen Offensive des Neoliberalismus an, der in den letzten fünfzehn, zwanzig Jahren dafür gesorgt hat, dass der öffentliche Sektor überall unter die gleichen Ideologeme gebracht wird: ‚Markt', ‚Wettbewerb', ‚Standortqualität'. Dabei ist die Sprachregelung für die Privatisierungspolitik mittels der globalen Institutionen der Wirtschafts- und Finanzsteuerung – OECD, WTO, Weltbank, IWF – machtförmig durchgesetzt worden; erdacht wurde sie nicht zuletzt in assoziierten *think tanks* wie dem *Cato Institute*, der *Mont Pelèrin Society*, dem *World Economic Forum* und anderen (vgl. Klees 1999, Toussaint 1999, Plehwe/Walpen 1999). Dies sind die Zirkel, in denen Ökonomen wie Friedrich v. Hayek und Milton Friedman gehandelt werden und die im Hintergrund dafür sorgen, dass die Medien, national und international, wissen, wie die Marschbefehle lauten. Das Konzept der *school choice* und der Bildungsgutscheine stammt von Milton Friedman (vgl. Friedman 1973). Erstmals formuliert hat er es bereits in den 50er Jahren. Aber erst mit dem weltweiten Siegeszug des Neoliberalismus, seit den Zeiten von *Reaganomics* und *Thatcherism*, erhielt Friedman auch weidlich Gelegenheit, seine Vorstellungen zu propagieren.

Die Zeit bilanzierte zwischenzeitlich als Erfolg des Vorstoßes des vorigen Bundespräsidenten: Jetzt werde endlich nicht mehr nur über Reform geredet, sondern Innovation tatsächlich umgesetzt. Es sei Bewegung in die Szene gekommen, Bildungsinitiativen und Erneuerungsprojekte aller Art präsentierten sich. Und die gute Nachricht: „Das meiste bewegt sich ohne den Staat". Die Politik ziehe sich aus ihrer Domäne immer mehr zurück und überlasse das Reformfeld privaten Initiativen (Etzold 1999, 39). Ganz geheuer erschien die Entwicklung aber wohl schon Ende der 90er Jahre nicht: Am Ende des Artikels wird die Hoffnung zum Ausdruck gebracht, dass über die diversen Einzelinitiativen doch wieder Schulen und Hochschulen gestärkt und die gewünschten Innovationen der *gesamten* Gesellschaft zugänglich gemacht würden. Mittlerweile ist deutlich, dass

Skepsis in dieser Hinsicht mehr als angebracht ist. Die erhoffte Balance zwischen Staat und Markt, wie sie sich der Liberalismus stets erträumt hat, will sich nicht einstellen.

Vieles deutet darauf hin, dass der Neoliberalismus der letzte Auftritt des Liberalismus in der historischen Entfaltung des kapitalistischen Weltsystems und seiner Finanzmärkte ist. Er figuriert darin als Geburtshelfer einer endgültigen Delegitimierung wohlfahrtsstaatlich ausgerichteter nationaler Politik und verhilft gleichzeitig jenen transnationalen Abkommen zum Durchbruch, die die Kontrolle des Investitionsgebarens transnationaler Konzerne mittels nationaler Gesetzgebung außer Kraft setzen, wie mit dem *Multilateral Agreement on Investment* (M.A.I.) geplant war und mit den Verhandlungen über ein *General Agreement on Trade in Services* (GATS) jetzt erneut in Angriff genommen worden ist. (Vgl. auch Wallerstein 1995, 232-251, Opitz 1999, 239)

Ein Zurück zum Wohlfahrtsstaat wird es also nicht geben, schon gar nicht für die Schulen. Der entscheidende Faktor ihrer künftigen Entwicklung ist vielmehr die neue Qualität in der Entfaltung des Kapitalverhältnisses, vulgo Globalisierung. Denn während es auf nationalstaatlicher Ebene kein genügend machtvolles gesellschaftliches Subjekt (Klasse, Schicht, Gruppe) mehr gibt, welches seine ökonomisch-kulturelle Zukunft an das Fortbestehen eines wohlausgebauten *öffentlichen* Bildungssystems bände, setzen, auch im Raum der nationalen Politik, machtvolle Akteure – Arbeitgeberverbände, transnationale Banken und Konzerne, ihre Stiftungen – auf Kommerzialisierung. Sie wissen längst, daß sich an öffentlichen Einrichtungen bei weitem nicht so viel verdienen läßt wie an privatisierten. Gleichzeitig zieht sich vor Ort die Linie der Auseinandersetzung um Aufrechterhalt oder Abbau öffentlicher Einrichtungen mitten durch die bürgerlichen Mittelschichten. Bis der Kampf entschieden ist, begnügt sich staatliche Bildungspolitik mit der weiteren Ausgabenreduzierung für die öffentlichen Einrichtungen, sorgt begleitend für weiteren Imagegewinn der Marktideologen und zieht sich ansonsten auf die rigorose Kontrolle der marktgerechten *performance* von Schulen und Hochschulen zurück: Mit TIMSS, PISA, LAU und den *rankings* aller Art werden sie zur Übernahme vorbereitet (zu den Folgen für pädagogisches Handeln Klausenitzer 1999; zu Kommerzialisierungsfolgen an Universitäten Lohmann 2001 b).

Ein zweiter entscheidender Faktor kommt hinzu. Weil die Informations- und Kommunikationstechnologien (IuK) es bereits heute ermöglichen, Wissenszugänge als *öffentliche* zu geringen Preisen vorzuhalten, müssen sie unter allen Umständen und so rasch wie möglich unter das Diktat von Kapitalverwertungs- und Profitinteressen gebracht werden. Während die IuK-Technologien – unter andersgelagerten gesellschaftspolitischen Optionen – der Utopie einer Wissensgesellschaft, die den Namen verdiente, um Einiges näher bringen könnten, verschärft die inzwischen dominant macht- und profitorientierte Implementationsweise der neuen Medien die Negativeffekte der neoliberalistischen Transformation des Bildungs- und Wissenschaftsbereichs noch einmal erheblich. Die *Art der Implementation und Indienstnahme* der neuen Technologien verleiht dem Kommerzialisierungsprozeß, den es auch ohne IuK gegeben hätte, eine noch bis vor wenigen Jahren ungeahnte Dynamik (vgl. Barbrook/ Cameron 1997, Krysmanski 2001)[1].

Welche Entwicklungsperspektiven für Schulen sind zu gewärtigen? Hier bieten Erfahrungen in anderen Ländern reichhaltiges Anschauungsmaterial. Zuvor aber einige Bemerkungen zu den erhofften Wirkungen von ‚Markt und Wettbewerb' im Schulbereich, wie sie im Gefolge von Milton Friedman propagiert werden.

Erhoffte Wirkungen von ‚Markt und Wettbewerb'

Im Zentrum der Argumentation für die ‚Öffnung der Schulen zum Wettbewerb' steht die Behauptung, dass die staatliche Bürokratie allfällige Bildungsreformen verhindert, weil sie nicht vom Staatsmonopol im Schulsektor lassen will. Sie verweigert damit, so wird weiter argumentiert, den Schulen die Möglichkeit, gegeneinander in den Wettbewerb um Schüler und Geldmittel einzutreten und dadurch Anreize zur Verbesserung ihrer Leistungen zu gewinnen. Die Geschichte des öffentlichen Schulwesens ist, dieser Lesart zufolge, eine einzige Kette von Reformen, gefolgt von Reformen der Reformen und immer wieder revidierten Regelungsversuchen. Die bürokratischen Steuerungsmittel – Gesetze, Erlasse, Vorschriften – sind, heißt es, viel zu grob: zwar unerlässlich, um Missbrauch zu verhindern, aber untauglich dazu, Anreize zur Leistungsverbesserung zu geben. Vor allem, so wird betont, gibt es keinerlei Mittel, um Schulen und Lehrpersonal für erfolgreiche Aufgabenerfüllung zu belohnen und für schlechte zu bestrafen; Einrichtungen hingegen, öffentliche wie private, die sich dem Wettbewerb stellen, unterliegen Marktmechanismen wie Belohnung für Erfolg und Bestrafung für Nachlässigkeit: Kunden, Klienten, Schüler, Geldgeber, die wegbleiben, sind ein starkes Argument, heißt es. Wenn sie einer auch nur gemäßigten Marktdisziplin unterworfen seien, zeigten Schulen sich verantwortungsbereiter, effekti-

---

1 Als jüngstes Beispiel vgl. das Abkommen über Lehrerfortbildung zwischen der Intel Corporation und der NRW-Landesregierung, http://www.e-nitiative.nrw.de/fortbildung/intel_pm2001.htm (im Juni 2001).

ver und beliebter als unter dem Staatsmonopol (so Gerstner u.a. 1995, 19f.; kritisch Cookson 1999).

Ein hieraus abgeleitetes, zweites Argument der Marktbefürworter betrifft die erwähnte *school choice*, das Recht der Eltern, für ihre Kinder eine Schule auch außerhalb des eigenen Wohngebiets zu wählen. Dazu das einflussreiche US-amerikanische *Committee for Economic Development*:

„Die meisten Schüler werden den Schulen nach Zufällen der Geographie zugewiesen. [...] Es ist kein Wunder, dass Schulen, denen es am Wettbewerb mangelt, viele Merkmale von Monopolen aufweisen. Als Teil des öffentlichen Sektors werden Schulen nie vollständig dem Spiel des Marktes unterworfen sein. Gleichwohl glauben wir, dass gewisse Marktanreize und -vorgaben ins öffentliche Schulwesen eingeführt werden können und sollten. So würden zum Beispiel regionale oder gar landesweite offene Einschreibsysteme ermöglichen, [...] aus einer breiten Vielfalt öffentlicher Schulen auszuwählen. Solcherart Wahlfreiheit würde Schulen belohnen, die den Bildungszielen der Familien, die sie auswählen, entgegenkommen, und jenen Schulen, die gemieden werden, einen Denkzettel erteilen" (zit.n. Gerstner u.a. 1995, 21f.).

School choice und Bildungsgutscheine gehören weltweit derzeit zu den wichtigsten Instrumenten der neoliberalistischen Umstrukturierung des Bildungsbereichs. Die Auseinandersetzung darum wird in England und den USA bereits seit den 80er Jahren geführt (vgl. Halsey u.a. 1997). Währenddessen wurde in Deutschland eine Zeitlang vorzugsweise mit Konzepten wie ‚Autonomie der Schule' und der Entwicklung von ‚Schulprogrammen' operiert (wobei die damit verbundenen, tatsächlichen pädagogischen Reformanstrengungen gnadenlos für die ‚sparpolitisch' induzierte Ökonomisierung der Schulen instrumentalisiert werden). Allmählich wird aber auch hierzulande eine härtere Gangart eingeschlagen, wie – neben der Abschaffung des Werbeverbots an Schulen in verschiedenen Bundesländern – zwei Beispiele aus der Freien und Hansestadt zeigen. Anfang 2001 schlug die Handelskammer Hamburg vor, Bildungsgutscheine in einem bundesweiten Modellversuch einzuführen, und für Frühjahr 2002 ist die Entscheidung des Senats geplant, die Gebäude der Hamburger Schulen an eine privatrechtlich organisierte GmbH zu verkaufen (Senats-Drucksachen 98/0713 bzw. 16/1158; vgl. Gesellschaft der Freunde 2001). Die GmbH würde die Schulgebäude dann an die Schulen vermieten – und die Bedingungen diktieren, unter denen Schulen betrieben werden.

Der Unterschiede im einzelnen ungeachtet wird überall die gleiche Agenda verfolgt: Durchsetzung privatwirtschaftlicher Steuerungsprinzipien im öffentlichen Sektor, betriebswirtschaftliche Umgestaltung von Bildungs- und Wissenschaftsinstitutionen, so dass sie wie kapitalistische Wirtschaftsunternehmen agieren, d.h. gegeneinander in Konkurrenz treten, möglichst billig produzieren, Profit erwirtschaften (und also den Tauschwert von Waren über den Gebrauchswert stellen), Monopolstellung anstreben müssen. Die Marktideologie dient dazu, diesen Sachverhalt zu vernebeln und, bei gleichzeitig enger werdenden Erwerbs- und Beschäftigungsperspektiven, die Aufstiegsinteressen der bürgerlichen Mittelschichten rhetorisch zu bedienen. Der simplistische Kern der Marktideologie lautet dabei stets wie folgt: Es geht darum, Käufern und Verkäufern die bestmöglichen Gelegenheiten zu bieten, nach eigenem, freiem Willen zusammenzukommen (Gerstner u.a. 1995, 21; ähnlich Heinsohn/Steiger in diesem Band, die es bei konsequenter Anwendung ihrer eigenen eigentumstheoretischen Analyse (1996) auf die neoliberalistische Transformationspolitik besser wissen könnten).

Theoretische Blicke hinter die Kulissen des ‚freien Marktes'

Was aber geschieht auf dem so genannten ‚freien Markt', also dort, wo vermeintlich freie und gleiche Individuen einander gegenübertreten, um Produkte zu tauschen, zu kaufen und zu verkaufen? Wo angeblich die Preise für Produkte und Dienstleistungen stets durch Angebot und Nachfrage bestimmt werden, so dass nur die besten – will sagen, privatisierte statt öffentlicher Schulen – standhalten?

Mit der illusionären Auffassung vom Markt als dem großen Stifter von Freiheit und Gleichheit hat sich Karl Marx in den *Grundrissen* auseinandergesetzt. Die scheinbare Gleichheit und Freiheit der tauschenden Individuen verschwindet jedoch, sobald hinter den oberflächlichen Prozess der Zirkulation der Waren und des Setzens von Preisen geschaut wird:

„Einerseits wird vergessen, daß von vornherein die *Voraussetzung* des Tauschwerts [...] schon in sich schließt den Zwang für das Individuum, daß sein unmittelbares Produkt kein Produkt für es ist, sondern [...] daß das Individuum nur noch als Tauschwert Produzierendes Existenz hat, also schon die ganze Negation seiner natürlichen Existenz eingeschlossen ist; [...] daß dies ferner Teilung der Arbeit etc. voraussetzt, worin das Individuum schon in andren Verhältnissen als denen der bloß *Austauschenden* gesetzt ist [...] Andererseits wird vergessen, daß die höheren Formen, in denen nun der Austausch (gesetzt [ist]), oder die Produktionsbeziehungen, die sich in ihm realisieren, keineswegs stehen bleiben bei dieser einfachen Bestimmtheit [...] Es wird endlich nicht gesehen, daß schon in der einfachen Bestimmung des Tauschwerts und des Geldes der Gegensatz von Arbeitslohn und Kapital etc. latent enthalten ist. Diese ganze Weisheit kommt also darauf heraus, bei den einfachsten ökonomischen Verhältnissen stehen zu bleiben, die [...] reine Abstraktionen sind [...] aber in der Wirklichkeit durch die tiefsten Gegensätze vermittelt" (Marx 1857, 159f.).

Dass Individuen, die einander in Tauschabsicht begegnen, sich eben nicht auf gleichem Fuß gegenüberstehen, zeigen Zahlen aus den USA. Mindestens die Hälfte der dortigen Haushalte akkumuliert überhaupt kein Kapital; die unteren Mittelschichten und die Unterschichten hangeln sich von Monat zu Monat. Für die meisten übrigen gilt, dass ihr Kapital in Haus- und Aktienbesitz sowie Versicherungen besteht, über deren Marktwert sie keine Kontrolle haben. Die unteren 80 Prozent der amerikanischen Haushalte kontrollieren gerade einmal sechs Prozent des gesamten Finanzreichtums des Jahres 1989; die oberen 20 Prozent der Bevölkerung kontrollieren 94 Prozent und das oberste 1 Prozent der Bevölkerung allein fast 50 Prozent des Reichtums (Galbraith 1998, 187). Ähnlich groteske Dimensionen der Ungleichverteilung des Reichtums weist ein UN-Report nach. Demzufolge musste man im Jahre 1996 weltweit 348 Personen zusammenzählen, um auf einen Besitz von eintausend Milliarden US-Dollar zu kommen. Im darauffolgenden Jahr waren nur noch 225 Personen erforderlich, um die gleiche Summe zusammenzubringen, und 1999 schließlich musste nur noch die Finanzkraft von 200 Superreichen addiert werden, um auf diese Summe – eintausend Milliarden Dollar – zu kommen, während gleichzeitig die Armut weltweit fast überall anstieg (vgl. Toussaint 1999). Die in solchen Zahlen zum Ausdruck kommende Polarisierung des Reichtums übersteigt bereits jede Vorstellungskraft, aber sie hat sich im vergangenen Jahr, dem *World Wealth Report 2001* von Merrill Lynch International zufolge, noch einmal erheblich verschärft (Wall 2001).

Nicht nur zu Marx' Zeiten, sondern bis heute halten zahlreiche Theoretiker den ‚Markt' für den bestimmenden Sektor der Ökonomie – eine Fehlinterpretation, die, so Frederic Jameson (1997), eine der wirkmächtigsten systemstabilisierenden Erkenntnisschranken der Moderne hervorgebracht hat. Mit Blick auf die Debatte um Bildungsgutscheine erinnert Jameson an Marx' Einsicht, dass auch schon im 19. Jahrhundert die Sehnsucht nach simplistischen Erklärungen und Problemlösungen Theoretiker dazu gebracht hat, die Schattenseiten der Geldwirtschaft durch die Abschaffung des Geldes beseitigen zu wollen. Sie verkannten, dass die Widersprüchlichkeiten und Ungerechtigkeiten der kapitalistischen Ökonomie durch Geld im eigentlichen Sinne nur objektiviert werden, durch einfachere Substitute wie Gutscheine oder *coupons* aber keineswegs verschwinden.

Heute versuchen Wirtschaftstheoretiker, der globalen Durchsetzung des ‚freien Marktes' mit dem Nachweis aufzuhelfen, dass das Tauschprinzip anthropologisch und historisch universell ist. Demgegenüber zeigen Gunnar Heinsohn und Otto Steiger, dass die ökonomische Wissenschaft bisher keineswegs zu einer befriedigenden Theorie des Marktes vorgedrungen ist, sondern sich auf der Suche nach dem Tauschprinzip, an das sie vortheoretisch glaubt, in Fiktionen verliert:

„Wenn dabei auch die Existenz realen Geldes nur selten auch schon für die Steinzeit behauptet wird, so ist die dem Geldgebrauch angeblich unterliegende Operation des Tauschs – und die dafür erforderliche Institution des Marktes – schon immer da gewesen. Was die heutige Theorie zu untersuchen hat, soll mithin seit Beginn des Menschengeschlechts im Gange sein.

Ihr imperialer Anspruch auf universelle Gültigkeit zwingt die Neoklassik regelrecht dazu, für die gegenwärtige Wirtschaft keine zentralen Kategorien zu verwenden, die nicht auch schon für den *homo sapiens sapiens* galten, der nach Verschwinden des Neandertalers bzw. in der jüngeren Altsteinzeit die historische Bühne betrat" (Heinsohn/Steiger 1996, 31, 40).

Heinsohn/Steiger halten dagegen, dass in der neuzeitlichen Eigentumsgesellschaft der Markt erst dadurch konstituiert wird, dass Produzenten Käufer finden müssen, und zwar Käufer, die genügend hohe Preise für Güter zahlen (können), damit die Produzenten die Kredite, die sie zum Ingangsetzen der Produktion aufgenommen haben, mit Zins zurückzahlen können. „Konkurrenz ist mithin an *verschuldete* Produzenten gebunden und nicht an *gütertauschende* Produzenten oder Konsumenten. Sie muss also fehlen, wo Güter [...] aus anderen Gründen als Verschuldung produziert werden, also keine Waren sind" – wie in Stammesgesellschaft und Feudalismus, aber auch im Sozialismus, wo wegen des Fehlens eigentumsrechtlicher Grundlagen Güter eben gerade keine Waren gewesen sind (Heinsohn/Steiger 1996, 322f. u. passim). In der modernen Eigentumsgesellschaft, im Kapitalismus, sind ‚Markt und Wettbewerb' also der Ort, wo verschuldete Produzenten um Kaufkontrakte konkurrieren, damit sie ihre Kreditkontrakte erfüllen können – und nicht ein Platz unter dem Kirchturm, wo Gebrauchsgüter die Besitzer wechseln.

Der klassischen liberalistischen Grundidee zufolge war Bildung ein Gut, das zwar um Willen der Bewirtschaftung von Eigentum produziert werden sollte; beide Kategorien, Bildung wie Eigentum, wurden im Zuge der Stein-Hardenbergschen Reformen politisch gesetzt (vgl. Lohmann 2000). Bildung selbst sollte jedoch gerade *nicht* in der Logik kapitalistischen Wirtschaftens aufgehen, sondern dieser gegenüber eine relative Autonomie behalten. Deshalb wurde sie konzeptionell in der politischen Sphäre bürgerlicher Öffentlichkeit und nicht unmittelbar im Ökonomischen situiert, wie dies bei spätaufklärerischen Wissensauffassungen noch der Fall war. Wilhelm von Humboldt und andere Bildungstheoretiker und -politiker seiner Zeit hatten die heraufziehende kapitalistische Eigentumsgesellschaft sehr wohl im Blick – und auch die Fülle der materiellen Güter, die vor ihren Augen zu Waren wurden. Mittels ‚Bildung' als neuer Konzeption gesellschaftlichen und individuellen Umgangs mit Wissen sollten *alle* ‚Staatsbürger' in die Lage versetzt werden, die ökonomischen Rahmenbedingungen zu kontrollieren, und zwar von bürgerlich-demokratischen – nationalstaatlichen – öffentlichen Institutionen aus, die sie selber konstituierten. Allerdings wurden hier Abstufungen gemacht; wer wenig oder nichts besaß, würde auch mit einer geringfügigeren Bildung zurechtkommen (so vor allem Schleiermacher, aber auch Humboldt).

Heute wird nicht nur der Zuschnitt der Bildung materiell transformiert. Auch der normative Rekurs auf die liberalistische Grundidee, der zum ideologischen Kernbestand der Moderne gehörte, wird ad acta gelegt. Darin liegt die Chance, sich von den Illusionen zu verabschieden, die jener Rekurs fortwährend erzeugt. Nur stellt die klassische Bildungsidee auch heute noch eine intellektuelle Herausforderung dar, während dies von der Marktideologie, die normativ an ihre Stelle treten soll, niemand wird behaupten wollen.

Internationale Erfahrungen mit neoliberalistischer Schulpolitik

Ich habe an anderer Stelle skizziert, wie sich die Durchsetzung neoliberalistischer Marktprinzipien im US-Schulwesen ausnimmt (Lohmann 2000a, vgl. Steiner-Khamsi in diesem Band). Richard Hatcher stellt in seinem Beitrag die Entwicklung in England in dankenswertem Detailreichtum dar. Daher konzentriere ich mich im folgenden auf Nachrichten aus einigen anderen Weltregionen.

Chile, 1980

Chile war eines der ersten Länder, in denen *school vouchers*, Bildungsgutscheine nach dem Modell Milton Friedmans, eingeführt wurden (zum Folgenden Carnoy 1996). Das chilenische Beispiel hat relativ schnell deutlich gemacht, dass – anders als Marktbefürworter weiterhin unverdrossen propagieren – Kindern aus Familien mit geringem Einkommen daraus keineswegs Vorteile erwachsen. Wie in den USA hat vielmehr auch in Chile das System der Gutscheine die schon bestehende Kluft zwischen den Schulen der Privilegierten und der Unterprivilegierten noch einmal erheblich vergrößert. Bildungsgutscheine gibt es in Chile seit 1980; sie waren Bestandteil eines umfassenden Deregulierungspakets der Militärregierung unter Pinochet. Zu den ersten diesbezüglichen Maßnahmen gehörten die Abschaffung der Tarifautonomie der Lehrergewerkschaften und die Einführung von Privatverträgen. Nachdem das Lehrpersonal vom öffentlichen in den privaten Beschäftigungssektor überführt war, konnten ab 1983 auch öffentliche, städtische Schulen Lehrpersonen nach Belieben einstellen und entlassen und die Verträge mit ihnen wie Privatunternehmen aushandeln. Sämtliche Schulen wurden aus den zuvor strikt definierten, landesweiten Rahmenvorgaben für Curricula und Qualitätsstandards entlassen. Es gab folgende Resultate:

In den frühen achtziger Jahren stiegen die Bildungsausgaben zunächst an, weil die Regierung beim Übergang in die Privatverträge Tausenden von Lehrern Bleibegelder zahlte. Danach jedoch sind, selbst wenn man die Beiträge der Eltern einrechnet, die Bildungsausgaben drastisch gesunken. 1985 betrug der staatliche Anteil 80 Prozent der Bildungsausgaben, und diese betrugen 5,3 Prozent des Bruttosozialprodukts. 1990 war der Staatsanteil auf 68 Prozent, der Anteil der Bildungsausgaben am Bruttosozialprodukt auf 3,7 Prozent gesunken. Die gestiegenen privaten Ausgaben im Bildungsbereich reichten bei weitem nicht aus, dieses Minus zu decken. Betroffen waren vom Rückgang der Staatsausgaben vor allem Sekundarschulen und Universitäten; hier wurden die Pro-Kopf-Ausgaben erheblich verringert.

Von den staatlich unterstützten Privatschulen profitieren, ähnlich wie in Europa, vor allem Familien mit mittleren und höheren Einkommen; sie wechselten zu einem erheblichen Teil zu den Privatschulen. Diese haben das Recht, sich die SchülerInnen auszusuchen. Die Gebühren für Privatschulen liegen in der Regel höher, als durch den Bildungsgutschein gedeckt ist. Aber es gibt auch Privatschulen, die keine Gutscheine annehmen; hier werden die Gebühren von den entsprechenden Familien vollständig privatfinanziert. Einer groben statistischen Unterteilung der Bevölkerung nach Einkommen in drei Gruppen zufolge – 40 Prozent mit geringen, 40 Prozent mit mittleren und 20 Prozent mit hohen Einkommen – besuchten 1990 von den 40 Prozent einkommensschwachen Familien 72 Prozent der Kinder städtische, öffentliche Schulen. Von den 40 Prozent Familien mit mittleren Einkommen besuchten nur 51 Prozent der Kinder öffentliche Schulen, 43 Prozent besuchten staatlich unterstützte Privatschulen und 6 Prozent privatfinanzierte Eliteschulen. Von den oberen 20 Prozent einkommensstarken Familien hingegen hatten nur 25 Prozent ihre Kinder in öffentlichen, 32 Prozent in staatlich unterstützten und 43 Prozent in den Eliteschulen. Die Einführung von Marktmechanismen trug in Chile also keineswegs zu der von Marktideologen behaupteten sozialen Angleichung bei.

Gleichzeitig ließ ein anderer Effekt, der von Verfechtern des Marktmodells immerfort propagiert wird, auf sich warten, nämlich die Verbesserung der Schulleistungen. Landesweite Tests, die 1982, kurz nach Einführung des Vouchersystems, und zum Vergleich wieder 1988 bei ViertklässlerInnen durchgeführt wurden, ergaben Leistungsminderungen in Spanisch um 14, in Mathematik um 6 Prozent. Einer Untersuchung der Weltbank zufolge sanken die Leistungen insbesondere bei Kindern aus einkommensschwachen Familien, am meisten in öffentlichen Schulen, aber auch in staatlich unterstützten Privatschulen. SchülerInnen aus Familien mit mittleren Einkommen zeigten leichte Verbesserungen, an öffentlichen Schulen ebenso wie an Privatschulen. Bei 1990 durchgeführten Tests zeigten sich Verbesserungen in den Spanisch- und Mathematikleistungen, aber sie lagen nicht über dem Niveau, das 1982, also kurz nach

Reformbeginn, gemessen worden war. Außerdem stellte man fest, dass unter SchülerInnen aus Familien mit mittlerem Einkommen diejenigen besser abschnitten, die Privatschulen besuchten, während unter SchülerInnen aus Familien mit geringem Einkommen eher diejenigen reüssierten, die öffentliche Schulen besuchten.

Unterm Strich hat das chilenische Beispiel gezeigt, dass die Einführung des Marktmodells die Schulleistungen vielfach negativ beeinflusst und dass es die SchülerInnenschaft stärker polarisiert, ohne dass insgesamt die Qualität der Bildung gesteigert worden wäre. Nach dem Regierungswechsel im Jahre 1990 ist in Chile die Steuerung des Bildungsbereichs daher teilweise auch wieder rezentralisiert worden. Denn die im Marktmodell vorgesehenen, vielbeschworenen spontanen Wettbewerbseffekte – zügige Lehrplanreformen, steigende Unterrichtsqualität, effizientere Verwaltung – wollten sich einfach nicht einstellen, insbesondere nicht in einkommensschwachen Regionen. Und kaum waren Gewerkschaften wieder legal, schloss sich das Lehrpersonal erneut zusammen, um verbesserte Gehälter und Mitbestimmungsrechte zu erkämpfen. (Vgl. auch López 2000)

Neuseeland, 1989

Wie es hieß, um die Qualität der städtischen Bildungseinrichtungen zu verbessern, sind ab 1989 in Neuseeland durch die Labour-Regierung die von vielen Eltern und Schulleitungen gewünschten Instrumente einer elterlichen Wahlfreiheit – *school choice* – und autonomen Schulverwaltung eingeführt worden (zum Folgenden Fiske 2000). Auch hier zeitigten die Maßnahmen zum Teil erhebliche negative Folgen. Entgegen den regierungsoffiziellen Absichten verstärkte sich zum einen die ethnische Polarisierung, zum anderen konzentrierten sich bildungsschwache SchülerInnen an bestimmten Schulen. Für mindestens ein Viertel der Schulen, so gestehen Regierungsbeauftragte längst ein, ist marktförmiger Wettbewerb kein erfolgversprechendes Modell. Das neuseeländische Reformprogramm firmiert unter dem Namen *Tomorrow's Schools*. Manche Beobachter werten es als die radikalste Reform, die je am Bildungssystem einer Industrienation vorgenommen wurde. Dabei wurde die Aufsicht über das gesamte Primar- und Sekundarschulwesen von der Zentralbehörde auf lokale, gewählte Gremien, die mehrheitlich mit Eltern besetzt sind, übertragen. Die Eltern haben seit Beginn der 90er Jahre auch das Recht auf freie Schulwahl. Im Gegenzug können die Schulen sich ihre SchülerInnen selbst auswählen, wenn die Bewerbungen die Aufnahmekapazität übersteigen. Finanzierung, Rahmenrichtlinien, Kontrolle der Aufgabenerfüllung sind bei der Zentralregierung verblieben.

Neuseeland hat 3,8 Millionen Einwohner, darunter eine zahlenmäßig nicht unbeträchtliche Minderheit von Maoris und *Pacific Islanders*. Da Mittelschichteltern dazu neigen, die Qualität einer Schule nach deren ethnischer Zusammensetzung zu beurteilen, gibt es eine starke Polarisierung zwischen Einrichtungen mit überwiegend europäisch-stämmiger Population und Schulen mit einem hohen Minoritätenanteil. Heute können in Neuseeland zwar die Schulen in den besseren Vierteln miteinander konkurrieren. Die Schulen der ethnischen Minderheiten und der ärmeren Bevölkerung hingegen finden sich in einer Abwärtsspirale, in der sich rückläufige Anmeldezahlen, der Weggang von Lehrkräften und der Wegfall von Ressourcen wechselseitig verstärken. An diesen Schulen sammeln sich außerdem lernschwache SchülerInnen und die, die aus anderen Schulen entlassen wurden. Die Regierung, zunächst unwillig, dem entgegenzuwirken, sah sich schließlich so großem Druck ausgesetzt, dass sie Ende der neunziger Jahre mit Maßnahmen, die auf die Verbesserung der Lehr- und Lernsituation zielten, zur direkten Intervention in den in Bedrängnis geratenen Schulen überging. Der Theorie marktförmiger Selbstregulierung des Schulwesens entspricht dies natürlich nicht. (Vgl. auch Small o.J.)

China, 1993

In China gab es die erste Privatschule 1992, ab 1993 wurden Marktmechanismen in der Finanzierung unter bestimmten Bedingungen zugelassen, und schon Ende 1996 besuchten 6,8 Millionen SchülerInnen die insgesamt etwa 60.000 Privatschulen – das sind knapp vier Prozent aller chinesischen Schulen (zum Folgenden Cheng/DeLany 1999). Als Privatschulen werden dabei solche bezeichnet, die sowohl in Privatbesitz sind als auch privat finanziert und verwaltet werden. Firmen, die Schulen betreiben, und Wirtschaftsunternehmen, die mit Privatschulen Geschäftsverbindungen eingehen, gelten als *non-profit*-Unternehmen und sind von der Steuer befreit. So betreibt z.B. die börsennotierte US-Firma *Nobel Learning Systems* (*Nobel Learning Communities*; vgl. Diplomatic Planet 2001, Weiß 2001) in Kooperation mit der *South Ocean Development Corporation* eine Reihe von Privatschulen für die chinesische Elite: Einer Studie von 1994 zufolge waren 39 Prozent der Haushaltsvorstände, die ihre Kinder auf Privatschulen schicken, Leiter von Handelsunternehmen und Fabriken oder leitende Manager von *high-tech*-Firmen, 18 Prozent Angestellte von in Peking ansässigen Firmen und von Regierungsbehörden der Provinzen, 14 Prozent waren zuvor im Ausland tätig, knapp 9 Prozent arbeiteten in mit ausländischem Kapital finanzierten Unternehmungen und knapp 6 Prozent waren Selbständige. (Vgl. auch Kwong 1997, Zou 1997)

Ontario, Kanada, 2001

Bei der Vorstellung ihrer Haushaltspläne im Mai 2001 teilte die Regierung der kanadischen Provinz Ontario einer überraschten Öffentlichkeit ihre Entscheidung mit, Eltern, die ihre Kinder auf Privatschulen schicken, eine Steuerminderung einzuräumen. Sie soll sich bis zum Jahr 2006 auf 3.500 kanadische Dollars pro Jahr und Kind belaufen. *Equity in Education Tax Credit* nennt sich die Maßnahme. Die im Haushalt dafür eingeplanten Mindereinnahmen in Höhe von $ 300 Mill. jährlich setzen voraus, dass sich die Zahl der an Privatschulen eingeschriebenen SchülerInnen nicht erhöht. Kritiker befürchten einen Anstieg der Anmeldungen in Privatschulen, der die Steuerzahler teuer zu stehen kommen wird. Gegenwärtig besuchen 102.000 SchülerInnen 730 Privatschulen – dazu gehören auch die religiös gebundenen Schulen der Muslime, Sikhs, Juden u.a.

Während des Wahlkampfes, der die Konservativen 1999 an die Regierung brachte, hatte sich Regierungschef Harris mit Nachdruck für Erhalt und Ausbau der öffentlichen Schulen eingesetzt; Kritiker werfen ihm und seinem neuen Finanzminister Flaherty denn auch vor, für den geplanten Steuernachlaß – „one of the most dramatic attacks" auf den über 150-jährigen Bestand des öffentlichen Schulwesens in der kanadischen Provinz – keinerlei Mandat zu besitzen. Wie immer man sie bezeichne, die Maßnahme laufe auf Bildungsgutscheine nach US-Vorbild hinaus: „Man nimmt Ihre Steuergelder und gibt sie an Privatschulen, und das ist die Definition eines Vouchersystems." Sie entziehe den ohnehin unterfinanzierten öffentlichen Schulen weitere Steuermittel, die für den Ersatz feuchter Behelfsbauten durch gehörige Schulgebäude, für Programme zur Unterstützung behinderter Kinder, für neue Schulbücher, Einstellung zusätzlicher Lehrer, kleinere Klassen im Elementarbereich, Ausbau der Spielplätze usw. dringend gebraucht würden (The Toronto Star, Metro Edition, 10.+11.5.2001). Der Vorsitzende der Liberalen, Dalton McGuinty, forderte alle Ontarier, denen die öffentliche Bildung am Herzen liege, auf, „zu den Waffen zu greifen" (The Globe and Mail, 12.5.2001).

Den Vorwurf, sie mache den Wohlhabenden und Reichen, die ihre Kinder so oder so auf teure Privatschulen schicken, ein Steuergeschenk, weist die Regierung zurück: Die Gebühren an unabhängigen Privatschulen beliefen sich teilweise auf $ 15.000 und mehr jährlich. Die Steuerersparnis hingegen solle $ 3.500 pro Kind und Jahr nicht übersteigen. Der Regierung sei daran gelegen, gerade den Familien mit niedrigen und mittleren Einkommen die Entscheidung für religiöse Privatschulen zu erleichtern: „Es geht um mehr Geld für Kinder, es geht um mehr Wahlfreiheit für ihre Eltern – Eltern, die die kulturellen und religiösen Traditionen ihrer Gemeinschaft schätzen" (Flaherty, TTS 10.5.1).

In Folge einer 1985 getroffenen Entscheidung der Regierung Davis waren die katholischen Schulen in den Genuß umfassender staatlicher Finanzierung gelangt. Seither hatten Repräsentanten der anderen Religionsgruppen Gleichstellung eingefordert. 1996 hatte der zuständige Oberste Gerichtshof in ihrem Sinne entschieden, und 1999 hatte das Menschenrechtskomitee der Vereinten Nationen die Diskriminierung der nichtkatholischen Schulen in der staatlichen Finanzierungspolitik angeprangert. Aber trotz des auch internationalen Drucks hatte das Bildungsministerium stets betont, man denke nicht daran, auch die übrigen religiös gebundenen Schulen mit Steuermitteln zu finanzieren. Die Sprecher der nichtkatholischen Religionsgruppen zeigten sich daher angenehm überrascht über die jetzige Haushaltsentscheidung. Und aus ihrer Sicht ist tatsächlich nichts als ein überfälliger Schritt getan worden.

Bloß, *timeo Danaos et dona ferentes*, wie erklärt sich der Gesinnungswandel der Regierung? Hierzu gibt es zwei Interpretationen. Die eine: Der neue Finanzminister hat einen neuen Weg zur Verminderung der Bildungsausgaben gefunden. Rhetorisch verpackt als Zugeständnis des Rechts auf freie Schulwahl an Eltern, die die religiös-kulturellen Werte ihrer Gemeinschaften erhalten wollen, reduziert die Regierung die staatlichen Bildungsausgaben erheblich: Denn ein Privatschüler kostet den Staat nicht mehr als $ 3.500 pro Jahr, das übrige Schulgeld zahlen die Eltern. Jeder Schüler hingegen, der im öffentlichen Schulwesen bleibt, kostet den Staat etwa $ 7.000. Um die Hälfte dieser Summe reduzieren sich die staatlichen Bildungsausgaben also für jeden Schüler, der in eine Privatschule wechselt. – Aber warum wird in solchem Umfang Geld aus den öffentlichen Schulen abgezogen und in die Privatschulen gepumpt?

Dies erklärt eine zweite Interpretation: Der *Equity in Education Tax Credit* steigert die Gewinnerwartungen der *for-profit*-Schulen. Er gibt den privaten Wirtschaftsunternehmen kräftig Aufschwung, die Schulen betreiben oder Schulverwaltung als Dienstleistung anbieten. Das betrifft weniger die teuren, alteingesessenen Privatschulen, die sich weder um *fundraising* noch um Anmeldezahlen Sorgen machen müssen. Vielmehr geht es um die *for-profit*-Schulen auf der Ebene darunter, deren Anmeldezahlen auf Kosten der Schule in der Nachbarschaft steigen, nun, nachdem „die Regierung die Leute überzeugt hat, dass ein öffentliches Schulsystem nicht so gut ist wie ein privates". Um mehr als ein Viertel, von 75.000 auf 102.000, sind die Schülerzahlen in Privatschulen seit dem Amtsantritt der jetzigen Regierung bereits gestiegen (TTS 11.5.1).

Privatschulen dürfen ihre Schülerschaft nach Gesichtspunkten wie Reichtum, religiöse Grundsätze, kulturelle Identität, Leistungsfähigkeit auswählen. Öffentliche Schulen können dies nicht, und ihre Befürworter lehnen eine Segregation der Schülerschaft nach Herkunft, Religionszugehörigkeit, Zahlungsfähigkeit der Eltern usw. mit Blick auf die Notwendigkeit sozialer Integration in einer multikulturellen Gesellschaft auch ab (vgl. dazu auch Gogolin, in diesem Band). Sie erinnern daran, dass als in den USA die Rassenschranken beseitigt werden sollten, als erstes die Schultrennung aufgehoben wurde. Mit den jetzt in die Privatschulen umgelenkten $ 300 Mill. werden Steuergelder in Schulen transferiert,

– die im Unterschied zu den öffentlichen weder verpflichtet sind, sich an staatlich vorgegebenen Kennziffern und Leistungsvereinbarungen messen zu lassen,
– noch, ihre Schüler in den Klassenstufen 3, 6 und 9 standardisierten Leistungstests zu unterziehen;
– die kein Budget vorlegen und genehmigen lassen und
– keine Inspektion zulassen müssen;
– die nicht verpflichtet sind, nur solche LehrerInnen einzustellen, die über das amtliche Lehramtszertifikat verfügen;
– die ihre Problemschüler ans öffentliche Schulwesen verweisen können;
– die nicht an genehmigte Schulbücher gebunden sind
– und auch nicht ans Lehren der Evolutionstheorie (TTS 11.5.1).

After Neoliberalism

Vergleichbare Erfahrungen mit Privatisierung liegen aus zahlreichen weiteren Ländern und Regionen vor, darunter Südafrika, Hongkong, Argentinien, Mexiko (vgl. CICE; zur Rolle von IWF und Weltbank Andersen 2001). Auch wenn die Resultate im einzelnen unterschiedlich ausfallen – *diese* drei Effekte hat die weltweite neoliberalistische Umstrukturierung der Bildung in jedem Fall: Überall da, wo sie stattfindet, sinken, erstens, die Staatsausgaben für den Bildungssektor, verschärft sich, zweitens, die soziale Ungleichheit im Zugang zum Wissen noch einmal drastisch, stellen, drittens, Mittelschicht-Eltern fest, dass es ihnen gefällt, wenn ihre Söhne und Töchter nicht mehr zusammen mit Krethi und Plethi die Schulbank drücken müssen.

Überall sind es besonders die bürgerlichen Mittelschichten, die, dem Druck sich verschärfender sozialer Polarisierung im Zeitalter der Globalisierung ausgesetzt, sich Rettung vor dem Absinken in die Billiglohnstrata und Aufstieg in die Dienstklassen der Superreichen erhoffen. Dahinter müssen Fragen des sozialen Zusammenhalts in einer Gesellschaft, von Chancengleichheit und Gerechtigkeit gar, auch schon einmal zurückstehen. Auf diese und ähnliche reale Zwangslagen, die die Haltungen und Einstellungen großer Teile der nationalen Bevölkerungen nicht unberührt lassen, können die *Marktinstitutionen* (Altvater/Mahnkopf) weltweit bauen. Deshalb artikuliert sich aus sonst durchaus artikulationsfähigen Bevölkerungsgruppen heraus heute so wenig Widerstand.

Mit dem Erhalt öffentlicher (Bildungs-) Einrichtungen ist es also weltweit schlecht bestellt.

Es gibt andererseits keinen Anlaß, sie zu glorifizieren. Die im 19. Jahrhundert einsetzende Indienstnahme der Bildungsinstitutionen zum Zweck der Reproduktion der Herrschafts- und Besitzinteressen der nationalen Bourgeoisien ist als Verknüpfung von Bildung und Besitz verschiedentlich analysiert und kritisiert worden (von Bourdieu/Passeron, Herrlitz/Hopf/Titze, Blankertz, Klafki, Vierhaus und anderen). Dennoch: Die vorliegenden Analysen über Reproduktion sozialer Ungleichheit in den öffentlichen Bildungssystemen und mittels ihrer lassen noch kaum ahnen, welche Dimensionen soziale Ungleichheit im Zugang zum Wissen noch annehmen wird, wenn das, was in der Moderne als ‚Bildung für alle', als ‚allgemeine Bildung' konzipiert wurde, erst einmal restlos Bestandteil kapitalistischer Eigentumsoperationen, d.h. von Krediten, Hypotheken, Zinszahlung und Verpfändung geworden ist. Dieser Prozeß macht auch vor dem liberalistischen Konzept der Freiheit der Person nicht halt.

In der Moderne wurde das Individuum als Person mit bestimmten staatlich garantierten Verfügungsrechten – über sein (materielles wie ideelles) individuelles Vermögen, sein Eigentum, seine Arbeitskraft – anerkannt. Aus diesem Rechtsvorbehalt, der im Begriff bürgerlicher Freiheit zusammengefaßt ist, ergibt sich die von Heinsohn/Steiger (1996, 362) hervorgehobene „ökonomische Nachrangigkeit dieser Eigentumskategorie". Sie resultiert daraus, dass in der Moderne die Person juristisch davor geschützt ist, ihr Eigentum an sich selbst als Sicherheit gegen Kredit vollstrecken zu lassen – sich selbst, als Person, zu bewirtschaften (auch wenn sie es wollte). Bis vor kurzem wäre daher ja auch niemand auf die Idee gekommen, Aktien auf sich selbst auf dem Markt anzubieten.

Die Transformation der Bildungsprozesse in Eigentumsoperationen mit Wissen als Ware, die unter dem Euphemismus ‚Wissensgesellschaft' verborgen wird, löst die in der Moderne rechtlich garantierten Verfügungsrechte von ihren ökonomischen Fundamenten her auf. Wir befinden uns am geschichtlichen Anfang einer neuen Sklaverei. Die Versklavung geschieht dabei nicht selten mit Zustimmung der Individuen, nämlich dann, wenn sie sich davon Vorteile in der Konkurrenz um Erwerbspositionen versprechen.

Staatliche und öffentliche Bildungseinrichtungen sind, historisch betrachtet, ein transitorisches Phänomen. Da wo sie am längsten bestehen, sind sie kaum älter als zweihundert Jahre, und sehr viel älter werden sie wohl nicht werden. Zu diesem Ergebnis muss man jedenfalls kommen, wenn man Privatisierung und Kommerzialisierung öffentlicher Bildung als das wertet, was sie sind: der Anfang vom Ende öffentlicher Einrichtungen der Erziehung und Wissenschaft, wie wir sie aus der Moderne kennen. Die Moderne geht zuende und mit ihr die Funktion des Bildungssystems für die Konstituierung des Bürgertums und seines Nationalstaats. Aber vielleicht ergeben sich ja in den komplizierten wechselseitigen Transformationsbeziehungen zwischen regionalen, auch nationalstaatlich verfassten, Territorien und Globalisierungsprozessen historisch neuartige Gründe und Koalitionen für öffentliche Bildung.

Eine frühere Fassung dieses Artikels findet sich in der Dokumentation *Schule zwischen Markt und Staat. Bildungskongress der GEW Hessen am 12. September 2000 in der Johann-Wolfgang-Goethe-Universität*. Frankfurt am Main 2001.

Literatur

Andersen, S.: The IMF and World Bank's Cosmetic Makeover. In: Dollars and Sense. A Bi-Monthly Magazine of Economic Issues and Opinion (January/February 2001) 233, http://www.dollarsandsense.org/2001/233anderson.htm (im Juni 2001).

Barbrook, R./Cameron, A.: Die kalifornische Ideologie. In: Telepolis, Magazin der Netzkultur 1997, http://www.heise.de/tp/deutsch/inhalt/te/1007/1.html (im Juni 2001).

Carnoy, M.: Lessons of Chile's Voucher Reform Movement. In: Rethinking Schools (ed.): Selling Out Our Schools 1996, und http://www.igc.org/trac/feature/education/global/chile.html (im Juni 2001).

CICE, Current Issues in Comparative Education, vol. 1 (April 1999) no. 2, Themenschwerpunkt Education in the market: Free markets, flea markets & supermarkets, http://www.tc.columbia.edu/cice/(im Juni 2001).

Cheng, H./DeLany, B.: Quality education and social stratification: The paradox of private schooling in China. In: CICE a.a.O.

Cookson, P. W.: Privatization and educational equity: Can markets create a just school system? In: CICE a.a.O.

Corpwatch Organization: http://www.igc.org/trac/feature/education/global/(im April 2001).

Diplomatic Planet: Dialogue Education 2001, http://www.diplomaticplanet.net/deducate/intrvw/nobel.html (im Juni 2001).

Etzold, S.: Gipfel voraus. Ein Kongreß als Vermächtnis des Bildungspolitikers Herzog. In: Die Zeit Nr. 15, 8. April 1999, 39.

Fiske, Edward B.: When Reforms Create Losers. In: International Herald Tribune, 14. Februar 2000, 16.

Friedman, M.: Kapitalismus und Freiheit. (dt. 1973) Stuttgart 1984.

Friedman, M.: Public Schools – Make Them Private. Cato Briefing Paper No. 23. http://www.cato.org/pubs/briefs/bp-023.html (im Juni 2001).

Galbraith, J.K.: The Socially Concerned Today. Toronto 1998.

Gerstner, L.V./Semerad, R.D./Doyle, D.P./Johnston, W.B.: Reinventing Education. Entrepreneurship in America's Public Schools. (IBM Corporation 1994) New York, London, Victoria, Toronto, Auckland 1995.

Gesellschaft der Freunde des Hamburgischen Schulwesens e.V.: http://www.schulenverkauf.de/(im Juni 2001).

Goodnough, A.: Mayor and School Board Study Milwaukee Vouchers. In: The New York Times, Metro, May 15, 2001, B3.
Halsey, A.H./Lauder, H./Brown, Ph./Wells, A.S. (eds.): Education. Culture – Economy – Society. Oxford, New York 1997.
Heinsohn, G./Steiger, O.: Eigentum, Zins und Geld. Reinbek 1996.
Henales, L./Edwards, B.: Neoliberalism and educational reform in Latin America. In: CICE vol. 2 (April 2000) no. 2, http://www.tc.columbia.edu/cice/vol02nr2/v2n2down.htm (im Juni 2001).
Herzog, R.: Entlassen wir Schulen und Hochschulen in die Freiheit. In: Frankfurter Rundschau, 6. November 1997, 14.
Herzog, R.: Auswege aus einer muffigen Routine. In: Frankfurter Allgemeine Zeitung, 14. April 1999, Nr. 86, 10.
Jameson, F.: Economics. Postmodernism and the Market. In: ders., Postmodernism or, The Cultural Logic of Late Capitalism. (1991) Durham 1997, 260-278.
Klees, St.J.: Privatization and neoliberalism: Ideology and evidence in rhetorical reforms. In: CICE a.a.O.
Klausenitzer, Jürgen: Privatisierung im Bildungswesen? Eine internationale Studie gibt zu bedenken! In: Die Deutsche Schule 91 (1999) 4, S. 504-514. Auszüge unter http://www.gew-hessen.de/publik/hlz-2000/hlz_09_2000/hlz_9b_00.htm (im Juni 2001)
Krysmanski, H.J.: Das amerikanische Jahrtausend? Zukunftsvisionen unter dem Aspekt der technologischen Revolution und der Frage nach Krieg und Zivilisationsprozeß. In: Jahrbuch für Pädagogik 2001, Schwerpunktthema „Zukunft". Frankfurt am Main 2001.
Kwong, J.: The Reemergence of Private Schools in Socialist China. In: Comparative Education Review vol. 41 (August 1997) no. 3, 244ff.
Lohmann, I.: http://www.bildung.com – Strukturwandel der Bildung in der Informationsgesellschaft. In: I. Gogolin, D. Lenzen (Hrsg.): Medien-Generation. Beiträge zum 16. Kongreß der Deutschen Gesellschaft für Erziehungswissenschaft. Opladen 1999, S. 183-208, http://www.erzwiss.uni-hamburg.de/Personal/Lohmann/16DGFE.html
Lohmann, I.: Bildung und Eigentum. Über zwei Kategorien der kapitalistischen Moderne. In: „"...was es bedeutet, verletzbarer Mensch zu sein" – Erziehungswissenschaft im Gespräch mit Theologie, Philosophie und Gesellschaftstheorie. Helmut Peukert zum 65. Geburtstag. Hg. von S. Abeldt, W. Bauer, G. Heinrichs u.a. Mainz 2000, 267-276, http://www.erzwiss.uni-hamburg.de/Personal/Lohmann/prop.htm
Lohmann, I.: The Corporate Takeover of Public Schools. US-amerikanische Kommerzialisierungskritik im Internet. In: I. Lohmann, I. Gogolin (Hrsg.): Die Kultivierung der Medien. Erziehungs- und sozialwissenschaftliche Beiträge. Opladen 2000 (a), 111-131, http://www.erzwiss.uni-hamburg.de/Personal/Lohmann/corptake.htm
Lohmann, I.: When Lisa Becomes Suspicious. Erziehungswissenschaft und die Kommerzialisierung von Bildung. In: Jahrbuch für Pädagogik 2001, Schwerpunktthema „Zukunft". Frankfurt am Main 2001 (b), http://www.erzwiss.uni-hamburg.de/Personal/Lohmann/Publik/lisa.htm
López, C.M.: The Effects of 15 Years of Neoliberal Policies on Public Education in the Americas. Tegucigalpa 2000, http://www.vcn.bc.ca/idea/lopez1.htm (im Juni 2001).
Marx, K.: Grundrisse der Kritik der politischen Ökonomie. (1857-1858) Berlin 1974.
Opitz, R.: Liberale Integration. In: ders.: Liberalismus, Faschismus, Integration. Edition in drei Bänden. Herausgegeben von I. Fach und R. Rilling. Bd. I, Marburg 1999.
Toussaint, E.: [On his book] Your Money or Your Life: The Tyranny of Global Finance [London 1999, dt. Köln 1999]. In: Spectre, 9. Nov. 1999, http://users.skynet.be/cadtm/angymoyl.htm (im Juni 2001).
Plehwe, D./Walpen, B.: Wissenschaftliche und wissenschaftspolitische Produktionsweisen im Neoliberalismus. Beiträge der Mont Pèlerin Society und marktradikaler Think

Tanks zur Hegemoniegewinnung und Erhaltung, in: PROKLA 29 (1999) No. 115, 2, 203-235.
Small, D.: From the Colombo Plan to the APEC Process: Education and the Transformation of New Zealand's Regional Relationships. Canterbury o.J., http://www.apec.gen.nz/NZ_Educ_.htm (im Juni 2001).
Wall, B.: In 2001, The Rich Kept Getting Richer. In: International Herald Tribune, June 16-17 2001, http://www.uni-muenster.de/PeaCon/global-texte/rich2000.htm (im Juni 2001).
Wallerstein, I.: After Liberalism. New York 1995.
Weiß, M.: Internationaler Bildungswettbewerb. AG „Künftige Struktur der Lehrerbildung" des Wissenschaftsrates, 23. Nov. 2000. In: GEW Hauptvorstand, PISA-Info 04/2001.
Zou, J.: Private Schooling in China: Assumptions, Complications, and Implications. Michigan State University 1997, http://www.ed.uiuc.edu/EPS/MWCIES97/zou.html (im Juni 2001).

Richard Hatcher

Schools Under New Labour – Getting Down to Business

Introduction

I want to begin by making a distinction between a business agenda *for* schools and an agenda for business *in* schools. The first agenda – what business wants schools to do – is a broad transnational consensus about the set of reforms needed for schools to meet employers' needs in terms of the efficiency with which they produce the future workforce. The second agenda – what business itself wants to do in schools – represents the interests of a growing sector of private companies whose business is taking over the provision of state education services.

The business agenda *for* schools is increasingly transnational, generated and disseminated through key organisations of the international economic and political elite such as the Organisation for Economic Cooperation and Development (OECD). In that global context there is a project for education at the European level which represents the specific agenda of the dominant European economic and political interests. It is expressed in, for example, the various reports of the European Round Table, a pressure group of 45 leaders of major European companies from 16 countries, and it has become the motive force of the education policies of the European Commission and its subsidiary bodies.

One of the most recent statements of this business agenda for schools is a report published earlier this year called *In search of quality in schools: The employers' perspective* (Confederation of British Industries 2000), produced by an international working group of employers' organisations from seven EU countries (including the CBI in the UK and the BDA in Germany). It begins with this premise: „The emergence of the knowledge economy means that people have become the key to international competitiveness. This poses new and fundamental challenges for all our education systems." – What are these challenges? „There is a gap between the skills which employers will increasingly look for in their employees, and the skills schools currently equip their students with. The gap is getting wider." The report summarises employers' criticisms of their national systems. This is the problem in the UK, according to the CBI report *A skills passport* (1995): „Inadequate outcomes from foundation learning are of concern to all employers. The problem lies mainly with low expectations [...] the vast majority of young people have the potential to achieve far more than is generally expected of them, and must be encouraged to do so."

In Germany, a report published by the German Business Institute in 1999 reaches the same conclusion: „Schools fail to release the potential of students and even to pass on basic life skills. It costs German employers around DM 70,000 per student to prepare students for work – the preparation that schools should have completed."

The school reforms advocated in the employers' report can be summarised as follows:

- *National standards of achievement and independent evaluation*
  National standards
  Regular national tests
  Targets for progress set by government and schools
  International benchmarking
  Assessment of personal and social skills as well as academic
  Independent body to evaluate school performance
- *Co-operation and competition*
  Parental choice of school
  Competition between schools to raise standards
  School funding based on student numbers and school performance
  Resources linked to results
- *A 21st century curriculum*
  Active, lifelong learning
  Citizenship
  Preparation for work
- *Autonomy for schools*
  'Schools need the freedom to manage themselves'
  'Schools must make more effective use of existing resources'
  ‚The priority must be to reform the management of staff, teaching methods and the organisation.'
- *A top quality teaching profession*
  Heads as leaders, evaluated by results
  'The terms and conditions of the profession must be updated to ensure that heads and teachers have the incentives to succeed, with differentiated rewards depending on their tasks and their performance.'
  'The quality control of teaching and learning is not adequate. [...] Reliable systems of accountability are needed to help ensure that schools

provide value for money, and to ensure that the main cost elements (of which teacher costs are the most significant) are put under rigorous control.'

'Schools must seek to draw lessons on best practice, innovation and guiding values from a wide range of environments, including the entrepreneurial world of business.'

Britain under the Labour government has gone further than any other European country in adopting and implementing this programme. At the end of the report is an audit of progress by seven EU countries in adopting the business agenda for schools. Far and away the leader is the UK. Judged against ten performance indicators the UK succeeds on nine. The missing one is performance-related pay for teachers (PRP – merit pay), which is currently being introduced. In contrast, Germany lags sadly behind. In fact it doesn't meet a single one of the employers' targets satisfactorily.

Why is the UK in the lead? Labour has the unique advantage of being able to build on the foundations laid by the previous Conservative government. It is well-known that the programme of the New Right for education entails the creation of a quasi-market in schooling, with school-based management (LMS – local management of schools), parental choice, per capita funding, and the contracting-out of some public services to the private sector. What also needs to be remembered is that the Conservative government also introduced powerful new forms of central control over schooling. This combination of decentralisation and centralisation has been continued and greatly extended by Labour.

Education is a priority for New Labour because its acceptance of the logic of globalisation means that education and training is one of the few levers available to government to increase national competitiveness (Hatcher 1998a). Human capital theory becomes the driving force of education policy. For Tony Blair (1998, 10), „the main source of value and competitive advantage in the modern economy is human and intellectual capital. Hence, the overriding priority New Labour is giving to education and training." In short: „Education is the best economic policy there is" (Blair, quoted in Driver and Martell 1998, 85). That requires a radical programme of reform – 'modernisation' is the favourite word – of the school system. The template of this programme is provided by a model of management of the public sector first introduced by the New Right and now being adopted by governments of the centre-left across Europe and beyond (Clarke and Newman 1997).

New Public Management – Corporate Managerialism

This neo-liberal model of the welfare state comprises three elements.

1. Cuts in state spending, including on schooling. According to the 1998 OECD report on spending per secondary pupil, the UK is bottom of the league table with £ 2680, as against the EU average of £ 3145 (Germany spends £ 3946 per pupil) (*Times Educational Supplement* (TES) 14 April 2000).
2. Increased involvement of the private sector in welfare state provision. I'll deal with this later.
3. The restructuring of the management of the welfare state on the basis of a corporate managerialist model imported from the world of business. As well as the needs of the economy dictating the principal aims of school education, the world of business is also to supply a model of how it is to be provided and managed.

The origins of the corporate managerialist model can be traced back to the Japanese auto industry. Two central concepts, *kaizen* – continuous improvement – and *kaisha* – 'companyism' – embody the twin aims of performance management and culture management (Morley/Rassool 2000). The OECD has been a key advocate of the corporate managerialist model for the public sector, recommending

„the creation of a 'performance-oriented' and 'less centralised' public sector with the following characteristics: a focus on results and efficiency and effectiveness, decentralised management environments, flexibility to explore alternatives to public provision of services, establishment of productivity targets and a competitive environment between public sector organisations, along with the strengthening of strategic capacities at the centre of the organisation." (Taylor *et al* 1997, 82).

This model has been fed into the mainstream of education management in the UK through the discourse of Total Quality Management (TQM) (Morley and Rassool point out that the 1991 Further Education Unit report *Quality Matters* was a key conduit). In the context of school education it has taken the form of the discourse of 'school effectiveness and school improvement'. The version of this discourse which is authorised and sponsored by government – I have referred to it elsewhere (Hatcher 1998b) as 'Official School Improvement' – is now the dominant and almost irresistible language of school reform in the UK. Its key elements, embodying the combination of centralisation and decentralisation which I referred to earlier, can be summarised very briefly as follows:

1. A competitive quasi-market among schools: Limited parental choice, school-based management, per capita funding of schools, financial delegation, diversity of provision.
2. The management of pupil performance: National curriculum, national tests, pupil targets at school and individual levels.
3. The management of teacher performance: pupil performance targets, school inspections (by Ofsted, the Office for Standards in Education), the head teacher as 'chief executive', business planning, teacher appraisal, performance-related pay (PRP) including pupil performance as an indicator.

Education policy is reduced to a matter of the most efficient way of achieving taken-for-granted goals, which are expressed largely in terms of 'raising standards', defined in terms of test scores. Corporate managerialism also entails management of the policy debate itself – a continual attempt by government and its education advisers to control debate about education policy by ignoring evidence which does not fit their schemas and deriding dissenting voices.

Business in Schools

One key element in the new model of public sector management is the breaking down of the boundary between public and private provision. This is where the business agenda *for* schools opens the door for the agenda for business *in* schools. The principle that the state must guarantee access to certain goods but need not directly provide them is a central tenet of New Labour's 'Third Way' (Zuege 1999). Decisions about who should provide services are purely pragmatic ones. As Blair says, „Remember that what matters is outcomes, what matters is what works" (Speech to Labour Local Governance Conference, Blackpool, 6 February 2000). For government, it is a question of how to achieve its objectives most efficiently. For business, it is the opportunity to open up the school system to private provision for profit.

This too, like the employers' programme for school reform, is an international agenda. In the words of Glenn R. Jones, president of the American company Jones International Ltd, ‚specialists in the on-line education industry', which has set up the Global Alliance for Transnational Education (GATE) with numerous multinational companies including the inevitable IBM and Coca-Cola, „the potential for education is staggering. In addition to quality of life issues, the market potential is one of the largest on the planet" (quoted in Hirtt, cf. in this volume). Merrill Lynch, the international investment services company, estimates the global education market at $ 2,000 billion a year. The recent World Trade Organisation (WTO) talks in Seattle focused on the revision of GATS (the General Agreement on Trade in Services). The previous Uruguay round allowed governments to protect public services. Article 19 of GATS is intended to end this: „Members shall enter into successive rounds of negotiations [...] with a view to achieving a progressively higher level of liberalisation."

The commercial penetration of education, including schooling, has proceeded furthest in the US, and it is US companies which are the most powerful lobby to open up the European education market. A WTO working group report has welcomed the growing deregulation of the European education sector (spearheaded by higher education) and congratulated the UK for having, since the 1980s, undertaken „a movement away from public financing, and towards greater market responsiveness, coupled with an increasing openness to alternative financing mechanisms" (quoted in Hirtt, cf. in this volume). In a recent article Price, Pollock and Shaoul (1999) comment that

„The UK provides a fascinating insight into the assimilation of the WTO agenda into domestic policy. The UK was one of the first states among more-developed countries to take up two key recommendations of global financial institutions: the introduction to the public sector of commercial accounting and appraisal of commercial investment. Procurement reforms are being used to breach socialised provision to enable private firms to exploit the public-funding base of traditional public services."

They note that

„There has been little public debate about the way in which the privatisation of public services at national level is linked to the global trade-expansion policies of international institutions such as the WTO, the International Monetary Fund and the World Bank. There is even less understanding of the huge implications of these policies for European traditions of democracy and community risk-sharing."

The construction of a new education market on terrain which has traditionally belonged to the state as the provider of schooling as a public service is problematic and difficult. For business, the problem is how to transform the provision of a service into the sale of a profitable commodity. For government, the problem is more complicated: how can it simultaneously satisfy the need for private profitability and its own education policy objectives, while also minimising professional and public resistance to change? There are real tensions here. Firstly, contrary to the views of the extreme neo-liberal current, education is too important for government to leave it to the market. Government has to ensure a school system which meets the general needs of capitalist reproduction of future workers, citizens and families, not just the specific interests of the education-for-profit sector. This entails a degree of centralised government control over the school system which may place unwelcome constraints on the operations of private companies. Secondly, the level of public funding of the school system may leave little scope for private profit. Thirdly, professional and public opinion remains attached to the idea of education as a publicly-provided service. As the European Commission recognises, it „will be necessary to gain the confidence of public opinion. European citizens must be reassured about the fact that the European Union is liberalising its market without neglecting their fundamental concerns" (quoted in Hirtt, cf. in this volume).

So, what is taking place in the UK at present is a process of commodification of schooling through pragmatic incremental policy development designed to satisfy the objectives of government control, private profit, professional compliance and public support (Hatcher 1998c). The expanding opportunities for the private sector take a number of forms:

– Creating customers
– Creating the future workforce
– Selling education products
– Selling education management services
– Running schools
– Commodifying teaching and learning.

Creating Customers

Many companies offer various forms of support to schools through networks such as the Education Business Partnerships and Business in the Community. This is justified in terms of companies accepting their responsibility to the community. However, even the most apparently altruistic policy harvests commercial benefit. It enhances corporate image, facilitates advantageous relationships with government, and provides an argument for why business should not be taxed more heavily to provide more state funding for education.

For many companies, sponsorship of schooling can clearly provide direct commercial benefits in terms of sales of their products. I will give just one example. Tesco, the leading supermarket chain, gives 'Computers for Schools' vouchers to its customers. Last year Tesco gave computing equipment worth £ 10.5 million to 20,000 schools. Tesco's community affairs manager says "It is a good example of cause-related marketing, where companies and causes come together to benefit the community" and, he might have added, increase sales (Guardian, 1 April 2000). It is a perfect example of Blairite 'Business in the Community'.

Shaping the Future Workforce

The contribution of money by companies directly to schools, rather than indirectly through the tax system, enables them more effectively to influence the schools with a business agenda, either to shape the education of their own future employees through the development of appropriate 'employability' skills, or to create a better qualified future workforce to the advantage of the economy as a whole. The tying of schools more closely to the employers' agendas is a key theme of Labour education policy. In the words of Nicholas Tate, chief executive of the Qualifications and Curriculum Authority, „Business needs to help us revise the national curriculum so that it meets the needs of a rapidly changing economy. Business needs to tell us what qualities it is looking for in the young people pursuing qualifications in schools and colleges. Above all, business needs to be the dominant voice in the development of vocational qualifications." (Times Education Supplement (TES) 26 June 1998)

While the business agenda for schools aims to develop appropriate 'employability' skills to the advantage of the economy as a whole, some companies are collaborating with schools to create and shape their own future workforce. A striking example is provided by Cisco Systems, one of the biggest companies in the world, based in California and valued recently at $ 400 billion (TES 28 April 2000). It makes the networks for the Internet. There is an acute shortage of skilled people to design and install them. Cisco is addressing this shortage by setting up its Networking Academy programme, which was launched in the US in 1997, reached Europe in 1998, and now operates in 61 countries. In Europe, 20,000 post-16 students are expected to start the 280-hour online course in the next academic year. Many of these students are still at school. So far, 18 schools in the UK have become regional training centres for Cisco, each one training up to ten local academies.

While creating customers and shaping companies' future workers are important aspects of increased commercial penetration of schooling, the most radical developments lie in the increasing commercialisation of the provision of aspects of education itself, the core business of school. And this is an exceptionally profitable market sector. The TES (7 April 2000) reports that the Education and Training Index of shares in education and training companies, which has performed better than the stock market average over the past few years, had „improved its performance dramatically" in the last seven months from June 1999 to January 2000. „During this period it rose by 160 points – a staggering 85 per cent increase in value".

Privatisation of National Government Education Services

Some services provided nationally by government have already been privatised. The most important instance, initiated by the Conservative government and retained by Labour, is the Office for Standards in Education (Ofsted), which is responsible for school inspections. These entail a team of inspectors spending a week in a school observing lessons and studying documentation. They are the most unpopular aspect of education policy, widely regarded as punitive by teachers. They are carried out by teams who bid for contracts from Ofsted. Many of these teams are private companies, some of which have many teams and carry out hundreds of inspections a year for profit. This has created an industry which in 1997 was worth £ 118 million. In 1996-1997, 73 per cent of primary school inspections were carried out by private organisations, compared with 27 per cent by local education authorities (LEAs) (TES 19 December 1997).

The most recent new business opportunity at national level concerns performance-related pay (PRP) for teachers, which the government is now introducing. The contract to develop it was awarded to Hay McBer, an international management consultancy company. They had to identify the competencies by which teaching could be assessed (TES 19 November 1999). Then another private company, Cambridge Education Associates, was awarded a five-year contract, worth up to £ 100 million, to help run the PRP system. Head teachers cannot be trusted to assess their own staff, so CEA will deploy 3000 or more assessors to oversee heads' assessments, and to assess the heads' own performance.

Management services for LEAs

Local government has a significant role in the education system in England and Wales. There are 150 elected local councils, each of which has an education department, the 'local education authority' (LEA; London is divided into 33 LEAs). The power of local government was greatly reduced by the Thatcher government, because the big city councils were controlled by the Labour Party. Some LEA powers were appropriated by central government, others were devolved downwards to the schools, to whom LEAs were required to delegate almost all of their education budget. This has continued and extended under Labour.

Nevertheless, LEAs still retain sufficiently large budgets for its service delivery to be of interest to private education companies. Capital Strategies, a corporate finance house, estimates the privatised education market at £ 1 billion a year (TES 19 May 2000). Under Labour, LEAs have been made subject to inspection by Ofsted, the schools inspection agency. A number of LEAs have failed their inspection – Hackney, Islington, Liverpool, Sheffield, Leeds, Rotherham, Waltham Forest and Bradford (all areas of high social disadvantage). The remedy imposed by government in all but one of these cases is the handing over of some or all of LEA services to private companies. This is not just an option in 'failing LEAs'. In April 2000, the policy of 'Best Value' came into force. Best Value is the new name for the Conservatives' policy of Compulsory Competitive Tendering, whereby local councils are obliged to consider privatisation as an option for their service provision. As well as new specialised education-for-profit companies, a number of corporate giants have become government-approved providers, including Group 4, which runs security services including private prisons, and Serco, which runs the UK's air defence warning system against missile attack (Education Journal, May 2000).

As an example let us take Islington, a London borough which was the first to be privatised. After a critical Ofsted report on the LEA the government sent in PriceWaterhouseCoopers, a management accountancy company, to prepare a contract (at a cost of £ 260,000) for privatising the LEA's services. The contract, for seven years at £ 11.5 million a year, was awarded to Cambridge Education Associates, who will be responsible for personnel and payroll matters, school inspections and school improvement, governor support and special education needs. The contract is subject to tough targets and penalties set by government, and to a cap on profits of £ 600,000 a year (Guardian, 18 January 2000).

CEA is a new education business which sees Islington as the opportunity to gain a foothold in an emerging market. The bigger players are waiting to see if it is profitable. Arthur Andersen, an international management company with close links with the Labour government, withdrew from the Islington bid because it did not guarantee enough profit security, because of the performance clauses and penalties. This illustrates how problematic the profitable commodification of education is, and the tensions between the conditions of profitability and the requirements of education performance targets set by government. Problems of education performance which have been encountered by public provision may prove equally intractable to private companies. An early indication was the failure of CFBT (Centre for British Teachers), another private company, to solve the problems of Rams Episcopal primary school in Hackney when it was brought in as consultants. A further warning is provided by the case of Capita, a private company recently awarded the contract to run Haringey LEA (a London borough). Capita has also been running the welfare benefits service for Lambeth (another London borough). According to the London *Evening Standard* (5 April 2000), "Lambeth council is to spend £1.5 million taking back control of its benefits service, after the private firm hired to run it failed to clear a 40,000 claim backlog and left hundreds facing eviction. The housing benefits crisis, which contractor Capita has failed to tackle, has reached farcical proportions".

Increased government control of the school system at the expense of LEAs has reduced the ability of local government to impose constraints on private companies. Kevin McNeany, head of Nord Anglia, another booming education business, sees an opportunity to supply services on behalf of smaller LEAs. "This would prevent local elected members getting involved in the minutiae of running the education service. Democracy would be diminished but nearly all the main decisions were now taken elsewhere anyway, he said." (Education Journal, October 1999) However, for philosophically committed neo-liberals such as James Tooley, the leading British academic ideologue and entrepreneur of 'education without the state' (the title of his recent book), even the remaining ability of LEAs to set the terms of franchises is too much. "Councils are part of the problem. Even if you privatise the services you'll still have the lunatics in charge of the asylum".

The future role of elected local government in the provision of education in schools is uncertain, but the direction in which policy is moving is indicated by the composition of a consultancy group set up by the Local Government Network, a quasi-governmental body part-funded by the private sector (TES, 14 April 2000). It has 18 members, including the partner of the local government minister, representatives of the Department for Education and Employment (DFEE) and Ofsted, three local councillors and one former Chief Education Officer, and nine business representatives, four of whom are on the government list of approved contractors for failing councils.

The ‚Public/Private Partnership'

The Private Finance Initiative (PFI) was launched by the Conservative government in 1992 as a way of securing private finance for infrastructure projects (Whitfield 1999). It has been continued by Labour, now renamed the Public Private Partnership (PPP). In education, PPP can finance the construction of new buildings, the renovation of buildings, the provision of equipment and the operation of facilities. The private sector finances construction and is repaid by the state over a period of time (25-35 years) for the use of the building and the facilities. Each PPP project is structured around a specially created company typically combining the construction company, financial institutions and a facilities management company. To give one example: Colfox school in Dorset is a new comprehensive school, built under a 30 year PPP contract for £ 15 million by the Jarvis group, who are responsible for construction plus facilities management: repairs, maintenance, cleaning, catering, utilities, furniture and IT equipment. The largest PPP project is the refurbishment of all 29 secondary schools in Glasgow at a cost of £ 220 million (TES 5 May 2000).

The advantage of PPP for the government is that it reduces capital spending – or rather, postpones it to future years. PPP projects also have the advantage of not counting as capital spending under the Maastricht criteria for public sector borrowing. However, it is important to note that PPP is not just about funding capital projects. It entails a redefinition of provision in the public service, as the government makes clear.

„PFI is one of the Government's main instruments for delivering higher quality and more cost effective public services, with the public sector as an enabler and, where appropriate, guardian of the interests of the users and customers of public services. It is not simply about the financing of capital investment in services, but about exploiting the full range of private sector management, commercial and creative skills" (press release, Lord Chancellors department, 8 February 1998, quoted in Whitfield 1999, 4).

PPP projects are more expensive than publicly funded projects: It costs local education authorities more to borrow from the private sector than from the government, and on top of that there are fees for consultants and the profit taken by the PPP companies. It is estimated that PPP projects cost at least 10 per cent more. But they can only receive government approval if they demonstrate 'value for money', so they have to reduce costs by operating schools more efficiently on facilities management contracts which employ fewer staff, on flexible contracts, and which increase income generation through charges for private and community use of school premises.

Like other companies, PPP projects can be the subject of takeovers and mergers, creating in effect a market in buying and selling schools. Furthermore, PPP contracts currently do not include the school's core service of teaching, but this distinction between core and non-core services, whereby the private sector controls the infrastructure of buildings and facilities while teachers provide a public service within them, may not be maintained. Future PPP contract bids may include private schools-for-profit companies to provide a total service.

Running Schools

The most controversial aspect of private sector involvement in education has been the proposal that private companies might directly run state schools. This is already the case with several hundred schools in the US. Douglas Noble says:

„Corporate leaders view schools as the last major labour-intensive industry ripe for colonization and modernization. Public schools [...] represent for them an expensive public monopoly overcome by bureaucratic inefficiency and abysmal productivity." (Noble 1998, 278)

Could this happen in Europe? It has already begun. In 1998, Surrey LEA invited companies to bid for the contract to run a 'failing' comprehensive school, King's Manor in Guildford. The contract was won by 3 E's Enterprises Ltd, a private company set up as the commercial arm of Kingshurst City Technology College near Birmingham (about 150 miles away; CTCs were an experiment by the Conservatives to set up schools with business sponsorship and outside LEA control. The experiment was not a success – only 15 were established, but they still exist). The managing director of 3 E's is the husband of the Kingshurst CTC principal. The contract to run the school entails re-opening it with no guarantee of jobs for existing staff – six were dismissed and are currently engaged in a legal case. Some pupils were excluded too. The implications for local popular influence are interesting: English schools have governing bodies comprising representatives of parents, teachers, the LEA, and the local community (including local business). 3 E's has insisted that it shall nominate twelve of the 21 school governors (TES 14 January 2000). It now plans to start a network of colleges, taking over failing schools. Meanwhile, Surrey is looking for a private company to take over another comprehensive school (TES 24 March 2000).

The takeover of King's Manor represents two innovations. One is the franchising of a state school to a private company; the other is the creation by a state school of a commercial subsidiary to operate in the new education market. It parallels the move by some LEAs (3 have so far been approved by the government) to bid to run the services of other, 'failing', LEAs.

The problem for the private sector is whether they can make enough profit out of running state schools. The American schools-for-profit company Edison, which runs 79 schools in the US, has investigated the UK market and has decided to withdraw, saying that it can't make enough profit. Ironically, one reason is the low level of state spending on English schools, which is 25 per cent less than any US school district, and below the threshold at which Edison thinks is profitable (The Observer, 26 March 2000). Moves into this potential market may come from another direction. Britain has a powerful private school sector. These take seven per cent of school pupils and mainly serve a relatively wealthy elite. The Labour government has expressed its intention, not of undermining the privileged position of the private schools, but of breaking down the barriers between the private and state school sectors. In a recent speech at an Independent Schools Council conference, Phil Collins, director of the Social Market Foundation, urged private schools to widen access and lower prices, as in the US. "Five to six years from now, it is feasible to imagine one third of schools being run by private companies." (TES, 12 May 2000)

The most recent government policy initiative facilitating the privatisation of state schools, announced in March 2000, is to set up City Academies, similar to Charter Schools in the US, to replace existing 'failing' schools. They will be directly funded by the government, by-passing LEAs, and given the status of 'independent' – i.e. private – schools, so they will lie outside the legislative framework which governs other state-maintained schools. This includes complete freedom to devise the curriculum. The government wants them to be run by businesses, churches or voluntary bodies. Sponsors must pay 20 per cent of the capital costs, but ownership of the land and buildings of the existing state school, currently the property of the local council, will be transferred to them. Around ten will open next year (TES, 2 June 2000). So far Boots, a national chain of pharmacists, and Reg Vardy, who owns a large chain of car dealers, have expressed an interest in sponsoring City Academies (The Observer, 11 June 2000).

Technology and Teaching

The transformation of education into a market service is closely tied to the development of information and communications technology (ICT). As Mike Moore, the Director General of the WTO, noted in a speech in 1999,

"There are technical reasons for the acceleration of trade in services, especially in the area of information technology. In large part, it was the prospect of electronic transmission of services on a big scale which started policy makers thinking that we must have multilateral rules. An ever increasing range of essentially local services was transformed into internationally tradable products: financial and business services, and education and health services are cases in point." (quoted in Hirtt, cf. in this volume)

For education business, the Holy Grail is the transformation of the core business of schools, the teaching and learning process itself, into a tradable commodity. One of the leading ideologues in the US of this technological vision is Dennis Doyle, a senior fellow of the pro-privatisation Hudson Institute:

"The introduction of technology will totally transform schools. Or perhaps more to the point, schools must be totally transformed to use technology wisely and well. We do not yet have the technologies at our disposal to create human capital as readily as we create physical capital. But at some point we will, [and] it will break the mold and eliminate the grid-lock of labour-intensive schooling" (quoted in Noble 1998, 279).

It is the Internet which provides the technology to realise this vision. John T. Chambers, CEO of Cisco Systems, believes that "the next big killer application for the Internet is going to be education. Education over the Internet is going to be so big it is going to make e-mail usage look like a rounding error." Microsoft says, education will be a $ 1 billion business for the company in the year 2000 (TES, 12 November 1999). The vision has been embraced by European business and European politicians. The EU is now committed to connecting all schools to the Internet. In the UK the DFEE is spending £ 700 million on connecting all 30,000 schools to the Internet by 2002, with a further £ 230 million on training teachers to use the new technology (Selwyn 1999a). All teachers recognise that ICT is a revolutionary tool in the classroom, capable of motivating pupils, of opening up access to new sources of knowledge, of communicating across the globe, and of developing skills for later life.

But there are a number of additional reasons for the enthusiasm of business and political leaders for the Internet in schools. First, it is a huge partnership between government and the private sector which opens up a vast market for ICT companies. Tony Blair described the initiative at the 1997 Labour Party conference as "the biggest public-private partnership in any education system anywhere in the world" (quoted in Selwyn 1999a). As David Blunkett, the education minister, explained,

"Public-private partnerships are at the heart of our proposals for the Grid – this is a new approach compared with the approaches of other countries. I'm delighted that so many of the world's leading hardware and software manufacturers are playing such a constructive role in helping to make this great project a reality. It's impossible to put a value on the enormous experience that companies like Microsoft, BT, RM, Xemplar and the cable companies are bringing to this initiative." (Blunkett 1997)

Massive state spending on ICT in schools and colleges is necessary to stimulate and subsidise the European ICT industry. The European Commission acknowledges that one of the main functions of its action plan *Learning in the Information Society* is "to attain more rapidly a sufficient number of users and to pump-prime the construction of a real European education multimedia market" (quoted in Hirtt, cf. in this volume).

"It is doubtful if our continent will keep hold of the industrial place which it has achieved in this new market of multimedia if our systems of education and training do not rapidly keep pace. The development of these technologies, in a context of strong international competition, requires that the effects of scale play their full role. If the world of education and training does not use them, the European market will become a mass market too late." (European Commission 1996)

Secondly, the Internet is a vehicle for advertisers to reach the increasingly important child and youth markets. Schools can deliver a captive audience of potential consumers. This is controversial in the European context, but that could change. Schools which are short of funding may find offers of business funding hard to resist, as they have in the US. For example, the ZapMe Corporation provides schools with free computers and high-speed Internet access in exchange for a school's agreement to place its 13 to 19-year-old students before a portal laden with advertisements for a certain number of hours each day. The portal provides access to selected sites "while ZapMe collects a fee for delivering a generation of young consumers to its advertisers" (Barker 2000). ICT is also attractive to governments because it can save money:

"the most ambitious of these companies are the ones that want to create via the Internet a learning environment that might actually dispense with the teacher – at least in the conventional, classroom sense of the word." "There is certainly ample financial incentive for these developments." (Barker 2000)

The amount which government is investing in ICT for schools is huge, but it holds out the promise of, if not dispensing with the teacher, making substantial savings on teachers' salaries, the largest item of education expenditure. James Tooley in his book *Education Without the State* (1996) proposes:

"Instead of one teacher for 30 students, why not have one teacher for 60 students, with technology substituted for the absent teacher? For each teacher lost, £ 25,000 per year (a typical teacher's salary) would be saved. Over a four-year period, this £ 100,000 would purchase 30 multimedia systems and software (at £ 1,000 each), and one teaching assistant (at £ 10,000 per year) and still leave £ 30,000 in savings!" (20).

This is exactly the argument subsequently put forward by Margaret Hodge, now School Standards Minister:

"we should be thinking of employing fewer teachers, not more. Over the next few years information technology will revolutionise our schools. Distance learning is about to become a reality. [...] Children will be able to follow programmes which are more closely tailored to their individual needs and the use of interactive software could replace more formal lessons. In a few years, I believe, some classes will not be led by a fully trained teacher. [...] If pupils are working from lessons on the Internet, a trained classroom assistant may be as useful as a teacher." (New Statesman, 22 May 1998)

ICT is expensive not just because of the initial costs but also the continuous need to maintain and update equipment and software, taking perhaps 25 per cent of a school's managed budget (according to a secondary head cited in the TES, 14 April 2000). For example, in February 1999, Microsoft launched its *Anytime Anywhere Learning* initiative (AAL) in the UK. The aim is to provide every pupil with a portable computer. Mark East, Microsoft's Education Group manager, estimates the cost at £ 8 billion, which has to be 'refreshed every' three years. While the state is funding the initial costs of connecting schools to the Internet, the aim is to seek to transfer some of the running costs directly to parents. Nigel Paine, Chief Executive of the Technology Colleges Trust, suggests 'getting parents to sponsor individual machines'. Microsoft has launched e-Learning Foundations, a programme run by the Arthur Andersen company to help schools set up their own charitable foundations. The advantages are tax relief on parental contributions through a deed of covenant, and tax relief for companies making donations. „Money from parents, PTAs and the private sector accounted for 7 per cent of the primary schools' ICT funding, and 3 per cent in secondary schools, and the signs are that the influence of this sector will grow over the next few years, as ICT expenditure continues to rise" (TES, 14 April 2000) – and government funding reduces.

Changing and diminishing the role of the teacher is regarded as desirable on ideological as well as financial grounds:

"The development of different sources of information and knowledge is going to bring about a rapid decline in the monopoly of educational institutions in the domain of information and knowledge. [...] Even within the schools and colleges, the greater degree of individualisation of modes of learning – which are flexible and demand-led – can be considered as supplanting the formulas which are too heavy and dominated by the provider. It announces the consequent decline of the role of teachers, which is also demonstrated by the development of new sources of learning, notably by the role of ICT and of human resources other than teachers." (European Commission 1998)

It facilitates the sort of individualised and flexible learning which is required for the modern worker, who is expected to be individually responsible for the management of their own human capital in the market-place.

The fourth and most far-reaching attraction to business of ICT in schools is its potential to transform teaching and learning. ICT requires education content, and this opens up the opportunity to turn teaching and learning into a commodity. This process is most advanced in higher education, where a number of universities are marketing their courses on the Internet.

"The universities grasp a key aspect of the coming revolution in education services. When you manage a for-profit school, you are lucky to maintain margins of 5 per cent – and much can and will eat into that. If you are selling education-related products through an Internet portal, you may be lucky to achieve margins of 10 per cent – and even that may require supplemental revenues from advertising links and other non-core sources. New technologies can be profitable if they are widely adopted, but in the education industry the bulk of these are still either on the drawing board or limited to use in I.T. training courses.

The real money is in providing 'content', which can be effortlessly replicated at close to no incremental cost." (Barker 2000)

Pilot projects are already under way in schools in the UK. For example, Sun Microsystems has formed a partnership with seven other companies and a comprehensive school in Cambridge which is "working to develop a business model for the local delivery of ICT infrastructure and content", in other words the development for commercial publication of school-produced material. The school has been designated by the EC as a pilot. The school's head of ICT asserts that "Educational interests come before commercial interests or profit". – "Our partners are discreet. We have chosen to support them through links to their sites from our school website, and we can provide brochures and documents to those who want them. [...] It's a very business-like arrangement." At this stage the commercial companies see it as a non-profit-making pilot to test products and business arrangements, but it would be naïve to think that their interests will continue to be charitable, and at that point commercial and educational interests can diverge. One issue that is posed, as it has been already for university teachers in the US, is that of intellectual property rights in teachers' work.

The transformation of schooling by ICT, and in particular the Internet, needs careful ideological preparation. Neil Selwyn (1999 a, b) has analysed the discourses and the rhetoric being deployed by the Labour government and by ICT companies to sell the *National Grid for Learning* to teachers and the wider public, principally by portraying it as the essential passport both to higher standards of attainment in the classroom and to employability in the knowledge economy. What is obscured is the role of commercial interests in the initiative. It exemplifies how the corporate managerialist model entails the management of the policy debate.

Education Action Zones

Education Action Zones are a Labour initiative to raise education standards in schools in socially disadvantaged areas. Their effects are not confined to those geographical areas: EAZs are intended to be test-beds for future system-wide innovations, or to be more exact for a new model of working class education. They embody many of the business dimensions I have discussed. Each Zone comprises perhaps two secondary schools and their associated primary schools. The first 25 EAZs were launched in 1998 (symbolically, at the Shell international headquarters in London), and there are now 67. One of the features of the EAZs is that they are required to have business 'partners'. They include major international companies such as ICI, Barclays Bank, Colgate Palmolive, John Laing Construction, Kelloggs, Tesco, McDonald's, Shell, Tate and Lyle, American Express, British Aerospace and Rolls Royce. Particularly prominent are information technology companies, including some of the biggest names: IBM, Bull Information Services, British Telecom, and Research Machines. They are joined by a new but expanding education business sector – companies such as Nord Anglia and Arthur Andersen aiming to contract-out education management and other services from schools and local authorities.

The EAZ policy assigns several roles to business. Firstly, it is expected to provide money and resources. Zones receive an extra £ 750,000 a year from government. They are expected to find an additional £ 250,000 a year from their business 'partners' (often in kind, for example, supplying computers, or management training, or mentoring for pupils). The reasons behind this are several: It reduces state spending on education; it encourages schools to be entrepreneurial in seeking funding for themselves; and it brings schools and business closer together, with the aim of increasing the influence of business agendas. Secondly, to take part in managing the Zone. Zones are run by a new form of local governance, Action Forums, separate from and not accountable to LEAs, which bring together a variety of participants, including representatives of the business 'partners'. The original intention expressed by the government was that some of the Zones would be actually run by private companies, but so far none are. Nevertheless, private companies can play leading roles (for example, a senior manager from Shell is the chairperson of the Lambeth Zone in London) and exercise considerable influence because of the resources they command. Thirdly, to influence the content of education. The partnership with business is intended to make schools more responsive to business agendas. Schools are encouraged to adopt a work-related curriculum and to develop employability skills which will be attractive to employers. And finally, to apply business methods and expertise to the management of schools. As Michael Barber, Labour's chief education advisor, said at the launch of the EAZ policy in January 1998: „Successful companies are uniquely able to manage change and innovation" (TES, 7 January 1998). What this means in practice is illustrated by the programme of a conference in March 2000 of the Education Action Zone Network, designed to highlight good practice. Workshops at the conference included: 'What businesses can bring to EAZs'; 'Business links for ICT solutions', with RM; 'Business solutions to educational challenges', with British Aerospace; 'Classrooms in companies and companies in classrooms'; and 'Leadership Challenge – how business solutions developed by Rolls Royce are being used to bring about change in schools'.

Responding to the business agendas

There is widespread agreement that the increased businessification of schooling poses a fundamental challenge to the principle of school as a publicly-run service which is committed to equity and which is democratically accountable. For example, the world federation of public education unions, the Education International, referring to the WTO Millennium Round in Seattle last year, speaks of

> "an increased subordination of education systems to the requirements of private companies – and to the spate of privatisation and deregulatory measures this process entails. [...] Public education is increasingly being targeted by predatory and powerful entrepreneurial interest. The latter are aiming at nothing less than its dismantling by subjecting it to international competition" (quoted in Hirtt, cf. in this volume).

While there is a current of thought on the Right which wants to see the state evicted from any role in the provision of education, for government this would be a high-risk strategy. Education is too important to be left to the market. What is emerging is not the wholesale marketisation of schooling but the construction of a new settlement between commercial and state interests whose final shape is not yet clear but which is dominated by business agendas and which includes the large-scale opening up of public provision to private profit. The quasi-privatisation of schooling poses five specific threats:

- a threat to the funding of education
  Business is in the education business to take more money out than they put in. PFI is a good example – the overall cost is more, not less.
- a threat to local democracy
  LEAs and school governing bodies are not exactly models of democracy, but they are still much too interfering for edu-business's taste. In taking over King's Manor school, the 3 E's company insisted that it would nominate twelve of the 21 school governors. Leeds, the most recent and largest LEA to be privatised, will be run by a new board comprising two representatives of the company which wins the franchise, two LEA officers, and a chairperson approved by David Blunkett, the minister for education – but no places for elected city councillors.
- a threat to equality
  The introduction of market forces into public services tends to reinforce patterns of inequality. For example, some pupils are more profitable than others, and education-for-profit companies will prefer to cherry-pick their clientele.
- a threat to the content of education
  The more business penetrates the schools the more it will tend to make them conform to business interests. Let me give a symbolic ex-

ample from universities in the US, where Nike heavily sponsors sports facilities. It has just announced that it will withdraw sponsorship from universities associated with campaigns to investigate working conditions in factories in third world countries where Nike products are made.
- a threat to the teaching and learning process
Particularly the role of information technology. Technology is not neutral, it tends to impose its own rhythms. Internet-based teaching lends itself to the individualised acquisition of knowledge and competences, but not to collective dialogue which relates new knowledge to the learner's meanings and experiences.

How to respond to this, the most fundamental challenge to public schooling since its inception, is not easy. First, it needs to be acknowledged that while the business agenda is inevitably accompanied by an exaggerated campaign of depreciation of existing provision, it addresses issues of real concern to teachers, parents and school students about existing provision. It claims to offer answers to real problems: of low achievement, of pupil motivation, of the relevance of school to the world outside. It is impossible to respond to it adequately simply by a defence of what exists. The school system which the business agenda aims to replace has itself been a remarkably effective institution for the reproduction of social inequalities.

Two, related, things follow. The first is that a robust defence of what is worth defending in existing provision needs to be accompanied by the development and popularisation of radical alternatives to what does not deserve to be preserved. The second is that it is not a question of opposing everything within the business agenda *tout court*. Business should be excluded from running schools for profit, yes. But business cannot be excluded from schools entirely. Perhaps the most obvious example is ICT: A profitable panacea for business, but potentially a powerful tool for progressive educational objectives. That is one example of an element of the business agenda which has, actually or potentially, a dual character. I will give one other example which is particularly contentious. The business agenda advocates a greater differentiation of provision. The left has traditionally seen uniformity of provision as the best guarantee of equality. That has entailed a reliance on the power of the central state at the expense of local determinants of school policy. At the same time, the UK has a tradition of partial control over schools at a local level by elected local government which has generally been regarded as positive, even if in practice it was bureaucratic. In recent years that power has been very largely taken away. It is impossible to defend the system as it was: The question is, should there be some element of local democratic control over the schools, and if so, what form should it take? And does local participation entail a degree of local difference, or is it just a matter of a uniform national system locally accountable? If the former, how can equality and a degree of local diversity be harmonised?

In both the examples which I have given the key question becomes one of power. When educational and business interests conflict, which shall predominate? To what extent can ICT be disengaged from the profit imperative; to what extent can an element of diversity of provision be uncoupled from the reproduction of inequality? The question of control is obviously a particularly difficult one: The business agenda for schools is driven by the most powerful commercial and political forces on the planet. Michael Barker, observing the growing commercialisation of American education, suggests that

"It does not require a leap into science fiction to foresee the development of a government-financed education industry complex that is ultimately as unaccountable as the military-industrial complex. To whom, other than their investors and shareholders, might the bearers of these new technologies be accountable?" (Barker 2000)

It would be a mistake not to recognise the extent of popular resistance to the neo-liberal agenda in education as elsewhere, as the events around Seattle demonstrated. However, in education, while opposition to cuts in education spending may be predictable, opposition to other elements of the business agenda cannot be taken for granted. Faced with a school system which generates 'failure' on a mass scale, it is not necessarily self-evident – in the absence of a credible alternative commanding popular support – that the system itself is to blame rather than the teachers, and that opening up education provision to private companies is not a solution. That is the battle of ideas – among teachers, school students, parents, and the wider public – which is now taking place around schooling in Europe.

Bibliography

Barker, M.: 'E-education is the New New Thing'. In: Strategy, Management, Competition (2000) 1, http://www.strategy-business.com/strategy/00110/
Blair, T.: The Third Way. London 1998.
Blunkett, D.: On the starting grid. In: Educational Computing and Technology, December 1998, 11-12.
Clarke, J./Newman, J.: The Managerial State. London 1997.
CBI, Confederation of British Industries: In search of quality in schools: The employers' perspective. London (Confederation of British Industries) 2000.
Driver, S./Martell, L.: New Labour: Politics after Thatcherism. Cambridge 1998.
EC, European Commission : Rapport du Groupe de Reflexion sur l'Éducation et la Formation „Accomplir l'Europe par l'Éducation et la Formation", resumé et recommandations. December 1996.

EC, European Commission: Learning and Active Citizenship. November 1998.
Hatcher, R.: Labour, Official School Improvement and Equality. In: Journal of Education Policy, 13 (1998 a) 4, 485-499.
Hatcher, R.: The Politics of School Effectiveness and School Improvement. In: Race, Ethnicity and Education, 1 (1998 b) 2, 267-289.
Hatcher, R.: Profiting from Schools: Business and Education Action Zones. In: Education and Social Justice 1 (1998 c) 1, 9-16.
Hatcher, R./Hirtt, N.: The business agenda behind Labour's education policy. In: M. Allen, C. Benn, C. Chitty, M. Cole, R. Hatcher, N. Hirtt, G. Rikowski. Business, Business, Business: New Labour's Education Policy. London 1999.
Morley, L./Rassool, N.: School effectiveness: new anagerialism, quality and the Japanization of education. In: Journal of Education Policy, 15 (2000) 2, 169-183.
Noble, D.: The Regime of Technology in Education. In: L.E. Beyer/M.W. Apple (eds): The Curriculum: Problems, Politics and Possibilities (2nd edition). New York 1998.
Price, D./Pollock, A.M./Shaoul, J.: How the World Trade Organisation is shaping domestic policies in health care. In: The Lancet, vol 354 (1999) November 27, 1889-92.
Selwyn, N.: The Discursive Construction of the National Grid for Learning. Oxford Review of Education 26 (1999 a) 1, 63-79.
Selwyn, N.: 'Gilding the Grid': the marketing of the National Grid for Learning. British Journal of Sociology of Education, 20 (1999 b) 1, 55-68.
Taylor, S./Rizvi, F./Lingard, B./Henry, M.: Educational Policy and the Politics of Change. London 1997.
Tooley, J.: Education Without the State. London (IEA Education and Training Unit) 1996.
Whitfield, D.: Private Finance Initiative: The commodification and marketisation of education. In: Education and Social Justice 1 (1999) 2, 2-13.
Zuege, A.: The Chimera of the Third Way. In: L. Panitch/C. Leys (eds): Socialist Register 2000. Rendlesham 1999.

Gita Steiner-Khamsi

School Choice – wer profitiert, wer verliert?

In vielen Ländern ist seit den achtziger Jahren eine grundlegende Strukturreform in Gang, welche verspricht, eine nie zuvor dagewesene Innovationsbereitschaft und Qualitätssteigerung an Schulen auszulösen. Es handelt sich dabei um ein kohärentes Reformpaket, das sich auf zwei Grundpfeiler stützt: Teilautonomie und Wettbewerb. Die größere Autonomie soll den Schulen erlauben, ihr Bildungsangebot rascher und wirksamer auf veränderte Anforderungen aus der Gesellschaft und Wirtschaft anzupassen, unnötige Bürokratie abzubauen und mühsame Amtswege zu vermeiden. Das einzige Gütekriterium für Bildung sind demgemäß die Lern- und Leistungsergebnisse von Schülerinnen und Schülern. Auf welche Art und Weise gute Ergebnisse erzielt werden, ist Sache der einzelnen Schulen. Im Vordergrund steht einzig und allein die Wirkung des Unterrichts auf Lern- und Leistungsergebnisse der Schülerschaft. In manchen Ländern wie z.B. in der deutschsprachigen Schweiz wird das Reformpaket, das den Schulen mehr Handlungsfreiheit verspricht, als „wirkungsorientierte Schulreform" bezeichnet. Neben der Teilautonomie, die durch Wirkungsorientierung und konkret durch standardisierte Tests in Schach gehalten, d.h. staatlich kontrolliert wird, stützt sich das Reformpaket auf einen zweiten Pfeiler: Wettbewerb. Als zweite Qualitätssicherung wird der Wettbewerb unter den Schulen gefördert. Schulen sollen dadurch ständig unter Druck geraten, ein attraktives Bildungsangebot zu entwickeln und aufrecht zu erhalten, da das Überleben einer Schule davon abhängt, genügend Schülerinnen und Schüler anzulocken. Freier Wettbewerb bedingt freie Schulwahl. Nur wenn Eltern ihre Kinder für eine Schule an- oder abmelden können, kann Druck auf Schulen erzeugt werden. Die zweite Qualitätssicherung funktioniert nach dem Grundsatz von Angebot und Nachfrage. Der Markt reguliert gewissermaßen von selbst die Qualität von Schulen. Schlechte Schulen beziehungsweise schlechte Bildungsangebote verschwinden von selbst, da sie keine Klientele zu finden vermögen. In manchen Ländern, z.B. in Großbritannien und in den USA, wird die Strukturreform deshalb als „marktorientierte Schulreform" bezeichnet.

Im Folgenden befasse ich mich mit wirkungs- und marktorientierter Schulreform aus dem Blickwinkel zweier Forschungsperspektiven: der interkulturellen Pädagogik und der vergleichenden Erziehungswissenschaft. Mich beschäftigen zwei Fragen: Erstens nämlich, welche Auswirkungen hat eine wirkungs- und marktorientierte Schulreform auf mehrsprachige Schülerinnen und Schüler? Zweitens: Führt die weltweite Ausbreitung beziehungsweise die Globalisierung der wirkungs- und marktorientierten Schulreform zu einer Konvergenz von Bildungssystemen, d.h. werden sich Bildungssysteme in den verschiedenen Teilen der Welt zusehends ähnlicher?

Lehren aus der amerikanischen Schulreform

Im deutschsprachigen Raum, d.h. in Deutschland, Österreich und in der Schweiz, hat sich eine wirkungs- und marktorientierte Schulreform erst seit den neunziger Jahren verbreitet. Um die Auswirkungen dieser Schulreformen auf mehrsprachige Kinder und Jugendliche abzuschätzen, schlage ich deshalb vor, einen Blick auf ähnliche Schulreformmodelle anderer Staaten zu werfen, die bereits in den 1980er Jahren – und mancherorts in den siebziger Jahren (z.B. in New York) – mit den beiden Grundsätzen ‚Teilautonomie' und ‚Wettbewerb' eine Umwälzung des Bildungssystems vornahmen. Ich möchte mich hier überwiegend auf Untersuchungen aus den Vereinigten Staaten beziehen, die sich ausgiebig mit „site-based management" (d.h. Teilautonomie von Schulen) , „choice" (freier Schulwahl), „vouchers" (Bildungsgutscheinen) oder „standards-based educational reform" befasst haben. Zudem hat sich die amerikanische Bildungsforschung seit kurzem mit der neueren Erscheinungsform von wirkungs- und marktorientierter Schulreform, den „charter schools" (Schulen, die von Interessenverbänden, Eltern oder Unternehmern gegründet werden) auseinandergesetzt. Auf der diskursiven Ebene gleichen sich die verschiedenen Modelle von wirkungs- und marktorientierter Schulreform wie ein Ei dem Anderen (siehe Whitty, Gewirtz, Edwards 2000). Es wäre deshalb denkbar gewesen, dass ich mich auf andere, bekannte Schulmodelle in England und Wales, Australien („self-governing schools") oder Neuseeland („outcomes-based education") beziehe. Ebenfalls lehrreich wäre es gewesen, die Ableger solcher Modelle in Südafrika (ebenfalls „outcomes-based education"), Kolumbien (bekannt als „la nueva scuela"), in der Mongolei („decentralization") oder Argentinien anzuführen. In Argentinien beispielsweise hat das Bildungsministerium sich selbst das

Wasser abgegraben und seine Umwandlung in ein „Bildungsministerium ohne Schulen" proklamiert.

Für eine interkulturelle Betrachtungsweise drängt sich eine nähere Untersuchung der amerikanischen Schulreform auf. Zum einen blickt das amerikanische Schul- und Hochschulwesen auf eine lange Geschichte von Rassismus und Segregation zurück. De jure war Segregation nach Hautfarbe bis 1954 zulässig, de facto wurde sie bis Anfang der 70er Jahre toleriert. Zum anderen hat die Minderheitenförderung („affirmative action") und die Multikulturalismus-Bewegung bis vor kurzem sichtbare Veränderungen im amerikanischen Bildungswesen bewirkt. Für Fachleute der Interkulturellen Pädagogik ist es deshalb von Belang zu untersuchen, ob die amerikanische Version der wirkungs- und marktorientierten Schulreform in der Tendenz eher segregative oder integrative Auswirkungen hat und ob umstrukturierte Schulen der Forderung nach Minderheitenförderung und Multikulturalismus im Unterricht nachkommen. Neben der interkulturellen Argumentation gibt es noch einen weiteren Grund oder genauer genommen eine Paradoxie, weshalb die amerikanische Version zu faszinieren vermag: In der deutschsprachigen Fachliteratur wird oft auf amerikanische Schulreformkonzepte Bezug genommen – trotz der einschlägigen Einschätzung in europäischen Fachkreisen (die übrigens in den USA nicht abgestritten wird), dass Allgemeinbildung in den USA klein geschrieben werde und die Bildungsqualität an öffentlichen Schulen generell nicht nachahmenswert sei.

Weshalb denn, so die Frage der Vergleichenden Erziehungswissenschaft, gilt amerikanische Bildungsreform plötzlich als Vorbild für Schulreform in Europa? Wer wünscht sich amerikanische Verhältnisse im Bildungswesen? Die unvergleichlich hohen Gebühren für Privatschulen und Privatuniversitäten, die verfallenen Stadtschulen und Lehrkräfte, die „burned out" sind, waren doch bis vor kurzem Jedermanns Alptraum: Die Gebühren für Privatschulen betragen 12.000 bis 18.000 Dollar, für Privatuniversitäten 15.000 bis 30.000 Dollar; jedes Jahr werden beispielsweise in der Stadt New York Schulen wegen Gesundheitsrisikos geschlossen, und etliche Lehrer nehmen gewissermaßen als „burn-out"-Prävention beträchtliche Lohneinbussen in Kauf und wechseln an katholische oder sonstige private Schulen über, wo die Schülerschaft homogener und disziplinierbarer ist. Niemand hätte sich im Traum erdacht, dass europäische Schulen sich solche Schulverhältnisse zum Vorbild nehmen. Mit anderen Worten, weshalb wird ein missglücktes Reformpaket nach Europa exportiert bzw. von europäischen Bildungsforschern und -planern importiert? Eine ähnlich negative Einschätzung, jedoch nicht im gleichen Ausmaß, gilt für das öffentliche Bildungswesen in England und Wales, Australien und Neuseeland, die seit einigen Jahren als Vorbilder für Innovations- und Qualitätssteigerung zelebriert werden.

Bevor ich auf diesen rätselhaften Transfer eingehe und auf die Frage der internationalen Konvergenz von Bildungssystem beziehungsweise die Frage, ob es in absehbarer Zukunft nur noch *ein globales Modell* von Schulreform geben wird – nämlich das amerikanische – wende ich mich zunächst der interkulturellen Thematik zu.

Interkulturelle Überlegungen zur wirkungs- und marktorientierten Schulreform

Ich möchte auf drei strukturelle Veränderungen eingehen, die sich als Folge wirkungs- und marktorientierter Schulreform in den USA abzeichnen und negative Auswirkung auf Minderheiten haben. Diese drei Veränderungen habe ich erstmals im kürzlich erschienenen Sammelband von Frank-Olaf Radtke und Manfred Weiß „Schulautonomie, Wohlfahrtsstaat und Chancengleichheit" (Steiner-Khamsi 2000a) aufgeführt: Der Übergang von lokaler Schulentwicklung zu einer Bildungsindustrie; der Übergang von einem Allgemeinbildungs- zu einem Minimalbildungskonzept; der Übergang von Bedürfnisorientierung zu Leistungsorientierung.

Der Übergang von lokaler Schulentwicklung zu einer Bildungsindustrie

Der erste Aspekt, der Übergang von lokaler Schulentwicklung zu einer Bildungsindustrie, verdient besondere Beachtung, da er den weiteren Verlauf der wirkungs- und marktorientierten Schulreform in den Vereinigten Staaten am entscheidensten geprägt hat.

In den Vereinigten Staaten wurde die freie Schulwahl und Schulautonomie mit der Argumentation eingeführt, dass diese zu einer „lokalen Schulentwicklung" führe, welche die Change berge, auf die spezifischen Bedürfnisse der jeweiligen Schule oder des Schulbezirks einzugehen. Freie Schulwahl und Schulautonomie seien die effizienteste Innovationsstrategie, da die künstlich aufgebauschte, träge Staatsbürokratie somit umgangen werden könne. Zudem ermögliche Schulautonomie eine aktive Mitgestaltung und Mitbestimmung von Eltern und Elterngruppen, explizit auch eine aktive Mitgestaltung von Eltern aus verschiedenen „communities" (in den USA oft synonym verwendet für Minderheiten). Alles in allem, so das Argument, bewirke freie Schulwahl und Schulautonomie längerfristig eine Schule, die bildungsinnovativer, bedürfnisgerechter und demokratischer geführt wird.

Wie hat sich nun dieser pädagogische Anspruch an wirkungs- und marktorientierter Schulreform in die Praxis umgesetzt? Freie Schulwahl und Schulautonomie stellt eine doppelte Aufgabe an die Lehrerschaft, nämlich einerseits die Erfüllung des pädagogischen Auftrages, der auf Kontinuität, Konstanz und Arbeit am Einzelnen beruht, und andererseits den bildungsreformerischen oder strukturellen Auftrag, der darauf ausgerichtet ist, die eigene Praxis ständig zu reflektieren, zu verändern, sich an einem Kollektiv zu orientieren und die Schulpraxis an marktwirtschaftliche Maßstäbe anzupassen. Die Erfahrung aus den Vereinigten Staaten und aus anderen Staaten, die bereits seit einigen Jahren dereguliert haben, lässt Zweifel aufkommen, ob der Doppelauftrag an die Lehrerschaft einzulösen ist. Dazu zwei Ausführungen:

Erstens ist oft der Schulleiter (die männliche Form ist hier absichtlich gewählt) der einzige, der sich um die Ausgestaltung eines spezifischen Bildungsprogramms oder eines „Schulprofils" kümmert. Viele dieser „spezifischen Bildungsprogramme" oder „Schulprofile" dienen lediglich dazu, die Werbetrommel zu rühren, um zusätzliche Schülerinnen und Schüler anzulocken, und haben wenig pädagogische Bedeutung für die einzelne Lehrkraft. Die Lehrerinnen und Lehrer ihrerseits sind voll damit beschäftigt, Unterricht zu geben. Es entsteht eine unheilvolle Arbeitsteilung zwischen Schulleitung – jetzt neu tätig als Manager, Buchhalter, Werbeagent, fund-raiser und Vermittler zur „community" – und der Lehrerschaft, die damit ausgelastet ist, Schülerinnen und Schüler leistungsmäßig auf Trab zu halten. Schließlich sind der Lohn der Lehrerin und die Sicherheit des Arbeitsplatzes von den Leistungsergebnissen der Schülerinnen und Schüler abhängig. Der Konflikt zwischen Schulleitung und Lehrerschaft ist vorbestimmt. Es ist deshalb nicht erstaunlich, dass in den meisten Ländern Lehrergewerkschaften auf die Barrikaden gegangen sind, um wirkungs- und marktorientierte Schulreform zu bekämpfen (Loveless 2000; House 1998). Die Bildungsbehörde des australischen Bundesstaates Victoria hat den Interessenkonflikt zwischen Schulleitung und Lehrerschaft so „gelöst", dass alle streikenden Lehrkräfte vorerst entlassen und jene Lehrkräfte, die sich den neuen Arbeitsbedingungen fügten, wieder angestellt wurden. Zudem wurde der Lohn des Schulleiters um Einiges erhöht, um ein Autoritäts- und Machtgefälle zwischen Managern (Schulleitung) und Pädagogen (Lehrern) herzustellen. Die Folge war, dass die einzelne Lehrkraft nicht mehr Angestellte des Staates war, sondern Angestellte eines Schulleiters und eines Schulrates.

Einer der Hauptkritikpunkte der wirkungs- und marktorientierten Schulreform besteht darin, dass sie lediglich eine Managementreform, aber keine Unterrichtsreform beinhaltet (Moore Johnson/Landman 2000; Whitty/Power/Halpin 1998). Eine berechtigte Frage ist, ob eine derartige

Reform, die *nur* einen Strukturwandel unter Ausschluss der Lehrkräfte vorantreibt, dazu vorbestimmt ist, unpädagogisch oder gar anti-pädagogisch zu wirken? Verfechter der wirkungsorientierten Schulreform wie beispielsweise Brian Caldwell in Australien, Michael Fullan in Kanada oder Peter Mortimore und Michael Barber in England weisen deshalb in ihren Publikationen und Vorträgen (ICSEI 2000) stets auf den Unterschied zwischen „school improvement" (unter Einbeziehung pädagogischer Überlegungen) und „school effectiveness" (wirkungsorientierter, verwaltungsorientierter Schulreform) hin (vgl. Sammons 1999).

Zweitens. Der Schulleiter delegiert die Aufgabe der lokalen Schulentwicklung, des „monitoring" und der Schulevaluation oftmals an Organisationsentwickler, -berater und -evaluatoren der Bildungsindustrie. Bildungsfirmen erhalten von Schulbezirken oder von Schulen ein Restrukturierungsmandat, d.h. sie nehmen eine totale Umgestaltung der Lehrpläne, Stundenpläne, Prüfungsreglements, Anstellungsverträge etc. vor. Lokale Schulentwicklung markiert also nur ein Intermezzo oder ein Übergangsstadium von einer Abhängigkeit, nämlich der vom Staat, zu einer anderen Abhängigkeit, der von der Wirtschaft. Der Widerspruch zwischen Wirkungs- und Marktorientierung der Schule als Ganzer und pädagogischer Arbeit am Einzelnen ist Bildungsplanenden durchaus bekannt. Im Kanton Zürich in der Schweiz hätte die Einrichtung des – für schweizerische Verhältnisse – neuen Berufs „SchulleiterIn" diesen Widerspruch auflösen beziehungsweise in ein und derselben Person verkörpern sollen: Der ausbildende Schulleiter verfügt über pädagogische Praxis *und* wirkungsorientiertes Denken. Die doppelte Autorität des Schulleiters, erfahren in Bezug auf pädagogische Praxis und ausgebildet für wirkungsorientierte Organisation, verschiebt sich jedoch in kurzer Zeit in Richtung der letzteren Qualifikation. Von den praktizierenden Lehrkräften werden Schulleiter nach kurzer Zeit nicht mehr als praxisnah erlebt, sondern als Schulmanager. Sie befinden sich in einem ständigen Loyalitätskonflikt. Fallen gelassen von ehemaligen Kolleginnen und Kollegen aus dem Lehrerstand wenden sich Schulleitungen um Unterstützung an ihre neuen Fachkolleginnen und –kollegen: externe Organisationsentwickler und Evaluatoren. Es ist einfacher, Stellen zu streichen, Leistungslohn einzuführen, den Lehrplan umzugestalten, wenn externe Fachleute solche Maßnahmen vorschlagen.

Die Tatsache, dass Schulreform in der Praxis von außenstehenden Professionellen vorgenommen wird, und nicht etwa – wie von Befürwortern der wirkungs- und marktorientierten Schulreform propagiert – von den Beteiligten – ist keine Bagatelle. Was Anlass zur Sorge gibt, ist nicht so sehr der Boom der aufkommenden Bildungsindustrie, sondern die Kommerzialisierung von Bildung, die damit einhergeht. Was stört, ist dass marktwirtschaftlich und somit gewinnorientierte Schulreform nicht minderheitenfähig ist und *sui generis* nie werden kann. Dazu benötige ich einige Ausführungen, die ich an Immanuel Wallersteins Beschreibung kapitalistischer Expansion anlehnen möchte (Wallerstein 1990):

Erstens. Marktwirtschaftlich und gewinnorientierte Schulreform ist auf eine ständige Vergrößerung des Marktes angewiesen. Bereits heuten sehen wir Anzeichen in Richtung einer Monopolisierung von Bildungsunternehmen. Größere Bildungsfirmen kaufen kleinere Konkurrenten auf. Der gewünschte Heterogenitätseffekt und das Nebeneinander verschiedener Schulmodelle durch freie Schulwahl und Wettbewerb bleiben somit aus. Längerfristig wird der einzige Unterschied zu vorher sein, dass nicht mehr der Staat das Monopol über Bildungsreform ausübt, sondern „Edison Schools", „Sylvan Learning Systems", „Arthur Anderson", „Peterson's" und all die anderen Großunternehmungen, die international vernetzt sind. Gesellschaftliche Werte wie z.B. die Integration von Minderheiten, werden abgelöst durch den neuen, mehrheitsfähigen Wert von Angebot und Nachfrage.

Zweitens. Gewinnorientierte Schulreform ist auf eine ständige Steigerung des Vermarktungswertes eines Produkts angewiesen. Der Vermarktungswert eines Produkts – in diesem Fall eines Schulmodells – kann erhöht werden, indem das Produkt so breit – oder wie man es nimmt, so dünn – angelegt wird, dass es von verschiedenen Kunden (hier Schulen und Schulbezirke) gekauft wird. Diese Eigenschaft eines gewinnträchtigen Schulmodells, nämlich seine Anwendbarkeit auf verschiedene lokale Kontexte, ist dem Grundgedanken der lokalen Schulentwicklung diametral entgegengesetzt. Die marktwirtschaftliche Orientierung und die Sorge um den Vermarktungswert von Schulreformen führt unweigerlich zu vorgefertigten Schulreformpaketen, zur ‚McDonaldisierung' von Schule oder zu „modulitis" (vorgefertigte Lerneinheiten), bei der alle Reformstrategien vereinfacht und generalisiert werden, um die Spannweite unterschiedlichster lokaler Bedürfnisse abzudecken. Bedenklich für die interkulturelle Bildung ist in diesem Zusammenhang, dass der Absatzmarkt für multikulturelle Bildungskonzepte, die sich an Schulen mit einem hohen Anteil an Minderheiten richten, naturgemäß klein ist. Wenn der gesellschaftliche Auftrag zur Minderheitenförderung, den es bisher gab, wegfällt, wird interkulturelle Erziehung auf eine Frage der Rentabilität reduziert. Um dem entgegenzuwirken, sind in den USA Vereinigungen (z.B. „Equity 2000") und Bildungsfirmen gegründet worden, die sich auf integrative und multikulturelle Modelle spezialisiert haben. Darüber hinaus sind einige Schulgemeinden dazu übergegangen, uneingeschränkte freie Schulwahl abzuschaffen und durch eine eingeschränkte Schulwahl („controlled choice") zu ersetzen oder Anmeldungen für eine neu eröffnete „charter school" nach Zufallssystem („lottery system") auszuwählen.

Drittens. Marktwirtschaftliche Orientierung bedingt Wettbewerbsfähigkeit, und diese wiederum bedingt eine Bereitschaft zu ständigem Wandel und Veränderungen. Ständige Produktverbesserung und „Neuheit" ist ein wichtiger Faktor, um wettbewerbsfähig zu bleiben. Für eine interkulturelle Betrachtungsweise ist es ausschlaggebend, dass „Produktgüte" neu definiert wurde (vgl. Fuller/Elmore 1996): Wurde in den achtziger Jahren noch das Schwergewicht auf das „input" und den Prozess gelegt, wird gute Ausbildung heute nur noch am „output" einer Schule, d.h. an den Testresultaten der Schülerschaft gemessen. Welche Schule möchte unter diesen neu gesetzten Bedingungen mehrsprachige Schülerinnen und Schüler anwerben, die unter standardisierten Testbedingungen regelmäßig schlechter abschneiden?

Der Übergang von einem Allgemeinbildungs- zu einem Minimalbildungskonzept

Damit komme ich zu einer zweiten allgemeinen Tendenz von wirkungs- und marktorientierter Schulreform: der Konzentration auf sogenannte „basic skills", d.h. auf Lesen, Schreiben und Rechnen – die 3 Rs: Reading, wRiting, and aRithmetic.

Es erscheint mir wichtig, sich zu vergegenwärtigen, dass die Bildungsreform in den USA eine Dekade hinter sich hat, in dem das Allgemeinbildungskonzept und die herkömmlichen Lehrpläne als eurozentrisch kritisiert wurden. Die amerikanische Multikulturalisierungsbewegung zielte darauf ab, bestehende Lehrpläne und das ihnen zugrunde liegende Konzept von Allgemeinbildung zu multikulturalisieren. Es wurde z.B. gefordert, dass Geschichte auch aus der Perspektive von Frauen, der verschiedenen Gruppen von Einwanderern, von Schwarzen unterrichtet wird und nicht mehr nur aus der Perspektive der europäischen Einwanderer. Im Sprachunterricht wurde gefordert, beispielsweise Werke von Minderheiten zu besprechen. Es war eine Dekade des Kulturkampfes im amerikanischen Bildungswesen, in der heftig darüber debattiert wurde, wessen Geschichte, wessen Sprache, wessen Erfahrungen im amerikanischen Bildungsverständnis gefördert, welche Bevölkerungsgruppen daraus ausgeschlossen werden und wessen Bildung letztlich als Allgemeinwissen zu gelten habe (Steiner-Khamsi 1992). Nach dieser Dekade hitziger Debatten über das amerikanische Allgemeinbildungskonzept erleben viele Fachleute die heutige Entwicklung als einen Schlag ins Gesicht der Multikulturalisierungsbewegung. Im Zuge der Deregulierung wurde die Entscheidung darüber, was Allgemeinbildung sein soll, plötzlich als völlig irrelevant abgetan.

Was Nancy Hartsock über die Relativierung von Gruppenrechten im Zuge der Postmoderne-Diskussion anmerkte (Hartsock 1987), gilt ebenso für die Interkulturelle Pädagogik. Hartsock bemerkte richtig, dass just in dem Moment, als Minderheiten (Schwarze, Schwule und Lesben, nationale Minderheiten, ethnische Minderheiten) in den Vereinigten Staaten einige geringfügige Erfolge erzielt hatten, postmoderne Intellektuelle solche sozialen Bewegungen als essentialisierend und universalisierend kritisierten, d.h. als Bewegungen, die auf vermeintlich simplistische Art Gleichheit vor Differenz stellten. Analog dazu drängt sich die Frage auf, weshalb just in dem Moment, als *affirmative action* und Multikulturalismus die größten Erfolge in der Schulreform erzielten, eine Gegenbewegung einsetzte, die an „basic skills" und Grundlagenwissen appellierte: Alles, was über Grundlagenwissen hinausgehe, soll im Zuge der gegenwärtigen Reform den einzelnen Schulen überlassen werden. Damit wurde genau das gefordert, was die amerikanische Multikulturalismus-Bewegung heftig bekämpfte: die Marginalisierung der Minderheitenfrage, ihre Beschränkung auf Schulen mit einem hohen Anteil von Minderheiten und der Ausschluss von Multikulturalismus aus dem Allgemeinwissen. Michael Apple (1996) und andere Vertreter der *Critical Pedagogy* deuten die gegenwärtige „back-to-basics"-Bewegung als konservativen Gegenschlag, der die vorgängige Multikulturalismus-Bewegung zu untergraben versucht. Gefragt sind nicht mehr gesellschaftliche Werte, sondern wirtschaftliche: An Stelle von sozial integrativen Unterrichtspraktiken werden in den verschiedensten Teilen der Welt Englisch und Informatik eingeführt.

Bildungsqualität wird heute durch ein Minimalbildungkonzept festgelegt, das sich in der Festlegung von Standards für Unterrichtsfächer, in breit gefassten nationalen Rahmenlehrplänen und zentral festgelegten Prüfungen erschöpft. Die Einschränkung auf den kleinsten gemeinsamen Nenner ist – wie es heißt – pädagogische und bildungsreformerische Absicht, damit sich eine Vielfalt von Schulmodellen und Kreativität entfalten kann. Die Festlegung eines Minimalbildungskonzept als einziges staatliches Steuerungsinstrument hat sich in den USA auch auf die Lehrerbildung ausgewirkt. *Charter schools*, oftmals als progressive Variante wirkungs- und marktorientierter Schulreform angepriesen, stellen beispielsweise oft unqualifizierte, billigere Lehrkräfte an, die sie mittels Kurztraining ins Gewerbe einführen. Die Forderung der Bildungsindustrie, die staatliche Lehrbefugnis und das Monopol von Universitäten als Ausbildungsstätten abzuschaffen und einen offenen Markt für Lehrerbildung herzustellen, der durch einen riesigen Akkreditierungs-, Lizensierungs- oder Zertifizierungsapparat gesteuert wird, ist in den USA bereits Realität (*National Commission on Teaching and America's Future* 1996; siehe dazu Ballou/Podgursky 2000, Darling-Hammond 2000). Bereits heute werben einige Bildungsfirmen mit selbst attestierten Lehrbefähigungszeugnissen, die besser – sprich effizienter und billiger – seien als die staatlich anerkannten.

Der Übergang von Bedürfnisorientierung zu Leistungsorientierung

Ein weitere längerfristige Entwicklung der amerikanischen Deregulierung kann wie folgt zusammengefasst werden: Die Berechtigung zur Ausbildung, die der Staat an autonom geführte Schulen erteilt, hängt heute im wesentlichen nur noch vom Leistungsstand der Schülerinnen und Schülern ab, welcher wiederum an den Ergebnissen von Prüfungen gemessen wird. Das auf Leistung beruhende Effizienzverständnis hat das vorgängige Verständnis von Bildungseffizienz, welche bedürfnisorientierter war, abgelöst. Die Interkulturelle Pädagogik hat verständlicherweise kaum Chancen zur Umsetzung, wenn sie nur an den Schülerleistungen gemessen wird und nicht an den Bedürfnissen der multikulturellen Schülerschaft, auf die sie einzugehen wünscht. Seit Anfang der siebziger Jahre mussten staatliche Einrichtungen darüber Rechenschaft ablegen, welche Schritte sie zur Integration und Chancengleichheit von Minderheiten unternommen haben. Dasselbe galt sogar für Privatunternehmungen, die sich um staatliche Verträge bewarben. Sie waren verantwortlich – oder wie es heisst „accountable" – den Ausweis über ausreichende Minderheitenintegration und -förderung zu erbringen. Es ist wichtig hinzuzufügen, dass Schulen, die einen solchen Ausweis nicht erbringen konnten, mit finanziellen Kürzungen oder sogar mit dem Entzug der staatlichen Lizenz rechnen mussten.

In den meisten außereuropäischen Staaten werden die Prüfungsergebnisse von Schülerinnen und Schülern schulweise veröffentlicht. Die Ergebnisse beziehen sich meisten Orts lediglich auf „basic skills", d.h. Sprache und Mathematik. Die Bekanntgabe des Leistungsniveaus soll Wettbewerb unter den Schulen fördern und den Eltern ermöglichen, ihr Kind für eine „gute Schule" anzumelden. In den Vereinigten Staaten sind solche Listen auch bei Liegenschaftsverwaltungen erhältlich; schließlich bemisst sich der Wert einer Liegenschaft unter anderem daran, wie gut oder schlecht die Schulen im entsprechenden Wohnviertel sind.

Wer wählt, verliert?

Meiner Einschätzung nach ist die Umsetzung wirkungs- und marktorientierter Schulreform Ausdruck eines Kompromisses, den die Lehrerschaft und die lokalen Schulbehören in den achtziger Jahren eingegangen sind: Sie haben sich in damals bereit erklärt, sich selber sowie ihre Schüler regelmäßigen Prüfungen unterziehen zu lassen, um im Gegenzug dazu Schulautonomie zu erlangen. Die extremste Form von staatlicher Deregulierung sind zur Zeit die „charter schools", bei denen die zuständige Staatsbehörde vornehmlich die hygienischen Bedingungen von Schulbauten und die jährlichen Prüfungsergebnisse der Schüler überprüft (siehe *Charter Schools Institute* 2000).

Wie es zu einem solchen Kompromiss kommen konnte, ist geschichtlich nachvollziehbar. Peter Cookson hat in seinem Buch „School Choice" (1994) die amerikanische Bildungsreform in drei Phasen eingeteilt:

– In einer ersten Phase, von 1983 bis 1986, wurden Lehrerbeurteilung und Leistungslohn eingeführt. Gleichzeitig wurden in manchen Staaten die Anforderungen an die Reifeprüfung für High-School-Absolventen verschärft. Am Ende der ersten Phase wurde kritisiert, dass die Bildungsqualität nicht nur durch stärkere Kontrollen erhöht werden kann.

– In der zweiten Phase, 1986 bis 1989, wurden deshalb Dezentralisierung und Schulautonomie eingeführt. Die Chicagoer Bildungsreform vom Dezember 1988 beispielsweise bahnte den Weg zur Abschaffung einer einzigen Schulbehörde und zur Gründung von 542 Schulräten, welche für die lokale Schulverwaltung zuständig waren. Jeder Schulrat setzte sich aus sechs Elternvertretern, zwei Vertretern der „community" bzw. der Nachbarschaft, zwei Lehrkräften und der Schulleiterin bzw. dem Schulleiter zusammen. Am Ende der zweiten Phase wiederum wurde kritisiert, dass eine Reorganisation von Schulen nicht ausreiche, weil Professionelle (dabei wurden vor allem an Lehrkräfte und Schuladministratoren gedacht) weiterhin innovative Bildungsreform bremsten, da sie an der Wahrung ihrer Standesinteressen und des Status quo interessiert seien.

– Die bislang letzte Reform, die 1989 eingeleitet wurde, hat deshalb zur totalen Restrukturierung und zur Aufhebung des staatlichen Monopols geführt. Diese Phase hat die marktwirtschaftliche Transformation der amerikanischen Schulen eingeläutet, in der mittels freier Schulwahl versucht wird, Bildungseffizienz durch Wettbewerb und eine „der-Kunde-ist-König"-Mentalität herzustellen.

Die Frage, die sich nun für die interkulturelle Erziehung stellt, ist, wer denn schlussendlich wählt. Einige Proponenten der amerikanischen interkulturellen Erziehung haben sich anfänglich enthusiastisch gezeigt ob der Möglichkeiten, *Magnetschulen* einzurichten, die auf die speziellen Bedürfnisse der Migranten eingehen, z.B. Magnetschulen, die einen Schwerpunkt auf Muttersprachförderung oder ethnische Studien legen. Wie Dutzende von Untersuchungen in den USA gezeigt haben, sind für die freie Schulwahl der Eltern jedoch andere Faktoren ausschlaggebend: Bildungsstand, Hautfarbe und ethnische Zugehörigkeit der Eltern bestimmen nicht nur, welche Schule gewählt wird, sondern ob überhaupt gewählt wird. Die meisten Eltern nehmen das Angebot der freien Schulwahl gar nicht in Anspruch. Und die Eltern, die wählen, wählen oft aufgrund von mündlichen Hinweisen oder positiven Gerüchten über eine Schule.

Mary Driscoll (vgl. Rassell/Rothstein 1993) hat eine Elternumfrage ausgewertet, die sowohl in gewählten Schulen als auch in zugewiesenen Schulen durchgeführt wurde. Sie verglich 66 Wahlschulen mit 66 Quartierschulen und gelangte zu folgendem Ergebnis: Die Prüfungsergebnisse, die Unterrichtsressourcen und sogar die Lehrpläne der gewählten und der nicht-gewählten Schulen unterschieden sich kaum. Dennoch glaubten Eltern, dass die gewählte Schule „besser" sei als die bisherige Quartierschule. Wiederholt wurde belegt, dass bei der Schulwahl nicht-schulbezogene Gründe ausschlaggebend sind. Bedenklich ist, dass das wichtigste Motiv für eine Schulwahl die ethnische Zusammensetzung der Schülerschaft ist. Vor allem weiße Eltern wählen die Schule nach dem Kriterium aus, dass der Anteil der Eingewanderten und anderer Minderheiten klein ist.

Die kritischen Berichte der Ford-Stiftung und der Carnegie Stiftung sind sehr erhellend, da es ausgerechnet diese beiden Stiftungen sind, die finanziell großzügig dezentralisierte Schulreform und freie Schulwahl unterstützt hatten. Die Ford-Foundation hat bereits in den 70er Jahren Schulautonomie als integrative Maßnahme für Weiße und Schwarze propagiert und entsprechende Modellversuche in der Stadt New York unterstützt. Die Carnegie-Stiftung hat den Bericht *A Nation Prepared: Teachers for the Twenty-first Century* (1986) vorgelegt, in dem Schulautonomie und freie Schulwahl als Mittel zur Demokratisierung der Bildungsreform betrachtet wurden. Sechs Jahre später evaluierte die Carnegie-Stiftung die amerikanische Bildungsreform (Carnegie Foundation 1992). Das Ergebnis ist ernüchternd; zusammengefasst: Eltern mit höherem Einkommen und höherer Bildung benutzen die Möglichkeit der freien Schulwahl, die anderen nicht. Schwarze, hispanische und andere Minderheiten konstituieren jenes breite Segment, das sich mit den „Restschulen", den Nachbarschaftsschulen zufrieden gibt. Wie Amy Wells und Robert Crain (1992) für die deregulierten New Yorker Schulen belegt haben, entwickeln sich die „Restschulen" zu „dumping grounds". Problematisch ist nicht nur die Abwanderung lernbereiter Schülerinnen und Schüler, sondern der Verlust bildungsmotivierter Eltern, von denen im deregulierten Bildungssystem erwartet wird, dass sie Beträchtliches zur Vermehrung von Schulressourcen beitragen (durch Organisation von Nachmittagsaktivitäten, Spenden oder Mithilfe bei Spendenaufrufen).

Die Schulen in den Großstädten, in denen hauptsächlich Minderheiten unterrichtet werden, sind durch Deregulierung schlechter und nicht besser geworden. Für die Städte hat die freie Schulwahl eine Form von Begabtenauslese bewirkt. Bildungsmotivierte Teile der weißen Unterschicht und bildungsmotivierte Minderheiten konnten dank Deregulierung aus den städtischen Schulen flüchten. Zurückgelassen in den städtischen Schulen wurde ein Segment von Schülerinnen und Schülern, das homogen bildungsunmotiviert und kaum zu unterrichten ist.

Untersuchungen der deregulierten Schulen in San Antonio, Chicago, Detroit, New York, Montgomery County (nahe Washington, D. C.), Milwaukee – es ließe sich eine lange Liste von Schulen anführen, welche das Wahlverhalten von Eltern gründlich untersucht haben – gelangen stets zum selben Ergebnis: Für weiße Eltern ist es ausschlaggebend, dass die gewählte Schule einen geringen Minderheitenanteil hat. Für jene wenigen Minderheiteneltern, die tatsächlich auch wählen, ist es ausschlaggebend, dass die gewählte Schule nicht in einer mehrheitlich von Weißen bewohnten Gegend liegt. Ihr Wahlkriterium ist Nähe zum Wohn- oder Arbeitsort der Mutter. Was konkret unterrichtet wird, welches *Magnetprogramm* in Kraft ist, welche Freizeitaktivitäten neben der Schule angeboten werden – das alles scheint für diese Elterngruppen zweitrangig zu sein. Wichtigstes Kriterium ist für sie, dass ihre Kinder unter ihresgleichen unterrichtet werden. Viele Kritiker haben deshalb zu Recht hervorgeben, dass freie Schulwahl eine Hintertür zur Rassentrennung und ethnischen Segregation geöffnet hat.

Konvergenz, Divergenz und Indigenisierung globaler Schulreform

Es ist unbestritten, dass die wirkungs- und marktorientierte Schulreform mit ihren beiden Stützpfeilern Teilautonomie und Wettbewerb sich wie ein Feuer um den Erdball ausgebreitet hat. Für eine vergleichende Forschungsperspektive ist es unerlässlich, sich einig zu werden, welche Ebene der wirkungs- und marktorientierten Schulreform näher untersucht und länderübergreifend verglichen werden soll. In Anlehnung an David Tyack und Larry Cuban (1995, 40ff.) schlage ich eine Unterscheidung zwischen "policy talk" (bildungspolitischen Konzepten), "policy action" (bildungspolitischen Entscheidungen) und "policy implementation" (bildungspolitischen Umsetzungen) vor.

Bildungspolitische Konzepte („policy talk") beinhalten bestimmte Lösungsansätze für spezifische Problemlagen. In einigen Staaten soll wirkungs- und marktorientierte Schulentwicklung die Qualität von öffentlicher Schule steigern (USA), in anderen Staaten wiederum ist sie ein Mittel, um die Staatskasse zu sanieren (Australien, Neuseeland) oder festgefahrene politische Entscheidungsstrukturen aufzubrechen (Staaten der ehemaligen Sowjetunion). Jedem bildungspolitischen Konzept geht eine Diagnose oder Analyse gesellschaftlicher Probleme voraus. Eigentlich wäre zu erwarten, dass verschiedene Deutungs- und Analysemuster gesellschaftlicher Probleme in den einzelnen Staaten zu unterschiedlichen Lösungsansätzen führen beziehungsweise unterschiedliche bildungspolitische Konzepte hervorrufen. Auf den ersten Blick ist es nämlich nicht einsichtig, wieso wirkungsorientierte Schulreform von Wladiwostok bis Göttingen und von San Diego di Chile bis Kapstadt als Allheilmittel für gesellschaftliche Probleme unterschiedlichster Art herangezogen wird. Erst wenn wir den Blick darauf lenken, wie nationale Bildungssysteme sich weltweit auf der Ebene von Bildungskonzepten und -entwürfen („policy talk") aneinander angleichen – jedoch nicht auf der Ebene der Entscheidungen („policy action") und schon gar nicht auf der Ebene von Praxisumsetzungen („policy implementation") – wird ersichtlich, weshalb zur Zeit wirkungsorientierte und lokale Schulreform überall für alles herhalten muss.

Diese spezifische Forschungsperspektive erlaubt uns, zu erkennen, dass die internationale Konvergenz nationaler Bildungssysteme, d.h. die Angleichung nationaler Bildungssysteme an ein einziges internationales Modell von „guter Schule", eigentlich nur auf diskursiver Ebene stattfindet. Auf der Ebene von bildungspolitischen Entscheidungen („policy action") weicht sich die auf der Konzeptebene propagierte Universallösung auf und zerbröckelt in verschiedene Varianten. Welche Variante von wirkungsorientierter und lokaler Schulreform nun konkret gewählt beziehungsweise aus anderen Staaten „geliehen" wird, ist oft eine Frage der (bildungs-) politischen Durchsetzbarkeit. Im besten Fall werden in dieser Phase verschiedene Interessenvertreterinnen und -vertreter um ihre Meinung gefragt. Häufiger jedoch werden Außenstehende erst später, in der Implementierungsphase, hinzugezogen. Bildungspolitische Gremien sind in dieser Phase daran interessiert, jene Reformvarianten zu bewilligen und zu Papier zu bringen (beispielsweise in Form von Beschlüssen eines Bildungs- oder Kultusministeriums), die bei der Bevölkerung und bei den Betroffenen (vor allem bei Lehrerverbänden) – manchmal aus völlig unterschiedlichen Gründen – einigermaßen Anklang finden. Andere Versionen wirkungsorientierter Schulreform gelangen gar nicht erst zu Papier, weil sie auf den massiven Widerstand der Bevölkerung und der direkt Betroffenen stoßen würden.

Die soeben ausgeführte Beschreibung des Prozesses, wie bildungspolitische Entscheidungen („policy action") zustande kommen, soll die Diskrepanz zwischen „policy talk" und „policy action" aufzeigen. Was Bildungspolitiker anfänglich als umwälzende Reformidee darstellen, muss nicht identisch sein mit dem, was in der Folge in Form von bindenden bildungspolitischen Maßnahmen erlassen wird. Dies soll am folgenden Beispiel aus dem Kanton Zürich veranschaulicht werden. Die im Kanton Zürich als Schulversuch erlassenen „Teilautonomen Volksschulen" (TaV) sehen keine Auflösung des Quartierschulprinzips vor. Streng genommen müsste jedoch der meisten Orts bestehende „Einschulungszwang" in die nächst gelegene Schule abgeschafft werden, wenn TaV das Argumentationsschema wirkungs- und marktorientierter Schulreform vollumfänglich übernommen hätte. Denn Qualitätssteigerung wird gemäß dem neoliberalem Denken, das wirkungsorientierter und lokaler Schulreform zugrunde liegt, durch den freien Wettbewerb unter der Schulen und durch freie Schulwahl erreicht. Erst der Wettbewerb führe zu einer Leistungssteigerung unter Lehrkräften.

Um es genauer auszudrucken: Die Befürchtung von Lehrpersonen, vor leeren Bänken zu stehen und die Stelle zu verlieren, weil Schülerinnen und Schüler in eine andere, bessere Schule abgewandert sind, sporne Lehrpersonen zu besserer Leistung an. Ähnliches gilt für Schulleitungen. Ihr Auftrag ist es, dafür zu sorgen, dass keine Schülerinnen und Schüler abwandern. Falls sich Tendenzen in diese Richtung abzeichnen, werden die zuständigen Lehrpersonen zur Rechenschaft gezogen. Darüber hinaus soll die Schulleitung ein lokal entwickeltes, gehaltvolles pädagogisches Profil erstellen und nach Außen bekannt machen, damit zusätzliche Schülerinnen und Schüler in die Schule gelockt werden. Der Sinn, schulweise ein solches pädagogisches Profil auszuarbeiten, wird nicht einsichtlich, wenn den Eltern keine andere Wahl zur Verfügung steht, als ihr Kind in die Quartierschule einzuschreiben. Dass „TaV" die Ziele Qualitätssteigerung und lokale Schulentwicklung verfolgt, ohne Wettbewerb unter den Schulen zu fördern, finde ich persönlich zwar sympathisch, ist jedoch unvereinbar mit dem marktwirtschaftlichen Grundgedanken der gegenwärtigen Schulreform. Die Kluft zwischen Bildungskonzepten („policy talk") und Bildungsentscheidungen („policy action") wird hier deutlich. Übliche Praxis auf der letzteren Ebene ist, dass in den verschiedenen Staaten einzelne Elemente eines Schulreformpakets übernommen und andere vernachlässigt werden. Welche konkret übernommen, welche verändert, welche ausgelassen werden und weshalb, sind wiederum wichtige Fragen, auf die ich hier nicht eingehen werde, obwohl die Vergleichende Erziehungswissenschaft dazu viel beizutragen hätte.

Die dritte Ebene, die Ebene der Praxisumsetzung („policy implementation"), generiert weitere Versionen von wirkungsorientierter und lokaler Schulreform. Auch hier offenbart sich die Differenz zwischen dem, was als Modell erlassen wurde („policy action") und welche Aspekte davon konkret in die Praxis umgesetzt worden sind. Schulen sind kein Vakuum, das ständig mit neuen Reformvorhaben aufgefüllt werden kann. Vielmehr treffen Reformvorhaben in den Schulen auf eine komplexe Organisationskultur, die sich nebst einer bestimmten Reformkultur, die entweder Innovationsbereitschaft oder -abwehr signalisiert, auch mit einem bestimmten professionellen Selbstverständnis und mit Vorstellungen von guter Schule verwebt. Dieses Aneinanderprallen von Neuem und Altem führt unweigerlich zu einer Modifikation oder zu einer sogenannten Rekontextualisierung von Schulreform. Tyack und Cuban (1995, 9) nennen diesen Prozess „Hybridisierung", da sich Neues mit Altem kreuzt und dadurch vermischt. Ich ziehe den Begriff „Indigenisierung" vor (Steiner-Khamsi 2000b), da der Modifikations- oder Rekontextualisierungsprozesses dazu führt, dass sich eine je (schul-) hauseigene Version von wirkungs- und marktorientierter Schulentwirkung herausschält. Larry Cuban (1998) stellt in seinem Artikel *How Schools Change Reforms* zu Recht fest, dass viel zu häufig untersucht wird, wie eine Schulreform Schulen verändert hat, anstatt der Frage nachzugehen, wie Schulen eine Schulreform verändert haben.

Die Unterscheidung zwischen „talk", „action" und „implemention" oder Politik-Gerede (Konzepte), Aktion (Entscheidungen) und Implementierung (Umsetzungen) diente dazu aufzuzeigen, dass eine internationale Konvergenz oder Angleichung verschiedener Reformmodelle lediglich auf der Ebene der Konzepte stattfindet. Auf Handlungs- und Umsetzungsebene divergieren die Reformmodelle in beträchtlichem Ausmaß. Für die Vergleichende Erziehungswissenschaft ist es nun von Belang, zu untersuchen, welche lokalen Varianten sich herausschälen, weshalb einige Aspekte globaler Schulreform im Zeitpunkt des Imports übernommen, andere Aspekte wiederum fallengelassen oder modifiziert werden. Die Vergleichende Erziehungswissenschaft hat eine etablierte Tradition, sich mit Fragen des staatsübergreifenden Transfers von Bildungsmodellen und Bildungsdiskursen zu befassen (Steiner-Khamsi 2000b, Steiner-Khamsi/ Quist 2000). Die Forschung über Transfer, im englischsprachigen Raum häufig auch mit „borrowing" bezeichnet, untersucht, weshalb und wie Bildungssysteme sich Modelle und Diskurse aus anderen Bildungssystemen aneignen und in ihr eigenes System integrieren.

Zunächst ist ein Ergebnis aus diesem Forschungsgebiet aufzuführen, das auf den ersten Blick banal erscheint: Die Tatsache, dass etwas ausgeliehen, transferiert oder kopiert wird, ist noch kein Beweis, dass das Original nachahmenswert war (Halpin/Troyna 1995, Finegold et al. 1993). Vielmehr gilt es, die Legitimationsfunktion von Transfer ins Visier zu nehmen. Der Verweis auf andere, d.h. die Herstellung eines Bezugs zu bereits bestehenden Erfahrungen, erfüllt eine wichtige Aufgabe. Sie ermöglicht nämlich, im eigenen Land Unterstützung für neue Konzepte von Schulreform zu gewinnen. In Anlehnung an Niklas Luhmanns Theorie selbstreferenzieller Systeme zeigt Jürgen Schriewer (Schriewer et al. 1998, Schriewer 1990, Schriewer 1987), wie der „Blick über die Grenzen auf vergleichbare Länder" (Schriewer et al. 1998, 163) sowie die Bezugnahme auf „das Ausland" und auf „Weltsituationen" (Schriewer et al. 1998, 164) Ausdruck eines Externalisierungsprozesses sind, der dazu dient, einen Zusatzsinn einzuholen und Legitimität für Reform herzustellen.

Vor diesem Hintergrund wird verständlich, weshalb missglückte Schulreformen wie beispielsweise die seit den 1980er Jahren bestehende wirkungs- und marktorientierte amerikanische Schulreform von Bildungsplanern anderer Staaten als nachahmenswert dargestellt wird. Der Bezug auf auswärtige Schulreformmodelle geschieht jedoch nur auf diskursiver Ebene. Auf Handlungs- und Umsetzungsebene wird die Bedeutung von freier Schulwahl, lokaler Schulentwicklung und Wettbewerb rekontextualisiert, d.h. an lokale Verhältnisse angepasst. Die Befürchtung, dass amerikanische Verhältnisse mittransferiert werden, ist deshalb unbegründet. Hingegen ist die Tendenz ernst zu nehmen, dass freie Schulwahl in den Vereinigten Staaten zur Segregation, zur Abschwächung der Forderungen nach Chancengleichheit sowie zu einem Rückschritt bezüglich multikultureller Lerninhalte und -formen geführt hat. Insofern ist Zweifel daran berechtigt, dass wirkungs- und marktorientierte Schulreform, in welcher Variante auch immer, jemals minderheitenfähig sein kann.

Literatur

Apple, M.: Cultural Politics and Education. New York 1996.
Ballou, D./Podgursky, M.: Reforming Teacher Preparation and Licensing: What Is the Evidence. Teachers College Record 102 (2000) 1, pp. 5-27.
Carnegie Forum on Education and the Economy: A Nation Prepared: Teachers for the 21st Century. New York: Carnegie Foundation 1986.
Carnegie Foundation for the Advancement of Teaching: School Choice – A Special Report. Princeton, New Jersey: Carnegie Foundation 1992.
Charter Schools Institute: Charter Schools Application Kit (2nd Edition). Albany, New York: Charter Schools Institute, http://www.csinstitute 2000
Cookson, P.: School Choice. The Struggle for the Soul of American Education. New Haven: Yale University Press 1994.

Cuban, L.: How Schools Change Reforms. Teachers College Record 99/3 (1998), pp. 453-477.
Darling-Hammond, L.: Reforming Teacher Preparation and Licensing: Debating the Evidence. Teachers College Record 102 (2000) 1, pp. 28-56.
Finegold, D./McFarland, L./Richardson, W. (eds.): Something Borrowed, Something Learned? The Transatlantic Market in Education and Training Reform. Washington: Brookings Institution 1993.
Fuller, B./Elmore, R. (eds.): Who Chooses, Who Loses? Culture, Institutions, and the Unequal Effects of School Choice. New York: Teachers College Press, Columbia University 1996.
Halpin, D./Troyna, B.: The Politics of Educational Borrowing. Comparative Education 31/3 (1995), pp. 303-310.
Hartsock, N.: Rethinking Modernity: Minority vs. Majority Theories. Cultural Critique 7 (1987), pp. 187-215.
House, E. R.: Schools for Sale. Why Free Market Policies Won't Improve America's Schools, and What Will. New York: Teachers College Press, Columbia University 1998.
ICSEI: The 13th International Congress for School Effectiveness and Improvement. Hong Kong, 4.-8. Jan. 2000.
Loveless, T. (ed.): Conflicting Missions? Teachers Unions and Educational Reform. Washington: The Brookings Institution 2000.
Moore Johnson, S./Landman, J.: "Sometimes Bureaucracy Has Its Charms": The Working Conditions of Teachers in Deregulated Schools. Teachers College Record 102/1 (2000), pp. 85-124.
National Commission on Teaching and America's Future: Doing What Matters Most: Investing in Quality Teaching. New York: National Commission on Teaching and America's Future 1996.
Rassell, E./Rothstein, R. (eds.): School Choice. Examining the Evidence. Washington: Economic Policy Institute 1993.
Sammons, P.: School Effectiveness. Coming of Age in the Twenty-First Century. Lisse, NL, 1999.
Schriewer, J.: The Method of Comparison and the Need for Externalization: Methodological Criteria and Sociological Concepts. In: J. Schriewer, B. Holmes (eds.): Theories and Methods in Comparative Education. Frankfurt a.M. 1990, pp. 25-83.
Schriewer, J.: Vergleich als Methode und Externalisierung auf Welt. Vom Umgang mit Alterität in Reflexionsdisziplinen. In: D. Baecker et al. (Hrsg.): Theorie als Passion. Niklas Luhmann zum 60. Geburtstag. Frankfurt a.M. 1987, pp. 629-668.
Schriewer, J./Henze, J./Wichmann, J./Knost, P./Barucha, S./Taubert, J.: Konstruktion von Internationalität: Referenzhorizonte pädagogischen Wissens im Wandel gesellschaftlicher Systeme (Spanien, Sowjetunion, Russland, China). In: H. Kaelble/J. Schriewer (Hrsg.): Gesellschaft im Vergleich. Frankfurt a.M. 1998, pp. 151-258.
Steiner-Khamsi, G.: De-Regulierung und Schulwahl in den USA. Gewinner und Verlierer. In: F.-O. Radtke, M. Weiß (Hrsg.): Schulautonomie, Wohlfahrtsstaat und Chancengleichheit. Opladen 2000 (a), pp. 117-135.
Steiner-Khamsi, G.: Transferring Education, Displacing Reforms. In: J. Schriewer (ed.): Discourse Formations in Comparative Education. Frankfurt a.M. 2000 (b), pp. 155-187.
Steiner-Khamsi, G.: Multikulturelle Bildungspolitik in der Postmoderne. Opladen 1992.
Steiner-Khamsi, G/Quist, H.O.: The Politics of Educational Borrowing – Reopening the Case of Achimota in British Ghana. In: Comparative Education Review 44/3 (2000), pp 272-299.

Tyack, D./Cuban, L.: Thinkering toward Utopia. Cambridge, Mass., 1995.
Wallerstein, I.: Culture as the Ideological Battleground of the Modern World System. In: M. Featherstone (ed.): Global Culture, Nationalism, Globalization and Modernity. Newbury Park, California, 1990, pp. 31-55.
Wells, A. S./Crain, R. L.: Do parents choose school quality or school status? A sociological theory of free market education. In: P.W. Cookson (ed.): The Choice Controversy. Newbury Park, California, 1992, pp. 65-82.
Whitty, G./Gewirtz, Sh./Edwards, T.: New Schools for New Times? Notes toward a Sociology of Recent Education Reform. In: Th. S. Popkewitz (ed.): Educational Knowledge. Changing Relationships between the State, Civil Society, and the Educational Community. Albany 2000, pp. 111-129.
Whitty, G./Power, S./Halpin, D.: Devolution and Choice in Education. The School, the State and the Market. Buckingham 1998.

Ingrid Gogolin

Sprachlich-kulturelle Differenz und Chancengleichheit – (un-)versöhnlich in staatlichen Bildungssystemen?

„Entlassen wir unser Bildungssystem in die Freiheit" – so lautete der abschließende Satz der ersten „großen Bildungsrede" des vormaligen deutschen Bundespräsidenten Roman Herzog, die seinerzeit als „Ruck-Rede" in der Öffentlichkeit aufgenommen wurde (vgl. dens. 1997). Das entlassene Bildungssystem sei eines, das „Leistung fördert, keinen ausschließt, Freude am Lernen vermittelt und als lernendes System kreativ und entwicklungsfähig" sei. „Setzen wir neue Kräfte frei, indem wir bürokratische Fesseln sprengen", so forderte der Präsident auf. Was dies – unter anderem – besagen sollte, war der zuvor gegebenen Lagebeschreibung zu entnehmen. Die Analyse der Fehlentwicklungen aus Sicht des Präsidenten bestand aus einer Sammlung von Behauptungen über den Menschen, die Bildung, das Bildungssystem, die unter die Überschrift „Falsche Mythen" gestellt waren. Mythos Nummer 7 lautete wie folgt: „Es ist ebenso falsch anzunehmen, das beste Bildungsangebot könne nur vom Staat kommen. Gerade in einem guten öffentlichen Bildungssystem brauchen private Initiativen Ermutigung."

Für meinen Beitrag interessiert, in welchem dieser beiden Sätze bei nüchterner fachlicher Betrachtung ein Mythos zu entlarven ist. Dieser Frage kann am Beispiel der Leistungen, die öffentliche Bildungssysteme gegenüber zugewanderten Menschen erbringen, gut nachgegangen werden. Zugewanderte, so wird zu zeigen sein, entsprechen den „Normalerwartungen" der Systeme nicht oder nicht in jeder Hinsicht. Dem Selbstverständnis des Systems nach – das auch der Präsident, wie zitiert, zum Ausdruck brachte – sind sie gleichwohl zu beteiligen; ihnen kommt, da doch niemand ausgeschlossen werden soll, ein Anspruch auf Partizipation zu, was nach geläufigem Verständnis den Anspruch auf Bildungserfolg einschließt. Es ist demnach selbstverständliche Aufgabe eines öffentlichen allgemeinbildenden Schulwesens, allen Nachwachsenden, ungeachtet von Herkunft, Stand und Klasse, erfolgreiche Bildungswege zu ermöglichen. Erfüllen die gegenwärtigen Bildungssysteme diesen Anspruch?

Und wenn nicht: Kann man sich von Bildungssystemen, die „in die Freiheit entlassen" sind, Besserung versprechen?

Ich gehe dieser Frage in zwei Abschnitten nach. Zunächst werden Daten zur Bildungsbeteiligung von Kindern und Jugendlichen, die nach Deutschland zugewandert sind, vorgestellt. Daran wird deutlich, dass das deutsche Schulwesen – ebenso wie die nationalstaatlich verfassten Bildungssysteme anderer europäischen Staaten – den selbstgesetzten Anspruch nicht erfüllt: Sie bevorzugen statt dessen systematisch an ethnischen Linien entlang. Anders gesagt: sie enthalten Mechanismen, die dazu führen, dass die „eigenen Staatsbürger" bessergestellt sind als Menschen anderer staatlicher oder sprachlicher und kultureller Herkunft. Vorgestellt werden zunächst beschreibende Daten, auf denen dieser Befund beruht. Anschließend werden – ebenfalls auf deskriptive Daten gestützt – Erklärungsversuche für diesen Befund präsentiert, die aus der hiesigen erziehungswissenschaftlichen Migrationsforschung vorliegen. Im abschließenden Teil des Beitrags gehe ich – mehr noch tastend, probierend – der Frage nach, ob Zugewanderte von Bildungssystemen, in denen die staatlich-bürokratische Steuerung durch Instrumente aus der Ökonomie ersetzt oder ergänzt wurde, mehr und besseres erwarten können.

Eine terminologische Bemerkung vorweg: In der erziehungs- bzw. sozialwissenschaftlichen Migrationsforschung der hier vertretenen Ausprägung besteht darüber Konsens, dass ein auf die Staatsbürgerschaft als Leitbegriff gestützter Sprachgebrauch für genaue Situationsanalysen nicht angebracht ist. Die individuelle und gesellschaftliche Bewältigung von Folgen der Migration ist in sehr vielen Hinsichten nicht vom staatsbürgerlichen Status einer Person oder Gruppe abhängig. Aus diesem Grunde ist beim Versuch, den Prozess wissenschaftlich auszuleuchten, die Hervorhebung dieses Status durch den Sprachgebrauch für die meisten Fragen, die sich stellen, unangebracht. Daher werden die Begriffe „Zuwanderung" bzw. „Zuwanderer" zur Bezeichnung des Kontextes bzw. der Bevölkerungsgruppe, nach deren Bildungsschicksal gefragt ist, verwendet – solange es „eigener Text" ist. Aufgrund der desolaten Lage der Sozialberichterstattung in Deutschland aber kommt man nicht umhin, auf den staatsbürgerlichen Status zu rekurrieren, wenn man über Zugewanderte spricht: Dieser wird als einzige differenzierende Kategorie in den meisten der beigezogenen Quellen bzw. Untersuchungen verwendet. Insbesondere amtliche Statistiken zum Bildungs- und Sozialbereich beachten nur „Ausländer" oder „Deutsche"; es wird weder nach Migrationsart noch nach Herkunft oder nach Zuwanderungsgruppen unterschieden (vgl. Beauftragte 1999, 46). Wenn also die Berufung auf Dritte erfolgt oder auf Daten, die anders nicht zur Verfügung stehen, wird der Begriffsfeld „Ausländer" benutzt oder konkrete Staatsangehörigkeit genannt.

Zur Lage

Im Jahr 1999 lebten laut Ausländerzentralregister ca. 7,34 Millionen Menschen in Deutschland, die nicht über einen deutschen Pass verfügten. Ihre Anzahl wie auch die „ausländischer Schüler" im allgemeinbildenden und berufsbildenden Schulwesen der Bundesrepublik Deutschland ist seit den 1950er Jahren bis heute stetig gewachsen. Allerdings bedeutet dies in der jüngeren Zeit keinen Bevölkerungszuwachs, denn die Wanderungsbilanz für die Bundesrepublik Deutschland ist ausgeglichen: Parallel zum Anstieg der Zuwanderung nach Deutschland stieg die Zahl derjenigen – aus dem Ausland zuvor zugewanderten oder auch deutschen Staatsangehörigen –, die das Land verlassen (vgl. hierzu und zu den weiteren Daten: Beauftragte 1999; Beauftragte 2000).

Für den Zeitraum 1986 bis Ende der 1990er Jahre ermittelte die Kultusministerkonferenz einen Anstieg der Zahl „ausländischer" Schüler um mehr als 40 Prozent im allgemeinbildenden, um beinahe 85 Prozent im berufsbildenden Schulwesen; absolut stieg ihre Anzahl in diesem Zeitraum um ca. 800.000 auf mehr als 1,3 Millionen (im Jahr 1998). Der ganz überwiegende Teil der Kinder und Jugendlichen, die ohne deutschen Pass hier leben, ist in Deutschland geboren oder aufgewachsen. In Bezug auf die staatlichen Herkünfte der „ausländischen" Einwohner Deutschlands muss von einiger Dynamik gesprochen werden. Zwar kommen auch heute noch ca. drei Viertel der aus dem Ausland Zugewanderten bzw. ihrer Nachkommen aus einem der sechs Staaten, mit denen bis 1973 Arbeitskräfte-Anwerbeverträge bestanden (Italien, Spanien, Portugal, Griechenland, Türkei, Jugoslawien; später kamen auch Marokko und für kurze Zeit Korea dazu). Seit Anfang der 1990er Jahre jedoch kommt etwa die Hälfte der Neuzuwandernden nicht mehr aus den Staaten, mit denen ehemals Anwerbeverträge abgeschlossen waren, oder aus der Europäischen Union, sondern aus anderen Weltgegenden. Bei nicht ganz 20 Prozent der Zuwandernden werden Polen und Russland als Herkunftsstaaten registriert.

Dies weist auf die Entwicklung der Zuwanderung in den letzten ca. 20 Jahren. Sie ist deutlich davon geprägt, dass immer mehr Menschen aus den unterschiedlichsten Weltgegenden nach Deutschland kommen. Statistisch aber werden die staatlichen Herkünfte der Zuwanderer nur sehr grob erfasst; hierin liegt eine der erwähnten Unzulänglichkeiten hiesiger amtlicher Sozialberichterstattung. Seriöse Schätzungen weisen darauf, dass sich in Sammelkategorie „andere Herkunftsländer", in der – je nach Zählung – ein Drittel bis die Hälfte der neuerdings Zuwandernden registriert werden, weit mehr als hundert verschiedene staatliche Herkünfte verbergen. Das bedeutet auch: noch mehr mitgebrachte Sprachen, möglicherweise ein Vielfaches der Zahl der Staaten, wurden durch Zuwanderung nach Deutschland gebracht.

Den größten Anteil an den „ausländischen" Schülerinnen und Schülern in Deutschland haben mit ca. 409.000 immer noch die Kinder und Jugendlichen mit türkischem Pass. Mit weitem Abstand folgt die Gruppe der Kinder und Jugendlichen aus den Staaten des ehemaligen Jugoslawien (ca. 70.000). Die zweitgrößte Gruppe der „ausländischen" Schülerinnen und Schüler sind in den Statistiken des Bundesministeriums für Bildung und Forschung unter der Staatsangehörigkeitskategorie „Sonstige" geführt; 1998 waren dies ca. 334.000 Kinder und Jugendliche. Die Zugewanderten verteilen sich ungleich über die Bundesländer. Eine nach wie vor noch recht geringe ausländische Wohnbevölkerung lebt in den ehedem der DDR zugehörigen Bundesländern; sie liegt in der Regel unter 2 Prozent der Bevölkerung. Aber die Ungleichverteilung Zugewanderter über die Bundesländer ist nicht nur auf West-Ost-Differenzen zurückzuführen; es bestehen außerdem beträchtliche Unterschiede zwischen den westdeutschen Ländern. Die Spanne reicht von ca. 20 Prozent „ausländischer" Bevölkerung im Land Hamburg bis ca. 5 ½ Prozent in Schleswig-Holstein. Auch gibt es eine starke Ungleichverteilung zwischen städtischen und ländlichen Regionen. Großstädte wie Frankfurt, Berlin, Köln, Hamburg weisen zwischen 20 und 30 Prozent „ausländische" Bevölkerung auf, während kaum eine ländliche Regionen die 10-Prozent-Grenze überschreitet.

Die Gepflogenheiten der deutschen statistischen Ämter besitzen die Konsequenz, dass sich durch sie über tatsächliche Zuwanderung nach Deutschland nicht präzise etwas aussagen lässt. Weil nur registriert wird, wer nicht über einen deutschen Pass verfügt, besitzen wir über deutsche Staatsangehörige ausländischer Herkunft keine Informationen. Mindestens zwei Kategorien von Zuwanderern verschwinden in den Statistiken: Alle jene, die sich haben einbürgern lassen, und weiterhin diejenigen, die gleich als deutsche Staatsbürger zugewandert sind – also „Aussiedler" aus den Staaten Osteuropas, denen bei Grenzübertritt ein deutscher Pass übereignet wird. Zu vermuten ist – dies als Fazit –, dass sich die vom Europäischen Statistischen Amt EUROSTAT aufgestellte Schätzung auch für die Bundesrepublik Deutschland bestätigen würde, die besagt, dass im Jahr 2000 ca. ein Drittel der unter Fünfunddreißigjährigen in der Europäischen Union auf eine eigene Migrationsgeschichte oder eine Migrationsgeschichte in der Familie zurückblickt. Absehbar ist, dass die Zahl der statistisch nicht ermittelten Menschen mit Migrationshintergrund in Deutschland steigt, denn seit der Einführung des neuen Staatsangehörigkeitsrechts zum 1. Januar 2000 besteht für hier geborene Kinder ausländischer Eltern unter bestimmten Bedingungen die Möglichkeit des Erwerbs einer deutschen Staatsangehörigkeit bei Geburt.

Bildungsbeteiligung Zugewanderter

Vergleicht man die Daten über die Bildungsbeteiligung von „Ausländern" – denn nur solche stehen zur Verfügung – mit denen von vor einer Dekade, so kommt man zunächst nicht umhin, massive Verbesserungen ihres Erfolgs in hiesigen Schulen zu konstatieren. Ein Indikator dafür besteht darin, dass die Verteilung „ausländischer" Schülerinnen und Schüler auf die Schularten der Sekundarstufe I und II sich in den vergangenen beiden Jahrzehnten allmählich an die altersentsprechender Deutscher annäherte. Dafür einige Beispiele (vgl. zu den folgenden Daten Gogolin 2000): Während 1978 noch fast 70 Prozent der „ausländischen" Schüler eine Hauptschule besuchten, waren dies Mitte der 1990er Jahre nur noch etwa 46 Prozent. Im gleichen Zeitraum stieg der Anteil derer, die ein Gymnasium besuchten, von ca. 15 Prozent auf 18 Prozent (bzw. von 0 Prozent auf ca. 6 Prozent in der Oberstufe). Auch wuchs der Anteil derjenigen „ausländischen" Jugendlichen, die einen höherqualifizierenden allgemeinbildenden Schulabschluss erlangten. So erreichten 1986 etwa 20 Prozent einen Realschul- oder entsprechenden Abschluss, nur ca. 5 Prozent die allgemeine Hochschulreife. Mitte der 1990er Jahre waren dies ca. 27 Prozent bzw. 9 Prozent. Zu den Erfolgen ist ferner zu rechnen, dass die Zahl der Schulentlassenen ohne jeden Schulabschluss im gleichen Zeitraum deutlich geringer wurde; sie sank von knapp 20 Prozent auf ungefähr 15 Prozent. Befunde wie diese zeigen, „dass die einzelnen Migrantengruppen mit einem gewissen Verzögerungseffekt [...] für den individuellen Erfolg ihrer Kinder die richtigen Wege innerhalb des deutschen Schulsystems entdecken" (Nauck/Diefenbach/Petri 1997, 11). Einige Autoren sprechen seit Ende der 1980er Jahre aufgrund solcher Entwicklungen von einer allmählichen „Normalisierung" der Verhältnisse.

Von einer Aufhebung der Bildungsbenachteiligung Zugewanderter jedoch kann trotz dieser positiven Befunde nach wie vor keine Rede sein. Dafür sprechen Indikatoren wie die folgenden: Zwar haben sich die Bildungserfolge der Kinder und Jugendlichen verbessert, die ohne deutschen Pass in Deutschland leben. Nicht verringert hat sich jedoch der Abstand zwischen ihren Erfolgen und denen der einheimischen Nichtgewanderten. Vielmehr haben die „ausländischen" Kinder und Jugendlichen gleichsam dafür gesorgt, dass – in der rechnerischen Bilanz – der Bildungserfolg der deutschen Schülerschaft nachhaltig verbessert wurde. In der Gesamtbilanz des Bildungswesens ist ein „Nullsummenspiel" zu beobachten; die Zugewanderten füllen jene Plätze aus, die dadurch freiwerden, dass Nichtgewanderte in Schulformen aufsteigen, die höhere Bildungsabschlüsse versprechen. Offenbar verfügt das Bildungssystem über Mechanismen, die für die Stabilität seiner Struktur sorgen; in der Epoche massiver Zuwanderung aus dem Ausland besteht einer dieser Mechanismen darin, dass die eigenen Staatsbürger systematisch bevorzugt werden (vgl. Diehm/Radtke 1999, Kap. IV).

Indikatoren für die fortbestehende Bildungsbenachteiligung der „ausländischen" gegenüber den Kindern und Jugendlichen mit deutschem Pass liegen etwa in Folgendem: Zwar hat sich der Anteil derjenigen „ausländischen" Jugendlichen, die einen mittleren oder höheren Bildungsabschluss erlangen, seit Beginn der 1980er Jahre beträchtlich erhöht; zugleich aber hat der Teil von ihnen, die nur einen Hauptschulabschluss erreichten, kaum abgenommen. Während inzwischen kaum mehr ein Drittel der deutschen Schülerschaft seine Schulkarriere mit dem Hauptschulabschluss beschließt, gilt dies immer noch für fast zwei Drittel der „ausländischen". Dass die zugewanderte Schülerschaft im Wettlauf um bessere Bildungszertifikate nach wie vor unterlegen ist, zeigt sich auch im weiteren Verfolgen von Bildungs- bzw. Ausbildungsgängen. So kann etwa eine massive Ungleichverteilung zugewanderter und der gleichaltrigen deutschen Schülerschaft über die Schultypen der Sekundarstufe II festgestellt werden. Bezogen auf die Schulbesuchsdauer, die ein Indikator dafür ist, wurde ermittelt, dass deutsche Jugendliche eineinhalbmal so lange Schulen besuchen wie Zugewanderte. Das bedeutet, dass die Nichtgewanderten vielfach nach einer ersten Grund- oder Teilqualifikation weiterführende schulische Bildungsgänge wahrnehmen, die den Zugewanderten verschlossen bleiben.

Das Faktum der Höherqualifizierung deutscher Jugendlicher ergibt sich auch daraus, dass die „ausländischen" nur halb so oft in solchen berufsbildenden Schulen anzutreffen sind, die eine Hochschulzugangsberechtigung erteilen. Hingegen stellen sie einen etwa ein Drittel höheren Anteil an der Schülerschaft berufsbildender Schulen, die zu geringgeschätzten Abschlüssen führen (sog. Berufsvorbereitungs- bzw. Berufsgrundbildungsmaßnahmen). Berücksichtigt man dann noch, dass von den „ausländischen" 16 bis unter 19 Jahre alten Jugendlichen, die nicht im Vollzeitschulwesen anzutreffen sind, nur ca. 46 Prozent über einen Ausbildungsplatz verfügen, hingegen ca. 63 Prozent der deutschen, so zeigt sich ein weiteres Indiz dafür, dass das deutsche Bildungs- und Ausbildungswesen den Erfolg an Staatsangehörigkeitslinien entlang steuert.

In besonders markanter Weise zeigt sich das Faktum der Bildungsbenachteiligung Zugewanderter an ihrem Anteil an der Schülerschaft in Schulen für Lernbehinderte. Trotz großer regionaler Unterschiede ist hier seit ca. 30 Jahren der Trend unverändert, dass die Überrepräsentanz der „ausländischen" Schülerschaft in diesen Schulen steigt, während gleichzeitig der Anteil der deutschen Schüler, die in Sonderschulen für Lernbehinderte überwiesen werden, kontinuierlich gesunken ist. Die Quote der auf Sonderschulen für Lernbehinderte überwiesenen deutschen Schülerinnen und Schüler ist in manchen Regionen konstant nur halb so hoch wie die der „ausländischen" Schüler.

Die Zugehörigkeit zur Gruppe der Nichtdeutschen ist also im Wettbewerb um Bildungserfolg und angesehene Bildungszertifikate von erheblichem Nachteil. Die Angebote des öffentlichen Schul- und Ausbildungssystems der Bundesrepublik Deutschland sind offenbar nicht in der Lage, den in der „falschen" Staatsbürgerschaft liegenden Wettbewerbsnachteil auszugleichen – ein Ergebnis, das mit dem Selbstverständnis des Bildungssystems eines demokratisch verfassten Staates unvereinbar ist. Bei dieser Betrachtung ist also in der Tat der Schluss nahegelegt, dass sprachlich-kulturelle Differenz – hier konnte sie nur am Kriterium der staatlichen Herkunft festgemacht werden – und Chancengleichheit im deutschen staatlichen Schulwesen nicht in harmonischer Beziehung stehen, sondern unversöhnlich scheinen.

Einige Versuche der Erklärung der Bildungsbenachteiligung Zugewanderter

Wenn auch am Faktum der andauernden Benachteiligung nach staatsbürgerlichen Linien entlang im deutschen Bildungswesen nach dem Stand der Forschung kein Zweifel angebracht ist, sind die Erklärungen, die für diesen Befund angeboten werden, eher unbefriedigend. Manche Spekulationen über Ursachen für den mangelnden Bildungserfolg der Zugewanderten sind zwar weit verbreitet, entpuppen sich aber bei näherem Hinsehen als alltagsverständlich plausible Behauptungen, die der systematischen oder empirischen Prüfung nicht standhalten. Vielfach ruhen solche Erklärungsversuche auf der Vorstellung auf, dass das Ausbleiben von Bildungserfolg auf Mangellagen bei den Zugewanderten selbst zurückgeführt werden müsse. Konstatiert wird etwa eine allgemeine Bildungsferne der Familien oder – wie es gern heißt – „kulturbedingt" unpassende Auffassungen vom Verhältnis zwischen Familie und Schule. Beliebt ist auch der Rekurs auf Entwicklungsrückstände oder -gefährdungen der Kinder, die sich vor allem aufgrund ihres Aufwachsens mit zwei oder mehr Sprachen einstellen sollen. Solche Erklärungsversuche knüpfen „durchgängig an die Defizithypothese der schichtenspezifischen Sozialisationsforschung (in ihrer popularisierten und trivialisierten Variante) an [...], indem einfache Übertragungen und fragwürdige Analogieschlüsse ohne jeden Bezug zu systematisch erhobenen empirischen Daten formuliert werden" (Diefenbach/Nauck/Petri 1997, 9).

Einen seriöseren Versuch der Erklärung unternahm ein Forschungsprojekt, in dem die These verfolgt wurde, dass es strukturelle Merkmale des Bildungssystems selbst sein müssten, die für die Differenzen im Bildungserfolg Einheimischer und Gewanderter verantwortlich sind (vgl. Bommes/Radtke 1993, Gomolla/Radtke 2000). Auf Basis dieser Annahme wurde eine Regionalstudie durchgeführt, in der demographische Schwankungen in der Stadt Bielefeld mit Organisationsmerkmalen von Einzelschulen und strukturellen Merkmalen des lokalen Bildungswesens in Beziehung gebracht wurden. In dieser Untersuchung zeigten sich Ansatzpunkte dafür, wenigstens Teile der Mechanismen zu erklären, durch die es zur andauernden Bildungsbenachteiligung Zugewanderter kommt. Zunächst wurde ermittelt, dass ein Diskriminierungseffekt in der regional vorhandenen institutionellen Angebotsstruktur mitbegründet ist – wie dies auch in anderen Zusammenhängen bereits nachgewiesen wurde. So hat beispielsweise eine Studie über die Folgen des Besuchs einer vorschulischen Bildungseinrichtung für den Schulerfolg einen „Großstadteffekt" ergeben: je kürzer ein Kind in einer Großstadt lebte, desto höher war die Wahrscheinlichkeit, dass es mit 14 Jahren zur Hauptschule ging (vgl. Büchel/Spieß/Wagner 1996). Der Mechanismus, der im Kontext Migration zum Tragen kommt, ist auch aus anderen schulsystembezogenen Beobachtungen bekannt: Wo es ein gut ausgebautes Sonderschulwesen gibt, gibt es entsprechend viele Sonderschüler. Der „Selbsterhaltungswille" eines einmal etablierten Systems erzeugt also bestandssichernde Mechanismen. Da die niedrigqualifizierenden Bildungsangebote von den einheimischen Schülerinnen und Schülern nicht mehr gefüllt wurden – als Effekt der sog. Bildungsexpansion seit den 1970er Jahren und von demographischen Zusammenhängen –, boten die Zuwanderer einen willkommenen Ersatz.

Auch ein zweites Ergebnis der erwähnten Untersuchung ist nachvollziehbar. Es besagt, dass im Falle von Schullaufbahnentscheidungen für zugewanderte Kinder, die mit hoher Wahrscheinlichkeit zu einem niedrig bewerteten Schulabschluss führen, von den Lehrkräften häufig auf ethnisierende Argumentationen zur Begründung bzw. Legitimierung der Entscheidung zurückgegriffen wird. Diese Feststellung kann freilich im Hinblick auf die ursprüngliche Frage nach Gründen für die Bildungsbenachteiligung der Zugewanderten nicht recht befriedigen. Sie macht zwar deutlich, dass Lehrkräfte möglicherweise der strukturellen Eingebundenheit ihres pädagogischen Tuns wenig Beachtung schenken. Dies klärt aber nicht, wieso ethnisierende Argumentationen in einem Bildungssystem, das – anders als „Apartheid-Systeme" – ethnische Diskriminierung in seinen Statuten explizit ausschließt, langjährig und systematisch zu den beobachteten Effekten führen können.

Ein anderer Erklärungsversuch wird in einer Untersuchung angeboten, in der eine Reanalyse von Daten aus dem sozio-ökonomischen Panel

(SOEP) durchgeführt wurde, theoretisch gestützt auf die von Pierre Bourdieu fundierte Gesellschaftsanalyse (vgl. Nauck/Diefenbach/Petri 1997; Nauck/Diefenbach 1997; Nauck/Kohlmann/Diefenbach 1997). Leitende These der Studie war, dass Strukturmerkmale des Bildungssystems identifizierbar seien, die dafür sorgen, dass im Verlauf der schulischen und beruflichen Bildung ein mehrfach gestufter Filterungsprozess zum Tragen komme. Dieser führe – im Vergleich mit deutschpassigen, nichtgewanderten Kindern – zur stärkeren schrittweisen Aussortierung der „ausländischen" Kinder und Jugendlichen. Dabei seien die vertikale Gliederung des Schulwesens und die ausgeprägte „Verberuflichung des Beschäftigungssystems" von besonderem Belang, da hierdurch Kinder begünstigt werden, in deren Primärsozialisation eine dementsprechende Bildungs- und Berufsbiographie vorbereitet werde. Des weiteren folgte diese Arbeitsgruppe der Annahme, dass Humankapital in der Migrationssituation von größerer Bedeutung sei als bei nichtgewanderten Individuen.

Die Ergebnisse der Untersuchung bestätigen der Tendenz nach die theoretischen Vorannahmen. Zum einen zeigte sich, dass tatsächlich die Kapitalsorten bei sesshaften und zugewanderten Familien nicht nur unterschiedlich verteilt sind, sondern auch verschiedene Effekte im Hinblick auf die Möglichkeit des Erreichens von Bildungsabschlüssen haben. So wird, um ein beeindruckendes Beispiel anzuführen, kulturelles Kapital – ausgedrückt durch das Bildungsniveau der Eltern – bei Nichtgewanderten üblicherweise zwischen den Generationen weitergegeben; es steigt also bei Jugendlichen aus deutschen Elternhäusern mit höherem Bildungsniveau die Wahrscheinlichkeit, ebenfalls einen höheren Bildungsabschluss zu erlangen. Mit Blick auf die zugewanderten Jugendlichen lässt sich dieser Zusammenhang nicht mit gleicher Stärke feststellen. Ebenso wenig findet sich bei Zugewanderten der bei Nichtgewanderten gefundene Effekt, dass sich ein höheres ökonomisches Kapital der Familie auf die Wahrscheinlichkeit positiv auswirkt, einen hohen Bildungsabschluss zu erreichen.

Untersuchungen wie die zitierten helfen, dass ein „kulturalistisch" gefärbtes Erklärungsmodell für Bildungsbenachteiligung überwunden werden kann, das möglicherweise durch die nach dem Kriterium der Staatsangehörigkeit ermittelten Grunddaten nahegelegt wird. Weniger zufriedenstellend ist aus erziehungswissenschaftlicher Sicht, dass die Erklärungsmodelle für nicht schul- oder gesellschaftssystemgebundene, insbesondere für unterrichtsbegründete Mechanismen keinen Raum vorsehen können. Die Befunde der von Nauck u.a. durchgeführten Untersuchungen beispielsweise sprechen ausschließlich für die Wirksamkeit der sozio-ökonomischen Lebensbedingungen im Prozess gesellschaftlicher Reproduktion. Sie sagen aber nichts aus über institutionell oder im Unterricht selbst begründete Selektionseffekte.

Hinweise auf die Existenz und Wirksamkeit solcher Effekte lassen sich aus Untersuchungen entnehmen, die dem Problem der Bildungsbenachteiligung Zugewanderter gar nicht explizit nachgingen, sondern das Interesse eines (internationalen) Schulleistungsvergleichs verfolgten – etwa die Third International Mathematics and Science Study (TIMSS; vgl. z.B. Baumert/Lehmann 1997, Baumert/Bos/Watermann 1998). In diesen Untersuchungen ist nach ethnisch selegierenden Merkmalen des (deutschen) Bildungssystems zwar nicht ausdrücklich gefragt worden, aber es wurden nach Staatsangehörigkeit differenzierte Grunddaten über die Schülerpopulationen erhoben. Hierdurch wurde es möglich, den Faktor „staatliche Herkunft" für eine genauere Analyse der Ergebnisse beizuziehen (vgl. z.B. Schwippert/Schnabel 2000). Aus Studien über die Lernausgangslage von Schülerinnen und Schülern der fünften und der siebten Klassen an Hamburger Schulen ergab sich bei Beachtung der staatlichen Herkunft folgendes (vgl. Lehmann u.a. 1997, Schulbehörde Hamburg 1999): In diese Untersuchungen waren in der ersten Welle sämtliche hamburgischen Fünftklässler im Jahre 1996 einbezogen worden; in der zweiten Welle die Kinder des Jahrgangs 7. Etwa 20 Prozent der Population besaß nicht die deutsche Staatsangehörigkeit. Zwar sind die Schulleistungsdaten der Teilpopulation „nicht deutsche Staatsangehörige" – soweit sich solche in den eingesetzten Testverfahren überhaupt abbilden; aber das zu prüfen wäre ein anderer Beitrag – nicht im Detail untersucht worden. Gleichwohl wurde das globale Ergebnis ermittelt, dass in fast allen getesteten Leistungsbereichen massive Differenzen zwischen deutschen und nichtdeutschen Kindern bestehen. Die Gruppe der Zugewanderten schnitt in allen Bereichen deutlich schlechter ab, die weitgehend sprachbasiert sind – es muss nicht eigens betont werden, dass dies die allermeisten Bereiche der Schule sind. Die Leistungsdifferenzen besitzen einen kumulativen Effekt. Zwar sei, so die Autoren der Studie (vgl. Lehmann u.a. 1997, 71), eine durchgängige soziale Schlechterstellung der Zugewanderten nicht zu übersehen. Dies könne aber das deutlich schlechtere Abschneiden der Kinder aus dieser Gruppe in fast allen getesteten Leistungsbereichen nicht gänzlich erklären. Hingegen klärte die Staatsangehörigkeitsverteilung in der Schülerpopulation die Leistungsfähigkeit einer Schule, gemessen am Abschneiden ihrer Schülerschaft im Test, sehr weitgehend auf: Der Faktor „Staatsangehörigkeit" war in der ersten Welle der drittbeste Indikator zur Erklärung schlechter Testleistungen von Kindern (vgl. auch Freie und Hansestadt Hamburg 1997).

In der Anschlussuntersuchung der Siebtklässler setzte sich der Befund fort. Es waren nicht nur die Übergangsquoten von „ausländischen" Schülern auf höherqualifizierende Schulen geringer, sondern auch ihre Versagensquoten in den ersten beiden Jahren nach dem Übergang höher.

Dreimal so viele „ausländische" Schüler wie deutsche erfuhren ihre Rückverweisungen an Schulen, die zu minderen Bildungsabschlüssen führen. Unabhängig von der Schulform wiesen ferner auch hier die „ausländischen" Schüler bei allen getesteten Fachleistungen beträchtliche Rückstände gegenüber den Schülern mit deutschem Pass auf. Lediglich in affektiver Hinsicht, so ein Fazit der Untersuchung, könne man nicht von einer Benachteiligung ausländischer Schülerinnen und Schüler sprechen (vgl. Schulbehörde 1999).

Es kann also kein Zweifel daran sein, dass innerschulische, nicht zuletzt im Unterricht selbst liegende Mechanismen an dem Effekt mitwirken, der sich als ethnische Selektion durch das Schulwesen abbildet. Die Schulen vermögen es offenbar nicht, durch ihr Unterrichts- oder sonstiges Angebot negative Konsequenzen der staatlichen, sprachlichen oder kulturellen Herkunft eines Kindes auszugleichen.

Was verspricht die „Entlassung der Schulen in die Freiheit"?

Ein solcher Negativbefund veranlasst, sich auf die Suche nach Alternativvorstellungen zu begeben, von denen man hoffen kann, dass sie die Mechanismen nicht enthalten, die sich im Fall der staatlichen Schulen in der geschilderten Weise benachteiligend auswirken. Bei dieser Suche stößt man rasch und unvermeidlich auf die Heilsversprechen, die mit den Ansätzen zur ökonomischen Steuerung des Bildungswesens verbunden sind. Zu den zentralen Versprechungen dieser Angebote zur Ablösung der staatlich gesteuerten Schulsysteme gehört – wenn dies auch ohne Zweifel grob vereinfacht ausgedrückt ist –, dass sich mit den der Ökonomie entlehnten Steuerungsmodelle Möglichkeiten der Realisierung von „Gerechtigkeit" in den Bildungssystemen böten. Im Beitrag Steiner-Khamsis (in diesem Band) werden entsprechende Modelle vorgestellt (vgl. auch Nagel 1999, für das britische Hochschulsystem Shore/Wright 1999). Die folgenden Überlegungen knüpfen unter anderem an ihren Beobachtungen an; es handelt sich vorläufig nur um spekulative Erwägungen, denn eine Praxis, an der die empirische Prüfung möglich wäre, gibt es im bundesdeutschen Kontext noch nicht.

Die Leitfrage der Überlegungen lautet, ob sich die versprochenen Formen von „Gerechtigkeit" in ökonomisch gesteuerten Schulsystemen tatsächlich zugunsten von Benachteiligten – hier: den Zugewanderten – auswirken können. Anhand von Entwicklungen in Ländern, in denen Modelle der ökonomischen Steuerung von Bildungs- und Sozialsystemen bereits realisiert sind, kann nach den Folgen der entsprechenden Maßnahmen für die Gruppe der sprachlich-ethnischen Minoritäten gefragt werden. Dies geschieht hier vor allem mit Blick auf US-amerikanische Erfahrungen (vgl. zu entsprechenden Entwicklungen im Schulsystem Großbritanniens Hatcher 1998).

Ein mit der Einführung ökonomischer Steuerungsmodelle in den Bildungs- und Sozialbereich untrennbar verbundenes Schlagwort lautet „Autonomie". Damit ist gemeint, dass den Institutionen von der staatlichen Seite Entscheidungsbefugnisse übereignet werden. Diese Befugnisse sollen dem Anspruch nach primär zweckdienlich für die pädagogische und inhaltliche Arbeit der jeweiligen Institution sein. Da aber solche Befugnisse – sollen sie nicht auf dem Niveau belangloser Lippenbekenntnisse, auch „missions" oder „Leitbilder" genannt, stecken bleiben – nur im Rahmen von Bewirtschaftungsmaßnahmen in die Praxis übersetzbar sind, wird den Institutionen ein Freiraum für die Verwendung der ihnen zugebilligten finanziellen Mittel eingeräumt. Dies schließt die Möglichkeit ein, die aus öffentlicher Hand gewährten Mittel durch private Zuwendungen zu ergänzen. Der gewährte Handlungsspielraum betrifft die Verwendung von Finanzmitteln im direkten und im indirekten Sinne. Zu den eher indirekten Mechanismen gehört beispielsweise, dass die Institutionen über ihr Personal selbst befinden oder mitentscheiden können. Im Schulbereich betrifft die Entscheidungsbefugnis in den ersten Ansätzen, die in Deutschland vorfindlich sind, vorerst nur die Qualifikation des Personals; noch nicht einbezogen ist die Frage der Höhe der Besoldung. Es ist aber absehbar, dass auch dieser Bereich demnächst in den Entscheidungsspielraum einbezogen wird. Komplementär zur Gewährung von Freiraum bei der Mittelvergabe ist die Einführung von Mechanismen zur Kontrolle der Ausgaben. Die Institutionen werden über ihre Maßnahmen berichtspflichtig; die Entwicklung des Berichtswesens selbst folgt den im ökonomischen Sektor üblichen Vorgehensweisen, deren Grundelement die kaufmännische Buchführung ist. Vorzulegen sind Formen von Einnahmen-Ausgaben-Rechnungen, die die Grundlage für einen Vergleich von „Kosten" und „Nutzen" abgeben, womit ein Effizienzkriterium für die Steuerung des Bildungswesens maßgeblich wird.

Die Vorbilder für jene Entwicklungen, wie sie in der Bundesrepublik Deutschland als Innovation diskutiert werden, finden sich vor allem im englischsprachigen Raum. Im US-amerikanischen Schulsystem, das hier als Beispiel betrachtet wird, ist bereits Ende der 1980er Jahre eine Schulreform in Gang gekommen, die als „Lokale Schulentwicklung" bezeichnet wird. Die praktizierten Mechanismen entsprechen den für die hiesige Lage noch als Zukunftsmusik angedeuteten. Ein weitgehender Rückzug zentraler – staatlicher oder kommunaler – Organe vom Einfluss auf die Geschicke der Einzelschule stand auf der einen Seite. Auf der anderen Seite wurde ihnen die Verpflichtung zur „Transparenz" auferlegt, die in Praxis übersetzt wurde durch die Verpflichtung der Schulen zur Beschreibung ihrer selbst als

Produzenten und ihrer Zielsetzungen als Produkte. In die Hände der Schulen wurde das Management ihrer Finanzen und der weiteren Administration ebenso gelegt wie die Gestaltung ihrer Lehr- und Stundenpläne, ihrer Prüfungen, der Verträge mit dem pädagogischen Personal, aber auch solche Aufgaben wie Instandhaltung der Gebäude und Ersatzbeschaffung für Mobiliar, Lehrwerke, Ausstattungsgegenstände. In den mir bekannten (nicht nur den kritischen) Evaluationen dieser Entwicklung wird immer wieder ein Bereich angeführt, in dem sie sich rasch und ohne jeden Zweifel gelohnt hat (vgl. zum folgenden zusammenfassend Steiner-Khamsi 1997). Begleiterscheinung der Reformen war eine gigantische, noch keineswegs abgeschlossene Expansion der Bildungsindustrie. Es entstanden Unternehmen, die den Schulen ihre Schulprogramme schreiben; solche, die auf das Berichtswesen spezialisiert sind; solche, die den Schulen das Prüfungswesen abnehmen – Firmen also, die „packages" für alle Eventualfälle des Schullebens anbieten. Die Schulbehörden gingen vielfach zur direkten Kooperation mit solchen Firmen über, da sich dies als die organisatorisch einfachere Lösung für sie erwies als mit zahlreichen unterschiedlich operierenden Schulen zusammenzuarbeiten. In der US-amerikanischen Entwicklung ist also der staatlichen Hoheit über die Schulen eine Instanz vorgeschaltet worden: die der einschlägigen Industrie.

In empirischen Untersuchungen zur Frage, wer auf Schülerseite von diesen Entwicklungen profitiert – oder spezieller: ob ethnisch-sprachliche Minderheiten einen Gewinn davontragen –, wurden einige Eckpunkte deutlich (vgl. Steiner-Khamsi 1997, Cookson 1992, 1994). Output-orientierte Steuerungsmodelle, so ist danach zusammenfassend festzustellen, bringen als solche keine Vorteile für benachteiligte Gruppen, speziell ethnische Minoritäten. Die Förderung, die diese Schülerinnen und Schüler benötigen, ist in der Regel an höhere Investitionen gekoppelt – etwa an die Beschäftigung von Personal mit Zusatzqualifikationen. Mit diesen zusätzlichen Investitionen verbindet sich aber kein erhöhtes Gewinnversprechen; allenfalls ist mit ihnen ein Ausgleich von Benachteiligungen erreichbar, also vielleicht ein Gleichziehen mit dem Durchschnitt der Schulen.

Folgerichtig erwies sich in Untersuchungen, dass spezielle Stütz- und Förderprogramme für sprachlich-ethnische Minoritäten nur geringe Überlebenschancen hatten; sie brachten die zusätzlichen Mittel nicht wieder ein, die für ihre Etablierung aufzuwenden waren. Auch die Praxis, dass die Schulen – unterstützt durch die Praktiken der Bildungsadministration – auf die vorbereiteten Angebote der Bildungsindustrie zurückgreifen, um ihre Schulprogramme zu entwickeln, wirkte sich im Hinblick auf Schüler aus Minoritäten tendenziell negativ aus. Hierfür verantwortlich ist etwa, dass Schulen, in denen ethnisch-sprachliche Differenz besonders ausgeprägt ist, in der Regel materiell weniger gutgestellt sind; zumindest fehlt ihnen der zusätzliche Spielraum, der in bessergestellten Schulen durch „private-public-partnership" gewonnen wird. Sie erreichen daher meist nicht die kritische Masse für die finanziell lohnende Entwicklung spezieller Angebote von entsprechenden Firmen, sind also auf eigene, zugleich teurere und öffentlich weniger alimentierte Anstrengungen zur Entwicklung von Programmen angewiesen.

Besonders deutlich zeigt sich die Gefahr der zusätzlichen Benachteiligung von Kindern aus Minoritäten am Aspekt der Schulwahl. Freie Schulwahl ist ein Prinzip, das mit der ökonomischen Steuerung des Bildungswesens untrennbar verbunden ist; nur so lässt sich das Anbieter-Kunden-Verhältnis praktisch realisieren, aus dem sich die wesentlichen Indikatoren für Erfolg und Qualität einer Schule ergeben sollen. Die auf die Frage der Schulwahl bezogenen Untersuchungen in den USA haben ergeben, dass Bildungsstand, Hautfarbe und ethnische Zugehörigkeit der Familien nicht nur dafür bestimmend sind, welche Schule gewählt wird. Vielmehr sind sie darüber hinaus entscheidend dafür, ob überhaupt gewählt wird. Das Angebot, ein Kind zur Schule der eigenen Wahl zu schicken, wird umso eher wahrgenommen, je besser die Familien gestellt sind. Diese Schulwahlen führen zur Abwanderung der Kinder, nicht nur, aber auch aus Schulen, in denen ethnisch-kulturelle Differenz besonders ausgeprägt ist – die Benachteiligten wählen nicht und bleiben, die Bevorzugten wählen und gehen.

Was ist das vorläufige Fazit aus den Beobachtungen?

Zunächst ist festzustellen, dass keine Neuigkeit ist, was sich am Fall der Zugewanderten bzw. der sprachlichen oder ethnischen Minoritäten in aller Krassheit zeigt: Die Mechanismen der ökonomischen Steuerung des Bildungswesens nützen den Starken; sie schützen die Schwachen nicht. Wie im ersten Teil meines Beitrags gezeigt, geht es ihnen aber gegenwärtig in traditionellen staatlichen Bildungssystemen nicht besser. Sie sind auch dort diejenigen, die die unteren Plätze einnehmen – man könnte zynisch sagen: die das Fundamentum bilden. Geht man den Dingen in staatlichen Schulsystemen genauer nach, so zeigt sich: Stärke und Schwäche bemisst sich im Falle der Zugewanderten daran, wie nah sie dem geltenden „Bild des allgemeinen Kindes" kommen. Der historisch überkommene Maßstab, der dem hierzulande in Kraft befindlichen Bild vom „allgemeinen Kind" unterliegt, ist vom Bürger der eigenen Nation abgenommen. Traditionelle Aufgabe des staatlichen Schulwesens war es, diesen zuerst zu erzeugen; in Fortsetzung dieser Tradition geht es darum, ihn für das Gelingen des Prozesses zum Maß zu nehmen (vgl. hierzu Gogolin

1994, Krüger-Potratz 1994). Diesem historischen Auftrag sind die Schulen bis heute treu. Zum Anlass für Benachteiligung wird dies, wenn Schülerinnen und Schüler ihren Bildungsanspruch einlösen wollen, die aufgrund ihrer Lebensumstände wenig Chancen haben, dem Maßstab zu entsprechen.

Eine Heilung dieses Missstands ist von „in die Freiheit entlassenen", nach ökonomischen Rationalen gesteuerten Bildungssystemen nicht zu erwarten. Die bisherigen Erfahrungen mit solchen Systemen sind gewiss nicht ohne weiteres auf deutsche Verhältnisse übertragbar; dazu sind zu große Unterschiede in den verschiedenen nationalen Traditionen der Bildungssysteme gegeben. Zu Befürchtungen aber gibt Anlass, dass die sich negativ für ohnehin Benachteiligte auswirkenden Mechanismen gar nicht primär solche sind, die der ökonomischen Steuerung des Bildungswesens unterliegen. Vielmehr deuten sie auf allgemeinere Grundmuster der Teilhabe hin, etwa darauf, dass „kulturelles Kapital" erblich ist bzw., komplementär dazu, den Nichtbesitzern der Zugang – auch durch eigene Mitwirkung – erschwert ist (vgl. Bourdieu 1997). Eben dies nicht zum entscheidenden Mechanismus der Teilhabe an Bildung werden zu lassen war eine Intention, vielleicht eine Illusion bei der Etablierung öffentlicher allgemeinbildender Schulsysteme. Aber möglicherweise liegt die Aussicht auf eine bessere Zukunft doch eher darin, die Versöhnung mit diesen anzustreben, indem an der Veränderung jener Mechanismen mitgearbeitet wird, die heute noch systematisch dafür sorgen, dass die Bürger des eigenen Staates bevorzugt und alle übrigen auf die Plätze am Rande verwiesen werden.

Literatur

Baumert, J./Lehmann, R.: TIMSS. Mathematisch-naturwissenschaftlicher Unterricht im internationalen Vergleich. Opladen 1997.
Baumert, J./Bos, W./Watermann, R.: TIMSS III. Schülerleistungen in Mathematik und den Naturwissenschaften am Ende der Sekundarstufe II im internationalen Vergleich. Berlin (Max-Planck-Institut für Bildungsforschung, Studien und Berichte 64) 1998.
Beauftragte der Bundesregierung für Ausländerfragen: Migrationsbericht 1999. Zu- und Abwanderung nach und aus Deutschland. Berlin (Mitteilungen der Beauftragten) 1999.
Beauftragte der Bundesregierung für Ausländerfragen: Daten und Fakten zur Ausländersituation. Berlin (Mitteilungen der Beauftragten) 2000.
Bommes, M./Radtke, F.-O.: Institutionalisierte Diskriminierung von Migrantenkindern. Die Herstellung ethnischer Differenz in der Schule. In: Zeitschrift für Pädagogik, 39. Jg. (1993) Nr. 3, 483-497.
Bourdieu, P.: Widersprüche des Erbes. In: ders., Das Elend der Welt. Zeugnisse und Diagnosen alltäglichen Leidens an der Gesellschaft. Konstanz 1997, 651-658.
Büchel, F./Spieß, K./Wagner, G.: Bildungseffekte vorschulischer Kinderbetreuung – Eine repräsentative empirische Analyse auf der Grundlage des sozio-ökonomischen Panels. Diskussionspapiere aus der Fakultät für Sozialwissenschaft. Bochum (Universität Bochum, Mimeo) 1996.

Cookson, P. W. (Hrsg.): The Choice Controversy. Newbury Park, CA.1994.
Cookson, P.W.: School Choice. The Struggle for the Soul of American Education. New Haven, London 1992.
Diehm, I./Radtke, F.-O.: Erziehung und Migration. Eine Einführung. Stuttgart 1999.
Freie und Hansestadt Hamburg: Ergebnisse der Erhebung von Aspekten der Lernausgangslage. Hamburg (Mitteilung der FHH vom 25. August 1997, Mimeo) 1997.
Gogolin, I.: Der monolinguale Habitus der multilingualen Schule. Münster, New York 1994.
Gogolin, I.: Bildung und ausländische Familien. In: Sachverständigenkommission 6. Familienbericht (Hrsg.): Familien ausländischer Herkunft in Deutschland: Lebensalltag. Opladen 2000, 61-106.
Gomolla, M./Radtke, F.-O.: Mechanismen institutionalisierter Diskriminierung in der Schule. In: I. Gogolin, B. Nauck (Hrsg.): Migration, gesellschaftliche Differenzierung und Bildung. Opladen 2000, 321-341.
Hatcher, R.: The Politics of School Effectiveness and Improvement. In: Race, Ethnicity and Education, 1.Jg. (1998) vol. 2, 267-289.
Herzog, R.: „Entlassen wir Schulen und Hochschulen in die Freiheit". Dokumentation einer Rede des Bundespräsidenten. In: Frankfurter Rundschau vom 6. November 1997, 14.
Krüger-Potratz, M.: Interkulturelle Pädagogik als Kritik der ‚gegebenen Pädagogik'? Eine disziplintheoretische Skizze am Beispiel der Historischen Pädagogik. In: S. Luchtenberg, W. Nieke (Hrsg.): Interkulturelle Pädagogik und Europäische Dimension. Herausforderungen für Bildungssystem und Erziehungswissenschaft. Münster, New York 1994, 199-208.
Lehmann, R. u.a.: Aspekte der Lernausgangslage von Schülerinnen und Schülern der fünften Klassen an Hamburger Schulen. Untersuchungsbericht. Berlin (Humboldt-Universität, Mimeo) 1997.
Nagel, B.: Zum Verhältnis von staatlicher und individueller Bildungsfinanzierung. Bestandsaufnahme und Gestaltungsvorschläge. Kassel (Universität Gesamthochschule Kassel, Typoskript) 1999.
Nauck, B./Diefenbach, H./Petri, C.: Bildungsverhalten in Migrantenfamilien. Eine Sekundäranalyse der Sozio-ökonomischen Panels. Abschlußbericht an die DFG. Technische Universität Chemnitz (Mimeo) 1997.
Nauck, B./Diefenbach, H.: Bildungsbeteiligung von Kindern aus Familien ausländischer Herkunft: Eine methodenkritische Diskussion des Forschungsstandes und eine empirische Bestandsaufnahme. In: F. Schmidt (Hrsg.): Methodische Probleme der empirischen Erziehungswissenschaft. Hohengehren 1997, 289-307.
Nauck, B./Kohlmann, A./Diefenbach, H.: Familiäre Netzwerke, intergenerative Transmission und Assimilationsprozesse bei türkischen Migrantenfamilien. In: Kölner Zeitschrift für Soziologie und Sozialpsychologie 49 (1997), 477-499.
Schulbehörde Hamburg: Aspekte der Lernausgangslage 2 (LAU 2). Forschungsbericht. Hamburg (Schulbehörde, Typoskript) 1999.
Schwippert, K./Schnabel, K. U.: Mathematisch-naturwissenschaftliche Grundbildung ausländischer Schulausbildungsabsolventen. In: Baumert, J./Bos, W./Lehmann, R. (Hrsg.): TIMSS III. Dritte Internationale Mathematik- und Naturwissenschaftsstudie. Mathematisch-naturwissenschaftliche Bildung am Ende der Schullaufbahn, Bd. 1 (2000), 282-300.
Shore, Ch./Wright, S.: Audit culture and anthropology: Neoliberalism in British higher education. In: The Journal of the Royal Anthropological Institute, Vol. 5 (1999), No. 4, 557-576.
Steiner-Khamsi, G.: Lehren aus Deregulierung und Schulwahl in den USA: Was kann das Schweizer Bildungswesen als „Späteinsteigerin" erwarten? In: VPOD Magazin für Schule und Kindergarten, Heft 100 (1997), 28-39.

Klaus Klemm

Über einige entscheidende Differenzen des Sachverständigenratsgutachtens zu Milton Friedmans Modell der *School Vouchers*

Im Herbst 1998 legte der *Sachverständigenrat Bildung bei der Hans Böckler Stiftung* als erstes in einer Reihe von Diskussionspapieren seine Empfehlung *Für ein verändertes System der Bildungsfinanzierung* vor. Diese Empfehlung, deren grundlegende Konstruktionsprinzipien unten skizziert werden, ist seither heftig umstritten – nicht zuletzt auch deshalb, weil sie mit der Einführung von Bildungsgutscheinen für Lernende, die ihre Pflichtschulzeit im allgemeinbildenden Schulsystem abgeschlossen haben, ein Element in die Bildungsfinanzierung einführt, das für manchen Kritiker und für manche Kritikerin einen Einstieg in einen marktförmigen Umbau des deutschen Bildungssystems zu markieren scheint. Für eine Auseinandersetzung mit dieser Kritik erscheint es klärend, die Position, die der *Sachverständigenrat Bildung* vertritt, auf dem Hintergrund der Vorstellungen zu betrachten, die Milton Friedman, ein früher und renommierter Vertreter des Bildungsgutschein-Konzepts, entwickelt hat. Dies soll im Folgenden geschehen. Dazu wird einleitend eine knappe Übersicht über grundsätzliche Varianten der Bildungsfinanzierung gegeben. Daran schließt sich eine Skizzierung der Vorschläge Friedmans und eine Diskussion ihrer Übertragbarkeit auf die deutsche Situation an. Erst auf diesem Hintergrund sollen dann die Grundzüge der Vorschläge des Sachverständigenrates dargestellt werden. Abschließen werden diesen Beitrag einige Hinweise auf Unterschiede, die zwischen diesen Vorschlägen und dem Konzept Friedmans bestehen.

Varianten der Bildungsfinanzierung

Bei einer systematischen und damit zugleich auch vereinfachenden Betrachtungsweise der Finanzierung von Institutionen des Bildungssystems bzw. von Teilen dieses Systems lassen sich drei Grundformen erkennen:

- Die Teilnehmer an institutionalisierter Bildung zahlen für diese Teilnahme oder lassen andere private Finanziers dafür einen kostendeckenden Beitrag zum Betrieb der Institution zahlen (private Finanzierung).
- Die öffentlichen Haushalte tragen die Kosten der Bildungsinstitutionen und stellen diese den Teilnehmern beitragsfrei zur Verfügung (öffentliche Finanzierung auf dem Wege der Institutionenförderung).
- Die öffentlichen Haushalte stellen den Teilnehmern an institutionalisierter Bildung Mittel zur Verfügung, mit denen sie von Bildungsinstitutionen erhobene Beiträge zahlen können und aus denen sich diese finanzieren (öffentliche Finanzierung auf dem Wege der Personenförderung).

Eine Durchmusterung dieser drei Varianten der Finanzierung von Bildungseinrichtungen und ihr Vergleich mit der Finanzierung des Bildungssystems in Deutschland oder anderswo zeigt, daß wir es zumeist mit Mischformen dieser drei Grundmuster zu tun haben. Hierzulande kennen wir im Elementarbereich eine Mischung von privater Finanzierung durch die Nutzer (auf dem Wege der Entrichtung von Kindergartengebühren) mit einer im Falle öffentlicher Einrichtungen öffentlichen bzw. – im Falle von Einrichtungen in nicht-öffentlicher Trägerschaft (z.B. der der Kirchen) – der öffentlichen Finanzierung nahen Form. Im Bereich der allgemeinbildenden Schulen, eines großen Teils der beruflichen Schulen und der überwiegenden Zahl der Hochschulen finden wir die Variante der öffentlich getragenen Institutionenförderung. In Teilen der beruflichen Bildung jedoch, nämlich in weiten Bereichen vollzeitschulischer Berufsbildung und in beachtlichem Umfang in der Weiterbildung herrscht die Variante der zumeist auf dem Weg von Gebührenerhebung durchgeführten privaten Finanzierung durch die Nutzer.

Für das Bildungssystem insgesamt gilt in Deutschland allerdings, daß mit den allgemeinbildenden Schulen, den berufsbildenden Schulen, die im Rahmen der Dualen Berufsausbildung ihren Part spielen, und mit der weit überwiegenden Zahl der Hochschulen die öffentlich getragene Institutionenförderung dominiert. In den letzten Jahren ist diese Hauptform der Finanzierung in die Kritik geraten. Andere Varianten des Flusses öffentlicher Mittel und andere Aufteilungen zwischen öffentlichen und privaten Finanziers wurden und werden ins Gespräch gebracht. Im Rahmen der damit neu angestoßenen Debatte zur Bildungsfinanzierung gewinnt das Bildungsgutscheinmodell eine wachsende Prominenz.

Friedmans Konzept und seine Übertragbarkeit in den deutschen Kontext

Ein früher Vertreter des Gutscheinmodells ist Milton Friedman. Dies legitimiert dazu, diesen Finanzierungsansatz und die in ihn gesetzten Erwartungen mit den Worten Friedmans bzw. mit einer Paraphrasierung eines Textes zu skizzieren, der aus den fünfziger Jahren stammt und der in Deutschland zuerst in den siebziger Jahren – in leicht überarbeiteter Form – erschienen ist. An Stelle der üblichen öffentlichen Institutionenförderung schlägt Friedman vor: „Der Staat könnte ebensogut das unabdingbare schulische Minimum dadurch erreichen, daß er den Eltern Gutscheine gibt, die bis zu einer bestimmten Summe pro Kind und Jahr eingelöst werden können, um dafür ‚staatlich anerkannte' Ausbildungsleistungen einzukaufen. Die Eltern wären dann in ihrer Entscheidung frei, diese Summe und möglicherweise zusätzliche eigene Mittel für den Kauf von Erziehungsleistungen auszugeben, die sie in einer ‚staatlich anerkannten' Institution eigener Wahl bekommen. Die Erziehungsdienstleistung könnte dabei auf privater Basis von gewinnorientierten Unternehmen angeboten werden – oder auch von nicht-gewinnorientierten. Die Rolle des Staates würde sich darauf beschränken, dafür zu sorgen, daß alle Schulen einen bestimmten Minimum-Standard aufweisen." (Friedman 1974, 184f.) Die Erwartungen, die Friedman und manche andere Vertreter eines Systems von Bildungsgutscheinen an dieses Modell herantragen, lassen sich folgendermaßen zusammenfassen:

- Das Gutscheinsystem, so wird postuliert, hat das Potential, die Vielfalt der Angebote zu befördern: „Wenn die gegenwärtig gezahlten Subventionen des Staates statt für die Schulen auf einmal für die Eltern zur Verfügung stünden, und zwar ohne Rücksicht darauf, wohin sie ihre Kinder zur Schule schickten, würde schlagartig eine Vielfalt von Schulen entstehen, um die sich dann entwickelnde Nachfrage zu befriedigen." (Friedman 1974, 186)
- Das Gutscheinsystem, so die Erwartung seiner Vertreter, befördert die Konkurrenz zwischen den Anbietern, da diese um die Gutscheine der potentiellen Kunden wetteifern müssen; es leiste, so wird erwartet, damit zugleich einen Beitrag zur Qualitätssteigerung der Bildungsanbieter.
- Das Gutscheinsystem beseitigt, so eine auf die Verhältnisse in den USA zugeschnittene Erwartung, Ungerechtigkeiten im System der Finanzierung des Bildungssystems: Teilnehmer an Bildung, die ein privat finanziertes Angebot anwählen und durch Beiträge bezahlen, werden doppelt zur Bildungsfinanzierung herangezogen: durch ihre

Steuern, mit denen sie das öffentliche System mittragen, und durch die von ihnen entrichteten Beiträge für die ausgewählte nicht öffentliche Bildungseinrichtung.

An Stelle einer grundsätzlichen Auseinandersetzung mit diesem Ansatz des Bildungsgutscheins soll – bevor auf die Vorschläge des *Sachverständigenrates Bildung* eingegangen wird – auf die Grenzen seiner Übertragbarkeit in den deutschen Kontext verwiesen werden. Die folgenden Hinweise markieren diese Grenzen:

In den USA erfolgt die Finanzierung der nicht öffentlichen Schulen aus nicht öffentlichen Mitteln. Anders in Deutschland: Sieht man von landesspezifischen Details ab, so läßt sich für Deutschland insgesamt feststellen, daß die allgemeinbildenden Schulen in privater Trägerschaft zu 80-90 Prozent öffentlich finanziert werden. Ein großer Teil der privaten Schulen Deutschlands ist daher ebenso wie die öffentlichen Schulen nicht gebührenpflichtig. Aufgrund dieses Finanzierungsmodus gilt das von Friedman vorgebrachte Argument der Doppelbelastung der Nutzer privater Einrichtungen als Steuer- *und* Beitragszahler in Deutschland nicht oder so gut wie nicht.

In Deutschland erfolgt die Finanzierung des Einzelsystems, also der einzelnen Schule, auch ohne ein Gutscheinsystem zu einem beachtlichen Anteil ‚nachfrageabhängig'. In der einen oder anderen Weise ist die Zuweisung der Personalmittel und auch eines Teils der laufenden sächlichen Ausgaben von der jeweiligen Schülerzahl abhängig. Sinkende und steigende Schülerzahlen wirken sich daher auch jetzt schon auf die Personal- und Sachausstattung der einzelnen Schule aus. Die Jahre sinkender Schülerzahlen, die im Westen hinter uns und im Osten des Landes z.T. noch vor uns liegen, induzierten und werden weiterhin marktorientierte Reaktionen induzieren – qualitätssteigernde ebenso wie problematische.

Während Friedman formuliert: „Unser Problem ist heute nicht mehr die Durchsetzung der Konformität. Wir müssen vielmehr die Differenzierung fördern" (1974, 193), sind sich die Beobachter des deutschen Schulsystems durchaus nicht einig, ob mehr oder weniger Differenzierung wünschbar wäre. Einerseits bietet zahlreichen Beobachtern das gegliederte System mit seinem Teilglied Gesamtschule ein (zu) hohes Maß an Differenzierung. Andererseits weist die vielerorts geforderte und geförderte Teilautonomisierung der Schule ihrerseits in die Richtung weiterer Ausdifferenzierung.

Das von Friedman (1974, 195) bei Seite geschobene Argument gegen ein Gutscheinsystem, der Verweis auf das ‚technische Monopol', muß in Deutschland und insbesondere in den neuen Bundesländern sorgfältig geprüft werden. Dieses Argument besagt, daß in dünn besiedelten Regionen die demographische Basis zu schmal für einen vom Gutscheinsystem animierten Wettbewerb sei. In regionalplanerischen Analysen läßt sich für die dünner besiedelten Regionen im Westen Deutschlands und für den Osten des Landes ganz generell zeigen, daß eine geringe Besiedlungsdichte, regional verstärkt durch drastische Einbrüche bei den Geburtenzahlen, im Elementar- und Primar- sowie zumindest in Teilen auch des Sekundarbereichs (dort aufgrund der Aufteilung der wenigen Jugendlichen auf unterschiedliche Bildungswege) einen Wettbewerb zwischen unterschiedlichen Anbietern um die wenigen Schüler und Schülerinnen gar nicht erst aufkommen lässt – ganz gleich unter welchen Finanzierungsmodalitäten.

Grundzüge der Konzeption des Sachverständigenrates

Vor dem Hintergrund der im vorangehenden Abschnitt formulierten Einwendungen ist die Position zu verstehen, die der *Sachverständigenrat Bildung* in seiner Empfehlung *Für ein verändertes System der Bildungsfinanzierung* bezogen hat. Der Darstellung der Grundzüge dieser Position soll der Verweis auf einen prinzipiellen Unterschied zum Modell des *school vouchers* à la Friedman vorangestellt werden: In Konsequenz der Hinweise, die zur Frage der Übertragbarkeit im vorangegangenen Abschnitt vorgetragen wurden, hat der Sachverständigenrat den Elementar-, den Primar- und den Sekundarbereich I von seinen Empfehlungen zur Einführung von Bildungsgutscheinen ausgenommen. Bildungsgutscheine werden vom Sachverständigenrat ausschließlich für den Bereich der Sekundarstufe II, der Hochschulen und der Weiterbildung empfohlen. Sie sind dort eingebettet in ein umfassenderes System, das durch ‚Bildungssparen', ‚Bildungsgutscheine' und ‚Zuzahlungen zu Bildungsgutscheinen' gekennzeichnet ist. Dieses Gesamtsystem soll hier kurz beschrieben werden:

Bildungssparen

Der Sachverständigenrat folgt mit seiner Empfehlung zum Bildungssparen dem Grundgedanken, dem zufolge sächliche Investitionen und der Erwerb langlebiger Konsumgüter nicht förderungswürdiger als Investitionen in Bildung sein sollten. Ein Beispiel mag das verdeutlichen: Ein Ehepaar ohne Kinder, das in Deutschland derzeit über ein zu versteuerndes Jahreseinkommen von bis zu 70.000 DM verfügt, erhält bei einer jährlichen Sparleistung von 1.736 DM (Bausparen und Beteiligung an Produktivvermögen) jährlich staatliche Zuschüsse von 254 DM. Ein Ehepaar mit dem gleichen Einkommen, das ein Kind hat und deshalb nicht an diesem Sparprogramm teilnimmt, sondern für die spätere Ausbildung des Kindes spart, erhält dabei keinerlei staatliche Förderung. Diesen Mißstand will der Sachverständigenrat mit seinem Vorschlag des Bildungssparens abstellen. Er schlägt daher vor:

– Bei Geburt eines Kindes wird ein Bildungskonto angelegt.
– Sparleistungen auf dieses Konto werden gefördert, und zwar degressiv, d.h. bei steigendem Einkommen mit sinkenden Förderquoten.
– Bei einem Einkommen der Eltern unterhalb einer festzusetzenden Höhe leistet der Staat direkte Zahlungen auf das Konto, auch wenn Eltern für die künftige Ausbildung ihrer Kinder keine Sparleistung erbringen (können).
– Im Ausbildungsalter der Kinder werden die bisherigen öffentlichen Leistungen (Kindergeld und steuerliche Begünstigungen) wie im – inzwischen von der Bundesregierung beim gescheiterten Versuch einer grundsätzlichen Bafög-Reform vorgesehenen – Dreikörbemodell gebündelt als öffentliches Ausbildungsgeld auf das Bildungskonto überwiesen.
– Für Ausbildungskosten können zusätzlich gegebenenfalls erforderliche Darlehen aufgenommen werden, die nach Ausbildungsende zinssubventioniert und einkommensabhängig zurückgezahlt werden müssen. Der Staat übernimmt eine Ausfallgarantie.

Mit diesem Konto sollen der Lebensunterhalt während der Ausbildung und weitere Ausbildungskosten, wie z.B. Gebühren für vollzeitschulische Ausbildungswege oder die weiter unten abzuhandelnden Zuzahlungen für Bildungsgutscheine gedeckt werden. Dieses Bildungskonto soll – insbesondere bei denen, die in den weniger hoch qualifizierenden Bildungswegen lernen – die materielle Basis für die Beteiligung an lebensbegleitenden Bildungs- und Ausbildungsphasen begründen.

Bildungsgutscheine

Die Finanzierung der Bildungsinstitutionen soll künftig von der Sekundarstufe II an, also im Anschluß an die Schulpflichtzeit in allgemeinbildenden Schulen, nur noch zu einem – größeren – Teil durch direkte staatliche Zahlungen an die Institutionen erfolgen. Ein nennenswerter, aber kleinerer Teil der institutionellen Kosten soll den Institutionen in Form von beim Staat einlösbaren Gutscheinen, die die Lernenden den Ausbildungsstätten ihrer Wahl übergeben, zufließen. Damit soll für die allgemein- und berufsbildenden Schulen der Sekundarstufe II, für die Hochschulen und für den Bereich der Weiterbildung neben die traditionelle Institutionenförderung das Prinzip der Personenförderung treten – nicht ablösend, sondern ergänzend.

Die an dieses Verfahren vom Sachverständigenrat geknüpfte Erwartung ist eine doppelte: Zum einen sollen die Bildungsinstitutionen auf diesem Wege animiert werden, sorgsamer und verantwortungsbewußter mit den öffentlich bereitgestellten Ressourcen und der Lernzeit der Lernenden umzugehen. Zum anderen und zugleich sollen die Lernenden so angeregt werden, mit den für ihre Ausbildung bereitgestellten Ressourcen ebenfalls sorgsamer und verantwortungsbewußter umzugehen – nicht zuletzt auch deshalb, weil die ihnen zur Verfügung stehenden Bildungsgutscheine zwar hinreichend, aber begrenzt sein sollen.

Zuzahlungen zu Bildungsgutscheinen

Für den Erwerb von Bildungsgutscheinen müssen nach den Empfehlungen des Sachverständigenrates die Lernenden – mit Ausnahme der Lernenden aus einkommensschwachen Familien – Zuzahlungen leisten. Die auf diese Weise zusätzlich gewonnenen Mittel sollen eingesetzt werden, um die Bildungssparförderung und damit das Ansammeln einer für eine spätere Beteiligung an Bildung, Ausbildung und Weiterbildung einsetzbaren Sparsumme ausgabenneutral zu befördern. Der damit erreichbare intragenerative Ausgleich, den die Begünstigten des Bildungssystems innerhalb der eigenen Altersgruppe an die weniger Begünstigten leisten würden, könnte letzteren die materielle Basis für weitere Bildung und Ausbildung liefern. Er würde etwa die Gebühren einer zweijährigen beruflichen Ausbildung in einer privaten beruflichen Vollzeitschule decken. Dieser Ausgleich innerhalb einer Ausbildungsgeneration wäre nach Vorstellung des *Sachverständigenrates* ein Einstieg in eine Verminderung der Spanne, die zwischen den öffentlich getätigten Ausgaben für einen Universitätsabsolventen einerseits (von der Grundschule bis zum Diplom: 185.000 DM) und andererseits den öffentlichen Ausgaben liegt, die für den Absolventen einer privaten Vollzeitberufsschule getätigt werden, der diese im Anschluß an eine zehnjährige Schulzeit im allgemeinbildenden System besucht hat (von der Grundschule bis zur Abschlußprüfung: 80.000 DM).

Friedmans Gutscheine und das Konzept des Sachverständigenrates

Überblickt man das hier in seinen Grundzügen skizzierte Modell des Sachverständigenrates, so werden einige gravierende Unterschiede zum Voucher-System Friedmans deutlich:

- Der Sachverständigenrat klammert bei seinem Gutscheinmodell den Kindergartenbereich und das Pflichtschulsystem der allgemeinbildenden Schulen aus.
- Dem Sachverständigenrat geht es um die Verteilungsgerechtigkeit zwischen Gruppen, die im bisherigen System so offensichtlich unterschiedlich privilegiert werden, nicht aber um mehr Marktförmigkeit.
- Der Sachverständigenrat zielt weniger auf die Ausweitung von Vielfalt, sondern mehr auf die Stärkung der Eigenverantwortung von Institutionen ebenso wie von Subjekten – in der Hoffnung (mehr als eine begründete Hoffnung ist dies einstweilen nicht), daß dadurch die Qualität der Bildungsangebote ebenso wie die des Lernverhaltens der Bildungsteilnehmer gesteigert werden können.

Literatur

Friedman, M.: Die Rolle des Staates im Erziehungswesen. In: A. Hegelheimer (Hrsg.): Texte zur Bildungsökonomie. Frankfurt 1974, 180 – 206.
Sachverständigenrat Bildung bei der Hans Böckler Stiftung: Für ein verändertes System der Bildungsfinanzierung. Hans Böckler Stiftung, Düsseldorf 1998 (Kurzfassungen: http://www.einblick.dgb.de/archiv/9821/tx982102.htm und http://www.bawue.gew.de/fundusho/bildgfi_hbst.html).

Peter Paul Cieslik

Schulsponsoring

Grundlagen

In der Folge der so genannten 68er-Revolution ist die Bildung und damit auch die Institution Schule ins zentrale Blickfeld unserer Gesellschaft gerückt. An Bildung und Ausbildung heranzuführen gipfelte in dem Satz: „Schickt eure Kinder länger und auf weiterführende Schulen." Die in Art. 3 GG enthaltene Maxime der Chancengleichheit und Chancengerechtigkeit sollte zu allererst dadurch verwirklicht werden, dass jeder Bürger des Staates die Möglichkeit erhielt, entsprechend seinen Anlagen gebildet und ausgebildet zu werden. Dies führte zu einer Ausweitung des allgemein bildenden Schulwesens insbesondere im Bereich der weiterführenden Schulen, also Realschulen und Gymnasien, sowie zur Gründung zahlreicher Gesamtschulen. Erst allmählich wurde klar, dass höherwertige Bildung und bessere Ausbildung auch den Einsatz adäquater Ressourcen verlangen. Nicht nur Schulgebäude und Lernmittel mussten zur Verfügung gestellt werden, auch die benötigten Lehrkräfte waren auszubilden und zu beschäftigen.

Damit entwickelte sich Bildung immer mehr auch zu einem Kostenfaktor – und dies in einer Zeit, in der der Staat ohnehin eine Vielzahl von Aufgaben mit übernahm und die Einbindung der Bundesrepublik Deutschland in internationale Organisationen sowie letztlich auch die Deutsche Einheit den Einsatz enormer Summen erforderlich machte. Dies zeigte sich insbesondere im Anwachsen der Staatsquote. Die vom Bürger aufzubringenden Steuern wuchsen und haben zwischenzeitlich einen Stand erreicht, der aus staatspolitischen Gründen weitere Belastungen der Steuerzahler nicht mehr zulässt. Die knappen, ja zu knappen Mittel des Staates zwangen daher Politik und Gesellschaft zu einer tiefgreifenden Diskussion über Wege und Auswege aus dieser Misere. Es zeichneten sich drei Modelle ab:

Zum einen kann der Staat Aufgaben, die er in den letzten Jahrzehnten an sich gezogen hat, wieder aufgeben. Insbesondere im Bereich der ausufernden Daseinsfürsorge, die sich in den stetig zweistellig steigenden Sozialleistungen niederschlägt, sah man ein Potential zur Begrenzung der staatlichen Ausgaben. Dies stößt natürlicher Weise auf den erbitterten Widerstand jener, die sich an das eng geknüpfte soziale Netz gewöhnt haben. Da es hiervon in der Bundesrepublik Deutschland eine erkleckliche Zahl gibt und in der Demokratie gerade die Zahl der Betroffenen, auch Wähler genannt, eine wesentliche Rolle spielt, ist dieser Weg in unserem demokratischen System sicherlich nur begrenzt gangbar.

Denkbar ist auch, dass der Staat sich zur Wahrnehmung seiner Aufgaben zusätzliche Mittel bei seinen Steuerzahlern beschafft. Sozialkosten sind aber gleichzeitig Kosten, die die Arbeit verteuern. Im Zeitalter der Globalisierung führen erhöhte Arbeitskosten aber zur Verlagerung von Produktion und Dienstleistung ins kostengünstigere Ausland. Die dadurch herbeigeführte Arbeitslosigkeit stellt eine Destabilisierung der Demokratie dar und muss aus vielerlei Gründen ebenfalls vermieden werden.

Ausgehend von neuen Formen der Werbung in der Wirtschaft haben einige Politiker einen Weg entdeckt, Aufgaben des Staates weiterhin unter dessen Regie erledigen zu lassen, ohne dass dies die Staatskasse belastet. Die Finanzierung staatlicher Aufgaben durch Dritte, Sponsoring genannt, soll helfen, die Leistungsfähigkeit des Staates zu erhalten. Eines der Felder, auf denen die Diskussion und erste Modellversuche stattfinden, ist die Schule.

Schule als Institution

Um sich die Dimension des Themas zu vergegenwärtigen, muss man einen Blick auf die Bildungsausgaben in der Bundesrepublik Deutschland werfen. So betrug der 1996 in den öffentlichen Haushalten für Bildungsausgaben eingestellte Betrag ca. 203 Milliarden. Wenn man dazurechnet, dass private Schulen und die Wirtschaft noch einmal zusammen etwa 70 Milliarden aufbringen, so wurde 1996 in Deutschland ein Betrag von ca. 273 Milliarden DM für Bildung aufgewendet. Auch angesichts eines in die Billionen gehenden Bruttosozialprodukts ein Betrag, bei dem Politiker sehr schnell ins Nachdenken darüber kommen, wie man ihn verkleinern könnte.

Dazu zunächst eine Überlegung darüber, was die Institution Schule eigentlich ist. Nach Auffassung des Soziologen Helmut Schelsky ist Schule der Zuteilungsapparat für Lebenschancen. Sowohl in der Antike als auch im Mittelalter war Bildung Privatsache. Diejenigen, die es sich leisten konnten, schickten ihre Kinder auf private Bildungsstätten, in denen diese jenes Wissen erhielten, das ihnen eine hervorragende Stellung in der Gesellschaft garantierte. In Deutschland hat die 1848/49 stattfindende bürgerliche Revolution dazu geführt, dass die Staatsschule zur liberalen Errungenschaft wurde. Sie galt nunmehr als Garant der Freiheit der Bildung und damit als ein Instrument, das die gesellschaftliche Chancengleichheit verwirklichen sollte. Die Schule wurde von nun an als eine staatliche Veranstaltung begriffen, in der unter staatlicher Aufsicht dafür Sorge zu tragen war, dass diese Zuteilungsapparatur für Lebenschancen auf den Grundsätzen der Chancengleichheit und Chancengerechtigkeit fußte. Dieser Gedanke der staatlichen Verantwortlichkeit für Schule als Garant für das Bürgerrecht auf Bildung erfuhr in der Folge der 68er Bewegung in Deutschland eine erneute Modifikation. Nunmehr stand nicht die Schule als Institution und Veranstaltung des Staates im Vordergrund der Überlegung, sondern die einzelne Schule wird als eigenständige und autonome Bildungseinrichtung, als pädagogische Einheit gesehen. In dieser Betrachtungsweise sind die Bildung und Ausbildung des Einzelnen, und damit die Förderung seiner persönlichen Befähigung, die Aufgabe der Schule. Der Gedanke der Chancengleichheit tritt damit in den Hintergrund.

Die Schule als Institution existiert im demokratisch verfassten Rechtsstaat unter bestimmten Rahmenbedingungen. Neben der Rechtsstaatlichkeit ist es das Sozialstaatsprinzip mit der Verpflichtung des Staates zur Daseinsvorsorge sowie in Deutschland die Organisation des Staates als Bundesstaat. Hieraus erwächst die Verpflichtung, die Einheitlichkeit der Lebensverhältnisse im ganzen Staatsgebiet herbeizuführen. Ausgehend von den Menschen- und Bürgerrechten fußt die Arbeit der Schule auf den Grundsätzen der Unantastbarkeit der Person, der Meinungsfreiheit, der Bekenntnisfreiheit, der Gewissensfreiheit und der Gleichheit aller vor dem Gesetz. Sie muss ferner gewährleisten, dass die freie Berufswahl und die Freizügigkeit im Staatsgebiet auch tatsächlich von den Staatsbürgern in Anspruch genommen werden kann. Hierzu arbeiten die drei Gewalten Legislative, Exekutive und Judikative zusammen. Die gesetzgebende Gewalt erlässt nach dem Wesentlichkeitsprinzip jene Gesetze, die das Bildungswesen strukturieren. Dazu gehören die Bildungsziele, die Bildungsstruktur und die Bildungsfinanzierung. Die ausführende Gewalt erlässt die konkreten Lehrpläne, Verwaltungsvorschriften und Prüfungsrichtlinien. Die Gerichte kontrollieren die Einhaltung der entsprechenden Vorschriften und überprüfen die Rechtmäßigkeit der einzelnen schulischen Akte.

Der Auftrag der Schule ist die Vermittlung von Wissen, Kenntnissen und Fertigkeiten. Darüber hinaus soll sie zur sittlichen und politischen Verantwortlichkeit sowie zu sozialem Handeln erziehen. Die Leitlinien des schulischen Handelns sind daher verfassungsrechtlich vorgegebene

Werte, die in den Grundrechten des Grundgesetzes und den entsprechenden Landesverfassungen sowie Schulgesetzen enthalten sind. Damit werden aus verfassungsrechtlich vorgegebenen Werten verpflichtende Lehrziele in der Schule, auch durch den Fachunterricht vermittelt, in dem diese durch die Lernenden freiwillig angenommen werden. Dies bedeutet, dass die Schule keine Freiheit hat, ihre Bildungsziele und Methoden selbständig zu gestalten, sondern diese sind durch den Gesetzgeber vorgegeben. Zwar können Schüler und Schülerinnen darüber entscheiden, ob sie die Wertevermittlung annehmen, bezüglich der Wissensvermittlung sind sie allerdings der Leistungskontrolle unterworfen. Wissensvermittlung und Erziehung der Schüler obliegen den Lehrkräften als Dienstpflicht ihrem Dienstherrn und damit dem Staat gegenüber. Adressat dieser Dienstpflicht sind damit nicht die Schüler, sondern die demokratisch verfasste Gesellschaft in ihren handelnden Organen.

Zusammenfassend lässt sich daher bereits an dieser Stelle sagen, dass wesentliche Elemente eines wirtschaftlichen Leistungsausgleichs für die Institution Schule fehlen. Es gibt weder ein freies Angebot noch eine freie Nachfrage, die Bedingungen der Bildung und Ausbildung sind nicht im Wege der Vertragsverhandlungen auszuhandeln. Das Bild von der Schule als Dienstleistungsbetrieb ist daher nur in ganz engen Grenzen anwendbar. Bildung und Erziehung als gesamtgesellschaftliche Aufgabe finden ihren Niederschlag in Art. 7 Abs. 1 GG, in dem festgehalten ist, dass das gesamte Schulwesen unter der Aufsicht des Staates steht. Auch die Finanzierung der Institution Schule wurde bis dato von allen politisch Verantwortlichen als Aufgabe des Staates angesehen. Die bereits in der Einleitung angesprochene Entwicklung der Staatsfinanzen hat nunmehr dazu geführt, dass ein Umdenken stattfindet. Es ist die Rede von einer Verantwortungsgemeinschaft, ein Netzwerk von Staat, Eltern und Wirtschaft, das aus der Schule ein Dienstleistungsunternehmen besonderer Art macht, für dessen Finanzierung alle an diesem Netzwerk Beteiligten verantwortlich sind.

Formen und Beispiele von Schulsponsoring

Sponsoring, d.h. die Finanzierung von bestimmten Aufgaben durch Partner aus der Wirtschaft, ist eine relativ junge Entwicklung. Eingesetzt hat sie im Bereich des Sports, wo die von Sponsoren aufgewendeten Beträge zwischen 1986 und 1996 von ca. 350 Millionen auf 2 Milliarden angestiegen sind. Grundgedanke von Sponsoring ist, dass für eine Vielzahl von Produkten Werbung betrieben wird; die einzelne Werbebotschaft verschwindet in einer Masse von ähnlichen Werbeaussagen und muss daher mit Hilfe der Werbung im Wettbewerb gegenüber Konkurrenzprodukten durchgesetzt werden. Aufgrund neuerer wissenschaftlicher Erkenntnisse wurde die Werbestrategie umgestellt. Nicht mehr die Werbung für alle, sondern zielgruppenbezogene Werbung verspricht den größtmöglichen Erfolg der Werbebotschaft. Darüber hinaus hat die werbebetreibende Wirtschaft erkannt, dass die Werbung für das einzelne Produkt einer Verstärkung bedarf: Im Kontext seiner Entstehung erlangt das Produkt eine Individualität, die es von ähnlichen Konkurrenzprodukten unterscheidet und hervorhebt. Das Image des Unternehmens, aus dem es stammt, wird damit zum Werbeargument.

Untersuchungen haben ergeben, dass Schüler in der Bundesrepublik Deutschland eine nie dagewesene Kaufkraft besitzen. Die Beträge, die ihnen heute zur Verfügung stehen, gehen in die zweistelligen Milliardensummen. Zudem befinden sich Schülerinnen und Schüler in einer mentalen Entwicklungsphase, die sie leicht beeinflussbar macht. Aufgrund der Stellung des Kindes in unserer Gesellschaft besitzen sie zudem einen hohen Einfluss auf ihre Eltern und können damit auch das Kaufverhalten der Erwachsenen entscheidend beeinflussen.

Sponsoring findet in verschiedenen Formen statt. Der Sponsor stellt Mittel für bestimmte Vorhaben bereit, damit durch bewußte Nennung des Mittelgebers zunächst ein ideeller Vorteil, nämlich Steigerung des Bekanntheitsgrades, und dann ein materieller, Steigerung des Umsatzes für ihn erreicht wird. Ziel des Sponsors ist es damit, seinen Bekanntheitsgrad zu erhöhen, sein Image zu verbessern und den Umsatz seiner Produkte unmittelbar an der Schule oder darüber hinaus im persönlichen Bereich der Betroffenen zu steigern. Der Sponsor kann hierbei entweder entsprechende Geldbeträge, Sachleistungen oder Personal bereitstellen. – An dieser Stelle muss bemerkt werden, dass Sponsoring nur *eine* Form der Beteiligung Dritter an der Bildungsfinanzierung ist. Darüber hinaus gibt es noch die Möglichkeit, Stiftungen für die Förderung von schulischen Projekten einzurichten oder Einzelspenden für bestimmte, begrenzte Projekte zur Verfügung zu stellen. Der Unterschied zwischen Spenden und Sponsoring, auch wenn dieses in der Form von Geld stattfindet, besteht darin, dass Sponsoring eine Unterstützung und Förderung beschreibt, die auf Dauer angelegt ist.

Begonnen hat Sponsoring an der Schule zunächst mit Werbung. Den Unternehmen wurde gestattet, für ihre Produkte mittelbar oder unmittelbar im schulischen Bereich zu werben. Dies geschah entweder durch entsprechende Aufdrucke auf Schulmaterialien, die dann gegebenenfalls kostenlos an die Schüler verteilt wurden. Gesponsort wurde hier eigentlich nicht die Schule, sondern die Schüler, die von der Anschaffung des Produkts und damit den entsprechenden Kosten entlastet wurden. Als nächstes wurden Werbetafeln auf dem Schulgelände angebracht. Gerade diese

Form des Schulsponsoring hat zu einem erbitterten ideologischen Streit zwischen Befürwortern und Gegnern von Sponsoring an der Schule geführt. Die Befürworter sahen in diesen Reklametafeln im Schulbereich zum einen die Möglichkeit, entsprechende Mittel für besondere Projekte der Schule zu beschaffen, die vom ansonsten zur Schulfinanzierung verpflichteten Staat nicht aufgebracht werden konnten. Zum anderen sollte das Leben, das auch außerhalb der Schule Werbung selbstverständlich vorsieht, auf diese Weise Einzug in den schulischen Bereich halten. Die Gegner verlangten, dass gerade wegen dieser ständigen Berieselung mit Werbung die Schule als werbefreier Raum, als eine Art Rückzugsmöglichkeit für die von Werbung geradezu terrorisierten Jugendlichen erhalten bleibt. Die Frage, ob Werbetafeln in Schulen angebracht werden dürfen oder nicht, war daher konkreter Anlass für eine Vielzahl von landesrechtlichen Regelungen, in denen dieser Bereich in Vorschriften gefasst wurde. So haben in der Zwischenzeit fast alle Bundesländer Vorschriften erlassen, in denen das Anbringen von Werbetafeln an Schulgebäuden und in Schulräumen bis ins Einzelne normiert wird.

Das Erstaunliche an diesem Sachverhalt ist, dass sich diese heftige und erbittert geführte, bis ins Grundsätzliche gehende Diskussion an einem Gegenstand entzündet hat, der im wahrsten Sinne des Wortes „offensichtlich" ist: Unabhängig von der Einschätzung, ob solche Werbetafeln das Verhalten von auch jungen Menschen überhaupt zu beeinflussen vermögen, ist die Werbebotschaft weithin sichtbar und für jeden als solche erkennbar. Das gleiche gilt für das Tragen von bestimmter Schulkleidung oder für Werbespots über die Rundsprechanlage der Schule. Daneben gibt es aber eine Vielzahl von Beeinflussungen, die auf das Unterbewußte zielen oder in subtiler Weise das Verhalten von Menschen beeinflussen. Die breit angelegte, ja geradezu ausufernde Diskussion über Reklametafeln hat die Auseinandersetzung mit jenen weitaus wirksameren Formen der Werbung verdrängt. Beobachtern der „Szene" drängt sich der Eindruck auf, als würden diese Schlachten von der werbetreibenden Branche in Gang gesetzt, um von den eigentlichen Zielen, nämlich der Beeinflussung der Bildungsziele im Sinne der Wirtschaft, abzulenken. Dies ist offensichtlich gelungen.

In der derzeitigen Diskussion um Sponsoring an Schulen spielt die Bereitstellung von Material und Personal durch die Wirtschaft eine relativ geringe Rolle. Das wichtigste Mittel des Schulsponsoring ist die finanzielle Zuwendung. Diese hat für den Sponsor zudem den Vorteil, als Betriebsausgabe steuerlich absetzbar zu sein. Es haben sich zwei Formen herausgebildet, in denen solche Geldbeträge den Schulen zur Verfügung gestellt werden:

Sponsoring für Gegenleistungen

Zum einen ist es die konkrete Zahlung an eine bestimmte Schule. Damit wird dieser ermöglicht, ihre Aufgaben, seien es die originären, seien es besondere Angebote, zu erfüllen, ohne dass der Staat – in der Regel die zur Finanzierung verpflichtete Kommune – in Anspruch genommen werden muss. Als Gegenleistung wird der Sponsor in der Schulöffentlichkeit als solcher genannt und als ein Unternehmen gekennzeichnet, das über die rein merkantilen Interessen hinaus auch soziale Aufgaben übernimmt. Diese Imagesteigerung nach dem Motto „Tue Gutes und rede darüber" soll dann den bereits angesprochenen wirtschaftlichen Effekt nach sich ziehen. Auf Dauer angelegt kann damit, wie bereits dargestellt, der staatliche Haushalt nicht unwesentlich entlastet werden. Gleichzeitig aber werden einzelne Schulen, die besondere Beziehungen zu sponsorwilligen Unternehmen aufbauen können, in ihrer finanziellen Ausstattung gegenüber anderen Schulen bevorteilt. Es entsteht ein finanzielles Gefälle innerhalb des Schulsystems, auch auf örtlicher Ebene. Dieses wiederum führt dazu, dass die so privilegierten Schulen von besonders leistungsfähigen Schülerinnen und Schülern, aber auch Eltern in Anspruch genommen werden. Der Erfolg der Schule zieht wiederum Sponsoren nach sich, die sich mit diesem Erfolg identifizieren und daraus ihre Werbebotschaft schmieden. Das Ungleichgewicht wird verstärkt, die Bildungschancen genügen dem Anspruch der Chancengleichheit und Chancengerechtigkeit nicht mehr. Deshalb hat es in jüngster Vergangenheit Überlegungen gegeben, wie diese Ausdifferenzierung des Schulsystems gemäß divergierender finanzieller Ausstattung vermieden werden kann. Sponsorengelder sollen gebündelt und über eine Stiftung dem Staat – bzw. dem Schulträger, der die Finanzierung der Schulen als Obliegenheit hat – zur Verfügung gestellt werden. Von dort sollen sie dann auf der Grundlage festgelegter Kriterien auf die einzelnen Schulen verteilt werden. Hierbei soll der Grundsatz der Chancengleichheit und Chancengerechtigkeit Verteilungsmaßstab sein.

Diese Form des Sponsoring, die dem verfassungsrechtlich vorgegebenen Auftrag der Angleichung der Lebensverhältnisse entspricht, hat leider eine Reihe von Nachteilen. Zum einen muss bedacht werden, dass Sponsoring nicht als Gabe zu verstehen ist, die ohne Zutun der Bedachten über das Land rieselt. Sie setzt vielmehr voraus, dass die finanziell Bedachten sich um eine solche Unterstützung bemühen und die Voraussetzung dafür schaffen, dass sie als Partner für Sponsoren interessant werden. Der aus dem amerikanischen Bereich stammende Begriff des Fundraising hat hier seinen Platz. Damit ist ein Verhalten gemeint, das darauf abzielt, für außerschulische Geldgeber als Partner interessant zu werden und über das Knüpfen entsprechender Kontakte von Unternehmen die Bereitschaft herzustellen, sich finanziell zu engagieren. Wer Sponsoren gewinnen will, muss das bereits angesprochene Fundraising betreiben. Er muss also eine persönliche Leistung erbringen, um Sponsorengelder fließen zu lassen. Aus einer Umfrage unter Schulleitern des Landes Nordrhein-Westfalen wurde deutlich, dass diese nur dann bereit sind, mögliche Sponsoren anzusprechen, wenn die dadurch gewonnenen Mittel unmittelbar ihrer Schule zu Gute kommen. Werden Gelder in einen Fond eingezahlt und dann auf alle Schulen verteilt, sind nach dieser Umfrage die Schulleiter in einem weitaus geringeren Maße, wenn überhaupt, bereit, Zeit und Arbeitskraft in die Gewinnung von Sponsorengeldern zu investieren.

Ein Zweites kommt hinzu. Eine für die Sponsoren interessante Werbebotschaft liegt darin, dass besondere Leistungen durch die Gesponsorten erbracht werden. Das so zum Ausdruck kommende Leistungsvermögen und die Leistungsbereitschaft wird auf den Sponsoren projiziert. Das positive Image ist der Gewinn, für den der Sponsor zu finanziellen Leistungen bereit ist. Damit ist das Interesse des Sponsors darauf gerichtet, dass die von ihm zur Verfügung gestellten Gelder an Institutionen fließen, die diese besonderen Leistungen erbringen. Gerade diese Verknüpfung individuell zurechenbarer, besonderer Leistungen mit dem Image des Sponsors ist Anlass für diesen, Gelder zur Verfügung zu stellen. Eine anonyme Verteilung seiner Gelder kann den vom Sponsor erwünschten Zurechnungseffekt nicht herbeiführen. Es steht daher zu befürchten, dass sowohl die Empfänger als auch die möglichen Sponsoren an einem System, das die Verteilung der Gelder unter Beachtung des Grundsatzes der Chancengleichheit und Chancengerechtigkeit vornimmt, nicht sonderlich interessiert sind. Dies wird im übrigen an einem konkreten Beispiel deutlich. Schulen sind in Nordrhein-Westfalen unselbständige Anstalten des jeweiligen Schulträgers, der betreffenden Kommune. Sie verfügen weder über eine eigene Rechtsperson noch über ein eigenes Budget. Von daher ist es auch gerechtfertigt, dass der Schulträger die Mittel für Schulfinanzierung, auch z.B. Sponsorenmittel, zunächst in den eigenen Haushalt einstellt. Die Entscheidung, ob und in welchem Maße die jeweilige Schule dann mit diesen Mitteln bedacht wird, trifft der Schulträger. Je nach Kassenlage der betreffenden Kommune sind für schulische Aufgaben eingegangene Sponsorengelder entweder gar nicht oder nur zu einem geringen Teil – und dann auf verschiedene Schulen verteilt – von dem entsprechenden Schulträger wieder ausgewiesen worden. Es hat sich gezeigt, dass überall dort, wo dieses Verfahren angewandt wurde, sowohl die Bereitschaft der Schulen, sich um Sponsorengelder zu bemühen, als auch die Bereitschaft von Sponsoren, Mittel zur Verfügung zu stellen, sehr schnell gesunken ist. Es ist daher zu befürchten, dass die Verwaltung von Sponsorengeldern über Stiftungen, die eine gleichmäßige Verteilung dieser Mittel auf alle in Frage kommenden Schulen gewährleisten wollen, wenig Chancen hat, sich auf Dauer durchzusetzen.

Spende von Geld- oder Sachmitteln

Die zweite Form der finanziellen Zuwendungen an Schulen durch Dritte, die derzeit zu beobachten ist, ist die Spende von Geld- oder Sachmitteln an die einzelne Schule. Auch hierfür gibt es zahlreiche Beispiele. Insbesondere die Erstellung von fehlenden Fachräumen oder die Renovierung von Schulgebäuden mit Hilfe von Sponsorengeldern und Arbeitsleistungen von Eltern ist zu beobachten. So wurden fehlende Kantinen, Turnhallen oder naturwissenschaftliche Fachräume für einzelne Schulen dadurch erstellt, dass zum einen Eltern Arbeitsleistung erbracht haben. Architekten haben kostenlos Pläne gezeichnet, Juristen haben das Baugenehmigungsverfahren durchgeführt, Bauunternehmer haben kostengünstig den Bau erstellt. Der Innenausbau wurde oft von Eltern in Eigenregie durchgeführt. Das Motiv für diese Form des Sponsoring ist der Einsatz von Schülereltern für „ihre" Schule, der ihren Kindern unmittelbar zu Gute kommt. Nicht ein wirtschaftlicher Erfolg ist Anlass für diese Form des Sponsoring, sondern die Sorge um die Bildung und Ausbildung der eigenen Kinder. Das gleiche gilt für Spenden der Schülereltern, die Projekte an der Schule ermöglichen, für die der Schulträger ansonsten keine Mittel zur Verfügung stellen würde. Auch für diese Form des Sponsoring ist kennzeichnend, dass die einzelne Schule Adressat der Leistungen der Dritten ist. Dort wo Eltern in der Lage und Willens sind, solche Leistungen zu erbringen, wird eine Verbesserung der Schuldienstleistung erreicht. Damit ist aber eine mittelbare Benachteiligung anderer Schulen verbunden. Dort wo Eltern nicht in der Lage sind, der Schule in der angesprochenen Weise unter die Arme zu greifen, etwa die benötigten Fachräume zu finanzieren und zu erstellen, werden die Bildungschancen dieser Schüler beeinträchtigt, da die notwendige Förderung unterbleibt.

Schulsponsoring und das Gleichheitsgebot

Wie bereits dargelegt, ist das Motiv für den Sponsor, Mittel zur Verfügung zu stellen, die Verknüpfung der damit erreichten besonderen Leistungen mit dem eigenen Image. Sponsoring fußt damit auf einer individuellen Zurechenbarkeit der Sponsorenleistung. Da die Möglichkeiten,

Sponsoren zu gewinnen, nicht für alle Schulen in gleichem Maße gegeben sind, stellt Sponsoring im Schulbereich schon systembedingt einen Verstoß gegen den Grundsatz der Gleichbehandlung und der Chancengleichheit dar. Die finanzielle Misere der öffentlichen Hände und die neue Sicht von Schule als einzelne Organisationseinheit mit weitgehender Autonomie und damit auch Budgetrecht bereiten einen idealen Nährboden, auf dem der Gedanke des Sponsoring – und damit der Finanzierung der Bildung durch außerstaatliche Institutionen und Einzelpersonen – ungehemmt sprießen kann. Damit wird der emanzipatorisch gemeinte Ansatz einer Linken, die die Schule aus der Aufsicht des Staates lösen und damit für gesellschaftliche Entwicklung öffnen will, zur Grundlage gesellschaftlich geduldeter Ungleichheit.

In der derzeitigen Diskussion um Schulsponsoring stehen sich, wie am Beispiel der Werbung in der Schule dargestellt, zwei Auffassungen unversöhnlich gegenüber. Die eine hält Schulsponsoring für Teufelswerk, mit dem die Wirtschaft ungehemmten Zugriff auf die Jugendlichen und damit noch zu schützenden Konsumenten erhält. Es wird auf Beispiele etwa aus den Niederlanden verwiesen, wo die Biologielehrkraft zu Beginn ihres Unterrichts darauf hinweist, dass die für den Unterricht zur Verfügung gestellten Arbeitsmittel von einem Hersteller von Damenhygieneartikeln gesponsort wird. Dem gegenüber steht die Meinung, dass auch Bildung grundsätzlich den gesellschaftlichen Gegebenheiten unterliegt. Hierzu zählen auch die knappen Ressourcen, die der öffentlichen Hand zur Wahrnehmung ihrer Aufgaben zur Verfügung stehen. Daraus ergibt sich die Pflicht auch des Bildungssektors, sich an der Finanzierung seiner Aufgaben zu beteiligen. In jüngster Vergangenheit ist zu beobachten, dass die zweite Auffassung sich zunehmend durchsetzt. Die groß angelegte Initiative „Schulen ans Netz", die allein über Sponsorengelder den Zugang der Schulen zur modernen Kommunikationstechnologie sichert, ist hierfür ein beredtes Zeugnis.

Die demokratisch verfasste Gesellschaft der Bundesrepublik Deutschland wird die Frage der Bildungsfinanzierung und ihre Auswirkungen auf Staat und Gesellschaft grundlegend diskutieren müssen, wenn es nicht zu einer schleichenden Veränderung im Bereich der Bildungsfinanzierung und damit der Bildungsinhalte kommen soll, die nicht unerhebliche Auswirkungen auf die demokratisch verfasste Gesellschaft hat. Es mag Zufall sein, aber in der Literatur, die sich mit der Zukunft befasst, nehmen Beschreibungen der zukünftigen Welt zu, in der die Menschen nicht mehr von Regierungen oder anderen demokratisch legitimierten Gruppen geleitet werden, sondern Gesellschaften existieren, in denen die Macht allein in den Händen von global tätigen Megakonzernen liegt. Will man dies verhindern, muss sichergestellt werden, dass die Finanzierung der

Bildung durch die Gesamtgesellschaft, durch den sie repräsentierenden und durch sie legitimierten Staat stattfindet. Die Mittel zur Finanzierung der Bildung müssen dann von Allen für Alle aufgebracht werden. Dementsprechend muss der Staat also die für die Bildungsfinanzierung notwendigen Mittel über die allgemeine Abgabe einfordern. Nur so kann sichergestellt werden, dass die Bildungsziele und -inhalte, die den Bürgern vermittelt werden müssen, damit das demokratisch verfasste Gemeinwesen in seinem Bestand gesichert wird, auch tatsächlich im Unterricht Platz finden. Gerade Gedanken um Umwelt- oder Verbraucherschutz gehören aber nicht unbedingt zu den Grundsätzen, die mit Hilfe von Sponsoring in die Erziehungsarbeit der Schule transformiert werden können.

Der fällige Abwägungsprozess zwischen der Förderung individueller Chancen durch partikulares Sponsoring einerseits und der Sicherung des Grundsatzes der Gleichbehandlung und Chancengerechtigkeit andererseits muss Konsequenzen für die Bildungsfinanzierung haben. Wenn die Geltung dieser Grundsätze auch in der Schule aus dem Blickfeld gerät, wird die Ungleichheit, die nicht auf dem Unterschied der Begabungen, sondern den Möglichkeiten des jeweiligen Elternhauses beruht, weiter verstärkt werden. Die befriedende Funktion der Chancengleichheit, jedem Staatsbürger zumindestens die Möglichkeit offen zu lassen, sein Leben entsprechend seinen Neigungen und Fähigkeiten zu entwickeln, würde schon im Ansatz beseitigt. Wo aber die Hoffnung, eine möglichst gute Bildung und Ausbildung zu erreichen, nicht mehr gegeben ist, sind die Folgen für den inneren Zusammenhalt der Gesellschaft unübersehbar. Sponsoring von Bildungsaufgaben ist daher in unserer Gesellschaft nur unter Wahrung des Grundsatzes der Chancengleichheit politisch vertretbar.

Martina Schmerr

Sponsoring an allgemeinbildenden Schulen – Erfahrungen, Probleme, Handlungsmöglichkeiten

Das staatliche Schulwesen galt bisher als für die Marktökonomie weitgehend tabu und „jungfräulich", was Privatisierung betrifft. So könnte der Eindruck entstehen, Schulen würden erst jetzt – angesichts der Rede von leeren Kassen und Eigenverantwortung, von Leistung und Effizienz – vom Privaten heimgesucht. Dabei bleibt zumeist unbeachtet, wie weit Schule immer bereits aus der Sphäre des Privaten schöpfte und mittels privater Leistungen und Gelder finanziert und erhalten wird. Ich möchte daher zunächst einige Dimensionen der Privatisierung und des Privaten schulischer Bildung skizzieren. Danach werde ich genauer auf einige Erfahrungen und Probleme mit Schulsponsoring eingehen, um schließlich einige Handlungsmöglichkeiten und Perspektiven aufzuzeigen.

Dimensionen der Privatisierung – Dimensionen des Privaten

Horst Bethge stellt am Beispiel Hamburgs dar, wie mit Verweis auf die Krise des Bildungssystems und knappe Haushalte das Bildungswesen umgebaut wird und die *Schule* zum *Betrieb* gerät: durch die Einführung von neuen (output-orientierten) Steuerungsmodellen, von Budgetierung und „Autonomie" halten markt- und betriebswirtschaftliche Prinzipien, Wettbewerb und ein neues Leistungsparadigma Einzug. Vor allem aufgrund der erhöhten Entscheidungsbefugnis und finanziellen Selbständigkeit von Schulen ist Sponsoring im wahrsten Sinne des Wortes schulhoffähig geworden. Für Axel Stommel entspringen Schulautonomie und Sponsoring „demselben Schoß": „Während die Autonomie der einzelnen Schulen es also – unter anderem – dem Staat ermöglicht, sich aus der *inhaltlichen* Verantwortung für seine Schulen herauszuschleichen, ermöglicht Sponsoring ihm dasselbe in *finanzieller* Hinsicht" (Stommel 1999, 242). Die *Schule* wird dadurch auch *als Absatzmarkt* interessanter und dies in zweierlei Hinsicht. Nirgendwo sonst dürfte es in einer öffentlichen Einrichtung so viele Kontakte zu markenbewussten jungen Menschen mit Kaufkraft – manche sprechen von 20 bis 35 Milliarden Mark (Knoke 2000, Strassmann 2000) – geben, deren Einfluss auf die Kaufentscheidungen ihrer Eltern zudem nicht unterschätzt werden darf. Andererseits gerät Schule angesichts der skizzierten Entwicklungen alsbald auch zum Markt für Bildungsberatungsfirmen und Agenturen, die Leistungstests begleiten und auswerten oder Schulen beraten und evaluieren.

Auf einer anderen Ebene haben die Verbindungen von – insbesondere berufsbildenden – *Schulen und Wirtschaft* eine lange Tradition (Christiansen 2000, 42). Abgesehen von langjährigen Mäzenen- oder auch Sponsoringbeziehungen zwischen Schulen und zumeist ortsansässigen Firmen fördern viele Wirtschaftsinstitutionen Schulen auch durch Kooperationen, Beratung und Fortbildung. Das Engagement der Wirtschaft in diesem Bereich ist also nicht neu, auffällig jedoch ist die gestiegene Intensität und Quantität, vor allem an allgemeinbildenden Schulen. Insbesondere Stiftungen großer Konzerne tun sich in den letzten Jahren verstärkt durch die Ausstattung von Schulen, durch Projekte und Wettbewerbe hervor, veranstalten Bildungskongresse, gründen Netzwerke oder bieten Fortbildung und Beratung an. Und vor allem im Zuge der Computerausstattung von Schulen sind vermutlich häufiger denn je zuvor öffentliche Angelegenheiten in die Hand privater Institutionen und Unternehmen gelegt worden.

Wenn es um die Privatisierung schulischer Bildung geht, wird darüber hinaus zumeist übersehen, wie hoch bereits die *Leistungen privater Haushalte* seit Jahren sind. Die in der Regel von Müttern geleistete Betreuung kann zunächst als eine private Leistungserbringung durch Verausgabung von Zeit gelten. In einem überwiegend in Halbtagsform geführten gegliederten Schulwesen wie in Deutschland – nahezu alle anderen europäischen Länder haben ein Ganztagsschulsystem – wird „die Unterstützung und sachkundige Beratung durch das Elternhaus [...] beim nachmittäglichen eigenverantwortlichen Lernen vorausgesetzt und ist bei den meisten Kindern für den Schulerfolg unverzichtbar. [...] Kinder und Jugendliche, die in Elternhäusern leben, die diese Unterstützung nicht gewähren können oder wollen, sind benachteiligt. Diese in Westdeutschland traditionell bestehende und seit der Vereinigung auch in den östlichen Bundesländern verbindlich gemachte Teilprivatisierung der Schulbildung wird zunehmend ergänzt oder auch abgelöst durch die Leistungserbringung durch Geld." (Demmer o.J., 42)

Familien, die es sich leisten können, organisieren gegebenenfalls auch bezahlte Betreuung, vor allem aber wurde der *private (Nachhilfe-) Unterricht* in den letzten Jahren zu einem boomenden Markt, der zu 100 Prozent privat finanziert wird. Dass, wie der Bielefelder Erziehungswissenschaftler Klaus Hurrelmann gezeigt hat, private Haushalte wöchentlich mindestens 30 Millionen Mark für Nachhilfe ausgeben, heißt indessen nicht, dass Kinder und Jugendliche immer schwächer in ihren Leistungen werden, sondern dass Nachhilfe ihren Charakter verändert hat: Galt sie einst als kurzzeitiges Nachhelfen in Fällen spezifischer Defizite oder von Versetzungsgefährdung, nach längerer Krankheit oder Schulformwechsel, gerät sie mittlerweile zu einem regelmäßigen zusätzlichen Unterricht oder zu einem „Wettbewerb um gute Noten", besonders für GymnasialschülerInnen (Gießing 2000, 168-176).[1] Neben den Nachmittagsangeboten in musisch-kultureller und sportlicher Bildung, die zum großen Teil ohnehin seit Jahren eine Geld- und damit auch eine Chancenfrage sind, hat dieser Markt des zusätzlichen Unterrichts zu Privatschulen ganz neuen Typs geführt.

Schließlich bringen Familien weitere Kosten privat auf, die offiziell zumeist hinter der gesetzlich verbrieften Lernmittelfreiheit verschwinden. Deren Tendenz ist steigend, so dass wir auch hier von einer Form der schleichenden Privatisierung schulischer Bildung sprechen können. So werden geringfügige *Lernmittel* wie zum Beispiel Taschenrechner und Zirkel, mittlerweile auch immer häufiger Kopien und Bücher aus dem Geldbeutel der Erziehungsberechtigten bezahlt. Ganz zu schweigen von einem geeigneten Arbeitsplatz und weiteren Arbeitsmitteln, wie Zusatzliteratur, Computer und Lernsoftware, welche die Familien je nach Kaufkraft fürs nachmittägliche Lernen anschaffen können – oder auch nicht. Von Geld und Zeit der Eltern – und damit von der sozialen Struktur einer Schule – hängt zudem ab, inwieweit diese mit zusätzlichen privaten Geldspritzen und auch personeller Unterstützung rechnen darf. So engagieren sich vielerorts Eltern und *Fördervereine* nicht nur in der Instandhaltung und Ausstattung der Schule ihrer Kinder, in der personellen Betreuung und in Projekten, sondern auch, indem sie kräftig Spenden sammeln.

Die aufgezeigten Dimensionen sind zumeist zwiespältig, aber nicht per se negativ. So werden durch die erhöhte Eigenverantwortung von Schulen Hoffnungen auf mehr pädagogische Selbstständigkeit, Demokratisierung und Professionalisierung – all dies gehört zu den angestammten gewerkschaftlichen Forderungen – wenn nicht teilweise sogar erfüllt, so doch zumindest genährt. Und wenn die Kontakte zwischen Schulen und Wirtschaft dazu führen, dass Ökonomie und Arbeitswelt stärker in die schulische Bildung integriert und moderne Projekte ermöglicht werden, so ist dagegen zunächst nichts einzuwenden. Ebenso ist natürlich das En-

---

1 Lediglich vier Prozent der SchülerInnen, die in Abschlussklassen Nachhilfe nehmen, tun dies, weil sie Bedenken haben, den Abschluss zu schaffen. Der Rest will dadurch möglichst gute Noten erzielen. Der Anteil der GrundschülerInnen steigt dabei von Jahr zu Jahr (vgl. Gießing 2000, 173).

gagement von Eltern zu begrüßen und vielerorts zentraler Bestandteil des Schullebens. Wünschenswerte Dinge werden jedoch dann prekär,

- wenn der Staat sich zunehmend seiner Verantwortung entzieht,
- wenn das Engagement von Unternehmen und Eltern zu einer regelmäßigen Unterstützung gerät, die staatliche Kürzungen ausgleichen soll,
- wenn private Leistungen mehr und mehr über den Schulerfolg entscheiden,
- wenn damit Ungleichheiten unter den Schulen und unter den SchülerInnen zunehmen, anstatt abgebaut zu werden und
- wenn damit politisch die Privatisierung und Kommerzialisierung von Schulen befördert wird.

Schulsponsoring – Ausgangslage

Vom Effekt her betrachtet können Elternfördervereine und langjährige Verbindungen zwischen Unternehmen und Schulen in die Nähe des Schulsponsorings gerückt werden: Bereits jetzt existieren hierdurch unter den Schulen erhebliche Ungleichheiten, die es öffentlich auszugleichen gälte, die jedoch durch eine Zunahme des Sponsorings eher noch zunehmen werden. Doch während jene Praxis bisher weitgehend unbeachtet blieb, wurde Sponsoring – offiziell zumindest – bis vor wenigen Jahren argwöhnisch betrachtet. Mancherorts waren Schulen sogar angehalten, Anträge der Wirtschaft auszuschlagen, damit nicht der Eindruck entstünde, der Staat käme seiner Verantwortung nicht mehr nach. Die Zeiten, in denen dies ein Grund für Bildungspolitiker gewesen wäre, sich zu schämen, sind nunmehr leider vorbei.

Die meisten Bundesländer haben dort, wo früher das Wort ‚Sponsoring' gar nicht erst auftauchte und strikte Werbeverbote bestanden, nachgebessert oder sind gerade dabei, entsprechende Gesetze und Richtlinien zu entwickeln. Angeführt von Berlin haben einige Bundesländer (z.B. Bremen, Niedersachsen, Sachsen-Anhalt) mittlerweile Werbung erlaubt, in weiteren Ländern laufen Schulversuche dazu. Derzeit zeichnen sich die Tendenzen ab, Werbung im Außenraum oder im Rahmen eines „gemäßigten Sponsorings" diskret zuzulassen. Werbeexperten glauben jedoch, dass die Hemmschwelle gegenüber Werbung in zehn bis zwanzig Jahren fallen wird und die Schulen dann auch im Klassenzimmer Werbung zulassen werden (so z.B. Markus Holzmann von der Spread Blue Media Group, eine auf Schüler spezialisierte Mediaagentur; vgl. auch Knoke 2000). Direkte Produktwerbung bleibt indessen in vielen Bundesländern weiterhin unzulässig oder strittig.

Sponsoring muss nicht immer etwas mit Werbung und Kommerz zu tun haben. Viele Schulen erhalten seit Jahren Unterstützung, ohne dass dies irgendwo sichtbar wäre, außer im Jahresbericht der Schule oder vereinzelt in der Presse. Auf plumpe Reklamewerbung und inhaltliche Anpassung sind viele Unternehmen auch gar nicht aus. Den meisten geht es heute in der Regel um Imagepflege und Imagetransfer oder um die emotionale Bindung an Produkte oder Namen, „ohne penetrant sein zu müssen und damit rechtliche Bedenken auslösen zu müssen" (zum Egen/Manzey 1994/95, zit. nach Stiftung Verbraucherinstitut, 1999, 9). Dem Geruch allzu platter Gegenleistung und Einflussnahme wollten einige große Unternehmen – darunter VW, IBM, Sony – vorsorglich entgehen; sie verpflichteten sich 1998 in einem „Sponsoring-Ehrenkodex" ausdrücklich, sich nicht in „Inhalte und Konzepte" der unterstützten Veranstaltungen und Institutionen einzumischen (vgl. Weber 2000, 9).

Dennoch: Privatwirtschaftliche Sponsoren handeln in der Regel nicht uneigennützig, auch wenn sie das pädagogische Konzept unterstützen und SchülerInnen hierzulande nicht als Zielgruppe verkauft werden dürfen (wie es die Broschüre „Schulsponsoring heute" verlangt; vgl. Stiftung Verbraucherinstitut 1999, 9). Für Unternehmen sind sie jedoch oftmals wenn nicht genau dies, dann zumindest Mittler oder Umsetzer von Werbebotschaften. Das Rangeln um die Zielgruppe und die Bindung der KundInnen von morgen ließ sich kürzlich beobachten, als sich Telekom, AOL und andere Firmen aus der Computerbranche in ihren Angeboten an Schulen überschlugen.

Im Zuge der Ausstattung von Schulen mit Computern erhielt das Schulsponsoring enormen Aufwind. Mittlerweile drängen Unternehmen, Verlage und andere private Institutionen mit verschiedensten Angeboten (Geräte, Betreuung, Fortbildung, Lernsoftware, Beratung) in die schulische Bildung und nehmen auf diese Weise Einfluss nicht nur auf Zeitpunkt, Umfang und Art der Ausstattung, sondern auch zunehmend auf die Inhalte. Nicht einmal in den USA wird die Ausrüstung der Schulen so ungesteuert wenigen Firmen überlassen (Knop/Winkelhage 2000, 27). Wenn jedoch die Computer- und Softwarelogos und privatwirtschaftliche Manpower massenhaft in die Schulen Einzug halten, wenn angesichts strapazierter Haushalte die Bundesländer das Sponsoring zur regelmäßigen Einnahmequelle machen wollen, ihre Schulen zum Bündnis mit Unternehmen ermuntern und Werbeverbote aufheben, dann wird die Frage des Sponsorings zunehmend zu einer Frage von Werbung und Kommerz. Welche Grenzen sind derlei Entwicklungen derzeit gesetzt? Wie gehen die Bundesländer und die Schulen vor Ort damit um?

Gesetzliche Bestimmungen und Grenzen

Aus verfassungsrechtlicher Sicht dürfen zunächst das Erziehungsrecht der Eltern, die Chancengleichheit und die öffentliche Aufsicht, unter der Schule steht, nicht beeinträchtigt werden (Sekretariat der KMK 1998). Verstöße gegen die Strafgesetze und die „guten Sitten" kommen allemal nicht in Frage, und natürlich müssen das Persönlichkeitsrecht und das Jugendschutzgesetz gewahrt werden. Viele Bundesländer nehmen in ihren Richtlinien Bezug auf diese gesetzlichen Grundlagen und formulieren weitere Ausführungsbestimmungen, um das Schulsponsoring einzugrenzen und die notwendige Sicherheit im Umgang mit der Wirtschaft zu geben. Ob die Richtlinien dies jedoch einlösen, ist sehr fraglich.

Berlin hat 1997 das Werbeverbot an öffentlichen Einrichtungen aufgehoben und diesen in Grundsätzen die Ausschöpfung aller „vertretbaren" Einnahmequellen nahe gelegt. Das Land gilt seither als Testfall für Bettelei als ordentliche Finanzquelle (so Stommel 1999, 242). Verschiedene Einschränkungen schreiben unter anderem vor, dass eine „Zumutbarkeitsgrenze" eingehalten werden muss, dass Zweck und Betrieb der Schulen nicht gestört werden dürfen, dass der Schulträger weiterhin die Ausstattung und die Versorgung mit Lehr-/Lernmitteln gewährleisten muss, dass die Schulkonferenz mit 2/3-Mehrheit über die Grundsätze des Sponsorings entscheidet und dass ein Teil der Einnahmen an den Schulträger und an Schulen ohne zusätzliche Einnahmen fließt (vgl. Ernst 1999, 45f.). Zunächst haben einige Berliner Schulen mit Plakatwerbeaktionen Furore gemacht. Nach einem anfänglichen Boom von Anträgen ist die Euphorie jedoch wieder etwas abgeklungen. Insgesamt sei das Geld im großen Stil ausgeblieben (ebd., 50).

In *Bremen* sind seit Herbst 1998 Sponsoring und Werbung an Schulen möglich, sofern sie mit den gesetzlichen Zielen – etwa der Erziehung zur Solidarität und Toleranz – übereinstimmen und Schule nicht zur „Werbelandschaft" verkommt (Kraus 1999, 27). Auch *Hamburg* hat Ende 1998 mit einer Verwaltungsvorschrift nachgezogen, die das Werbeverbot lockert, wenngleich Werbeflächen und Produktwerbung weiterhin unzulässig sind. Auch hier dürfen die Aktivitäten nicht mit dem Bildungs- und Erziehungsauftrag kollidieren. Allerdings definiert Hamburg am weitestgehenden, wann dies der Fall ist, und trifft zum Beispiel Aussagen über die Höhe der Zuwendung und über die Gefährdung der Chancengleichheit. Die Schulkonferenz beschließt über die Zuwendungen – jedoch erst ab einer Höhe von 10.000 DM. Bei niedrigeren Beträgen entscheidet die Schulleitung. In *Nordrhein-Westfalen* war für dieses Jahr die Aufhebung des Werbeverbots im Außenbereich geplant. Das Gesetz ist jedoch – unter anderem nach heftiger Intervention von GEW und dem Landeselternrat der Gesamtschulen in

NW e.V. – zunächst gekippt worden. Gleichwohl haben auch hier bereits im Rahmen von Schulversuchen Plakate in den Schulen Einzug gehalten.

Oberster Maßstab der gängigen Regelungen sind Formulierungen wie „Die Art der Werbung darf den allgemeinen Bildungs- und Erziehungszielen nicht entgegenstehen" (Mecklenburg-Vorpommern, Erlass vom 8.11.93, zit.n. Stiftung Verbraucherinstitut 1999, 81). Weitere Bestimmungen sind unterschiedlich, in der Regel jedoch zu wenig konkret ausformuliert, als dass in der Praxis nicht ein großer Auslegungsspielraum und somit eine Grauzone entstünde. Viele Bildungsressorts sind überdies schlecht informiert, was das Ausmaß von Werbung an ihren Schulen betrifft, und begründen dies mit dem Hinweis auf die Schulautonomie (vgl. Strassmann 2000).

Zum Umgang mit Sponsoring in den Schulen

Der Mangel und die Dehnbarkeit von Vorschriften bringt eine sehr bunte Praxis hervor, zum Teil wird der Umgang mit Sponsoren sogar innerhalb einzelner Städte sehr unterschiedlich gehandhabt. Viele KollegInnen vor Ort stehen dem Sponsoring politisch sehr skeptisch bis ablehnend gegenüber, gehen jedoch in der Praxis pragmatisch oder moderat damit um, wenn es um Vorteile für die eigene Schule geht. Manche lehnen Werbung strikt ab, halten aber Sach- oder Geldspenden für einzelne Projekt für unbedenklich, sofern die Schulkonferenz an der Entscheidung beteiligt ist und pädagogische Gesichtspunkte gewahrt bleiben. Andere wiederum haben Vorbehalte gegenüber Markenartikelwerbung, nicht aber gegen Reklame von ortsansässigen Firmen. Eine pragmatische Haltung in der Praxis und eine zunehmende Bereitschaft zu Gegenleistungen hat auch eine Untersuchung aus Nordrhein-Westfalen bestätigt (vgl. Hüchtermann 1999, 70-73). Es werden Risiken und Chancen, zum Beispiel für Schulprofil, außerschulische Angebote und Öffentlichkeitsarbeit, gleichermaßen gesehen. Insgesamt überwiege der Optimismus, dass das Sponsoring eine sinnvolle Ergänzung sei, vorausgesetzt, der Staat stelle die Grundversorgung sicher.

Folgendes Bild ergab die Untersuchung bezüglich der Bereitschaft zu Gegenleistungen: Ein Prozent der Schulen hat das Logo des Sponsoren bereits auf dem Briefpapier, 14 Prozent können sich dies vorstellen, 85 Prozent lehnen dies ab. Drei Prozent haben bereits ihren Schulnamen geändert, sieben Prozent wären auch hierzu bereit, der Rest würde diese Form der Gegenleistung nicht akzeptieren. Nur 6 Prozent lehnen den Hinweis auf den Sponsoren der gesponserten Gegenstände ab, 12 Prozent das Aufhängen von Plakaten mit Nennung des Sponsoren. Die größte Akzeptanz besteht bei Anzeigen in Schul- und Schülerzeitungen (55 Prozent praktizieren dies, 44 Prozent wären bereit dazu), gefolgt von der Nennung des Sponsoren bei öffentlichen Anlässen und Pressemitteilungen der Schule über die Sponsorenförderung. Manche Schulen – oftmals die, die es sich leisten können – nehmen also nicht einmal Mobiliar oder Geräte an, auf denen ein Firmenlogo angebracht ist, andere hängen bereitwillig am Schultor Tafeln oder Transparente auf (Müllereile 1999).

So hat ein Gartenbau-Unternehmer in Erlbach, der eine Schule gratis begrünte, sein Transparent am Schulzugang aufhängen dürfen (Stommel 1999, 242). Eine Haupt- und Realschule führt in ihrem Briefkopf die Logos von zwei Baumärkten (ebenda). In Nordrhein-Westfalen wollte eine Schulleiterin alle Hefte der GrundschülerInnen mit dem Aufdruck einer Bank versehen, musste aber nach Protesten davon ablassen. Ein bekanntes Automobil-Logo ziert indessen seit Jahren schon die Hefte in einer hessischen Schule, ohne dass darum viel Aufhebens gemacht würde. In Offenbacher Turnhallen hängen auch außerhalb von öffentlichen Sportveranstaltungen Werbetransparente von Getränkefirmen.[2] Hier wird bereitwillig für Tafelwasser geworben. Als jedoch Werberaum für Coca-Cola gesucht wurde, sperrten sich die Schulen. Überhaupt scheint bei Coca-Cola für viele der Spaß vorbei zu sein. Eine hessische Grundschule wirbt indessen für Limonade desselben Herstellers. In der Justus-von-Liebig-Schule in Heufeld bei München führte ein drittes Schuljahr freiwilligen Chemieunterricht ein, der von der Stiftung der Firma Süd-Chemie AG finanziert wird (Ballauf 1998, 6). Und schließlich machte in Hamburg ein Fall von Personalsponsoring Furore, wo im Sommer 1998 die Weiterbeschäftigung zweier Lehrkräfte aus Elternspenden finanziert wurde (Kraus 1999, 27). Die skizzierten Beispiele sind zwar – im wahrsten Sinne des Wortes – plakativ und noch nicht die Regel an deutschen Schulen, deuten aber Tendenzen und Gefahren an, die es zu verhindern gilt.

Probleme und Gefahren

Die größte Gefahr ist darin zu sehen, dass Werbung und Sponsoring zum regelmäßigen Bestandteil der Schulfinanzierung gemacht und auf diese Weise das staatlich finanzierte Schulwesen und die Chancengleichheit ausgehebelt werden. Und es gibt derlei Tendenzen, auch wenn in vielen

---

2   In Hessen besteht zwar weiterhin ein Werbeverbot an Schulen. Die Stadt hat jedoch eine eigene Richtlinie über Werbung an Schulfassaden, Schulhöfen und Schulgebäuden. Schulen können demnach selbständig Werbeflächen vergeben und behalten 75 Prozent für die „Verbesserung" der Lernbedingungen.

Bundesländern betont wird, dass hierdurch keine Kompensation von öffentlichen Kürzungen und keine Reduzierung des öffentlich verantworteten basalen Schulbetriebs erfolgen soll. Viele Schulen *suchen* jedoch händeringend Sponsoren, *weil* ihnen die öffentlichen Gelder fehlen (vgl. Hüchtermann 1999, 72). Und vor allem, wenn Schulen vielerorts Mühe haben, ihre Gebäude beisammen und den regulären Unterricht überhaupt aufrecht zu halten, klingt es zynisch, wenn Sponsorengelder nur für *Zusätzliches* – über die öffentliche Verpflichtung Hinausgehendes – verwendet werden sollen. Zumindest dürfte die Versuchung in solchen Fällen sehr groß sein, Gelder auch für den regelmäßigen Betrieb aufzutreiben.

Eine weitere Gefahr besteht darin, dass Sponsoren direkt Einfluss auf den Bildungsauftrag oder pädagogische Schwerpunkte nehmen, zum Beispiel, wenn in Folge einer Sponsorenbeziehung zu einem Chemie-Konzern der naturwissenschaftliche Bereich auf Kosten des sprachlichen aufgestockt wird. Der öffentliche Bildungsauftrag kann schließlich auch dann beeinträchtigt werden, wenn die Glaubwürdigkeit einer Bildung zu kritischem Urteilsvermögen und Unabhängigkeit Schaden nimmt. Denn: Wie kritisch können Ökonomie und Werbung noch in Schulen vermittelt werden, wenn ohne sie – für alle SchülerInnen erlebbar – vieles Interessante an Schulen überhaupt nicht denkbar, ja die Schule ökonomisch davon abhängig ist? Wie vermittelt sich Solidarität statt Leistungskonkurrenz, wenn die Schule als Ganzes selbst unter diesem Druck steht?

Eine weitere Grauzone des Einflusses ist das Unterrichtsmaterial, welches einige Unternehmen massenhaft und kostenlos den Schulen zur Verfügung stellen. Hochglanzmaterial und ansprechende Folien, etwa zum Thema Euro oder Aktienmarkt, vermitteln das Bild einer Ökonomie, in der die gegebene Verteilung des Reichtums ebenso selbstverständlich ist wie der Besitz an Wertpapieren. Auch zum Thema Gentechnologie bieten Unternehmen inhaltlich fragwürdige Materialien an. Mangels aktueller Schulbücher nehmen Lehrkräfte dies zum Teil gerne an. Ob es entsprechend ergänzt oder überarbeitet wird, bleibt deren Zeit und Willen überlassen. Die eigentliche Gefahr von Einflussnahme besteht indessen bereits im Vorfeld, wenn Schulen um Gelder konkurrieren, deren Vergabe von attraktiven Programmen und Zielgruppen abhängt (Weber 2000, 8ff.). Weniger bedenklich als das eine oder andere Plakat in Schulen ist daher, dass Schulen und Schulträger im Werben um private Gelder ihre Ausrichtung und Klientel entsprechend zuschneiden, und dass dabei Aspekte der Unabhängigkeit öffentlicher Bildung, des Sozialen und der Chancengleichheit ins Abseits geraten.

In der allgemeinen Euphorie über neue Ressourcen werden zudem bislang Fragen der Pädagogik und der Qualität viel zu wenig diskutiert. Die Ausstattung mit Computern hat bereits zu großer Ernüchterung an vielen Schulen geführt. Sie sitzen auf untauglichen Rechnern und sind mit den Folgeaufwendungen zum Teil maßlos überfordert. Um das sogenannte Secondment (z.B. die personelle Unterstützung von Firmen) wird am wenigsten Aufhebens gemacht, obwohl sich insbesondere hier die Frage nach Qualität und pädagogischer Qualifikation stellen sollte. Kostenloses oder preisgünstiges Lehr-/Lernmaterial unterliegt ebensowenig einer öffentlichen Qualitätskontrolle, ganz zu schweigen von der unzulänglichen demokratischen Mitbestimmung oder Kontrolle in teilprivatisierten Bereichen des Schulwesens.

Sponsoren legen bei der Vergabe von Unterstützung zumeist – und aus ihrer Sicht zurecht – bestimmte Kriterien an, die strukturell zu Ungleichheiten zwischen Regionen und Schulformen führen können und dies auch bereits tun. So dürfte in vielen Fällen die potenzielle Kaufkraft, also die soziale Struktur der SchülerInnen, eine Rolle spielen. Oder aber Sponsoren legen Wert darauf, mit Anstrengung, Leistung und Spitzenergebnissen identifiziert zu werden. Welche Schulen aber haben dieses Image? Umgekehrt kann jedoch auch das Image eines Sponsors das der Schule beeinflussen. Ein positives Image von sponsernden Firmen begünstigt auch das öffentliche wie das interne Ansehen einer Schule, ein negatives – etwa eines umweltbelastenden Unternehmens oder einer Firma mit einer rigiden *hire-and-fire*-Politik – kann jedoch ebenso gut auf sie zurückfallen. Das ist dann Glück und Pech der „Partnerwahl".

Doch nicht jede Schule hat die Wahl. Die Sozialstruktur spielt auch deswegen eine große Rolle, weil sich Sponsoringkontakte sehr häufig über „connections", etwa Eltern in guter Position oder ehemalige SchülerInnen, herstellen. So haben zum Beispiel Eltern eines Hamburger Gymnasiums, dem eine Spielstätte für die Theaterarbeit fehlte, kurzerhand eine Aula entworfen und gebaut. Die Schulbehörde zahlte ein Drittel, den Rest brachten eine Stiftung, (Unternehmer-) Eltern und LehrerInnen auf (Kaufmann, 1999, 87). Dass Sponsoring oft über *connections* läuft und dem Vertragsabschluss ein Handschlag zwischen Beamten und Managern voraus geht, kann überdies noch zu einem weiteren Ungleichheit innerhalb der Schule führen; darauf hat Peter Paul Cieslik in seinem Beitrag (in diesem Band) hingewiesen. Dann nämlich, wenn Entscheidungsträger oder Geldgeber jene Bereiche bevorzugen, die zu den Interessen ihrer eigenen Kinder gehören (etwa Sport oder Naturwissenschaften). Weitere Ungleichgewichte entstehen dadurch, dass manche Schulen das Zeit- und Personalbudget für die Akquise von Sponsoren, welche viel Arbeit bedeuten kann, einrichten können, andere nicht. Dort, wo es möglich ist, hängt der Erfolg der Sponsorensuche wie auch die Qualität des Vertrages und der Zusammenarbeit schließlich von den Einzelnen ab, die dafür zuständig sind. Nicht alle Schulen sind mit hierfür talentiertem Personal gesegnet. Förmlich darauf vorbereitet sind die wenigsten, was zur Folge haben kann, dass die Voraussetzungen zum Beispiel für Vertragsverhandlungen aufgrund unterschiedlicher Kenntnisse in Verhandlungsstrategien, Wettbewerbs- und Vertragsrecht äußerst ungleich sind.

Dies alles begünstigt Ungleichheiten: in Ausstattung, Ressourcen und Ansehen von Schulen und Schulformen, und zwar je nach sozialer Struktur, Kaufkraft, Leistungs- und Vorzeigefähigkeit oder Schulprogramm. Bei der derzeitigen Computerausstattung zeigen sich bereits enorme Unterschiede zwischen Vorzeige- und Modellschulen einerseits und Schulen und Regionen ohne finanzkräftige Paten andererseits. Vor allem die Hauptschulen stehen bei dieser Entwicklung hinten an.

Perspektiven und Handlungsmöglichkeiten

Schulsponsoring als *die* besonders große Gefahr zu betrachten, greift zu kurz. Inwieweit es sich zu einer regelmäßigen Finanzierungsform von Schulen entwickeln wird, hängt von der Bildungs- und Haushaltspolitik ab, ist jedoch auch noch offen. Auch VertreterInnen der Wirtschaft äußern Skepsis gegenüber diesem Finanzierungsinstrument und haben in letzter Zeit verschiedentlich verlauten lassen, dass sie Bildung für eine öffentliche Aufgabe halten und schon gar kein Interesse daran haben, Grundausstattung oder Personal zu finanzieren. Kaum ein Unternehmen wird sich für das finanzielle Krisenmanagement des Schulwesens, insbesondere bei Schulen mit lädiertem Ruf, verantwortlich fühlen. Axel und Margot Stommel haben indessen auch gefragt, ob eigentlich irgend jemand ernsthaft glaube, dass die Unternehmer ständig ihre Steuerlast senken wollten, „bloß um ihr Geld sodann an die Schulen zu verschenken?" (Stommel/Stommel 1999). So werden Schulen – trotz neuer Freiräume – nicht gerade von Angeboten überrollt.

Beunruhigender Beispiele ungeachtet scheint die Rede von der „McDonaldisierung" des Schulwesens derzeit noch übertrieben. Der größere Werbeeffekt für Coca-Cola und McDonalds hat sich bisher vermutlich daraus ergeben, dass JournalistInnen regelmäßig die Schlagzeilen zum Thema mit diesen beiden Produktnamen aufpeppen. Zudem gilt das deutsche Schulwesen – verglichen etwa mit den USA – bislang immer noch als recht prüde, vielerorts sogar resistent gegenüber (Produkt-) Werbung. Der wachsende Vermittlungserfolg von Firmen wie der *Spread Blue Media Group*, einem jungen Schulmarketing-Unternehmen, welches Schulen und Markenartikelhersteller zusammen bringt, spricht andererseits dafür, die Entwicklung äußerst skeptisch zu verfolgen (Knoke 2000). Zudem sind es zumeist die älteren KollegInnen, die Bedenken gegen

Werbung haben, und die werden in den nächsten Jahren die Schule aus Altersgründen verlassen (Strassmann 2000). Zum einen könnte also der Generationenwechsel die Stimmung verändern. Zum anderen steht nicht zu erwarten, dass die Schulen in den nächsten Jahren mehr Mittel erhalten. Die Teilprivatisierung ist politisch und ökonomisch gewollt.

Die Gefahren von Sponsoring und Werbung an Schulen, wie ungleiche Ausstattung und Einfluss privatwirtschaftlicher Interessen, liegen also auf der Hand. Besonders prekär wird dies jedoch im gesellschaftlichen Kontext: der Tendenz des staatlichen Rückzugs aus der öffentlichen Bildung, der Versuche des Umbaus und der Neudefinition des Bildungswesens, der verschärften Selektion sowie eines offensiver werdenden Wirtschaftslobbying. Vor dem Hintergrund dieser Tendenzen und der momentanen Praxis an Schulen ist Schulsponsoring im Prinzip inakzeptabel. Prinzipien geraten jedoch leicht mit der Praxis in Konflikt. Wann genau sind die Zumutbarkeitsgrenzen erreicht? An welchen Punkten beginnt die Pädagogik, sich den Interessen einer Geschäftsbeziehung unterzuordnen? Unter welchen Bedingungen ist Sponsoring „unverdächtig" oder gar anderen Finanzierungsarten vorzuziehen? Was, wenn die Alternative zur Aufnahme einer Sponsorenbeziehung ist, den Eltern in die Tasche zu langen, da die notwendigen Mittel nun mal nicht öffentlich aufgebracht werden? Die Fragen zeigen, wie wichtig es ist, weitgehende Prinzipien und Bedingungen für das Sponsoring zu formulieren, damit im Einzelfall auf guter Grundlage entschieden werden kann. Sie zeigen aber auch, dass dem Konflikt zwischen Bildung und Ökonomie nicht leicht beizukommen sein wird. Sponsoring *ist immer* eine Art Geschäftsbeziehung, in der sich die nehmende Seite – auf welche Weise auch immer – verkaufen muss. Dieses Dilemma kann ich hier zunächst nur benennen, bevor ich zu konkreten Perspektiven übergehe. Viele Schulen stehen bereits vor der Situation, einen Sponsoren suchen zu müssen, und sofern sie dabei erfolgreich sind, profitieren sie natürlich davon. Ich möchte daher einige Anmerkungen zum Selbstverständnis und zur Praxis der Einzelschule machen und werde danach auf die gesetzliche und politische Seite eingehen.

Zum Selbstverständnis der Einzelschule: Subjekt bleiben und Konzepte entwickeln

Wie die bereits erwähnte Untersuchung in Nordrhein-Westfalen ergeben hat, liegt den meisten Aktivitäten kein längerfristig angelegtes Konzept zugrunde (Hüchtermann 1999, 73). Hinsichtlich des Schulklimas und der Professionalität wären jedoch unter anderem zwei Dinge ratsam, auch wenn dies natürlich nur für Schulen gilt, die diesen Gestaltungsraum überhaupt haben: Versuchen, Subjekt zu bleiben und ein Konzept zu erarbeiten, das eher auf Fundraising denn auf Sponsoring setzt. Sich bei der Suche nach Ressourcen als Marionette am Gängelband profitorientierter Unternehmen zu betrachten, ist nicht nur eine kurzsichtige, sondern auch eine starre Sicht der Beziehung zwischen Geldgeber und -empfänger. Der Boom der „sanften" Werbestrategien macht deutlich, dass die Unternehmen etwas *wollen*. Sich diese Interessen klar zu machen und zu versuchen, in die Ritzen und Scharniere dieser „Geschäftsbeziehung" die eigenen Interessen zu pflanzen, oder auch „[d]as auf der Linie neoliberalen Denkens liegende Sponsoring [...] früh genug erziehungswissenschaftlich einzufangen" (Bönsch 1999, 351), darin dürfte die Gratwanderung im konkreten Fall bestehen. Die in Frage kommenden Unternehmen etwas weniger als Gönner denn als Förderer mit eigenen Interessen zu betrachten und die eigene Schule etwas mehr als eine Gestalterin des Zusammenlebens, als eine Anstifterin innovativer Problemlösungen in Schule und Gemeinde zu begreifen, wäre eine gute psychologische Ausgangsbasis für eine selbstbewusste Sponsorensuche. Die *Kunst* dürfte also darin liegen, die demokratisch ermittelten Ziele und Potenziale der eigenen Schule zum Ausgangspunkt der Suche nach Finanzierungsquellen zu machen. Dabei sollten alle beteiligten Gruppen einbezogen werden. Das ist freilich beschwerlicher, als sich etwa auf den ortsansässigen Joghurt-Hersteller zu stürzen.

Nicht die Frage „Wie schmiegen wir uns potenziellen Sponsoren an?", also die Frage ökonomischer Verwertbarkeit sollte die Maxime sein, sondern „Was wollen wir? Was können wir? Was zeichnet uns aus?" und erst hiernach die Frage „Wer könnte Interesse daran haben, uns zu unterstützen?". Dabei könnte unter anderem heraus kommen, dass der sich scheinbar anbietende, weil ortsansässige potenzielle Sponsor gar nicht zur Schule passt oder ein Vertrauensverhältnis nicht möglich ist. Oder dass gar nicht direkt von Unternehmen Gelder eingeworben, sondern andere Ressourcen erschlossen werden sollten. Denkbar ist schließlich die Suche nach anderen privaten Geldgebern wie etwa gemeinnützigen Stiftungen, denen es in der Regel eher um die Sache geht als um die Verbreitung des eigenen Labels. Andere Beispiele sind die Zusammenarbeit mit Vereinen und Schulumfeld, Energiesparprojekte (vgl. Bleicher 1999, 4ff.)[3], die Vermietung schuleigener Räume, der Verkauf von Produkten, die Beteiligung und Stärkung der Verantwortung von SchülerInnen usw. Ohnehin wäre den Schulen zu empfehlen, ein mit dem eigenen Profil harmonisierendes Fundraising mit zeitlich und umfänglich be-

---

3   Zum Beispiel hat eine Gesamtschule durch ein Energiesparprojekt eine jährliche Einsparung von 140.000 DM erreicht.

grenzten Bestandteilen zu entwickeln, anstatt auf die viel prekärere, langfristige und intensive Beziehung zu einem Sponsoren zu setzen.

Anregungen für Einzelschulen zum Thema Sponsoring sind natürlich zwiespältig. Fachleute weisen immer wieder darauf hin, dass Fundraising und Sponsoring um so eher gelingen, je besser es einer Institution geht, und empfehlen daher, nicht erst auf Geldsuche zu gehen, wenn das „Kind bereits in den Brunnen gefallen" ist, sondern damit in Zeiten wirtschaftlicher Freiräume zu beginnen. Für Schulen, die bereits „am Boden" sind (und derer gibt es leider allzu viele), ist es denkbar schwer, für potenzielle Sponsoren attraktiv zu werden. Daher kommt es in erster Linie darauf an, wie sich die finanzielle Gesamtsituation des Schulwesens und das Handeln der politisch Verantwortlichen entwickeln werden.

Gesetzlicher und politischer Regelungsbedarf

Auf keinen Fall kann Sponsoring als Kompensation öffentlicher Sparmaßnahmen akzeptiert werden. Schulen brauchen Freiräume, und diese entstehen nicht durch Sponsoring, wie gerne behauptet wird. Freiräume entstehen vielmehr durch eine vernünftige Bildungs- und Haushaltspolitik. Daher müssen ausreichende Finanz- und Personalressourcen bereit gestellt werden. Die bereits heute bestehende, höchst ungleiche Ausstattung von Schulen als Folge schuleigener Fördervereine oder Wirtschaftsbeziehungen darf durch die Einführungen des Sponsorings nicht noch weiter verstärkt, sondern muss abgebaut werden. Zum gegenwärtigen Zeitpunkt müssen Gesetze, Richtlinien und Vorschriften dem Sponsoring enge Spielräume setzen, vor allem, was den basalen Schulbetrieb betrifft. Ausstattung, Personal und obligatorischer Unterricht müssen Sache der öffentlichen Hand bleiben (Prinzip der Zusätzlichkeit). Für die Begrenzung privater Einflüsse müssen klare Kriterien entwickelt werden. Direkte werbewirksame Gegenleistungen sind auszuschließen. Die Entscheidungen über Sponsorenverträge und die Verwendung der Unterstützung müssen demokratisch durch die Schulkonferenz bzw. paritätisch besetzte Gremien gefällt werden. Keine Schule darf verpflichtet werden, auf Sponsoring zu setzen (Prinzip der Freiwilligkeit).

Die Idee von Bildungsfonds und Stiftungen ist weiter zu entwickeln und politisch zu gestalten. Schulen sollten allerdings gar nicht erst betteln müssen. Daher sollte – solange eine ausreichende des Finanzierung des Schulwesens aus Steuermitteln politisch nicht umgesetzt wird – zukünftig die Einwerbung, Verwaltung und Verteilung der Ressourcen über öffentlich gesteuerte Fonds oder Stiftungen laufen, die eine regionale und schulbezogene Ungleichverteilung zumindest ausgleichen. Die Gewerkschaft Erziehung und Wissenschaft (GEW) hat verschiedentlich Schulstiftungen und Fonds in die öffentliche Diskussion eingebracht, und zwar als *ergänzende* Finanzierungsquellen und unter der Prämisse, dass hierdurch nicht der Ausstieg aus der staatlichen Bildungsfinanzierung betrieben werden darf. Angesichts der jetzigen ungeregelten Praxis bieten solche Modelle Vorteile. So könnten private Gelder mobilisiert werden, ohne Schulen in direkte Abhängigkeit von Sponsoren zu bringen. Die Wirtschaft würde auf diese Weise – nach jahrelangen Steuersenkungen – wieder stärker zur Finanzierung von Bildung herangezogen. Ungleichheiten zwischen Schulen könnten ausgeglichen werden. Auch andere LehrerInnen- und Elternverbände haben Vorschläge in diese Richtung gemacht. KMK-Präsident Willi Lemke hat ein Konzept für Bildungsstiftungen auf Bundes- und Länderebene angekündigt. Wer bei der Gründung solcher Stiftungen einbezogen wird, wie sich die Stiftungen von den regulären Bildungshaushalten abgrenzen lassen, wie der Stiftungszweck formuliert wird und welche Bildungsziele hier einfließen, wird nicht zuletzt davon abhängen, wie stark sich die Verbände der Beteiligten und andere politische Kräfte in diese Diskussion einbringen.

Grundversorgung und umfassender Bildungsanspruch

Das Schulwesen steht unter öffentlicher Verantwortung und Aufsicht. Um nicht mit dieser verfassungsrechtlichen Prämisse zu kollidieren, wird stets – so etwa bei der Einführung von Schulsponsoring – betont, dass die „Grundversorgung", der „normale" oder „basale" Schulbetrieb weiterhin öffentlich finanziert und verantwortet werden müssen. Was zu dieser Grundversorgung gehört, ist jedoch auch Gegenstand politischer Aushandlungen. So sind Versuche bekannt, z.B. Schulatlanten aus der gesetzlich garantierten Lernmittelfreiheit auszuklammern mit der Begründung, sie gehörten nicht zum Kernbestand. Und auf der einen Seite wird Medienkompetenz als Kulturtechnik ausgerufen, auf der anderen Seite sollen Computer nicht unter die „Grundversorgung" und Lernmittelfreiheit fallen und die Eltern zu Finanzierung heran gezogen werden. Die Definition unterliegt also Opportunitätserwägungen, Haushaltslagen und politische Interessen.

Auch Unterricht und Bildungsinhalte selbst stehen neuerdings stärker zur Debatte. Es gibt Bestrebungen, den Unterricht auf eine Mindestversorgung in Kernfächern zu reduzieren und diese möglichst zu standardisieren auf Kosten z.B. von musischer Bildung, Fördermaßnahmen oder Projektunterricht. Durch eine Standardisierung und Reduzierung der Bildung auf Kerngebiete und (Berufs-) Fertigkeiten lassen sich schließlich volkswirtschaftliche Kosten reduzieren. Die Neudefinition allgemeiner Bildung – ihre Reduktion auf ein Mittel für beruflichen Erfolg und Status – war auch in den USA Voraussetzung für eine massive Privatisierung des Bildungswesens. Es wird daher darum gehen, gewerkschaftliche und verbandliche Forderungen stets mit einem umfassenden, nicht auf Verwertbarkeit reduzierbaren Bildungsbegriff zu verbinden.

Staatliche Finanzierung und Qualitätsverantwortung des Schulwesens

Der jüngste OECD-Bericht belegt, dass Deutschland bei der Bildungsfinanzierung im Vergleich zu anderen Industrienationen im Hintertreffen ist. Bei sinkenden Ausgaben sind die Anforderungen an Schule und die Beteiligten indessen stetig gestiegen. In einer Art Bildungs-Schattenökonomie müssen zudem die Eltern stetig mehr zuzahlen, damit ihre Kinder mithalten können. Schulen und Lehrkräfte übernehmen immer mehr zusätzliche Aufgaben: Sie sorgen für die verlässliche Betreuung am Vormittag in Grundschulen, für die Pflege und Wartung von Computern in ihrer Schule, für die Integration lernschwacher Kinder und Jugendlicher, für die Entwicklung und Profilierung ihrer Schule und nicht zuletzt für die Akquise von Sponsoren. Mit immer weniger soll immer mehr erreicht werden – übrigens ein Anspruch, den nicht einmal Volkswirte erheben würden. Daher muss deutlich gemacht werden, dass Reformen ohne zusätzliche öffentliche Mittel nicht zu machen sind, muss dafür eingetreten werden, dass soziale Gerechtigkeit, Chancengleichheit und Qualitätssicherung des Schulwesens öffentliche Aufgaben sind, staatlich (aus Steuermitteln) finanziert werden müssen und nicht zunehmend Eltern oder auch Unternehmern überantwortet werden können. Die privaten Eigenleistungen sollen nicht ausgeweitet, sondern zurückgeführt bzw. sozial gerecht bemessen werden. Dazu gehört auch, dass Schulen nicht zu eigenständigen wirtschaftlichen Einheiten oder Konkurrenzbetrieben gemacht werden. Es ist Aufgabe des Staates, für ausreichende finanzielle Ressourcen zu sorgen.

Die Wirtschaft, die mehr denn je die Qualität von Bildung anmahnt und einen Gutteil des Nutzens aus einer umfassenden Bildung von Kindern und Jugendlichen zieht, sich jedoch gleichzeitig ihrer Pflicht als Steuerzahler und öffentlicher Finanzier zu entziehen sucht, müsste „wieder verstärkt zur Finanzierung von Gemeinschaftsaufgaben herangezogen werden" (Nagel/Jaich 1999, 10). Hierzu müssen in der öffentlichen Diskussion die sozial ungerechte Steuerpolitik, die Probleme der Verteilung des gesellschaftlichen Reichtums und internationale Perspektiven stärker eingebracht und das Schreckgespenst „hohe Staatsquote" auf den Boden der Tatsachen geholt werden. Wenn heute die Rufe nach staatlicher Verantwortung öffentlich mehr denn je als anachronistisch und rückwärtsgewandt gebrandmarkt werden, haben wir zudem Arbeit am politischen

Diskurs und am Verständnis von Demokratie zu leisten (vgl. hierzu Bourdieu 1998, 35f.). Langfristig kann es also nur darum gehen, das öffentliche Schulwesen und einen umfassenden Bildungsanspruch gegen Privatisierungsversuche zu verteidigen, für die staatliche Finanzierung und Qualitätsverantwortung des Schulwesens auf der Grundlage einer gerechteren Steuerpolitik einzutreten und eine Stärkung von Demokratie und Politik gegenüber dem Primat des Ökonomischen zu betreiben.

Literatur

Ballauf, Helga: Gekaufte Bildung. In: Erziehung und Wissenschaft. Zeitschrift der Bildungsgewerkschaft GEW. Nr. 11/98.

Bleicher, Siegfried: Geld für Bildung. Denkanstöße sind gefragt, aber Reißbrett-Modelle helfen nicht weiter. In: Gewerkschaftliche Bildungspolitik 09/10-99.

Bönsch, Manfred: Für alle ein Gewinn? Zum Verhältnis von Geld und Pädagogik. In: Die Deutsche Schule, 91. Jg. 1999, Heft 3.

Bourdieu, Pierre: Gegenfeuer. Wortmeldungen im Dienste des Widerstands gegen die neoliberale Invasion. Konstanz 1998.

Christiansen, Uwe: Wirtschaft: Der heimliche Erzieher. Anmerkungen zur schleichenden Privatisierung der schulischen Bildung. In: FORUM E Nr. 2 vom 3. März 2000.

Demmer, Marianne: Schulpolitische Positionen – Langfassung. Unveröffentlichtes Diskussionspapier.

Ernst, Christian: Zur aktuellen Diskussion um Werbung, Sponsoring und Fundraising an Schulen. In: Böttcher, Jens-Uwe (Hrsg.): Sponsoring und Fundraising für die Schule. Neuwied, Kriftel 1999.

Gießing, Jürgen: Wettbewerb um gute Zensuren statt klassische Nachhilfe. Über den Wandel der Motive für Zusatzunterricht. In: GEW (Hrsg.): Die Deutsche Schule. 2/2000.

Hüchtermann, Marion: Das Zukunftsbewusstsein ist da. Erste Ergebnisse einer Umfrage in NRW zum Schulsponsoring. Umfrage der Bundesarbeitsgemeinschaft SCHULE-WIRTSCHAFT und des Ruhrforschungszentrums in NRW. In: Böttcher, Jens-Uwe (Hrsg.): Sponsoring und Fundraising für die Schule. Neuwied, Kriftel 1999.

Kaufmann, Hans-W.: Privat finanzierte Projekte an Hamburger staatlichen Gymnasien. In: Böttcher, Jens-Uwe (Hrsg.): Sponsoring und Fundraising für die Schule. Neuwied, Kriftel 1999.

Knoke, Mareike: Coca-Cola-Grüße zum Pausenbrot. In: Berliner Morgenpost vom 16.1.2000.

Knop, Carsten/Winkelhage Johannes: Unternehmen drängeln sich um die Internet-Ausstattung von der Schulen. In: FAZ vom 6.3.2000.

Kraus, Josef: Welcher Zweck heiligt noch welche Mittel? In: Böttcher, Jens-Uwe (Hrsg.): Sponsoring und Fundraising für die Schule. Neuwied, Kriftel 1999.

Müllereile, Christoph: Dann wird's unmoralisch. Was Sponsoren von ihren Partnern verlangen können – und was nicht. In: Böttcher, Jens-Uwe: Sponsoring und Fundraising für die Schule. Ein Leitfaden zur alternativen Mittelbeschaffung. Neuwied; Kriftel 1999.

Nagel, Bernhard, Roman Jaich: Bildungsfinanzierung, Schulgeld, Studiengebühren. In: Gewerkschaftliche Bildungspolitik 09/10-99.

Sekretariat der ständigen Konferenz der Kultusminister der Länder in der Bundesrepublik Deutschland (Hrsg.): Werbung und Sponsoring in Schulen. Bestandsaufnahme des Unterausschusses Schulrecht der Kultusministerkonferenz vom 21. Dezember 1998.

Stiftung Verbraucherinstitut in Zusammenarbeit mit dem Ministerium für Schule und Weiterbildung, Wissenschaft und Forschung des Landes Nordrhein-Westfalen (Hrsg.): Schulsponsoring heute. Berlin 1999.

Stommel, Axel: Schulsponsoring – Aufbruch in die öffentlich Verantwortungslosigkeit. In: wirtschaft und erziehung. 6/99.

Stommel, Axel/Stommel, Margot: Wer braucht eigentlich wen? Über Autonomie und Sponsoring in der Schule. In: Frankfurter Rundschau vom 22. April 1999.

Strassmann, Burkhard: Werber auf Schülerjagd.. In: DIE ZEIT vom 29.7.2000.

Weber, Heinz: Süßes Gift Sponsoring. In: Bildung Schweiz 1/2000.

zum Egen, Mechthild/Manzey, Dietrich: Eine Idee setzt sich durch. Schulsponsoring und was dahintersteckt. In: Strahlendorf, Peter (Hrsg.): Jahrbuch Sponsoring 94/95.

Horst Bethge

Ökonomisierung im Bildungsbereich – Privatisierung und Deregulierung am Beispiel Hamburgs

Zwei Bemerkungen vorweg. Hamburg ist – verglichen mit den anderen Ländern der Bundesrepublik Deutschland – in besonderem Maße mit den weltwirtschaftlichen Umbruchprozessen verflochten: starke Außenhandelsbeziehungen, Standort für besonders innovative Wirtschaftsbranchen (Flugzeugbau, Medien und Presse, Software, Mineralölindustrie, Banken und Versicherungen). Insofern setzen sich hier auch bestimmte weltweite Trends rascher um als anderswo. Das gilt auch für die Ökonomisierung des Bildungsbereichs. Und: Die Politik der „neuen Mitte" unter rot-grün setzt bewusst auf den Umbau im Sozialstaatssystem und damit auch des Bildungssystems und gestaltet die Grenzen zwischen öffentlich verantworteten Entscheidungen und den privatwirtschaftlich organisierten, dem Profitprinzip verpflichteten ökonomischen Kräften neu. Das Politik-Konzept der „neuen Mitte" will durch Kombination von Kommunitarismus, Konkurrenz und marktwirtschaftlichen Elementen einen Umbau, der zur „Aktivierung des subjektiven Faktors" führen soll („aktivierender Staat" – Bodo Hombach). Dadurch entsteht eine ambivalente Gemengelage, die Ökonomisierung mit Dezentralisation, Staat und Private (*public private partnerships*) bewusst kombiniert und alte obrigkeitsstaatliche Zöpfe abschneidet. „Entgrenzung" oder Deregulierung und Flexibilisierung sind angesagt, was nicht nur negativ ist. Das sieht allerdings immer dann anders aus, wenn es dazu führt, dass die Betroffenen schutzloser, rechtloser werden, ihre Interessen geopfert werden, weil keine „Re-Regulierung" auf neuem Niveau erfolgt und weil gesellschafts- und bildungspolitische Prozesse der Transparenz oder demokratischen Kontrolle entzogen werden. Dieses Politikkonzept der „neuen Mitte" wird auch in Hamburg realisiert, denn hier regiert derzeit ein rot-grüner Senat, der durch Krista Sager (Wissenschaftssenatorin) und Hermann Lange (Staatsrat in der Behörde für Schule, Jugend, Berufsbildung) – auch bundespolitisch – besonders aktiv auf diesem Gebiet ist. Dies vorausgeschickt, nun zu einigen Beispielen.

Neues Steuerungsmodell

Seit 1994 wird durch Bürgerschaftsbeschluss in Hamburg das „Neue Steuerungsmodell" (NStM) für Verwaltungssteuerung aller Hamburger Behörden eingeführt, angelehnt an Modelle in Tilburg und Neuseeland und entwickelt von der Kommunalen Gemeinschaftsstelle (KGSt), und zwar zunächst in Pilotprojekten z.b. in der Sozialbehörde und im Gefängnis Glasmoor. Das NStM, das für die gesamte Staatstätigkeit, also auch für Bildung, Wissenschaft, Kultur, Jugend- und Kinderpolitik gilt (vgl. auch den Beitrag von Dermietzel in diesem Band), ersetzt das Befehls-, Anordnungs- und zentrale Regelungsprinzip durch das Auftrags- und Contract-Prinzip, hält die Grenzen zwischen Markt und Staat flexibel (Manageralismus, Staat als Dienstleistungsunternehmen, die „Stadt als Konzern"), zieht „von der Seite her" betriebswirtschaftliche Prinzipien ein (so eine Hamburger Oberschulrätin in einer Diskussion über das Schulprogramm) und koppelt soziale Auffangmechanismen an deren Bezahlbarkeit (Budgetierung, Selbstverantwortung, Dezentralisierung), wie z.B. in der Jugendhilfe, ohne dass Rechtsansprüche außer Kraft gesetzt werden. Gefördert wird marktnahe, kostenbewusste Problemlösefähigkeit – egal, ob staatlich oder privat organisiert: Die Schule wird als Betrieb verstanden, warum kann sie nicht auch so geführt werden? Konzernbewährte Regelungen werden auf die gesamte Staatstätigkeit übertragen: Personalmanagement, Kundenorientierung, Kosten- und Leistungsrechnung, Budgetierung, Controlling auf der Basis permanenter Evaluation, Ranking, Benchmarking. Eine Arbeitsgruppe „Politisches Benchmarking" im „Bündnis für Arbeit" wurde dazu eingerichtet. Gleichzeitig werden staatliche Schulen und Hochschulen für neue Märkte geöffnet (Bildungsindustrie). Vorbild sind die USA, wo sich eine große Bildungsindustrie mit besonders profitträchtigen Werten bereits an der Börse tummelt; sie stellt sich auch darauf ein, daß Bildungsbereitschaft antizyklische Seiten hat, d.h. bei hohen Arbeitslosenzahlen, hohem Umschulungsbedarf und wachsender Angst vor sozialem Abstieg steigt.

In Hamburg wird jeder Behörde selbst überlassen, womit sie die Einführung des NStM beginnt und welche Elemente sie in welcher Reihenfolge realisiert. Zur Beratung und Steuerung ist bei der Finanzbehörde das „Projekt Verwaltungsinnovation" (PROVI) eingesetzt, das auch Leitfäden erstellt (für Budgetierung, Qualitätsmanagement, Kennziffernentwicklung, Kosten- und Leistungsrechnung). Jährlich erscheint eine Übersicht, wie weit die Einführung des NStM in den einzelnen Behörden gediehen ist, und jährlich werden auf einer sogenannten „Modernisierungsmesse" die Fortschritte vorgestellt. Ausdrücklich wurde die Einführung des NStM mit dem „Konsolidierungshaushalt" des Senats begründet. Aber nicht nur Ausgabenkürzungen sind bezweckt. Längerfristig sollen alle Mitarbeiterinnen und Mitarbeiter, soll die gesamte Verwaltung umdenken, kostenbewusst und betriebswirtschaftlich denken lernen. „Sparen muss Volkssport werden", so ein Hamburger Finanzsenator. Durch Effizienzsteigerungen und „Aktivierung des subjektiven Faktors" sollen zusätzliche Einsparpotentiale erschlossen werden. Die Mittel dazu sind Wettbewerbe, Vertragsgestaltung, Ranking und Benchmarking.

NStM in Wissenschafts- und Bildungseinrichtungen

Entsprechend dem Konzept der *public private partnerships* wird die Umwandlung der Universität in eine Stiftung öffentlichen Rechts diskutiert. Nach dem Konzept der Budgetierung arbeiten die Hamburger Hochschulen schon jetzt, d.h. dass sie das zugeteilte, um den „Abwachsfaktor" gekürzte Budget eigenverantwortlich verwalten. Aber längst wurden auch Modell und mögliche Chancen einer „Volksuniversitäts-AG" mit „ökonomisierter Lehre" zur Debatte gestellt – und dass es sinnvoll sein könnte, alle Mitglieder, Lehrende und Studierende, in bestimmter Weise ökonomisch zu beteiligen. Ergebnis wäre eine Art Uni-AG, und wie bei VW könnten Volksaktien für die Volksuniversität ausgegeben werden.

Im Schulbereich wird die Personalverwaltung auf ein neues Personalmanagement umgestellt. Ab August 2000 gibt es „schulscharfe Einstellungen": Eine Schule schreibt ihre freien Stellen aus und besetzt sie nach eigener Wahl. Funktionsstellen werden nach Leistung, Mobilitäts- und Fortbildungsbereitschaft vergeben; bei Junglehrern gibt es den zwangsweisen „regelhaften Schulwechsel" innerhalb der ersten zehn Jahre. Grundlage dafür ist das Grundsatzpapier des Senatsamtes „Strategische Personalentwicklung", das von einer sinkenden Einstellungsquote, einem steigenden Altersdurchschnitt im öffentlichen Dienst und dem Wechsel vom Bürokratiemodell zum Managementmodell ausgeht. Durch Controlling auf der Basis zu entwickelnder Kennzahlen sollen die Sparziele erreicht, durch Ökonomisierung des Denkens, „emotionale Mobilisierung" mittels „Mitarbeiter-Vorgesetzten-Gesprächen" (MAV) und von den Vorsetzten zu erstellende „Leistungspotenzialanalysen" der langfristige Umbau erfolgen.

Einem regelrechten Outsourcing wurde der Sportunterricht an den Hamburger Berufsschulen unterzogen. Seit 1997 bekommen die SchülerInnen Gutscheine für je 100.– DM, die sie bei Sportvereinen und Fitness-Centern einlösen können. 10 bis 15 Prozent der SchülerInnen macht davon Gebrauch, die übrigen treiben keinen Sport mehr, denn an Berufsschulen wurde der Sportunterricht gekürzt, damit die Auszubildenden länger im Betrieb bleiben können. Nebenbei konnten 40 Lehrerplanstellen jährlich eingespart werden. Auch die Gebäudereinigung ist outgesourct – übrigens in allen Hamburger Behörden: Fremdfirmen übernehmen alle zwei Tage den größten Teil der Schulgebäudereinigung; schulfremdes Personal, heute hier, morgen dort tätig, viele Immigrantinnen zu sehr niedrigen Löhnen darunter, ersetzen die Stammkräfte – zumeist Mütter aus dem Schulrevier -, die mit der Schule vertraut sind.

Seit 1991 wird schrittweise zur *Budgetierung* im Schulbereich übergegangen. Die für Gebäudereparaturen, Heizung, Strom, Wasser, Müll, Gerätewartung, Klassenreisenzuschüsse, Telefon und Schulbürobedarf, Schulmobiliar, Sport- und Spielgeräte sowie kleine Lehr- und Lernmittel erforderlichen Finanzen werden der Schule zugeteilt. Die Schule verwaltet die Mittel selbst, nicht mehr eine zentrale Beschaffungsstelle, die Bauabteilung der Behörde oder das zuständige Bezirksamt. Das bedeutet schulnahe Entscheidungen, kurze Verwaltungswege, aber auch neue Kompetenzen, die erforderlich sind, z.B.: welcher Schulleiter ist in Bauausschreibungen erfahren? Seit 1997 wird an den Berufsschulen die erweiterte Selbstbewirtschaftung durchgeführt. D.h. Bauunterhaltung, größere Reparaturen, Grundsanierung, die Verwaltung der Hausmeisterei, der Schulreinigungsdienst – alles wird selbst organisiert im Rahmen des zugewiesenen Budgets. Auch die Einnahmen von Schulfesten, aus Verkäufen, aus Dienstleistungen der Schulen an Dritte fließen in den Etat. Das Modell soll auf alle Schulen ausgedehnt werden. Dazu gehört auch das sogenannte „Fifty-Fifty-Modell": Seit 1994 verbleiben 50 Prozent der an Energie, Wasser, Telefon, Müll etc. eingesparten Kosten an der Schule zur eigenen Verwendung. Zur Zeit sind 330 Schulen daran beteiligt, die Ausdehnung auf alle ist vorgesehen. Dabei wäre allerdings zu fragen, warum nicht 100 Prozent der eingesparten Summen an den Schulen verbleiben.

Das Institut für Lehrerfortbildung (IfL), das Landesmedienzentrum und die Staatliche Jugendmusikschule sind nach § 20/1 der Landeshaushaltsordnung vollständig auf Budgetierung umgestellt und arbeiten mit Gebühren bei Nutzern und Contracten bei Mitarbeitern. Das hat z.B. zur Folge, dass KollegInnen, die sich vom Zentrum für Schulbiologie des IfL beraten lassen oder Unterrichtsmaterial ausleihen wollen, Gebühren zahlen müssen; Schulen können sich allerdings für 400 DM eine „ZSU-Card" zulegen, die alles pauschal abdeckt. Nur, die Schulen haben dafür keinen Etat, und früher war derselbe Service kostenlos. Demnächst soll die Budgetierung der Schulen auch auf die Personalkosten ausgedehnt, Geld- statt Stellenzuweisungen sollen damit ermöglicht werden. Dann ist nicht mehr der Stellenplan maßgeblich, sondern das Budget. Schon jetzt wird die Budgetverantwortung von jeder Behörde wahrgenommen (seit

1997). In die Bezügeabrechnung der einzelnen Budgets wird die vom Senat vorgegebene „Konsolidierungsverpflichtung" gleich eingerechnet; das heißt dann „bereinigtes Ist". Damit wird die Kürzungspolitik als Sachzwang verschleiert.

Gegenwärtig wird mit standardisierten Massentests und Vergleichsuntersuchungen im großen Stil versucht, externe *Evaluation und Controlling*, z.T. auch Ranking, zu installieren.

LAU 5, 7, 9, 10, PISA und PIRLS heißen die verschiedenen Reihentests, die auf die Hamburgischen Schulen zugekommen sind oder noch zukommen[1]. Den LehrerInnen soll das Definitionsmonopol darüber, was eine Schülerleistung sei, genommen werden („Die Zeit", 7. Oktober 1999). LAU 5 und 7 haben in mehreren Schulbezirken dazu geführt, dass Ranking-Listen der Schulen aufgestellt wurden. Und Fachkonferenzen von Schulen haben, um nicht erneut bei LAU schlecht abzuschneiden, beschlossen, mehr Grammatik zu pauken statt Literaturunterricht zu betreiben. Ohne auf die Details der verschiedenen Tests (und die umfangreiche Diskussion um die sogenannte „empirische Wende in der Bildungspolitik" – so die ehemalige Hamburger SPD-Bildungssenatorin Rosemarie Raab) einzugehen, sei zugestanden, dass eine Diskussion darüber, was Qualität, was Leistung ist, überfällig ist. Sie wird aber nicht geführt; statt dessen kommt ein Test nach dem anderen auf die Schulen zu (kritisch dazu Klemm o.J.). OECD und EU steuern durch Vorgaben der Standards; PISA ist eine OECD-Veranstaltung; die EU hat eine Kommission eingesetzt, die mit Experten aus 26 Ländern „Indikatoren und Benchmarks für die Qualität der schulischen Bildung" zusammengestellt hat; und die KMK beschließt die Durchführung. Qualitätssicherung nennt sich das (vgl. GGG 1997, Klausenitzer 2000 sowie den Beitrag von Hirtt in diesem Band).

Hingegen ist *Werbung* in Schulen bzw. Vermietung von Schulen, Gebäudeteilen oder -flächen zu Werbezwecken in Hamburg – verglichen etwa mit Offenbach oder Berlin – noch unterentwickelt. Nur stadtnahe Schulen verpachten z.B. Schulhof-Flächen als Parkplätze an umliegende Firmen; 25-50 Prozent der Einnahmen fließen als Prämie an die Schule. In Hamburg-Bergedorf ist ein Streit entbrannt, weil die Marktbeschicker des Wochenmarktes, die während der Markttage ihre Lieferwagen auf dem Schulhof abstellen, nicht die geforderte Gesamtsumme von 12.000 DM Jahresmiete an die Schulen zahlen wollen.

---

1 Lernausgangslagen-Untersuchungen; Programme for International Student Assessment; Progress in International Reading Literacy Study

Computer in die Schulen?

Die Computerisierung erweist sich als Einfallstor für die Ökonomisierung, und zwar in mehrfacher Hinsicht. Zum einen wird mit Steuergeldern Hardware angeschafft, was angesichts der erklecklichen Summen als verdeckte Subventionierung der Computerindustrie verstanden werden kann. Zum zweiten wird, da die öffentlichen Haushaltsmittel nicht ausreichen, Druck auf verschiedene Branchen ausgeübt, an die Schulen Computer zu spenden. Alle örtlichen Zeitungen und Bezirksblättchen sind voll davon, *public relations* für die Spender zu machen. Daneben wird von Firmen wie Hanse.Net, AOL und Telekom im Bildungsbereich investiert, um die „Schüler als Kunden zu gewinnen" (AOL z.B. bietet Hausaufgabenhilfe an). Die drei Unternehmen haben 400 von 428 staatlichen Schulen in Hamburg mittlerweile mit einem Internet-Anschluss versehen, womit Hamburg bundesweit an der Spitze liegt. Mittel für entsprechende begleitende Maßnahmen fehlen; die Schulen sind nicht in der Lage, mit der Fortbildung der Lehrkräfte und Schulung der Schulleitungen, Hausmeister und Schulsekretärinnen nachzukommen. Die für Fortbildung zur Verfügung gestellten Ressourcen sind lächerlich gering. Es wird teure Hardware eingekauft, aber für Software sollen die Schulen die nötigen Mittel selber akquirieren, und die Freistellung der schulischen Systemadministratoren ist mit 2 bis 4 Stunden pro Woche viel zu knapp bemessen. Wie in den USA, in England und anderswo bereiten diese Maßnahmen den Boden vor für den Auftritt der Bildungsindustrie. Sie steigt ein in die entstandenen Lücken – von der Schulentwicklung bis hin zu Tests, Personalmanagement, Schulverwaltung und Budgetierung.

Berufsausbildung

Auch im Bereich der beruflichen Bildung gibt es *public private partnerships*. Die Zahl der von Firmen angebotenen Ausbildungsplätze hat sich in Hamburg zwar leicht erhöht (1999; im Handwerk ist sie zurückgegangen), aber die meisten Plätze werden hier aus dem staatlichen Programm „Jump" finanziert. Die Privatwirtschaft kürzt weiterhin die Ausbildungsplätze und spart so an den Ausbildungskosten. Neuerdings treten einzelne Firmen – so der Otto-Versand, Hapag-Lloyd, Hanse-Merkur und der Springer-Verlag – als Paten für Schulen auf, indem sie dreiwöchige Betriebspraktika für Schüler anbieten; vorher werden per Fragebögen die Interessen der Schüler abgefragt, um die „Fähigkeiten ans Licht zu bringen". Die Firmen greifen auf diese Weise in die Kompetenzen des Arbeitslehre-Lehrers ein; sie behaupten damit, die Orientierung bei der Ausbildungsplatzsuche besser leisten zu können als der Lehrer, der die Schüler kennt. Flankierend dazu fordert die Handelskammer die Einführung eines Faches „Wirtschaft" (für alle Schularten), und die Schulbehörde hat einen entsprechenden Ausschuss für den Bildungsplan „Wirtschaft" gebildet. Seit 1996 vermittelt die Handelskammer außerdem Lehrerbetriebspraktika. Hier werden ausschließlich wirtschaftsfreundliche Inhalte transportiert; kritische Akzente, wie sie in der Arbeitslehre-Diskussion der letzten Jahre und in den ehedem vom IfL veranstalteten Lehrerbetriebspraktika zur Sprache gebracht wurden, fehlen.

NStM im Kindergarten-, Jugendhilfe- und Weiterbildungsbereich

In den Kindergärten wird die bei der KMK geführte, länderübergreifende Ranking-Liste wirksam: Die Hamburger Elternbeiträge gelten hier als erhöhbar, werden doch durchschnittlich nur 450 DM monatlich für einen Kita-Platz bezahlt, während es in Bremen 478 DM sind. Deshalb sollen nach den Wahlen in Hamburg „Kita-Cards" eingeführt, die ab Januar 2002 wirksam werden. Die Nutzung des Früh- und Spätdienstes in den Kitas wird kostenpflichtig; vier Stunden Betreuung werden garantiert („Kernbetreuungszeit"), der Rest muss extra bezahlt werden, wobei die sieben Bezirksämter je nach Arbeitsvertrag entsprechende Cards ausgeben, die die Eltern bei der Kindertagesstätte ihrer Wahl einlösen können. Die Bürgerschaft will laut Beschluss von 1997 „nachfrageorientiert umsteuern". Das bedeutet de facto den Abbau von Ganztagsplätzen und beim größten Träger, der ehemals städtischen „Vereinigung der städtischen Kindertagesstätten", Kürzungen um 8 Millionen DM sowie nach Angaben der ÖTV rund 800 Entlassungen.

In der Jugendhilfe ist die Umstellung auf das NStM bereits weitgehend erfolgt. Projekte etwa in der Drogenberatung werden ausgeschrieben; staatliche, städtische oder private Einrichtungen können den Zuschlag erhalten. So erhielt in der Drogenhilfe Hamburg-Billstedt eine Einrichtung aus Bremen den Auftrag und verdrängte eine einheimische, eingesessene und mit dem örtlichen Milieu seit Jahren vertraute Hamburger Einrichtung, weil sie billiger und die Budget-Auflagen zu akzeptieren bereit war. In der „Ambulanten Hilfe zur Erziehung", auf die nach dem Kinder- und Jugendhilfegesetz ein Rechtsanspruch besteht, blieb dieser zwar erhalten, aber Ende 1999 wurde ein Ausgabestopp verfügt, weil der Etat erschöpft war. Die Ökonomie überlagert eben die Pädagogik (vgl. Dermietzel in diesem Band).

In der Weiterbildung, ein großer Markt, auf dem sich private und staatliche Anbieter tummeln, ist Hamburg offensichtlich Vorreiter in der Umstellung auf *public private partnership*: Diskutiert wird, ob die städtische Volkshochschule mit halbstaatlichen und privaten Trägern von Weiterbildungsmaßnahmen nicht in eine neue „Bildungs-Holding" umgewandelt werden sollte (vgl. dazu auch die Beiträge von Bastian und Bayer in diesem Band).

NStM im Schulbereich

Seit altersher gibt es in deutschen Schulen Schulvereine. Sie haben vielfach die Verbundenheit der Schulgemeinde mit „ihrer" Schule demonstriert und auch materiell unterstützt. Die neuen Richtlinien für Sponsoring bedeuten aber etwas ganz anderes: Mehr oder weniger große Firmen, vor allem diejenigen, die Kinder und Jugendliche als Kunden haben, werden eingeladen, für die Schulen Geld zu spenden, um den Landeshaushalt zu entlasten. So kann in Hamburg ein Schulleiter Einzelspenden bis zu DM 10.000.– DM annehmen, ohne die Schulkonferenz oder das Lehrerkollegium fragen zu müssen. Darüber hinaus wird er zur Spendenakquisition gezwungen, da er mit den Nachbarschulen in einer forcierten Wettbewerbssituation steht. Da Hamburg, anders als andere Bundesländer, keinen Ausgleichsfonds für benachteiligte Schulen kennt, ist abzusehen, dass sich die soziale Polarisierung der Stadtteile, die sich schon jetzt in den Schulen abbildet, verstärken wird.

Vor allem die Rolle der Schulleitungen wird zur Zeit grundlegend verändert: Manager, nicht so sehr PädagogInnen, sind gefragt. Das Schulgesetz wurde entsprechend geändert, in den Findungsausschüssen können Vertreter der Wirtschaft mitreden (die Handwerkskammer macht bei Findungsausschüssen für Haupt- und Realschul-Schulleitungen auch fleißig Gebrauch davon). Entsprechend anspruchsvolle Fortbildungsprogramme des Instituts für Lehrerfortbildung (IfL) für Schulleitungsmitglieder wurden auf Kosten der normalen Lehrerfortbildung aufgelegt. Kein Element des NStM, in dem die Schulleitungen nicht schon geschult wurden – auch wenn dessen Einführung angeblich nicht oder noch nicht für alle Schulen vorgesehen ist.

Modern und manageralistisch geführte Konzerne arbeiten mit Leitbildern (corporate identity) und oder „Produktbeschreibungen". So jetzt auch in einigen Hamburger Behörden, in der Schulbehörde unter der Bezeichnung „Schulprogramm", zu dessen Entwicklung nach dem Schulgesetz alle Schulen verpflichtet sind. Geschickt wurde bei der Adaption des NStM für den Schulbereich die viel ältere Diskussion um inhaltliche

(Teil-) Autonomie, um das Erfordernis, inhaltlich auf die Lebenssituation der Kinder im Stadtteil einzugehen, aufgegriffen und konzeptionell incorporiert. Erfahrungen aus der „Weiterentwicklung der Gesamtschulen durch Lehrerkooperation", z.b. der Einsatz von Konzeptgruppen, wurden übernommen. Allerdings wurde der Prozess der Schulprogrammentwicklung in Hamburg (anders als in anderen Bundesländern!) stark von oben reglementiert: Die Programme müssen von der Schulbehörde genehmigt werden (§ 51, Abs. 2/2 des Hamburgischen Schulgesetzes), die Schulaufsicht soll beraten und unterstützen (§ 85, Abs. 2). Bis August 1998 musste jede Schule einen Zeit- und Arbeitsplan einreichen, bis August 2000 das fertige Programm. Es sollte sich auf Bildungspläne stützen, die aber von der Behörde erst Anfang 2001 vorgelegt wurden. Eltern und Schüler sollten an der Erstellung des Schulprogramms beteiligt werden, ein Postulat, das zumeist nicht eingelöst worden ist.

Nach dem NStM hat das Schulprogramm den Charakter einer Produktbeschreibung, die die Grundlage für Kennziffernerstellung abgibt. Daran wird die Zielerreichung gemessen. In der Handreichung zur Programmerstellung „Recht aktuell" (12/1997, 5) werden Beispiele für die Kennziffernbildung genannt: „Anzahl der Schüler mit guter und sehr guter Leistung im naturwissenschaftlichen Bereich" oder „Prozentzahl der Schüler mit einer Ausbildungsplatzzusage". Die Frage ist, wie Schulentwicklungsprozesse unter diesem Druck gelingen können; ob soziale Prozesse in Kennziffern abgebildet werden können und sollen; ob unter diesen Bedingungen das Primat des Pädagogischen aufrechterhalten werden kann; welche Folgen es hat, wenn „betriebswirtschaftliche Prinzipien von der Seite her eingezogen werden" – wie eine leitende Oberschulrätin formulierte.

Schon jetzt lassen sich die durch diese Ökonomisierung hervorgerufenen Probleme absehen, aber Gewerkschaften und kritische Öffentlichkeit tun sich schwer damit, auf diesen Ökonomisierungsprozess zu reagieren. Da ist einmal die Tatsache, dass in den letzten vier Jahren 7.000 Planstellen in der Hamburger Verwaltung abgebaut wurden (im Jahre 2001 sollen noch einmal 850 Planstellen gestrichen werden). Das heißt konkret: Von den rund 12.000 Lehrerplanstellen wurden seit 1994 rund 2.000 gestrichen – obwohl die Schülerzahlen erheblich gestiegen sind. An den Hochschulen wird seit Jahren jede zweite Stelle nicht neu besetzt. Das heißt, dass das Kürzen und Sparen derart in den Mittelpunkt rückt, dass alle anderen, durchaus ambivalenten Folgen dahinter verblassen – und die gesamte Modernisierung nur als Belastung wahrgenommen wird, was sie so dann ja auch ist.

Zum anderen entpuppt sich der als Modernisierungsprozess propagierte Einzug der Ökonomie als hochgradig ambivalent: Alte, überholte Zöpfe fallen plötzlich, z.B. wird die Hierarchisierung des Bildungswesens verschlankt, die Ordinariendominanz an den Hochschulen eingeschränkt, überholte Haushaltsregeln werden aufgegeben (z.B. dürfen nunmehr Haushaltsrestmittel von einem ins andere Rechnungsjahr übernommen werden), die Regelungswut von Details wird aufgegeben. Andererseits werden die Mitarbeiter einem Selbstausbeutungsdruck wie noch nie unterworfen, nämlich immer schneller, immer gestresster arbeiten zu müssen, weil man permanent evaluiert und gebenchmarkt wird. Die Konkurrenz untereinander wird verstärkt, die Kultur der Kooperation zerstört. Durch die Flexibilisierung werden bewährte und erstrittene Schutzrechte, z.B. die Rechte der Personalvertretungen, ausgehöhlt. Die Schulbehörde weigert sich besonders hartnäckig, durch Dienstvereinbarungen neue Regulierungen zu schaffen. Eine neue Kaste von Systembegünstigten entsteht; die Schulleitungen erhalten neue Dominanz, während auch die Spitze der Behörde direktere Zugriffsmöglichkeiten allein schon aufgrund ihres Informationsmonopols erhält. Dabei argumentiert die Hamburger Schulbehörde, so ein öfters geäußerter Vorwurf, nicht offen, und sie informiert die Beschäftigten fast gar nicht. Ziele, Ablauf und Konzeptionen werden nicht hinreichend offengelegt, so dass aus Einzelmaßnahmen auf das Ganze geschlossen werden muss. In der Regel wird geleugnet, dass es sich um einen Ökonomisierungsprozess oder um Maßnahmen zur Einführung des NStM handelt. Sie werden stattdessen pädagogisch verbrämt.

Literatur

GGG, Gemeinnützige Gesellschaft Gesamtschule: GGG aktuell, Untersuchungen zur Schulleistung, http://www.ggg-nrw.de/TIMSS.html (seit 4/1997; im Mai 2001).

Klausenitzer, Jürgen: Privatisierung im Bildungswesen? Eine internationale Studie gibt zu bedenken! In: Die Deutsche Schule 91 (1999) 4, 504-514. Auszüge unter http://www.gew-hessen.de/publik/hlz-2000/hlz_09_2000/hlz_9b_00.htm (im Mai 2001)

Klemm, K.: Als Dauerveranstaltung nicht geeignet. Über Chancen und Risiken von Vergleichsstudien. In: Forum Bildung, online-Diskussionsforum http://www.forum-bildung.de/themen/tpl_t28.php3 (im Mai 2001).

Ralf Dermietzel

Die Ökonomisierung der Sozialarbeit

> „Ein neu gefasstes Verständnis vom Sozialstaat verbessert nicht nur die Wettbewerbsposition der Deutschen im globalen Wettbewerb, sondern ermöglicht auch die Stärkung von Demokratie und ziviler Gesellschaft."
>
> (Kanzlerberater Tichy 1998, 11)

Wird im Rahmen der Sozialarbeit – hier speziell der Jugendhilfe – in der Fachöffentlichkeit von einer „Ökonomisierung der Sozialarbeit" gesprochen, so könnte man diese Diskussion als Thematisierung eines grundsätzlichen Perspektivenwechsels in der Jugendhilfe auffassen, welcher sich zuletzt in zwei wesentlichen Veränderungen staatlicher Jugendhilfevorgaben vergegenständlicht hat. Zum einen hat die Umsetzung von Teilen der von der Kommunalen Gemeinschaftsstelle für Verwaltungsvereinfachung (KGst) ausgearbeiteten Verwaltungsreformkonzepte zu einer Umstrukturierung bzw. einer Einführung teilweise betriebswirtschaftlicher „Neuer Steuerungsmodelle" (NStM) in die öffentliche Jugendhilfeverwaltung geführt. Zum anderen wurde auch durch eine entsprechende Modifizierung des Kinder- und Jugendhilfegesetzes (KJHG/SGB VIII) das Verhältnis zwischen öffentlicher und freier Jugendhilfe, insbesondere im Bezug auf das Finanzierungsprozedere, neu gestaltet (vgl. Abkürzungsschlüssel am Schluss des Beitrags).

Der vorliegende Artikel ist ein Beitrag zur Diskussion der Auswirkungen der „Neuen Steuerungsmodelle" in der Sozialarbeit. Er stellt in Frage, ob die in den vergangenen Jahren vom fachwissenschaftlichen Diskurs begleitete Ökonomisierung der Jugendhilfe wirklich den deklarierten Zwecken – der Schaffung von mehr Qualität, Effizienz, Entlastung des Personals, Entbürokratisierung etc. einerseits und/oder der verstärkten Nachfrageorientierung sozialer Arbeit geschuldet ist. Vertreten wird hier die These, dass die staatlich initiierte Ökonomisierung der Sozialarbeit vor dem Hintergrund eines staatsökonomischen Programms zur Durchsetzung der deutschen Wirtschaft in der Weltmarktkonkurrenz zu verstehen ist und ihren alleinigen Zweck in der politischen Absicht der Kostenreduzierung des Sozialstaats hat.

Entsprechend stellen sich nämlich auch die Auswirkungen auf die Leistungserbringung dar. Während die Fachöffentlichkeit lebhaft über das Für und Wider von ‚Kunden- bzw. Nachfrageorientierung', von Qualitätserhaltung und Qualitätsförderung etc. diskutiert, verzeichnet der praktische Jugendhilfealltag der Fachkräfte und der Betroffenen vor Ort drastische Veränderungen. Diese, hier am Beispiel der Hilfen zur Erziehung (HzE) aufgezeigt, machen deutlich, nach welchem Kriterium gesteuert wird und wie sich dieser politische Anspruch der unbedingten Haushaltskonsolidierung gegen die pädagogische Fachlichkeit, die die Leistungsgewährung nicht im gewünschten Maß an den finanziellen Vorgaben ausrichtet, durchsetzt.

Dass die Politik sozialstaatliche Ausgaben reduzieren will, ist natürlich weder neu noch ist diese Behauptung in diesem Zusammenhang besonders originell. Im Gegenteil: Die „Notwendigkeit", insbesondere beim Sozialen zu „sparen", wird von politischer Seite offensiv bekundet und von der Fachöffentlichkeit durchweg nachvollzogen. Entsprechend wird sie bei der Theoriebildung berücksichtigt: „Ein quantitatives ‚Weiter-wie-bisher' ist nicht mehr möglich" (Wöhrle 1993, 18). Der von der Politik praktizierte Sparwille nimmt damit die Form eines nicht weiter zu begründenden Sachzwanges an. Demgegenüber ist zu betonen, dass sich die politische Absicht, die Staatsausgaben – insbesondere im sozialen Bereich – radikal zu reduzieren, keinesfalls einer Notwendigkeit namens „leerer Kassen", sondern eben einer Standortpolitik verdankt, die durchaus erklärungs- und kritikwürdig ist.

Die Neue Steuerung – Verwaltungsmodernisierung am Beispiel der öffentlichen Jugendhilfeverwaltung der Freien und Hansestadt Hamburg

Die nach den Regeln der Verwaltung und des kameralistischen Haushaltswesens erfolgende Vorschriftenerfüllung, welche jahrzehntelang das bewährte rechtsstaatliche Effizienzkriterium staatlicher Sozialverwaltung war, gerät seit geraumer Zeit zunehmend in die Kritik. Tatsächlich genügten früher für die herkömmlichen sozialstaatlichen Subventions-, Versorgungs- oder Kompensationszwecke die strenge Beachtung des Formalismus des Verfahrens und die vorschriftsmäßige Bewilligung von Leistungen, wenn und soweit Anspruchsvoraussetzungen (noch) vorlagen. Dies zu prüfen und die notwendigen Maßnahmen zu treffen, ließ sich im Wesentlichen vom Schreibtisch aus erledigen, was von der Öffentlichkeit mit durchaus passenden Attributen bedacht wurde: Bürokratie, Beamtenmentalität, Kartei(leichen)-Verwaltung, Schematismus, „Komm"-Struktur, Praxisferne, Lebensfremdheit und vor allem, hier sind sich Politik und (Fach-) Öffentlichkeit grundsätzlich einig, fehlendes Kostenbewusstsein.

Die Ökonomisierung der Sozialarbeit

Mit der in den neunziger Jahren eingeleiteten Verwaltungsmodernisierung sollte deshalb – so ließen sich die unterschiedlichen Positionen zusammenfassen – „ein System [geschaffen werden], das mehr leistet und weniger kostet und dabei bürgernäher agiert" (Grömig 1995, 8). Über die Frage, ob und wie denn diese drei Ziele miteinander zu vereinbaren seien, herrscht in der Fachöffentlichkeit allerdings nach wie vor Uneinigkeit. Geschehen ist tatsächlich Folgendes:

Fundament der Verwaltungsreform ist die Dezentralisierung und Vereinigung von Fach- und Ressourcenverantwortung in kleineren (bezirklichen bzw. regionalen) Einheiten. Mit einer Delegation der Entscheidungskompetenz über den Umfang der für notwendig erachteten Ressourcen an die – bürgernäheren – Bezirke hat dies allerdings nichts zu tun. Dass mit dieser Vereinigung der Fach- und Ressourcenverantwortung bei den Bezirken auch wirklich kein Machtverlust auf höherer Ebene einhergeht, soll mit konkreten Zielvereinbarungen, dem sogenannten Kontraktmanagement, sichergestellt werden. Hier „verhandelt" die Fachbehörde mit ihren jeweiligen untergeordneten Behörden Leistungspakete und Mengengerüste für die Bewilligung von Hilfen und definiert entsprechende Hilfestandards. Die untergeordnete Behörde steht nun für die Erfüllung dieses Kontrakts in der Verantwortung. Der Aushandlungsprozess verläuft dabei im Gegenstromverfahren, d.h. *top down* werden Leistungs- und Finanzrahmen definiert (Nachfrage) und gleichzeitig *bottom up* Maßnahmen, Leistungen und Produkte angeboten (Angebot). So soll dann eine hohe Übereinstimmung von Angebot und Nachfrage, und somit ein realistischer Kontrakt, sichergestellt werden.

Das dazugehörige Steuerungsmittel auf der Finanzierungsebene ist die sogenannte „Output-Budgetierung". Das in seiner Höhe für die Bezirke verbindliche Budget löst damit die Finanzierung über detaillierte Finanzierungspläne ab, die regelmäßig einen Nachtragshaushalt möglich und nötig machten. Die Funktionalität dieser output-orientierten Steuerung erfordert dabei, dass die sozialen Dienstleistungen als „Produkte" definiert werden und über die Kosten-/Leistungsrechnung einen festen Preis erhalten, mit dem sich rechnen lässt. Die einzelnen Produkte des „kommunalen Unternehmens" werden so von einem ausgetüftelten „Controlling-System" erfasst und einem Leistungsvergleich (Benchmarking) ausgesetzt, damit „weitere Rationalisierungsreserven erschlossen werden können" (Brenner 1996, 499).

Mit der Umwandlung sozialer Leistungen von Hilfeangeboten zu Produkten, für die im Einzelnen ein konkreter Preis veranschlagt wird, hat die Einführung der neuen Methoden in die Verwaltung – über die Optimierung der Nachfragesteuerung gemäß staatlichen Vorgaben hinaus – Voraussetzungen für eine Wettbewerbsorientierung der Kommunalverwaltungen geschaffen. Kommunale Leistungen können und sollen nun intrakommunal und mit Leistungen nicht-öffentlicher Anbieter verglichen werden. Dieser "output-orientierten Steuerung" gemäß wurde das Finanzierungsprozedere zwischen öffentlicher und freier Jugendhilfe ebenfalls neu gestaltet:

Die Abkehr vom Selbstkostenprinzip

Die für die HzE relevante Zuwendungspraxis zwischen Trägern öffentlicher und freier Jugendhilfe gemäß § 77 SGB VIII wurde, wie im Bereich der Sozialhilfe, vom generellen Prinzip der Selbstkostenerstattung zur Finanzierung über Leistungsvereinbarungen umgestellt. Diese Vereinbarungen zwischen öffentlichem Träger und Einrichtungen beziehen sich nun auf einen *zukünftigen* (prospektiven) Zeitraum. Gestattete das alte Finanzierungsverfahren noch, dass Kostenaufstellungen u.U. auch nachträglich ausgeglichen werden konnten, wenn die tatsächlichen Ausgaben höher als veranschlagt ausfielen, ist dieses nun nicht mehr möglich.

Die dieser neuen Vorgabe adäquaten Finanzierungsformen sind die prospektiven Pflegesätze und die Fachleistungsstunde (FLS), welche die in einzelnen Bereichen der Erziehungshilfen zuvor üblichen Tagespflegesätze ablösen. Mit der Fachleistungsstunde soll gewährleistet werden, dass sich die Jugendhilfeleistungen, die nun als Produkte definiert sind, besser einem Preis-Leistungsvergleich unterziehen lassen. Gleichzeitig wird mit der FLS sichergestellt, dass nur noch die für den Einzelfall erforderlichen Betreuungskontingente über einen zu verhandelnden Stundensatz bezahlt werden. Im Bereich der Zuwendungsfinanzierung (§ 74 SGB VIII) orientiert sich die Höhe der staatlichen Zuwendung nun nicht mehr an dem, was zur Bereitstellung von Leistungen als notwendig erachtet wird, sondern daran, was tatsächlich an Leistungen – vertraglich festgeschrieben – erbracht werden soll. Die Folgen dieser durch die ‚output-orientierten Zuwendungsgewährung' initiierten Konkurrenz der Leistungserbringer sind bekannt: Fallzahlen werden ‚angepasst', und gerade kleinere Träger, deren Finanzbedarf für das zu fördernde Projekt sich zu nahezu 100 Prozent mit dem Finanzbedarf der Einrichtung deckte, müssen schließen.

Die Ökonomisierung der Sozialarbeit zum Zwecke der Reduktion sozialstaatlicher Ausgaben

Die Verankerung betriebswirtschaftlicher Strukturen in der Kommunalverwaltung auf ein „strategisches Manöver zum mehr oder weniger geschickten Einsparen von Geldbeträgen in den kommunalen Haushalten" zu reduzieren, halten Fachleute wie Merchel und Schrapper (1996, 8) für verkürzt. Homann (1996, 9) erkennt in diesen Umstrukturierungsmaßnahmen „ohne Zweifel eine wichtige Voraussetzung für das eigentliche Ziel der Neuen Steuerungsmodelle, nämlich die Verbesserung der Außenleistungen der Verwaltungen". Insgesamt verspricht sich die fachwissenschaftliche Öffentlichkeit von den NStM zumindest die Chance einer grundlegenden und notwendigen Innovation der Theorie und Praxis sozialer Arbeit.

Die Befunde über die Resultate der Neuen Steuerung entsprechen dieser Hoffnung jedoch nicht: Die Ergebnisse der Studie „Dauerbeobachtung von Jugendhilfe" (vgl. Santen 1998), bei der für die Jahre 1994 bis 1996 bundesweit bei kommunalen und freien Trägern der Jugendhilfe Daten erhoben wurden, deuten für Santen darauf hin, dass das „innovative Potenzial der Neuen Steuerung" nicht ausgeschöpft wird, sondern lediglich „einzelne Elemente für die Durchsetzung vorhandener Sparzwänge instrumentalisiert werden" (ebd., 46). Die von Homann angeführten Untersuchungen zu den Reformmaßnahmen der Kommunen kamen zu ganz ähnlichen Ergebnissen: „Es geht den Städten und Gemeinden offensichtlich zunächst um eine verwaltungsinterne Modernisierung, die auf Kostensenkung, Wirtschaftlichkeitssteigerung, finanzielle Entlastung und Haushaltskonsolidierung abzielt. [...] Die wenigen Erfolgsmeldungen beziehen sich vornehmlich auf die Ziele Kostensenkungen, erfolgreiche Einführung der Budgetierung, Fortschritte bei der Informationsverarbeitung, Steigerung der Effizienz und Zunahme der Mitarbeitermotivation." (Homann 1996, 9). Und Scheuerer bestätigt, „dass mit der Einführung der NStM eine drastische Stärkung der quantitativen und qualitativen Definitionsmacht der Fachbehörden einhergeht, die einem gleichberechtigten Dialog zwischen Bewilligungsbehörden und Trägern nicht förderlich ist." (Scheuerer 1997, 77)

Schließlich nimmt sich auch Merchels knapp drei Jahre später gezogene „Zwischenbilanz" inzwischen weniger zuversichtlich aus:

„Zusammenfassend ist also zu konstatieren, dass von den neuen Steuerungsmodellen nur begrenzt Impulse zur inhaltlichen und organisatorischen Weiterentwicklung in der Jugendhilfe ausgegangen sind. Zwar sind für eine differenzierte Beurteilung zum Stand der Umsetzung von Neuer Steuerung in der Jugendhilfe weitere Forschungen erforderlich, doch man kann wohl jetzt schon aufgrund der Erfahrungsberichte und der noch spärlich vorliegenden Untersuchungsergebnisse zu der Einschätzung gelangen: Die Hoffnungen, den Gesamtprozess der Verwaltungsmodernisierung auch für innovative Prozesse in der Jugendhilfe nutzen zu können, haben sich offensichtlich bei weitem nicht in der gewünschten Weise erfüllen lassen." (Merchel 1999, 148)

Sowohl Merchel und Scheuerer wie auch Homann und Santen halten trotz ihrer empirischen Befunde an der „guten" Möglichkeit – also an der Existenz eines „innovativen Potenzials" der NStM – in der „schlechten"

Wirklichkeit fest, die angeblich von einem „Dilettantismus" des Sparens beherrscht wird. Damit unterstellen sie der Neuen Steuerung, was diese weder leisten soll noch leisten kann. Denn die Ökonomisierung der Sozialarbeit hat ihren alleinigen Zweck in der Kostenreduzierung sozialstaatlicher Ausgaben, was sowohl den Steuerungsinstrumenten selbst wie auch den Folgen der Steuerung zu entnehmen ist. Offensichtlich wird dieses insbesondere am bereits beschriebenen zentralen Steuerungsinstrument – der Budgetierung:

„Sie sorgt dafür, dass auf der Grundlage der staatlichen Vorgabe sinkender Gesamtaufwendungen für den Sozialbereich Budgetüberschreitungen definitiv ausgeschlossen werden. Die Abkehr vom Prinzip der Selbstkostenerstattung zugunsten der staatlichen Bewilligung eines Festbetrages zur Deckung sämtlicher von den freien Trägern erbrachten sozialen Dienstleistungen, dessen rückwirkende Erhöhung definitiv ausgeschlossen ist, bringt sinnfällig den Zweck der Ökonomisierung der Sozialarbeit zur Anschauung. Mit der Budgetierung ist unabhängig vom Bedarf der sogen. Kunden festgelegt, welche Kosten der sozialstaatlichen Betreuung sich der Staat leisten will." (Krölls 1999, 73)

Die freien Träger sind durch die veränderten Bedingungen ebenfalls in die Situation versetzt, verstärkt betriebswirtschaftliche Methoden einführen zu müssen, um sich in der Konkurrenz um die staatlich reduzierte Nachfrage sozialer Dienstleistungen gegen ihresgleichen, gegen kommunale Einrichtungen und – gegen nun auch zugelassene – privatgewerbliche Anbieter durchsetzen zu können. Dennoch ist es nicht gerechtfertigt, wie Münder (1998) von marktwirtschaftlichen Verhältnissen in der Jugendhilfe zu sprechen. Denn – so fällt unmittelbar auf – in der Jugendhilfe konkurrieren Anbieter von sozialen Leistungen nicht für einen Gewinn um eine zahlungsfähige Nachfrage in der Gesellschaft, sondern darum, das vom Staat als ausschließlichem Nachfrager diktierte Preis-Leistungsverhältnis zu unterbieten. Mit der Zulassung privatgewerblicher Anbieter für soziale Dienstleistung „inszeniert" der Staat eine Simulation des Marktes, um so „seinen Preisvorstellungen mit dem ökonomischen Mittel der Anbieter-Konkurrenz Nachdruck zu verleihen" (Krölls 1999, 74).

Entsprechend nehmen sich auch die Auswirkungen der Ökonomisierung sozialer Arbeit aus: So ist z.B. allgemein zu konstatieren, dass in den Verwaltungen freigewordene Stellen seltener oder gar nicht mehr neu besetzt werden (vgl. Santen 1998), was zu einer Erhöhung der Betreuungsfälle für die einzelnen Mitarbeiter führt. Anfragen werden spät und mitunter überhaupt nicht bearbeitet. Auf Seiten der Leistungserbringer bewirkt die Einführung markt*ähnlicher* Beziehungen die politisch beabsichtigte Einschränkung des Leistungsangebotes mit einem – allerdings nicht beabsichtigten – eindeutigen Konkurrenzvorteil der großen Institutionen gegenüber den kleinen Trägern, die nur über geringe oder keine Eigenmittel verfügen. Arbeitsverhältnisse werden zeitlich befristet, und nach dem bewährten Muster der Pflege werden zunehmend geringqualifizierte Arbeitskräfte eingestellt. Ausmaß und Qualität der Leistungserbringung der freien Träger folgen zwangsläufig weniger den Bedürfnissen der Adressaten als vielmehr strategischen Begründungen ihrer Bestandserhaltung. – Für die HzE im Besonderen sind zudem folgende Verlaufsformen und Auswirkungen der Neuen Steuerung zu verzeichnen:

Hilfen zur Erziehung im Spannungsfeld von Budgetierung und Rechtsanspruch

Mit den Elementen der Neuen Steuerung hat sich die Politik also nicht nur die Definitionsmacht über den gesellschaftlichen Bedarf an sozialen Leistungen erhalten, sondern gleichzeitig das Instrumentarium dafür geschaffen, diese Definitionen verbindlicher werden zu lassen. Rechtliche Grenzen überschreitet der öffentliche Jugendhilfeträger allerdings da, wo das Ziel, Haushaltsüberschreitungen zu vermeiden, im Resultat zu einer Einschränkung der Erfüllung von Rechtsansprüchen führt. Denn die Gewährung gesetzlicher Muss- oder Soll-Leistungen darf nicht unter den Vorbehalt ausgehandelter Budgets gestellt werden (vgl. Wiesner 2000, § 69 Rdnr. 43). HzE sind nun aber durch Rechtsansprüche gesicherte Jugendhilfeleistungen. Und dennoch ist auch für diese Hilfen in der FHH ein festes Budget berechnet, welches – trotz bisher stetig steigender Ausgaben, insbesondere im Bereich der ambulanten Hilfen – nicht überschritten werden soll. Von dieser politischen Zielvorgabe unter Druck gesetzt, haben sich so einige Jugendamtsleitungen im vergangenen Jahr hinreißen lassen, diese rechtliche Schranke zu durchbrechen, um die Einhaltung ihrer Budgets zumindest annähernd möglich zu machen. Aushandlungsergebnisse von Erziehungskonferenzen wurden zugunsten günstigerer Hilfen bzw. der Einstellung der Hilfen von ihnen „korrigiert". In den wenigen Fällen, in denen die Betroffenen Widerspruch eingelegt hatten, wurde dann auch gegen die Behörden entschieden, sofern offensichtlich wurde, dass die Kassenlage der Behörden das Motiv für deren Entscheidungen war.

Aus politischer Sicht wurde also offenkundig, dass weiterer Handlungsbedarf bestand, wenn die Nachfrage nach HzE rechtmäßig an dem dafür vorgesehenen Budget ausgerichtet werden soll. Die Diagnose für die Kosten- bzw. Fallzahlsteigerung war schnell gestellt: „Fallzahlsteigerungen im Bereich der ambulanten Hilfen sind nach Aussagen der Bezirksämter u.a. auf die Bewertung der Erziehungssituationen in den Familien durch die Hilfe gewährenden Fachkräfte zurückzuführen. Steuerungsmaßnahmen müssen sich daher insbesondere auf die Ausgestaltung der Ermessensspielräume der Fachkräfte in den bezirklichen Jugendämtern und die Gestaltung des Angebots der Jugendhilfeleistungen richten." (Bs.-Drs. 16/3260, 6). Selbstverständlich könnten Fallzahlsteigerungen auch erst einmal Auskunft über eine wachsende Nachfrage nach Hilfen aufgrund zunehmender Hilfebedürftigkeit geben. Primäres Interesse der Politik ist allerdings weniger die Diagnose als vielmehr das Rezept, mit dem dieser „Fehlentwicklung" (Bs.-Drs. 16/3434) entgegengewirkt werden kann.

Im Hinblick auf den Haushalt 2000 beschlossen die Bezirke und der Senat der FHH deshalb einschneidende Steuerungsverfügungen, die unmittelbaren Einfluss auf die Angebotsstruktur ambulanter Hilfen und auf die Ermessensentscheidungen der fallführenden Fachkräfte bzw. auf die Bewilligungspraxis der Bezirke nehmen (vgl. Bs.-Drs. 16/3260). Neben einer vertraglichen Begrenzung der bei den freien Trägern der Jugendhilfe abrufbaren Kapazitäten für ambulante Hilfen („Kontingentvereinbarungen") und einem generellen „Verfügungsstopp" für ambulante Hilfen mit Ausnahme von „besonders schweren Fällen", trat zum 1. Januar 2000 die „Dienstanweisung an die Bezirke" in Kraft. Hier ist neben einer detaillierten Beschreibung des Bewilligungsprozederes noch einmal explizit angeordnet, dass der sich im Budget ausdrückende haushaltspolitische Anspruch in angemessener Weise in die Ermessensentscheidungen der jeweiligen fallzuständigen Fachkräfte einfließen muss. Besteht die Leistung der „Kontingentvereinbarung" also in der Reduzierung des Angebotsspektrums von ambulanten Hilfen, beziehen sich die „Sofortmaßnahmen" sowie die Dienstanweisung unmittelbar auf die Ermessensausübungen, also auf die Fachlichkeit dieser Fachkräfte.

Der existierende Widerspruch zwischen einem Rechtsanspruch auf HzE und einem für diese Hilfen zugrunde gelegten Budget soll so zugunsten der Sparimperative des öffentlichen Kostenträgers durch eine Neudefinition von Hilfebedürftigkeit bzw. einer veränderten Definition der Geeignetheit und Notwendigkeit einer Hilfe entschärft werden. Ein gar nicht erst festgestellter Bedarf muss dann auch nicht mehr korrigiert werden. Die Folge für die Betroffenen ist das erklärte Ziel: Mittels eingeschränkter Bewilligungsvoraussetzungen für Hilfen werden diese seltener (weiter-) bewilligt.

Hilfeplanung – Dialog statt Diagnose?

„Aushandlungsprozess statt Diagnose" hieß die Hoffnung, die mit der Einführung des 1990 verabschiedeten KJHG verbunden wurde. Die Gewährung von Hilfe sollte demnach nicht mehr, wie nach der Jugendhilfepraxis zu Zeiten des JWG, von einer Defizitzuschreibung durch Experten im Sinne einer „Gefährdung" oder „Verwahrlosung" des Kindes abhängig gemacht werden. Sie sollte vielmehr dann einsetzen, „wenn eine dem Wohl des Kindes oder des Jugendlichen entsprechende Erziehung nicht

Die Ökonomisierung der Sozialarbeit

gewährleistet ist" (§ 27 (1) SGB VIII). Sie ist dieser Vorgabe nach nicht mehr auf fremddefinierte Defizite des Kindes bzw. des Jugendlichen ausgerichtet, sondern auf die „problemverursachenden Faktoren des sozialen Umfeldes in Familie, Schule und Nachbarschaft". Sie wird den „Klienten" nicht mehr „verordnet", sondern soll die Betroffenen an deren Hilfeplanung beteiligen. Ob der Gesetzgeber mit der Abkehr von diesen Bestimmungen des JWG hin zu den Regelungen des KJHG tatsächlich auch der innerfachlichen Selbstkritik im Namen des Subjekts sozialer Arbeit folgen wollte, ist zumindest zweifelhaft. Dieser Kritik nach stellte die obrigkeitsstaatliche Fürsorge einen besserwisserischen Standpunkt dar, der die „Autonomie" des Einzelnen nicht nur missachte, sondern sogar dauerhaft verhindere, also nur Hilfe, aber keine Hilfe zur Selbsthilfe sei. Der Sozialstaatsmaxime „Hilfe zur Selbsthilfe" (§ 1 BSHG), die die Hilfegewährung von der Erfüllung der Mitwirkungspflicht der Betroffenen abhängig macht, ist mit den entsprechenden Regelungen im KJHG auf jeden Fall gefolgt.

Der mit diesem Gesetz eingeleitete Standpunktwandel des Staates zum Bürger setzt sich im Zuge der Ökonomisierung der Sozialarbeit auch im Bezeichnungswandel des Adressaten sozialstaatlicher Leistungsgewährung vom *Klienten* über den *Adressaten* zum *Kunden* fort. „Kundenorientierung" ist dabei keine beschreibende Kategorie. Denn ein Kunde ohne Geld ist das Gegenteil des gleichnamigen marktwirtschaftlichen Subjekts, dessen Bedürfnisbefriedigung allein durch den Umfang seiner Zahlungsfähigkeit definiert ist. Wer soziale Dienstleistungen nachfragt, tut dies in der Regel, weil es ihm an materiellen Ressourcen zur Lebensbewältigung mangelt. „Kunde" ist vielmehr ein programmatischer Titel für den fiktiv gleichgestellten Teilnehmer an einem Austauschverhältnis Staat – Bürger. Mit dem „Respekt" vor dem mündigen Kunden wird dessen Selbstständigkeit in der Abhängigkeit und damit dessen persönliche Zuständigkeit für die Behebung seiner misslichen Lage betont:

„Auf der Basis der einschlägigen, neuerdings verschärften gesetzlichen Vorschriften, die in vielfältiger Weise den Willen zur Selbsthilfe als Anspruchsvoraussetzung normieren und Verstöße dagegen mit Nichtbewilligung von Leistungen oder Leistungsentzug sanktionieren, fungiert die Kunden- oder Nachfrageorientierung als neuformulierte sozialpädagogische Ermessensausübungsrichtlinie bei der Anwendung insbesondere von Kann- und Sollvorschriften über die Bewilligung und Ausgestaltung von Sozialleistungen." (Krölls 1999, 76)

Entgegen den Hoffnungen von Teilen der Fachöffentlichkeit wird nun die Tendenz deutlich, dass derjenige, dem als Kunde keine sozialstaatliche Hilfe zukommt, schnell wieder zum Klienten wird, sofern er sich nicht mit einer Nicht-Bewilligung von Hilfe abfindet. Die durch die Haushaltskonsolidierungsvorhaben und die entsprechenden Steuerungsmaßnahmen erschwerten Bedingungen, unter denen Hilfe überhaupt noch (weiter-) gewährt wird, führen zu einer massiven Zuschreibung von Defiziten. Denn eine größere Gewichtung bzw. Konzentration auf das zur Verfügung stehende Budget – die neue Fachlichkeit also – führt zwangsläufig zu einer Relativierung der artikulierten Bedürfnisse der Betroffenen. Damit geraten nun die Betroffenen oder auch die Vertreter freier Träger, die aus wirtschaftlichen Gründen an einer Weitergewährung dieser Maßnahme interessiert sind, unter erhöhten Legitimationsdruck, was die Notwendigkeit einer Maßnahme angeht. Und diese resultiert dann nicht mehr nur aus den „problemverursachenden Faktoren des sozialen Umfeldes" (diese sind schließlich für viele problematisch). Sie wird wieder in den besonderen persönlichen Schwierigkeiten, die die Betroffenen haben und weshalb ausgerechnet sie unbedingt entsprechende Hilfe benötigen sollen, ausgemacht. Diese Diagnose wird sowohl im Hilfeplan, in den in Hamburg üblichen Tischvorlagen zu den Erziehungskonferenzen (die sich so kaum mehr von den ehemals so unbeliebten Entwicklungsberichten unterscheiden), als auch in den dazugehörigen Protokollen schriftlich niedergelegt und aktenfest gemacht.

Exemplarisch und dieser budgetorientierten Logik folgend auf die Spitze getrieben, demonstrieren eben die „Sofortmaßnahmen" der Bezirke diese „Rückkehr vom Leistungsgedanken der Jugendhilfe im KJHG zur eingriffsorientierten Sozialarbeit, wie sie aus dem JWG vertraut ist" (Treeß 1999, 291). Denn wenn Hilfe nur noch in besonders „schweren" Fällen (weiter-) bewilligt wird, so unterläuft das nicht nur den betont präventiven Charakter des KJHG, nachdem frühzeitig die Erziehungskompetenz der Eltern unterstützt werden soll: „Zugespitzt lässt sich auf dieser Basis eine Praxis denken, die erst den Weg der massiven Zuschreibung von Defiziten und der Drohung mit dem Gericht gehen muss, um eine notwendige Hilfe überhaupt gegenüber den Vorgesetzten [bzw. dem Jugendamt] durchsetzen zu können" (ebd.).

Warum „spart" der Staat?

In der bundesdeutschen Öffentlichkeit scheint es seit einigen Jahren einen Konsens darüber zu geben, dass das deutsche Sozialstaatsmodell nichts mehr taugt. Das Arbeitsrecht müsse gelockert, die Sozialpolitik flexibler gestaltet, die Internationalisierung gefördert werden (vgl. Schröder/Blair 1999). Denn gesellschaftlicher Wohlstand – so dieser marktliberalistische Standpunkt – ließe sich eben nur erreichen und sichern, wenn die Verwertungsbedingungen des Kapitals optimiert werden. Staatliche Aktivitäten hätten sich hierauf zu konzentrieren, zumal der Sozialstaat mit seinen „explodierenden" Kosten Wirtschaft und öffentliche Haushalte ohnehin überfordere und seine übermäßig großzügigen Leistungen zu massen-

Die Ökonomisierung der Sozialarbeit

hafter missbräuchlicher Inanspruchnahme verleiteten. Aber auch mit anderer Begründung wird festgehalten, dass konsolidiert werden muss:

„Wenn Haushalte kein Realwachstum mehr ausweisen, stehen Politik und Verwaltung vor der Alternative, Bestehendes nur noch zu verwalten bzw. den langsamen Abbau des Vorhandenen hinnehmen, verantworten und gestalten zu müssen oder sich zu überlegen, wie die vorhandenen Ressourcen zur Erfüllung notwendiger Aufgaben zielgerichteter eingesetzt werden können." (Hammer 1994, 2)

Generell resultiert die Zustimmung zu ‚Einsparungsnotwendigkeiten' von Haushaltsgeldern aus einem verfehlten Vergleich des Staatshaushalts mit jenen privaten Haushalten, wie sie einerseits als Kalkulationen von Unternehmen und andererseits als Bewirtschaftung von Einkommen aus unselbständiger Arbeit existieren. Dass die Relativierung der Lebensinteressen (Ausgaben) an den Einnahmen die notwendige Reaktion ist, wenn die Einnahmen die Bedürfnisse nicht finanzieren können, ist gemeinhin bekannt und akzeptiert. Zwingend notwendig ist dies jedoch nur, weil und wenn der Umfang der Einnahmen nicht flexibel den Bedürfnissen angepasst werden kann. Beim Staatshaushalt verhält es sich grundsätzlich anders: Die Politik entscheidet, welche selbstgesetzten Aufgaben in welchem Umfang finanziert werden sollen und beschafft sich dann – mittels Steuerhoheit, Verschuldung oder sonstige Einnahmen – die erforderlichen Finanzmittel bei der Gesellschaft. Der Vergleich mit dem privatwirtschaftlichen Haushalt trifft deswegen nur in seiner Bilanzierungsform auf den Staatshaushalt zu: Es gibt eine Einnahmen- und eine Ausgabenseite. Grundsätzlich unterscheiden sich beide jedoch dadurch, dass die Ausgabenseite beim privaten Haushalt immer die abhängige Variable der Einnahmenseite darstellt. Beim Staatshaushalt ist es genau umgekehrt. Einen „Sachzwang" zum Sparen – oder treffender: zum Streichen – aufgrund leerer Staatskassen gibt es daher nicht. Den von Hammer zitierten Alternativen staatlichen Handelns sind also noch weitere hinzuzufügen: die Aufstockung der Staatseinnahmen bzw. eine andere Prioritätensetzung bei den Ausgaben. – Die hier zur Widerlegung der These vom Zahlungsnotstand der öffentlichen Kassen in Erinnerung gerufene staatliche Finanzierungspraxis gilt in ihrer grundsätzlichen Ausprägung für den Haushalt des Bundes ebenso wie für die Länderhaushalte. Dass Jugendhilfeausgaben im Wesentlichen von den Ländern getragen werden, relativiert diesen Exkurs mithin nicht.

Gewiss, wenn Politiker über die Höhe ihrer Ausgaben entscheiden und die dafür notwendigen Finanzmittel in der Gesellschaft besorgen, dann tun sie das nicht ohne Rücksicht auf die Auswirkungen, die ihre Finanzierungspraxis zeitigt. Um die Ökonomie zu fördern anstatt sie zu schädigen, stehen die Staatsausgaben unter dem Vorbehalt, dass sie dem Allgemeinwohl – also der Schaffung von guten Voraussetzungen zur Verbesserung der gesamtwirtschaftlichen Lage – dienlich sind. Die Verhältnismäßigkeit der Mittel zur Erfüllung dieser Aufgabe hat die Politik deshalb schon immer als Grundsatz gelten lassen und befolgt. Welche Maßnahmen zur Realisierung der Aufgaben notwendig sind bzw. durch den Wegfall der „vermeintlichen Systemalternative" für überflüssig befunden werden, wo und wieviel verausgabt oder eingespart wird, wurde in der Vergangenheit durchaus unterschiedlich beurteilt. Da ist manchen die Staatsquote trotz größter Konsolidierungsbemühungen der Regierung noch viel zu hoch; sie sehen eine „Behinderung privatwirtschaftlicher Aktivitäten durch staatliche Regulierungen und Bürokratisierung sowie [eine] Kappung wirtschaftlicher Leistungsanreize durch eine demotivierend hohe Abgabenlast" (Institut der Deutschen Wirtschaft Köln 1999, 2). Andererseits beklagen Kritiker wie der Wirtschaftswissenschaftler Rudolf Hickel, die für eine Stärkung der zahlungsfähigen Nachfrage in der Gesellschaft durch den Staat plädieren, dass eben diese Konsolidierungsbemühungen deutlich machten, dass „die makroökonomische Grunderkenntnis, dass die gesamtwirtschaftliche Entwicklung durch die öffentliche Haushaltspolitik beeinflusst wird bzw. werden kann, keine Berücksichtigung mehr findet" (Hickel 1999, 951).

Zur Zeit ordnet sich die nationale Politik mit ihrem Staatshaushalt einem einzigen Kriterium unter: dem der Schaffung nationalökonomischer Grundlagen für den Erfolg der Unternehmen auf dem Weltmarkt. Alle Ausgaben werden daran gemessen, inwieweit sie diesem Ziel dienlich sind. Früher für finanzierungswürdig gehaltene Leistungen werden nicht mehr als zur Gewährleistung des funktionalen Zusammenhangs der Gesellschaft notwendige Kosten angesehen, sondern als unproduktive Ausgaben behandelt und also gekürzt oder gestrichen. Die in der Vergangenheit für die Bildungs- und Sozialpolitik leitenden Motive haben ihr Gewicht verloren. Die Sozialleistungsquote beispielsweise, die seit den 70er Jahren konstant bei etwa 30 Prozent des Bruttoinlandsproduktes lag, ist den Entscheidungsträgern heute viel zu hoch. Was früher als Finanzierungsnotwendigkeit für eine präventive Sozialpolitik zur Vermeidung chronifizierter Sozialfälle und im Sinne einer sozialen Integration galt, sieht sich heute dem Verdacht des Sozialmissbrauchs oder dem Vorwurf der Überbetreuung, überhöhter Betreuungsschlüssel, der krassen Fehlbelegung von Krankenhaus- oder Heimbetten usw. ausgesetzt. Das von der jetzigen Regierungskoalition aus währungs- und standortpolitischen Gründen aufgelegte, nicht zu Unrecht als das „größte Sparpaket in der Geschichte der Bundesrepublik Deutschland" (Eichel 1999) charakterisierte „Zukunftsprogramm 2000" trifft die Empfänger sozialstaatlicher Leistungen gravierend. So ist, trotz einiger anfänglicher Korrekturen z.B. beim Kündigungsschutz, Rot-Grün inzwischen dort angekommen, wo die Regierung Kohl immer schon hin wollte – nur schneller und radikaler.

Fazit

Die Ökonomisierung der Sozialarbeit ist im Kontext einer staatlichen Haushaltspolitik zu begreifen, welche auf dem Entschluss zu einer offensiven national-europäischen Standortpolitik beruht. Die ihr unterstellten emanzipatorischen Chancen sind weder politisches Motiv noch ist die Berechtigung dieser Unterstellung empirisch nachweisbar.

Im Gegenteil: Das „neu gefasste Verständnis vom Sozialstaat" entspricht der neoliberalen Parole „Freiheit statt Fürsorge", die den Abbau staatlicher Betreuungsleistungen bei unveränderten gesellschaftlichen Voraussetzungen zynisch als Gewinn von Mündigkeit feiert. Es ermöglicht keineswegs die „Stärkung von Demokratie und Zivilgesellschaft", sondern ist auf Stärkung des Wirtschaftsstandorts Deutschland ausgelegt. Bei von sozialstaatlichen Leistungen Abhängigen führt es entweder zur ersatzlosen *Frei*setzung von diesen Leistungen – und damit in die weitere Verelendung – oder aber zu einer zunehmenden Unterordnung fachlicher Gesichtspunkte unter betriebswirtschaftliche Kalkulationen. Auch die in der FHH im vergangenen Jahr verabschiedeten Steuerungsmaßnahmen sind nicht als vorrübergehende staatliche Interventionen zur Abkehr eines Zahlungsnotstandes zu interpretieren. Vielmehr ist mit diesen Maßnahmen die optimierte Steuerung der Nachfrage nach sozialen Dienstleistungen durch den Staat durchgesetzt, die ihre Schranke zuvor im Rechtsanspruch auf HzE bzw. in der alten Bewilligungspraxis der Fachkräfte fand. Die Politik setzt damit – radikal gegen pädagogische und juristische Einwände – das Vorhaben des „Sparens" durch.

Abkürzungen

Bs.-Drs.	Bürgerschaftsdrucksache
BSHG	Bundessozialhilfegesetz
FHH	Freie und Hansestadt Hamburg
FLS	Fachleistungsstunde
HzE	Hilfen zur Erziehung
JWG	Jugendwohlfahrtsgesetz
KGSt	Kommunale Gemeinschaftsstelle für Verwaltungsvereinfachung
KJHG	Kinder- und Jugendhilfegesetz
NStM	Neue Steuerungsmodelle
SGB VIII	Achtes Sozialgesetzbuch (KJHG)

Literatur

Brenner, G.: Neue Steuerung und Jugendarbeit. In: Deutsche Jugend (1996), 498-507.
Bürgerschaft der FHH: Drs. 16/2805; 16/3260; 16/3434.
Eichel, H.: Regierung will Steuerzahler um 70 Mrd. Mark entlasten. In: Die Welt vom 22.12. 1999.
Grömig, E.: Die Verwaltungsmodernisierung in der kommunalen Selbstverwaltung. In: Verein für Kommunalwissenschaften (Hg.): Anforderungen der Jugendhilfe an neue Steuerungsmodelle. Bonn 1995.
Hammer, W.: Neue Steuerungsmodelle – Eine Herausforderung für die Kinder und Jugendarbeit in Hamburg. Hamburg 1994.
Hickel, R.: Abschied vom Rheinischen Kapitalismus? In: Blätter für deutsche und internationale Politik, 44 (1999) 8.
Homann, K.: Das neue Steuerungsmodell – Modellelemente, praktische Umsetzung und Entwicklungsperspektiven. In: Standpunkt Sozial (1996) 2+3.
Institut der deutschen Wirtschaft, Köln: Direkt – Presseinformationen vom 08.07.1999.
Krölls, A.: Die Ökonomisierung der Sozialarbeit. In: Standpunkt : Sozial (1999) 2, 69-76 und (1999) 3, 72-78.
Lindenberg, M.: Das Verhältnis von Ökonomie, Organisation und sozialer Praxis und seine Behandlung im sozialpädagogischen Studium. Oder Kommerzielle Logik und Soziale Arbeit, Vortragsmanuskript, Fachhochschule Rauhes Haus. Hamburg 1998.
Merchel, J./Schrapper, C. (Hg.): Neue Steuerung – Tendenzen der Organisationsentwicklung in der Sozialverwaltung. Münster 1996.
Merchel, J.: Wohin steuert die Jugendhilfe? Innovationsfähigkeit der Jugendhilfe zwischen neuen Steuerungsquellen und Debatten um Jugendamtsstrukturen. In: Jugendhilfe (1999), 138-148.
Münder, J.: Von der Subsidiarität über den Korporatismus zum Markt? In: Neue Praxis (1998) 1, 3-10.
Santen, E. van: ‚Output' und ‚Outcome' der Implementierung Neuer Steuerung. In: Neue Praxis (1998) 1, 36-49.
Scheuerer, F.: Wie sich Leistung (nicht) löhnen kann – Anmerkungen zur monetären Seite der Neuen Steuerungsmodelle in der Sozialen Arbeit. In: Standpunkt Sozial (1997) 1, 73-77.
Schröder, G./Blair, T.: Der Weg nach vorne für Europas Sozialdemokraten. Ein Vorschlag. In: H.-J. Arlt, S. Nehls (Hrsg.): Bündnis für Arbeit. Konstruktion, Kritik, Karriere. Opladen, Wiesbaden 1999, 288-300.
Tichy, R.: Ab in die Neue Mitte! – Die Chancen der Globalisierung für eine deutsche Zukunftsgesellschaft. Hamburg 1998.
Treeß, H./Lamm, T./Göritz, P.: Bankrotterklärung – ‚LEX Hamburg' macht ambulante Hilfen zur Erziehung zu Ausnahme und Eingriffshilfen. In: Evangelische Jugendhilfe 5/1999, 290-292.
Wiesner, R.: SGB VIII. 2. Auflage Bonn 2000.
Wöhrle, A.: Warum wird Management im Sozialbereich zum Thema? Legitimationskrise und Innovationsbedarf. In: Sozialmagazin 18 (1993) 7-8, 15-23.

Gunnar Heinsohn, Otto Steiger

Wirtschaft, Schule und Universität: Nachfrage-Angebot-Beziehungen im Erzieher-Zögling-Verhältnis

Wirtschaft versus Herrschaft

Die Optimierung der Binnenbeziehung Zögling-zu-Erzieher ist das Hauptziel der Pädagogik (Fischer 1931). Das Optimum ist nicht bekannt. Es werden aber Annäherungen an dasselbe versucht. Eine Analyse von ökonomisch und nicht-ökonomisch bestimmten Erzieher-Zögling-Relationen fragt mithin danach, welche Bestimmung mehr für Annäherung an dieses Optimum leistet – die *wirtschaftliche* oder die traditionell herrschaftliche?

Was ist Wirtschaft?

Allein *Eigentum* führt zu den Operationen des Wirtschaftens (dazu Heinsohn/Steiger 2001). Über seine Belastung bzw. Verpfändung wird *uno actu* Geld emittiert und Kredit genommen. Auch wo es Eigentum nicht gibt – wie in Stammes- und Feudalgesellschaften einschließlich der realsozialistischen –, existiert in jedem Fall *Besitz*. Bei ihm handelt es sich um Verfügungsrechte darüber, wer, was, wann, wo, wie sowie in welchem Umfang nutzen darf. Eine Feldmark ist in jeder Gesellschaftsform ein Besitz zum Pflügen, Einsäen und Ernten. *Gewirtschaftet* wird bei dieser Nutzung der Ackerkrume jedoch nicht. Zu seiner genuin ökonomischen Verwendung kann es erst kommen, wenn es an ihm zusätzlich zum Besitztitel eben auch einen Eigentumstitel gibt. Bildlich gesprochen wird mit dem Acker immer produziert, nur mit dem Zaun darum jedoch gewirtschaftet. Dabei steht der Zaun selbstredend für den Eigentumstitel, nicht jedoch für Draht und Pfosten. *Eigentumstitel* kann man nicht sehen, schmecken oder anfassen. Um sie operabel zu machen, müssen sie in Grundbüchern, Katastern usw. nachprüfbar und justiziabel verzeichnet werden. Während ein Bauer den Besitz an seiner Feld*mark* – durch eigenen Gebrauch – nutzt, kann er mit dem Eigentumstitel an ihr zur selben Zeit und eben zusätzlich wirtschaften. Er kann diese Mark also über Belastung des Eigentumstitels an ihr für das Schaffen von *Geld* verwenden.

Was ist nun Geld und wie wird es generiert? – Wer nach der Schaffung von Geld fragt, muss auch nach dem *Zins* und beider Beziehung zum *Eigentum* fragen, denn Geld kann nur gegen Zins und die Belastung von Eigentum geschaffen werden. In der herrschenden Wirtschaftslehre stehen Geld, Zins und Eigentums*belastung* ja in keinerlei systematischem Zusammenhang. Geld kennt man dort nur als Tauschmittel zur Verringerung von Transaktionskosten. Den Zins hält man für eine Prämie für den Verzicht auf heutigen Konsum, das heißt für Sparen. Wirtschaftsgüter werden nicht in ihre beiden Seiten von *Eigentum* und *Besitz* aufgespalten, sondern umstandslos mit Besitz gleich gesetzt. Auch für Besitz wählt man den irreführenden Begriff Eigentumsrechte, die als Rechte auf die materielle Nutzung von Sachen definiert werden, was aber doch nur den Inhalt von Besitzrechten beschreibt. Das Wesentliche des Eigentums aber ist seine Belastbarkeit, die jenseits der Sachenwelt liegt, also immateriell ist.

Wer – wie unser Bauer – eine Feld*mark* zu Eigentum hat, kann nicht nur ihre Besitzseite zum Ackern nutzen, sondern mit der Eigentumsseite auch Geld schaffen. Nun wird aber in der realen Welt Geld in Form einer einlösbaren metallenen oder papierenen *Note* von einer *Bank* herausgegeben, die Notenbank heißt, weshalb das Geld eben *Banknote* genannt wird. Die Notenbank kann etwas, was prinzipiell zwar jeder Eigentümer vermag, an dessen Konsequenz aber nicht jeder Eigentümer interessiert ist: an der Einlösung der Geldnote mit seinem Eigentum. Das gilt selbst für einen Unternehmer, der wesentlich eigentumsstärker als unser Bauer ist. Denn bei solcher Einlösung verliert er Eigentums- und Besitzseite gleichzeitig. Mit letzterer aber will er produzieren.

Die Banknote als das fassbare *eigentliche Geld* bezieht sich immer auf einen Standard (das sogenannte *Rechengeld*), der von der Notenbank gesetzt wird – zum Beispiel D-Mark oder Euro. In diesem Rechengeld werden nicht nur die Banknoten denominiert, sondern sämtliche Kreditverträge, die als Forderungen auf Geld sogenanntes *Nominalvermögen* darstellen, wie auch alle Kaufverträge, in denen Güter und Dienstleistungen in *Preisen* des Rechengelds, Geldpreisen, bewertet werden. Dergleichen Bewertung unterliegen auch die akkumulierten Produktionsmittel, die als *Sachvermögen* nicht etwa in Sachen gezählt werden, sondern in Geldsummen. Die von der Notenbank emittierte Geldnote trägt keinen Zins. Sie entsteht jedoch immer in einem verzinslichen Kreditkontrakt und muss zurückgezahlt werden. Der Kreditkontrakt mit der Notenbank als Gläubiger unterscheidet sich nur darin vom Kreditkontrakt einer Geschäftsbank mit ihren Kunden, dass die Notenbank das Geld, das sie verleiht, *uno actu schafft*, während die Geschäftsbank sich das zu verleihende Geld *beschaffen* muss.

Die Geldnote darf also nie mit dem Kreditkontrakt verwechselt werden, der *uno actu* mit ihr in der Notenbank aufgesetzt wird. Schärfer formuliert,

Geld entsteht im Kredit, ist aber kein Kredit. Der Kredit ist ein nicht frei handelbarer Forderungstitel der Notenbank auf Rückzahlung und Verzinsung gegen den Empfänger (Schuldner) der von ihr geschaffenen Geldnoten. Eine Notenbank muss für die Einlösungsfähigkeit der von ihr emittierten Geldnote ihr Eigentum belasten. Wenn sie das bei Ausgabe einer Banknote tut, dieser also Einlösungsfähigkeit durch eigenes Eigentum verschafft, dann verzichtet sie zeitweilig auf die Freiheit ihres nun blockierten Eigentums. Sie verliert also dessen *Eigentumsprämie*. Für den Ausgleich eben dieses Verlustes fordert sie den *Zins*. Eine Notenbank schafft die Geldnote niemals für sich, sondern nur *für einen Anderen*. Sie bietet keinen Zins, sondern fordert ihn. Dabei achtet sie darauf – genau wie eine zur Notenemission nicht berechtigte Geschäftsbank beim gewöhnlichen Bankkredit –, dass dieser Andere als ein immer identifizierbarer Schuldner im Wertumfang des Kredits aus seinem Eigentum Sicherheiten verpfändet.

Die Kunst bei der Schaffung von Geldnoten besteht nun darin, dass ihre jederzeit mögliche Einlösung niemals erfolgt, die Noten also in Umlauf gehalten werden. Das geschieht dadurch, dass die prinzipiell in Eigentum der Notenbank einlösbaren Geldnoten nicht etwa gegen ihr Eigenkapital in Umlauf gesetzt werden, sondern gegen die ihr gestellten Sicherheiten aus dem Eigentum ihrer Schuldner. Nur die von diesen guten Schuldnern geliehenen Geldsummen sollen zur Notenbank zurücklaufen. Ansonsten bleiben die Geldnoten in Umlauf, werden also nicht eingelöst, so lange bekannt ist, dass die Notenbank neben hinreichendem Eigenkapital erstklassige Sicherheiten ihrer Schuldner im Portefeuille hält.

Erst mit der Rückzahlung der Geldnoten durch die Geschäftsbanken an die Notenbank wird der bei der Geldschaffung aufgesetzte Kreditkontrakt gelöscht. Die Geldnoten werden als Geld vernichtet. Sie können als Formular für die neuerliche Geldschaffung aufbewahrt, bei Abnutzung aber auch verbrannt werden. In keinem Falle aber bleiben sie Geld! Diese Formulare können in einer Kiste oder in einem Depot aufbewahrt werden, wie das bei den Wertpapieren *Anleihe* und *Aktie* ja auch der Fall ist. Die Vorstellung jedoch, dass Notenbanken über Geldkisten verfügen, gehört ins Reich der Fabel. Sie hat durchaus Kisten und muss diese auch bewachen, da die dort lagernden Formulare bei Eintritt in den Umlauf nach einem Diebstahl nicht von solchen Noten zu unterscheiden sind, die gegen Kreditkontrakt mit Geschäftsbanken in Umlauf geraten. Sind die Geldnoten aber einmal in der Geschäftsbank angekommen, dann werden dort wirklich Geldnoten und nicht etwa Formulare dafür bewacht.

Mit der Tilgung (Vernichtung der Kreditkontrakte) gewinnen die Geschäftsbanken ihre Pfänder zurück. Entsprechendes gilt bei der Tilgung durch ihre Schuldner. Dabei bleiben aber die Geldnoten in Umlauf. Lediglich die Kreditkontrakte werden zerrissen. Allgemein gilt also: Schuldner machen bei Erfüllung ihrer Verpflichtungen ihr Eigentum wieder frei von der Belastung und können es nun für neuerliche Verpfändung oder auch zum Verkauf einsetzen. Sie haben nach Auflösung des Kreditkontrakts Besitz und Eigentum wieder zusammengeführt, während sie während des Kreditzeitraumes nur den Besitz frei nutzen und mit ihm die gegen sie gerichteten Forderungen erfüllen konnten.

Würde ein starker Eigentümer Geldnoten für sich selbst emittieren, dann würde er wie eine Notenbank handeln, die bei der Notenemission auf die Stellung guter Sicherheiten durch ihre Schuldner verzichtet und dann bei Bankrott derselben Eigenkapital verliert. Die dem Bankrotteur geliehenen Noten würden dann weiter umlaufen und könnten der Notenbank von jedermann zu jeder Zeit zur Einlösung präsentiert werden. Sie aber könnte den dabei anfallenden Verlust ihres Eigentums beim Bankrotteur nicht zurückholen, wenn dieser ihr kein Eigentum verpfändet hat. Der ungebrochene Glaube, dass eine Notenbank nicht zahlungsunfähig werden könne, da sie das, was die Zahlungsunfähigkeit ausmacht – fehlende Liquidität also – mit nichts als Papier und Druckerschwärze selbst schaffen könne, übersieht gerade, dass gutes Geld niemals gegen eigenes, sondern nur gegen das von Fremden verpfändete Eigentum emittiert wird. Das Eigenkapital der Bank wird also zu einer zusätzlichen Absicherung für die emittierten Noten. Dieses Prinzip gilt unverändert für die moderne „uneinlösbare" Zentralbanknote. Auch deren Einlösbarkeit ist nach wie vor gegeben und muss das auch sein. Das Einlösungsrecht liegt allerdings heute nicht mehr beim allgemeinen Publikum, sondern bei denjenigen Haltern ihrer Noten, die sich – was allein den Geschäftsbanken zusteht – bei der Zentralbank refinanzieren. Das liegt schlichtweg daran, dass heutige Zentralbanken Kredite nicht mehr an Nichtbanken vergeben.

Am Anfang des *Wirtschaftens* steht mithin die *Eigentumsverfassung*. Nur mit ihr kann eine funktionierende *Geldverfassung* aufgebaut werden. Beiden nachgeordnet bzw. aus ihnen dann zwangsläufig herauswachsend entsteht erst eine *Marktverfassung*. Erst die geldgesteuerte und immer in Geld*preisen* bewertete Produktion von *Waren* erzwingt den *Markt* als Mechanismus für die Erlangung von Geld zur Erfüllung der Tilgungs- und Zinszusagen, die am Beginn des – immer schuldengetriebenen – Wirtschaftens stehen. Der Markt ist also kein Platz des freien *Tausches von Gütern* zu freien Preisen, wie die herrschende Wirtschaftslehre postuliert, sondern eine Instanz zur Einwerbung von Kaufverträgen, d.h. zur Beschaffung von Schuldendeckungsmitteln. Wo das funktioniert, entfaltet sich die Dynamik der Wirtschaft in Konjunktur und Akkumulation mit den, nur Eigentumsgesellschaften immanenten, Merkmalen der *Konkurrenz* und des *technischen Fortschritts*. Wo das nicht funktioniert, bricht die Dynamik ab und die Wirtschaft tendiert zu *Stagnation* und *Krise* mit

Arbeitslosigkeit. Spätestens dann muss die Eigentumsgesellschaft jenseits der Wirtschaft Sicherungssysteme entwickeln, also die *Umverteilungen* der Besitzgesellschaften adaptieren (vgl. dazu die Übersicht).

Übersicht

Besitzgesellschaften	Eigentumsgesellschaften
Besitz existiert in Besitzgesellschaft (Stamm, Feudalismus, Sozialismus) und in der Eigentumsgesellschaft. Besitzrechte: Rechte über physische Nutzung als *materielle Operationen*, die aus sich heraus nicht zum Wirtschaften führen.	Eigentum fehlt in Besitzgesellschaften. Es existiert zusätzlich zum Besitz nur in der Eigentumsgesellschaft. Eigentumsrechte: Rechte über Belastung, Verkauf und Vollstreckung als immaterielle Operationen des Wirtschaftens mit Nominal- und Sachvermögen (zusätzlich zu den Besitzrechten)
Steuerungsmittel der materiellen Reproduktion (Produktion, Distribution, Konsumtion)	
Reprozität, Solidarität (Stamm) bzw. Befehl, Plan (Feudalismus, Sozialismus) als Regelwerk für Unfreie (keine unabhängigen Rechtsinstitutionen) Geld, Zins, Preis sowie Sach- und Nominalvermögen fehlen. Genossenschaftliche (Stamm) oder herrschaftliche (Feudalismus, Sozialismus) Regeln der Produktion von Gütern und ihre marktlose Verteilung auf Konsumtion, Vorratshaltung und (in Grenzen) auf Produktionsmittel (Akkumulation) bestimmen die materielle Reproduktion. Kredit fehlt, aber intertemporale zinslose Güterleihe kann zur Abwendung von Not vorkommen. Die blutsverwandtschaftliche Solidarpflicht der Stammesgesellschaft leistet die Absicherung genereller Notlagen durch Umverteilung. In Feudalismus und Sozialismus sichert die Austeilung von Rationen durch die Herrschenden gegen Notlagen.	Geld, Zins und Markt als Regelwerk von Verträgen zwischen Freien (unabhängige Rechtsinstitutionen). Im geldgeschaffenen Kreditvertrag müssen Emittenten (Gläubiger) und Geldempfänger (Schuldner) Eigentum belasten bzw. verpfänden. Ersterem wird die Belastung seines Eigentums bzw. der zeitweilige Verlust seiner Eigentumsprämie mit Zins kompensiert, während letzterer die Liquiditätsprämie des Geldes gewinnt. Beim geldschaffenden Kredit nutzen Gläubiger und Schuldner ihre Besitzseiten weiter. Sie behalten Rechte auf Erträge (wie Miete, Pacht, Zins und Profit), für die auf Märkten Verträge eingeworben werden müssen. Kreditträge sind als Forderungen auf Geld Nominalvermögen. Akkumulierte Produktionsmittel sind in Geld bewertetes Sachvermögen. Alle Güter und Dienstleistungen sind in Geldpreisen bewertet. Nur bei Nichterfüllung von Kreditkontrakten geht bei Vollstreckung dem zahlungsunfähigen Schuldner zugleich mit seinem Eigentum auch sein Besitz verloren. Er kann dann weder wirtschaften noch produzieren. Für die Steuerung dieser spezifischen Not modifiziert die Eigentumsgesellschaft Sicherungssysteme der Besitzgesellschaften.

Bildung versus Wirtschaft

Das besondere Kennzeichen der neuzeitlichen Eigentumsgesellschaft liegt in der Existenz des *freien Lohnarbeiters*. In der antiken Eigentumsgesellschaft war der typische abhängige Arbeiter kein Freier, sondern Sklave. Zum Eigentum gehört also erst seit der Neuzeit auch das Eigentum an der eigenen Person. Es wird durch die Rechte der *Freiheit* und

Vertragsmündigkeit geregelt. Der Lohnarbeiter tritt mit dem nicht verlierbaren, dadurch allerdings auch nicht verpfändbaren und somit nicht vollstreckungsfähigen Eigentum an sich selbst in einen Gläubiger-Schuldner-Kontrakt in Form des Lohnkontraktes. Wie alle Kontrakte in der Eigentumsgesellschaft ist auch dieser in einem Rechengeld denominiert.

Im Lohnkontrakt überträgt der Lohnarbeiter als Gläubiger an den Unternehmer als seinen Schuldner auf Zeit Nutzungsrechte aus der Besitzseite seines Eigentums, d.h. seine Arbeitskraft oder Arbeitsleistung. Der Unternehmer muss im Gegenzug eine Forderung des Lohnarbeiters auf Geld – den *Geldlohn* – erfüllen. Das als Lohn zu zahlende Geld muss sich der Unternehmer vorab als Geldvorschuss (Kapital) im Kreditvertrag als Schuldner beschaffen. Das Kapital und den Zins auf das Kapital muss der Unternehmer mit der im Lohnkontrakt erworbenen Arbeitskraft erwirtschaften. Der Lohnarbeiter kommt mithin an sein Lohn-Geld nur deshalb zinsfrei heran, weil er den Unternehmer mit seiner übertragenen Arbeitskraft wirtschaften lässt und ihn so erst befähigt, Waren in so einem hohen Wert zu erzeugen, dass seine Realisierung auf dem Warenmarkt ihm Tilgung *plus* Zins, also Profit ermöglicht. Wollte der Lohnarbeiter auf andere Weise als über Lohn an Geld heran, müsste er seinerseits Zins aufbringen und Eigentum verpfänden.

Ingrid Lohmann, die unsere Analyse von Eigentum und Besitz zum Verständnis des Wirtschaftens teilt, sieht Bildung der klassischen Konzeption nach von der Wirtschaftssphäre ausgenommen. Es geht ihr um die „Nichtidentität von Bildung und Qualifikation" (Lohmann 2000, 272). Sie hält uns vor, diese Differenz nicht gesehen zu haben, insbesondere, dass wir „nicht zwischen dem *Lohnarbeiter* (mit seiner der Gütersphäre angehörenden, mehr oder weniger qualifizierten Arbeitskraft) und der *Person* (mit ihrer der Sphäre des Eigentums angehörenden, mehr oder weniger umfassenden Bildung"; ebd.) unterscheiden. Die ihrer Auffassung nach „alles entscheidende Differenz zwischen einem besitzenden und einem besitzlosen ‚freien Bürger'" (ebd.) führe dazu, dass letzterer von „Eigentumsoperationen" ausgeschlossen sei. Ihr ist überdies der von uns angeblich vernachlässigte Nachweis wichtig, dass die bei Eigentumsoperationen tatsächlich ausgeschlossene Herrschaft dann wieder ins Spiel komme, wenn der besitzlose freie Bürger hinter das „Betriebstor" getreten sei, wo „der Eigentumstitel eben nicht dem über Arbeitskraft verfügenden Arbeiter [...] in derselben Person (zukommt)", sondern dem Kapitalisten, der Mehrwert abschöpft. „Die Mehrwerttheorie ist insofern die konsequente Analyse eben jener Differenz zwischen dem besitzlosen ‚freien Bürger' und dem Lohnabhängigen" (ebd., 274).

Wir haben zu Marxens Mehrwerttheorie keineswegs geschwiegen. Vielmehr haben wir ihren – von ihm selbst unverstandenen – Kern herausgearbeitet. Marxens berühmter Mehrwert ist keineswegs Ausdruck einer Herrschaftsbeziehung zwischen Unternehmer und Arbeiter, sondern der Preis für einen Erwerb von Geld ohne das Aufbringen eines Zinses. Die für uns entscheidende Differenz besteht darin, dass Eigentum an der eigenen Person (Freiheit) die einzige Eigentumsvariante darstellt, die nicht belastbar und vollstreckbar ist. Wer lediglich diese Eigentumsvariante einsetzen will oder gar allein nur über diese verfügt, hat in der Tat besondere Bedingungen zu erfüllen, damit er an das nur durch Eigentumsbelastung und Zinsleistung generierbare Geld herankommt. Er gewinnt – wie gesagt – Geld nur dadurch, dass ein anderer für ihn belastbares Eigentum für die Erlangung von Lohngeldern einsetzt. Für die Erlangung des durch Unternehmer aufgenommenen – und durch sie zu verzinsenden – Lohngeldes sagen die Geldlohnbezieher im Arbeitsvertrag zu, mit ihrer Besitzseite (Arbeitskraft) „Mehrwert" für die Bedienung eben dieses Zinses zu erarbeiten.

Lohmann hält uns im Kern vor, wir würden das Verhältnis zwischen Kapitalist und Lohnarbeiter idyllisieren; wir übersähen, daß es ein Vertrag zwischen einem Gläubiger und einem Schuldner sei, in welchem der Kapitalist dem Lohnarbeiter nicht nur den Zins abverlangt, sondern auch noch den vom Lohnarbeiter über den Zins hinaus erwirtschafteten Ertrag. Bei Kenntnis der strengen Bedingungen der Geldbeschaffung hätte sie gesehen, dass dort, wo belastbares Eigentum gar nicht oder nur in minderer Qualität vorhanden ist – wie bei der Emission sogenannter *junk bonds*, zusätzlich zum (durch erstklassige Sicherheiten bestimmten) Zins –, sogar noch ein beträchtlicher Risikoaufschlag gezahlt werden muss. Hingegen muss im Gleichgewicht der Mehrwert lediglich dem Marktzins entsprechen.

Das besondere Risiko desjenigen, der nur das Eigentum seiner selbst aktivieren kann oder will, besteht nun aber – was Lohmann nicht erörtert – darin, keinen Arbeitgeber zu finden, der für ihn Eigentum zu belasten bereit ist. Das kann *Arbeitslosigkeit* bedeuten. Das besondere Risiko des einmal gefundenen Arbeitgebers – was Lohmann wiederum nicht sieht – besteht darin, dass sein Kontrakt mit dem Arbeitnehmer über das Lohngeld immer zu erfüllen ist, während ein Verkaufskontrakt für die Realisierung des Mehrwerts von ihm erst eingeworben werden muss. Gelingt das nicht, kann das für ihn *Konkurs einschließlich Arbeitslosigkeit* bedeuten. In Deutschland z.B. liegt 1997 das Lohneinkommen der höheren Angestellten, die keinesfalls zu den „besitzlosen Freien" zählen, weit über dem Gewinneinkommen von zwei Dritteln der Unternehmer, die im gleichen Jahr unter 48.000,– DM bleiben. Das durchschnittliche Lohn- und Gehaltseinkommen beträgt im selben Jahr 50.000,– DM. Unter diesen Unternehmern könnten sich mehr „besitzarme Freie" finden als unter den Besserverdienenden, die sich entschlossen haben, von all ihrem Eigentum lediglich das Eigentum an ihrer Person zu aktivieren.

Wir sehen das Konzept einer „allgemeinen Bildung des Menschen" an die nicht-erbenden, ‚überschüssigen' Kinder erbständischer Gruppen sowie an die Kinder hochqualifizierter und entsprechend hochbezahlter Angestellter gebunden. In der noblen Entschlossenheit einer Erziehung zum *Wahren, Guten und Schönen* drückt sich die Unsicherheit selbst der höheren Schichten über die konkreten beruflichen Funktionen ihres Nachwuchses auf besondere Weise aus. Da Qualifikationen nicht vorab festgelegt werden können und nur noch eine verschwindende Minderheit fest umrissene Bildungsziele für eine bekannte Zukunft formulieren kann, rechnen wir – im Unterschied zu Lohmann – gerade nicht mit einer Abnahme, sondern mit einer Ausweitung umfassender Bildung. Nur diese kann den späteren Erwerb der in der Zukunft liegenden und damit unbekannten Qualifikationen sichern. Der unstrittige Verfall umfassender Bildung an den staatlichen Insitutionen – den wir genau so sehen wie Lohmann – führt ja schon heute dazu, dass Eltern auf ökonomisch motivierte und durchaus kostspielige private Bildungsanstalten ausweichen, weil nur dort per Zahlungsvertrag auf ein hohes Niveau gedrungen werden kann.

Erziehung und Wirtschaft

In erbständischen Gesellschaften bestimmt das ökonomische Reproduktionsmuster (Gewerbe*eigentum*) der Eltern die Zahl ihrer Kinder und die Erziehungsziele für diese Kinder. Die Eltern fragen Erziehungsleistungen nach, die diese Ziele umzusetzen versprechen. Auf diese Nachfrage müssen die Anbieter von Erziehung reagieren, wenn sie im Erziehungsgewerbe gegen die Konkurrenz bestehen wollen. Die Eltern sind an dieser Konkurrenz interessiert, weil unqualifizierte Anbieter vom Erziehungsmarkt verschwinden.

Nun hat die europäisierte Welt im halben Jahrtausend von etwa 1480 bis 1980 durch staatliche Ausrottung von Geburtenkontrollwissen und Bestrafung seiner Wiedergewinnung die Bürger dazu gezwungen, mehr Kinder in die Welt zu setzen, als ihren Reproduktionsinteressen entsprach (Heinsohn/Knieper/Steiger 1979; Heinsohn/Steiger 1985, 1989; Heinsohn/Steiger 1999). Die erbständischen Erziehungsziele werden in dieser Epoche für die überschüssigen Kinder unangemessen. Die nichterbständischen Bevölkerungsschichten sind von vornherein ohne eigenständig begründbare Erziehungsziele; überdies sind sie nicht imstande, den aufgezwungen Nachwuchs ausreichend zu versorgen.

„So gelten im Jahre 1851 von den 4.908.696 Kindern Englands zwischen 3 und 15 Jahren 3.015.405 als mehr oder weniger streunend. Noch 15 Jahre später, also 1866, befinden sich in Manchester 54 Prozent der Kinder weder in der Schule (immerhin 40 Prozent besuchen bereits eine solche) noch an einem Arbeitsplatz (an dem sich nunmehr nur noch 6 Prozent der Kinder finden), sondern halten sich auf den Straßen oder in den ärmlichen Wohnungen der außerhäusigen Eltern auf. Die Verwahrung dieser Kinder, die sich keineswegs im Sinne der erforderlichen Fortpflanzungsmoral zu entwickeln und die obendrein als Analphabeten den Anforderungen der Maschinenbedienung nicht zu genügen drohen, werden zum Anlass des ersten allgemeinen Pflichtschulsystems der Weltgeschichte: der ‚infant school'" (Heinsohn/Knieper/Steiger 1979, 137f.).

Dieses System von Bewahranstalten für die bis zu sechs Jahre alten Kinder und von Zwangsschulen für die älteren besteht aus kasernenartigen Anstalten für Kinderkollektive. Sie leisten am Ende durchaus einiges für die staatliche Bevölkerungspolitik, indem sie das Leben der Kinder erst einmal bewahren. Bis es allerdings soweit ist, muss eine ausgeklügelte staatliche ‚Schulhygiene' (Fischer 1926) entwickelt werden, mit der epidemische Krankheiten in den Einrichtungen der Massenkindhaltung unter Kontrolle gebracht werden können. Bekanntlich ist ein hundertprozentiger Erfolg bis heute nicht erreichbar (Läuseplagen etc.). Da die Optimierung der Erzieher-Zögling-Beziehung als Kernziel der Pädagogik im kasernierten Kinderkollektiv ihre welthistorisch schwerste Aufgabe gestellt bekommt, entwickelt sich in Europa parallel zur Massenkindhaltung die Erziehungswissenschaft. Sie formuliert erstens Erziehungsziele für die den Reproduktionsinteressen der Eltern äußerlich bleibenden Kinder und sie arbeitet zweitens an Umsetzungen dieser Ziele durch Konzepte praktischer Pädagogik bzw. ‚angewandter Psychologie' (Vogel 1877, 156). Selbstverständlich ist es niemals gelungen, das Kinderkollektiv auf optimale Erzieher-Zögling-Beziehungen zuzuschneiden. Kollektiv und optimale Beziehung bilden weiterhin einen unauflöslichen Widerspruch. Die aus ihm resultierende Sisyphosarbeit der staatlichen Pädagogik reflektiert sich in einer nie endenden Reihe von Schul- und Erziehungsreformen.

Seit den späten sechziger Jahren des 20. Jahrhunderts geht der nordamerikanische und westeuropäische Teil der westlichen Welt in ein neues Reproduktionsmuster über (Heinsohn/Steiger 1985, Teile A/IX und B/X). Bevölkerungspolitische Zwangsmaßnahmen entfallen zunehmend. Zugleich werden die erbständischen Bevölkerungsanteile mit deutlich umrissenen, eigenständigen Erziehungszielen zu einer etwa zehn Prozent umfassenden Minderheit. Die verelendeten Kinderscharen des 16. bis frühen 20. Jahrhunderts – die ‚Enterbten dieser Erde' –, die man fürs blanke Überleben und den Erwerb minimaler Kulturtechniken in staatliche Zwangskollektive verbracht hatte, sind in diesen Erdregionen die krasse Ausnahme geworden. (In vielen Ländern der Dritten Welt gilt das noch nicht.)

Ohne dass dieser Einfluss des Geburtenrückganges auf die Erziehungsmöglichkeiten begriffen worden wäre, entstehen durch ihn jetzt möglich werdende Termini für die Optimierung der Erzieher-Zögling-

Beziehung wie z.B. ‚Differenzierung' (Husén/Boalt 1968, 84ff.) gegen mechanistisch als solche klassifizierte Jahrgangskollektive. Wenig später diskutiert man sogar die ‚Entschulung der Gesellschaft' (Illich 1971).

Eltern in der Ersten Welt von Alaska bis Neuseeland sind nunmehr überwiegend Eltern von Wunschkindern. Diesen können sie eine fest umrissene Zukunft allerdings nicht versprechen und auch nicht beschreiben. Zugleich haben sie mehr Zeit und Mittel für die Entwicklung der wenigen Kinder (1,3 pro Frau) zur Verfügung als wohl je zuvor in der Menschheitsgeschichte. Für fast alle Kinder tritt damit die Gestaltung einer optimalen Erzieher-Zögling-Beziehung in den Bereich des Möglichen. Da die Wunschkindeltern Erziehungsziele nicht determinieren können, bleibt Erziehungswissenschaft unverzichtbar. In den Standardformulierungen der allseitig entwickelten Persönlichkeit oder der Vorbereitung auf lebenslange Lern- und Leistungsbereitschaft wird die unabwendbare Nichtdeterminierbarkeit der Erziehungsziele zum Ausdruck gebracht.

Gegen die nunmehr bereits seit Jahrzehnten objektiv mögliche Optimierung der pädagogischen Beziehung wirkt die weiterhin staatliche Schulpflicht mit der Auflage, dieser in staatlichen oder staatlich lizensierten Anstalten nachzukommen. In diesen Anstalten ist durch die staatliche Herrschaft eine Nachfrage der Zöglingsseite nach optimalen Beziehungen weitgehend unterbunden. Die Zöglingsseite kann also einen gleichgültigen oder sonst wie untauglichen staatlichen Erzieher nicht in die Leistungskonkurrenz mit anderen Erziehern zwingen, bei der sein ‚Gewerbe' zur Disposition steht. Im selben herrschaftlichen Kontext kann selbst der tüchtigste staatliche Erzieher nicht Anbieter optimaler Beziehungen werden, da die Kinder ja per Anweisung bei ihm landen und durch Auflagen seinerseits – jenseits der allgemeinen Schulregeln – nicht zurückgewiesen werden können.

Ökonomische Potenziale für optimale Erziehung und Bildung in Deutschland

Für allgemeinbildende Schulen und vorschulische Bildung geben die öffentlichen deutschen Haushalte 105 Milliarden DM aus (Berechnung für 1996). Dieser Betrag kann bisher von der Zöglingsseite – 10,15 Millionen Menschen (1997/98) – als Nachfrage nach optimalen Erzieher-Zögling-Beziehungen nicht eingesetzt werden. Zugleich fallen knapp 668.000 staatlich alimentierte Erzieher und Lehrer (1997) sowie etwa 167.000 Sozialpädagogen in den Kindergärten, insgesamt also 835.000 Kräfte, als gewerbliche Anbieter optimaler Beziehungen für diese 105 Milliarden DM aus.

Würden die etwa 10.000 DM pro Zögling vom staatlichen Zwangsanbieter per Steuerminderung an die Eltern fallen, dann hätten sie – unter Einbeziehung der übrigen Transfers (Kindergeld) und Abgabenreduktionen – pro Kind etwa 15.000 DM im Jahr für die Nachfrage nach optimalen Erzieher-Zögling-Beziehungen zur Verfügung. Der Staat könnte sich – wie für so viele andere Branchen – auf gesetzliche Leistungsstandards, einschließlich solcher für Menschenrechte sowie für das *Wahre, Schöne und Gute* beschränken. Solange jedoch die Rückführung der in die Staatsbudgets eingehenden Steuermittel an die Bürger nicht erfolgt, können nur die Besserverdienenden pädagogische Optimierung betreiben. Die breite Mehrheit hingegen wird staatlicherseits daran gehindert, eine wirksame Nachfrage nach optimalen Erziehungsleistungen zu entfalten.

Für diese Behinderung der Elternmehrheit sorgt allerdings nicht allein die Furcht, dass Eltern bei der Auswahl optimaler Erzieher-Zögling-Beziehungen versagen könnten. Für diese Sorge spricht übrigens wenig, da Eltern, die weder *home schooling* (Steentjes 1998; Griffith 1999) betreiben noch persönlich versierte Nachfrager sind, ja auf *Rating*-Agenturen für Erziehungsanbieter zurückgreifen könnten. Zur Unterbindung einer freien, effektiven Erziehungsnachfrage trägt vielmehr auch der Widerstand der etwa 835.000 staatlichen Erzieher und Lehrer bei. Müssten sie als freie Anbieter von optimalen pädagogischen Beziehungen auftreten, würde ein Großteil von ihnen vom Markt gefegt. Auch die geeignete Minderheit der jetzt staatlichen Erzieher müsste sich auf ganz neue Anforderungen einstellen. Die Pfründenverteidigung dieser mächtigen Lobby dürfte mithin noch lange dazu beitragen, dass die meisten Eltern vom Eingehen souveräner Verträge mit hochwertigen Erziehungsanbietern ausgeschlossen bleiben.

Für Universitäten und Fachhochschulen geben die öffentlichen deutschen Haushalte 51 Milliarden DM aus (Berechnung wiederum für 1996). Dieser Betrag kann von der Studierendenseite – 1,8 Millionen Menschen (1997/98) – als Nachfrage nach optimalen Bildungsbeziehungen nicht eingesetzt werden. Zugleich fallen etwa 60.000 staatliche Hochschullehrer (1997) als gewerbliche Anbieter optimaler Bildungsbeziehungen für für das Einwerben dieser 51 Milliarden DM aus. Assistenten und Verwaltungspersonal bleiben dabei sogar noch außer Betracht. Würden die rund 28.000 DM pro Student vom staatlichen Zwangsanbieter weg per Steuerpolitik an die Studierenden fallen, dann hätten sie – unter Einbeziehung der übrigen Transfers (Kindergeld) und Freibeträge – pro Kopf etwa 33.000 DM im Jahr für die Nachfrage nach optimalen Bildungsbeziehungen zur Verfügung. Der Staat könnte sich auf die Durchsetzung von Mindeststandards für die Erlangung von Zertifikaten sowie ein Studium Generale für das *Wahre, Schöne und Gute* beschränken. Solange jedoch die

Rückführung der in die Staatsbudgets eingehenden Steuermittel nicht erfolgt, können nur die Studenten besserverdienender Eltern eine Optimierung ihrer Bildungsbeziehungen betreiben. Die breite Mehrheit hingegen wird auch hier staatlicherseits daran gehindert, eine wirksame Nachfrage nach Bildungsleistungen zu entfalten

Zu dieser Behinderung trägt sicher auch der Widerstand der Mehrheit der etwa 60.000 Hochschullehrer bei. Müssten sie als freie Anbieter von optimalen Bildungsbeziehungen auftreten, würde – ganz wie bei Erziehern und Lehrern – ein Großteil von ihnen vom Markt verschwinden. Auch die hier nur etwa zehn Prozent umfassende geeignete Minderheit müsste sich auf ganz neue Anforderungen einstellen. Die Pfründenverteidigung dieser mächtigen Lobby dürfte mithin bis auf weiteres dazu beitragen, dass die meisten Studierenden vom Eingehen freier Verträge mit hochwertigen Bildungsanbietern ausgeschlossen bleiben.

Knapp 80.000 Liegenschaften aufsteigender Größenordnung für Kindergärten (25.000), Schulen (52.000) und Hochschulen (349) in erstklassigen Lagen sind heute als staatliche Besitztitel der Ökonomisierung entzogen. Für ihre Nutzung erzwingt der Staat Steuern, die dann nicht mehr nachfrageorientiert eingesetzt werden können. Als nicht verpfändbare Positionen entfallen diese Besitztitel für die Erlangung von Geldkredit. Die Überführung dieser Positionen in Eigentum würde umgehend das gesamtgesellschaftliche Kreditpotential erheblich nach oben treiben und damit eine entsprechende Nachfragesteigerung ermöglichen.

Höhere Bildung und Genossenschaft

Im Unterschied zur Primar- und Sekundarerziehung ergibt sich bei den hohen Bildungsabschlüssen das Problem, dass nur eine kleine studentische Minderheit Eltern mit so hohen Einkommen und entsprechenden Abgaben hat, dass ihnen per Steuerpolitik 28.000,- DM jährlich erlassen werden können. Stipendien, mit denen den übrigen Studierenden dieselbe wirksame Nachfrage verschafft wird, können dieses Problem jedoch neutralisieren. Da die Steuerbürger insgesamt diese Mittel vorschießen müssen, sollten *alle* Studierenden – also nicht nur die Stipendiaten – verpflichtet werden, einen bestimmten Prozentsatz ihres anschließenden Einkommens an die Gesellschaft zu refundieren. Auf diese Weise erwiese sich die Gesellschaft zugleich als genuine *Genossenschaft*, in der alle gemeinsam und solidarisch eine umfassende Bildung gewährleisten. Bei einem Akademiker-Durchschnittseinkommen von 100.000,- DM (im Jahr 2000) würde bei einer Lebensarbeitszeit von 35 Jahren ein Satz von drei

Prozent (105.000,– DM) ausreichen, um die Hochschulkosten eines vierjährigen Studiums von gut 112.000,– DM in etwa wieder hereinzubekommen. Da die Studierenden mit besser verdienenden Eltern ja keine Stipendien bekommen würden, könnte bei dieser Belastung von drei Prozent sogar ein Überschuss erzielt werden.

Wir haben gesehen, dass Erziehung und Bildung nur dann optimiert werden können, wenn sie Ware werden dürfen. Erst dann kann Herrschaft durch Wirtschaft aus dem Felde geschlagen werden. Der Gleichgültigkeit der jetzigen Personalmehrheit würde ein von Eltern und Zöglingen/Studierenden permanent überprüftes Engagement entgegen gestellt. Die allenthalben perhorreszierte Privatisierung der Erziehung stellt u.E. eine Hoffnung dar und keinesfalls den Untergang der Erziehung. Nicht mehr Untertanen stünden dann staatlichen Konzernen gegenüber, sondern freie Bürger, die selbst als Durchschnittsverdiener eine sehr passable Nachfragemacht darstellen. Wenn Anbieter und Nachfrager sich dann als Genossenschaften organisieren wollen, steht dem nichts mehr im Wege.

Literatur

Fischer, A.: Schulhygiene. In: L. Elster et al. (Hg.): Handwörterbuch der Staatswissenschaften. 4. Auflage, 7. Band. Jena 1926, 257-276.

Fischer, A.: Pädagogische Soziologie. In: A. Vierkandt (Hg.): Handwörterbuch der Soziologie. Stuttgart 1931, 405-425.

Griffith, M.: The Homeschooling Handbook: From Preschool to High School: A Parent's Handbook, 2nd ed., Rocklin/California 1999.

Heinsohn, G./Knieper, R./Steiger, O.: Menschenproduktion: Allgemeine Bevölkerungstheorie der Neuzeit. Frankfurt am Main 1979.

Heinsohn, G./Steiger, O.: Die Vernichtung der weisen Frauen. Beiträge zur Theorie und Geschichte von Bevölkerung und Kindheit (1989^3). Herbstein 1985.

Heinsohn, G./Steiger, O.: Birth Control: The Political-Economic Rationale Behind Jean Bodin's 'Démonomanie'. In: History of Political Economy. 31/3 (1999), 423-448.

Heinsohn, G./Steiger, O.: The Property Theory of Interest and Money. In: J. Smithin (ed.): What is Money? London 2000, 67-100.

Heinsohn, G./Steiger, O.: Eigentum, Zins und Geld. (1996), 2. durchgesehene Auflage, Marburg 2001.

Heinsohn, G./Steiger, O., Eigentumstheorie des Wirtschaftens *versus* Wirtschaftstheorie ohne Eigentum, Marburg 2001.

Husén, T./Boalt, G.: Bildungsforschung und Schulreform in Schweden (1964). Stuttgart 1968.

Illich, I.: Deschooling Society. Harmondsworth 1971 (dt.: Entschulung der Gesellschaft, Neuauflage München 1995).

Lohmann, I.: Bildung und Eigentum. Über zwei Kategorien der kapitalistischen Moderne. In: S. Abeldt u.a. (Hg.): „...was es bedeutet, verletzbarer Mensch zu sein." – Erziehungswissenschaft im Gespräch mit Theologie, Philosophie und Gesellschaftstheorie.

Helmut Peukert zum 65. Geburtstag, Mainz 2000, 267-276, http://www.erzwiss.uni-hamburg.de/Personal/Lohmann/prop.htm

Steentjes, G.: Homeschooling in den USA. Darstellung eines alternativen Weges der Beschulung am Beispiel von 19 Familien. (Diplomarbeit) Universität Hamburg 1998.

Vogel, A.: Geschichte der Pädagogik als Wissenschaft. Gütersloh 1877.

Privatisierung und Marktorientierung in Universität und Weiterbildung

Hannelore Bastian

‚Markt' und ‚Dienstleistung' in der öffentlichen Weiterbildung – Volkshochschulen im Umbruch

Die gesellschaftlichen Umbrüche der neunziger Jahre haben erhebliche Veränderungen in der deutschen Weiterbildungslandschaft bewirkt, die auch in den Einrichtungen der öffentlich verantworteten Erwachsenenbildung eine anhaltende Phase der Umbrüche eingeleitet haben. Die stetig wachsende Bedeutung von Weiterbildung, die politisch mit dem Slogan „Lebenslanges Lernen" beschworen wird, geht einher mit knapper werdenden Ressourcen bei gleichzeitig steigenden Ansprüchen an die Qualität der Angebote und Wirtschaftlichkeit in der Arbeitsweise. Die Konfrontation mit diesen neuen Anforderungen hat die Einrichtungen öffentlich verantworteter Erwachsenenbildung dazu gezwungen, ihr pädagogisches und institutionelles Selbstverständnis auf den Prüfstand zu stellen. Damit bedarf auch das traditionelle Profil erwachsenenpädagogischer Professionalität der Überprüfung und Neubestimmung. Dieser Veränderungsprozess ist an den Themenschwerpunkten im wissenschaftlichen Diskurs des letzten Jahrzehnts ebenso zu beobachten wie an den verbreiteten Restrukturierungsaktivitäten der Einrichtungen sowie den Inhalten und Zielen von Fortbildungsangeboten, die Unterstützung angesichts veränderter Anforderungen für MitarbeiterInnen in der Erwachsenenbildung bieten. Ich werde diesen Prozess in seinen Auswirkungen auf die Volkshochschule und die dort tätigen ErwachsenenbildnerInnen beschreiben.

Basierend auf den demokratischen Traditionen ihrer Gründung in der Weimarer Republik, verpflichtet zur weltanschaulichen Unabhängigkeit und zur Bandbreite ihrer Angebote im allgemeinbildenden, beruflichen, kulturellen und politischen Bereich, ausgerichtet am Ziel der prinzipiellen Offenheit und Zugänglichkeit für alle Bürgerinnen und Bürger sind Volkshochschulen aus ihrem Aufgabenverständnis heraus immer auf ihre erwachsenenpädagogische Verantwortung konzentriert gewesen. Die Schwerpunkte ihrer Arbeit lagen in der Auseinandersetzung mit den Bildungszielen, den didaktischen Dimensionen der Programmplanung und dem Interaktionsgeschehen im Lehr-Lern-Prozess. Die relativ stabil gesicherte Finanzierung, zusammengesetzt aus Zuschüssen der Kommunen, der Länder und des Bundes sowie den von den TeilnehmerInnen entrichteten Gebühren, schuf in der Vergangenheit einen Handlungsrahmen, der zwar wenig Spielraum für einen selbst verantworteten Mitteleinsatz ließ, aber auch kaum Arbeitskraft für die Erhaltung oder gar Herstellung der institutionellen Voraussetzungen beanspruchte. Das vielerorts unangefochtene Weiterbildungsmonopol der Volkshochschule ließ es zu, dass die Frage der Teilnehmergewinnung in den institutionellen Aktivitäten einen eher untergeordneten Stellenwert einnehmen konnte, ohne dass dies der Nachfrage geschadet hätte. Diese Situation hat sich seit Anfang der achtziger Jahre entscheidend verändert. Phasen von Verunsicherung, Identitätsklärung, Neuorientierung und Restrukturierung wurden in Gang gesetzt, die angesichts der aktuellen Entwicklungsdynamik vermutlich erst als Einstieg in länger währende Prozesse zu werten sind.

Ich möchte drei Tendenzen ins Blickfeld rücken, deren Einflüsse in ihrem Zusammenwirken das veränderte Aufgaben- und Anforderungsspektrum für die Volkshochschule und ihre hauptberuflichen pädagogischen MitarbeiterInnen bestimmen und die Notwendigkeit einer institutionellen Um- und Neuorientierung begründen – auch und gerade unter der Zielsetzung, ihre Verantwortung für öffentliche Weiterbildung auch in Zukunft wahrnehmen zu wollen.

Der Weiterbildungsmarkt

Öffentliche Weiterbildung steht in Konkurrenz zu anderen Anbietern auf einem Bildungsmarkt, der nicht nur expandiert, sondern sich auch zunehmend ausdifferenziert und in seinem Gesamtprofil durch „Entgrenzungstendenzen" verändert hat, so dass eine kaum noch überschaubare Vielfalt von Angeboten nebeneinander steht. „Entgrenzungen" von vormals fest umrissenen Segmenten findet in verschiedene Richtungen statt:

- Weiterbildung wird zunehmend auch von Einrichtungen und Trägern angeboten, deren primärer Organisationszweck nicht die Weiterbildung ist. Ihr Spektrum reicht von Parteien über Kultureinrichtungen, Verbände, Stiftungen und berufliche Interessenvertretungen bis hin zu Bildungseinrichtungen wie berufsbildende Schulen und Universitäten.
- Weiterbildungsaktivitäten sind immer weniger gebunden an institutionelle Orte der Vermittlung. Die vielfältigen medialen Zugangsmöglichkeiten zu Informationen, computergestützte Angebote sowie Fernlehrprogramme via Internet bieten Weiterbildungsinteressierten

attraktive Alternativen, die sich vor allem durch ihre raum-zeitliche Flexibilität und damit individuelle Verfügbarkeit auszeichnen.
- Weiterbildung als Form systematischer und institutionell organisierter Wissensaneignung erfährt angesichts der ständigen Veränderungen in Alltag und Beruf zunehmend Konkurrenz durch das so genannte selbstgesteuerte und selbstorganisierte Lernen, das quasi beiläufig als alltags- und arbeitsbegleitende Aktivität stattfindet.
- Lernaktivitäten, die nicht mehr an die klassische Vermittlungssituation in einer Weiterbildungseinrichtung gebunden sind, verändern ihren Charakter, insofern die Merkmale der genuin pädagogischen Aneignung sich mit denen anderer Bezugsbereiche mischen: Freizeit- und Unterhaltungsinteressen ebenso wie kommerzielle Aspekte kommen hinzu und haben Rückwirkungen auf die Ansprüche, die TeilnehmerInnen an die traditionellen Bildungseinrichtungen stellen.
- Während die Bedeutung lebenslangen Lernens im politischen Raum betont wird, verändert sich das Verständnis dessen, was „öffentliche Verantwortung" in diesem Zusammenhang bedeutet: Im Zuge der Diskussion um selbstverantwortetes Lernen ist ein Trend zur Abkehr von der Institutionenförderung zugunsten der Förderung durchgeführter Angebote oder sogar nur der Teilnahmeinteressierten zu erkennen, indem diese z.B. Gutscheine zur Einlösung bei einer Einrichtung ihrer Wahl erhalten. Eine verstärkte Entwicklung in dieser Richtung hätte außerordentlich einschneidende Veränderungen zur Folge, da sie eine weitgehende Reduktion der Angebote auf marktgängige Themen bewirken würde.

Ökonomisierung der Weiterbildung

Auch in der Vergangenheit waren Volkshochschulen niemals verschont von Auswirkungen der Konjunkturzyklen. Doch im Gegensatz zu früheren Einsparwellen führt der Wirtschaftlichkeitsdruck der jüngeren Zeit nicht mehr nur zu vorübergehender Kürzung der Budgets, sondern stellt – im Zuge der öffentlichen Verwaltungsreform – das bisherige System der Leistungserbringung insgesamt in Frage. Effektivität, Effizienz und Wirtschaftlichkeit heißen die neuen Leitbegriffe der Arbeit, und die Volkshochschulen wurden und werden vielerorts aus ihrer Einbindung als Teil von Behörde oder Kommunalverwaltung herausgelöst und in neue Rechtsformen (z.B. Landesbetrieb bzw. kommunaler Eigenbetrieb oder GmbH) mit erhöhter Eigenverantwortung überführt. Diese Entwicklung bedeutet nicht nur die Einführung betriebswirtschaftlicher Kostenrechnung und Steuerungsprinzipien, die als neue Komponenten zum bisherigen pädagogischen Know-How hinzukommen und per Fortbildung erworben werden müssen. Sie bringt vielmehr die Einrichtung existentiell in eine neue Situation, da das für sie zuvor unbedeutende System der Ökonomie nun als konkurrierendes Referenzsystem neben das der Pädagogik tritt. Betriebswirtschaftliches Vokabular dringt ein in die erwachsenenpädagogische Diskussionskultur und überlagert nachhaltig die Auseinandersetzung um die sich gleichfalls verändernden pädagogischen und bildungspolitischen Orientierungen. Es entsteht manifester Bedarf an Organisations- und Personalentwicklung, da es nicht mehr ausreicht, die Effektivität und Effizienz der Arbeitsabläufe durch partielle Maßnahmen zu steigern. Die Handlungsstrukturen der gesamten Einrichtung bedürfen der Modernisierung, wenn trotz verknappter Ressourcen nicht nur gleichbleibende, sondern gesteigerte Leistung erbracht werden soll.

Neben dem Versuch, Arbeitsabläufe zu professionalisieren und damit kostengünstiger zu gestalten, steht – nicht erst in jüngster Zeit – die Strategie, verstärkt zahlungskräftige Kundenkreise zu gewinnen, die vornehmlich auf dem Sektor beruflich verwertbarer Qualifizierungsangebote ansprechbar sind. Dies ist finanziell besonders dort attraktiv, wo nicht nur einzelne TeilnehmerInnen für offen ausgeschriebene Angebote geworben, sondern Firmen als Kunden gewonnen werden können. Auf diesem Markt zu arbeiten, verbessert jedoch nicht nur die Bilanz, sondern führt in mehrfacher Hinsicht zu einer schwierigen Gratwanderung der öffentlich geförderten Einrichtung: Agiert sie erfolgreich auf dem freien Weiterbildungsmarkt, tritt sie in offene Konkurrenz zu kommerziellen Anbietern und provoziert den Vorwurf der Wettbewerbsverzerrung, wenn nachweislich öffentliche Zuschüsse genutzt werden, um marktübliche Preise zu unterbieten. Steigert sie, wie gefordert, den selbst erwirtschafteten Anteil ihrer Einnahmen, läuft sie Gefahr, damit zugleich die Rechtfertigung für die weitere Kürzung von Zuschüssen zu liefern. Führt ihr verstärktes Engagement in einträglichen Angebotsbereichen zu einer Reduktion ihrer Angebote für benachteiligte Personengruppen, die unter marktwirtschaftlichen Bedingungen nicht realisierbar sind, schwächt sie damit ihre Legitimationsbasis als Empfängerin öffentlicher Gelder. Die erklärte Philosophie der Volkshochschulen, die in einnahmeträchtigen Bereichen erwirtschafteten Mittel für bildungspolitisch erwünschte, aber defizitäre Angebote zu nutzen („Robin-Hood-Prinzip"), führt so zu einer komplizierten Balance sowohl im eigenen Selbstverständnis als auch in der Programmplanung, in der eigenen Positionierung im Weiterbildungsmarkt sowie in der öffentlichen Kommunikation.

Weiterbildung als Dienstleistung

Der Dienstleistungsgedanke hat in der Umstrukturierung öffentlicher Weiterbildungseinrichtungen einen zentralen Stellenwert. Die öffentliche Verwaltung unterzieht sich insgesamt einem Reformprozess, der nicht nur vom Gedanken an effizientere und flexiblere Leistungserbringung bestimmt wird, sondern Leistungen zugleich aus der Sicht der Bürgerinnen und Bürger zu definieren beginnt, anstatt sie aus der bestehenden Verwaltungslogik heraus zu organisieren. Öffentliche Verwaltung findet damit Anschluss an die „Dienstleistungsgesellschaft", und dieser Schritt ist auch von den öffentlichen Weiterbildungsanbietern als unerlässlich erkannt worden.

Unter der Zielsetzung von Marktfähigkeit und wirtschaftlichem Erfolg zielt der Dienstleistungsgedanke der Volkshochschulen auf die Gewinnung und Bindung von TeilnehmerInnen, die – in der Vergangenheit als „AdressatInnen" pädagogischer Planung im Blickfeld – nun zu zahlenden „Kunden" werden, um die es zu werben gilt. Der Kundenbegriff lenkt die Betrachtung zunächst einmal weg von Fragen der pädagogischen Zielsetzung und rückt statt dessen die institutionellen Rahmenbedingungen in den Mittelpunkt. Wenn keine „Gebühr" mehr zu entrichten ist, sondern ein Preis für die in Aussicht gestellte Dienstleistung verlangt wird, gewinnen die Umstände der Leistungserbringung an Bedeutung – und müssen sich den Vergleich mit konkurrierenden Angeboten gefallen lassen. Transparenz von Angebot und Preisgestaltung sind dann ebenso gefragt wie nutzerfreundliche Anmeldemodalitäten und Öffnungszeiten, verbunden mit guter Service- und Beratungsqualität sowie Veranstaltungsorten und -räumen in verkehrsgünstiger und attraktiver Lage mit ansprechender Ausstattung. Im Trend zur Ästhetisierung aller Lebensbereiche wird die traditionelle Praxis der VHS, die Räume allgemein- oder berufsbildender Schulen mit zu nutzen, im Hinblick auf die Gewinnung neuer Kundengruppen zunehmend problematisch und konterkariert ihre Anstrengungen, sich als ein modernes „kommunales Weiterbildungszentrum" zu präsentieren, das Lehren und Lernen nicht in Fortsetzung schulischer Tradition betreibt, sondern eine eigenständige, erwachsenengerechte Lernkultur bietet.

Doch nicht nur die Qualität der Rahmenbedingungen wird mit dem Dienstleistungsgedanken zu einem wichtigen Thema, auch die Frage nach den Inhalten und Zielen der Angebote – also die genuin pädagogischen Fragen der Programmplanung – geraten in neuer Weise in den Blick. Unter der Perspektive der Kundengewinnung steht die Publikumsnachfrage im Mittelpunkt und lenkt die Planungsarbeit verstärkt auf die Veränderungen der Nachfrage sowie die Spielräume und Bewegungen auf dem lokalen und regionalen Weiterbildungsmarkt. Angebote werden – zugespitzt formuliert – nicht mehr aus dem eigenen Aufgabenverständnis heraus entwickelt, um dann TeilnehmerInnen für sie zu interessieren, sondern sie werden als „Sortiment" betrachtet, das entsprechend der Nachfrage konzipiert, verändert und bereinigt wird. Damit gerät auch das Prinzip der „Teilnehmerorientierung", das seit den siebziger Jahren für die didaktische Ausrichtung der Volkshochschulen an Lebenslagen und Lernvoraussetzungen der TeilnehmerInnen steht, in einen veränderten Zusammenhang.

Corporate Identity – auf der Suche nach dem neuen Selbstverständnis

Volkshochschulen stehen vor der Aufgabe, sich nicht nur punktuell und reaktiv zu den beschriebenen Veränderungen ihres gesellschaftlichen Umfelds zu verhalten, sondern eine Klärung und Neudefinition ihres institutionellen Selbstverständnisses zu erarbeiten. Die Erkenntnis, dass dieser Schritt um der eigenen Zukunft willen unumgänglich ist, hat sich weitgehend durchgesetzt und allerorten schwierige Prozesse der Leitbildentwicklung in Gang gesetzt. Engagierte „Neuerer" ringen mit ebenso engagierten „Bewahrern" um die Identität der VHS in einer legitimierbaren und praktikablen Balance zwischen Kontinuität und Modernisierung. Das Spannungsfeld der auszutragenden Kontroversen ist gekennzeichnet durch unterschiedliche Wahrnehmung und Interpretation von Stärken und Schwächen der Einrichtung in Hinblick auf die anzustrebende Entwicklungsperspektive:

– Ihr Aufgabenverständnis als „Generalist" der Weiterbildung, der mit der Bandbreite seiner Angebote und idealer Weise flächendeckender Verbreitung prinzipiell alle Bürgerinnen und Bürger anspricht, ist für den hohen allgemeinen Bekanntheitsgrad der VHS verantwortlich – behindert jedoch zugleich eine klarere Profilierung als „Spezialist" für zielgerichtete Qualifizierung speziell im lukrativen Bereich berufsorientierter Weiterbildung, in welchem die VHS nicht nur TeilnehmerInnen auf dem offenen Markt gewinnen, sondern sich zunehmend auch als Partner für professionelle Kunden aus Wirtschaft, Verwaltung und öffentlichem Dienst profilieren möchte.

– Ihr Aufgabenverständnis als dem Gemeinwohl verpflichtete Einrichtung der öffentlichen Weiterbildung, die sich – im Unterschied zu kommerziellen Trägern – auch den Bedürfnissen von Minderheiten und Bildungsbenachteiligten annimmt, gerät in Konflikt mit der notwendig

zu verstärkenden ökonomischen Orientierung, wenn es um die Entscheidung über den Einsatz der knappen personellen Ressourcen geht.
- Ihr Aufgabenverständnis als Ort personaler Vermittlung und sozialer Begegnung wird in Frage gestellt durch die Technisierung und Individualisierung des Lehrens und Lernens in außerinstitutionellen Vermittlungs- und Aneignungsprozessen und verlangt nach Entscheidungen über die künftige Ausrichtung der Arbeit: bewußte Schwerpunktsetzung auf „Erlebnisqualität", kommunikatives Lernen und personbezogene Anteile unter Verstärkung der individuellen Bildungsberatung – oder konsequente und forcierte Öffnung für neue Lerntechnologien und Entwicklung von Angebotskombinationen, mit denen die VHS sich eine neue Rolle als Partnerin in der radikal veränderten Weiterbildungslandschaft der Zukunft erarbeitet.

Angesichts dieser konkurrierenden Optionen wird weder ein klares „Entweder-Oder" noch ein unentschiedenes „Sowohl-als-Auch" die angemessene Strategie sein können, die eigenen Ressourcen verantwortlich und zukunftsorientiert einzusetzen. Es scheint vielmehr absehbar, dass die Auseinandersetzung um solch widerstreitende Perspektiven dauerhaft zu den künftigen Aufgaben der pädagogischen MitarbeiterInnen gehören und der argumentative und strategische Umgang mit ihnen im internen wie externen Diskurs ein unverzichtbarer Teil des professionellen Anforderungsprofils sein wird.

Dienstleistung und Service – ein Leitbild verändert die Arbeit

Die aktive Übernahme des Dienstleistungs- und Servicegedankens in das Selbstverständnis der Einrichtung bedeutet nicht nur Schulung der MitarbeiterInnen im freundlichen und kompetenten Umgang mit den Kunden, sondern setzt Veränderungen der Arbeitsabläufe und Prioritätensetzung in Gang. Wird der Kunde in den Mittelpunkt der Arbeitsorganisation gerückt oder doch zumindest verstärkt aus der Perspektive seiner Erwartungen wahrgenommen, so erfordert dies die kritische Überprüfung der ihm gebotenen Zugangsmöglichkeiten zur VHS, der Anmeldemodalitäten, der Bearbeitungszeiten von Buchungen, Beschwerden etc. sowie der Beratungsleistung und des gesamten öffentlichen Erscheinungsbilds: „Corporate Identity" bedarf der Entsprechung auf den Ebenen von „Corporate Behavior" und „Corporate Design" – und beides trifft nicht nur auf innerbetriebliche Zustimmung, engt es doch die bisherigen Spielräume für individuelle Prioritätensetzung und Ausgestaltung vormals eigener und teilautonomer Aufgabengebiete merkbar ein.

Verbesserte Leistungserbringung im Sinne des Kunden erfordert von den MitarbeiterInnen erhöhte Flexibilität sowohl in den Arbeitszeiten als auch in der Aufgabenwahrnehmung, die kein Verharren in herkömmlichem Regelwerk und „Zuständigkeitsdenken" mehr erlaubt: Der Kunde wünscht bequemen Zugang über verschiedene Eingangskanäle, zeitnahe Rückmeldung über seine Anliegen und kompetente Ansprechpersonen statt Weitervermittlung an Dritte. Damit rückt die Teamarbeit in den Mittelpunkt der Arbeit, weil sie es ermöglicht, Aufgaben anforderungsgerecht und variabel zu verteilen. Ihr Funktionieren setzt ein durchgängig hohes allgemeines Informationsniveau aller Beteiligten voraus sowie deren Identifikation mit dem Gesamterfolg der Einrichtung, nicht mehr nur mit der partiellen Aufgabenerledigung am einzelnen Arbeitsplatz. Da der Gesamterfolg – Programmproduktion und Realisierung der Veranstaltungen – vom gelingenden Zusammenwirken aller arbeitsteilig tätigen MitarbeiterInnen abhängt, ist deren interne Kommunikation von zentraler Bedeutung. Das bedeutet, den Dienstleistungsgedanken auch auf die internen Abläufe anzuwenden und die KollegInnen, denen jeweils zugearbeitet wird, als EmpfängerInnen einer internen Dienstleistung zu würdigen. Dies ist ein großer und schwieriger Schritt in einer Einrichtung, die es lange gewohnt war, in behördenähnlichen Strukturen zu denken und zu arbeiten und in der eine tradierte Kluft zwischen dem pädagogischen und dem Verwaltungspersonal besteht. Zur Unterstützung dieser Veränderungen bedarf es neben der Fortbildung von MitarbeiterInnen vor allem eines Konzepts der Personalentwicklung, das mit den Veränderungen korrespondiert, die sich aus der Organisationsentwicklung ergeben. Nachhaltige Veränderungen im Arbeitsalltag setzen zudem ein Führungsverhalten voraus, das sich am Modell der Moderation und Unterstützung selbständig arbeitender und teilverantwortlicher Teams orientiert.

Begünstigt, wenn nicht sogar erzwungen wird die Grenzüberschreitung zwischen den beiden innerbetrieblichen Subkulturen nicht zuletzt von der zunehmenden Durchdringung aller Arbeitsabläufe mit elektronischer Datenverarbeitung und -übermittlung. Arbeitsteilung und Nahtstellen zwischen pädagogischer und Verwaltungstätigkeit haben sich dadurch radikal verändert. Einerseits haben sich Aufgaben, die traditionell von Verwaltungskräften erledigt wurden, nahezu vollständig auf die pädagogischen MitarbeiterInnen verlagert: Erst ging das Tippen von Briefen, Konzepten und Programmplanung in die Arbeitsabläufe der Pädagogen ein, dann nahm das Kopieren, Verteilen und Versenden von Informationen durch Verwaltungskräfte in dem Maße ab, wie sich die interne und externe Kommunikation auf elektronische Medien verlagerte – ein Prozess, der von den pädagogischen MitarbeiterInnen nicht nur positiv aufgenommen wurde. Die Entlastung von diesen Tätigkeiten setzt Kapazitäten bei den Verwaltungskräften frei, die für verbesserten Service und Dienstleistung genutzt werden können, was insgesamt zu einer Zunahme qualifizierterer Anteile ihrer Arbeit führt, insofern ihre Beratungskompetenz durch verbesserten Gesamtüberblick und Detailkenntnisse des umfangreichen Programmspektrums erhöht werden muss. Insgesamt setzt die konsequente Verwirklichung des Dienstleistungsgedankens eine hohe Identifikation der Beschäftigten mit ihrer Arbeit voraus, was wiederum stark von deren Zufriedenheit mit den Arbeitsbedingungen und nicht zuletzt von den ihnen gebotenen Partizipations- und Gestaltungsmöglichkeiten abhängt.

Erwachsenenbildner zwischen ‚Organisation', ‚Markt' und ‚Pädagogik'

Um aus der Defensive einer von Finanzierungsschwierigkeiten, Imageproblemen und Konkurrenzen bedrängten Einrichtung herauszukommen, sind Volkshochschulen darauf angewiesen, aktiv auf die Veränderungen ihres gesellschaftlichen Umfelds zu reagieren und ihre Professionalität sowohl im Hinblick auf die innerbetrieblichen Abläufe als auch im Hinblick auf ihren Erfolg am Markt weiter zu entwickeln. Bedingt durch den ökonomischen Druck sowie die Notwendigkeit tiefgreifender Umstellungen in der gewachsenen Betriebskultur entsteht eine starke Konzentration auf den innerorganisatorischen Entwicklungsprozess, von der – überspitzt formuliert – bereits als „organisationsbezogener Wende" der Erwachsenenbildung gesprochen wurde. Der Aufbau einer funktionsfähigen organisatorischen Infrastruktur mit geregelter Ressourcenzuweisung, standardisierten Abläufen und überprüfbaren Leistungen schafft ein System, dessen Zweck in der Herstellung von Steuerungsfähigkeit liegt. Die aktuelle Qualitätsdebatte im Umfeld von ISO-Norm und *total-quality-Management* verstärkt die Zentrierung auf die Denk- und Handlungslogik der „Machbarkeit" und Kontrolle. In dieser betrieblich-ökonomischen Rationalität wird das Bildungsangebot zum „Produkt", die Programmankündigung Teil des „Vertriebs" und der Teilnehmer zum „Kunden". Dieses neue Sinnsystem etabliert sich erfolgreich neben dem der Pädagogik und dominiert die innerbetriebliche Diskussion. Es zwingt den pädagogischen MitarbeiterInnen nicht nur einen neuen Blickwinkel auf, sondern stellt sie vor die schwierige Aufgabe, ihre pädagogische Professionalität zwischen den Bezugssystemen Organisation und Markt neu wahrzunehmen und auszubalancieren. Weder die pädagogisch-moralisch motivierte Ablehnung betrieblicher und marktwirtschaftlicher Rationalität noch deren unreflektierte Übernahme anstelle der vormalig pädagogischen Orientierung werden der veränderten beruflichen Situation gerecht. Notwendig ist das

Bewußtsein, zwischen verschiedenen Bezugssystemen zu agieren, die nicht kompatibel sind und gerade deswegen in ihrer je eigenen Logik verstanden werden müssen – um sie untereinander anschlußfähig zu machen, ohne dabei die Maßstäbe des einen auf das Feld des anderen zu übertragen. In der Praxis des Umbruchs besteht die Neigung zur Verabsolutierung entweder der zu bewahrenden Position des Pädagogischen als Kern der Professionalität oder der als unabweisbar akzeptierten betrieblichen Modernisierung. Nötig ist hingegen, beide in ihrer Bedeutung für den Gesamterfolg der Einrichtung anzuerkennen. Dies zu tun, erfordert die Bereitschaft und Fähigkeit, das Handeln im Rahmen widersprüchlicher Anforderungen als beruflichen Normalfall zu akzeptieren und in eine differenzierte Auseinandersetzung mit den Auswirkungen des marktorientierten Blicks auf die Praxis einer Weiterbildungseinrichtung einzutreten.

Wo es um die Planung, Durchführung und Evaluation von Veranstaltungen geht, kann die unreflektierte Übernahme der neuen Terminologie zu unangemessenen Deutungen der pädagogischen Prozesse führen. So ist es irreführend, einem fertig erstellten Kurskonzept, das als zu buchendes Angebot präsentiert wird, den Namen „Produkt" zu geben, stellt es doch lediglich ein Zwischenstadium auf dem Weg zum eigentlichen Ziel, dem Lernprozess künftiger Kursteilnehmer, dar. Auch wenn von der Qualität des Produkts gesprochen wird, die in angemessenen Planungsverfahren abzusichern sei, können damit sinnvoller Weise nur die Standards seiner Erstellung und Präsentation erfasst werden, nicht aber die Qualität dessen, was als Ziel von Weiterbildung bestehen bleibt: des Lernerfolgs der Beteiligten. Auf der anderen Seite kann der Produktbegriff als Beschreibung der abgeschlossenen Programmplanung durchaus geeignet sein, den Blick für die institutionellen Bedingungen ihrer Erstellung zu schärfen, die durchaus nicht nur unter pädagogischen Aspekten, sondern auch unter denen einer rationellen Arbeitsorganisation zu betrachten sind. Analog zum „Produkt" suggeriert auch der Terminus „Vertrieb" die Verantwortung des Anbieters für den Verkaufsakt – was unzutreffend ist, wenn doch die Kursbuchung lediglich die Voraussetzung für den späteren Lehr-Lern-Prozess schafft. Doch kann die Klassifizierung des Verkaufs der Veranstaltungen als „Vertrieb" die Notwendigkeit auch für Volkshochschulen verdeutlichen, sich verstärkt der Methoden des Marketings zu bedienen. Ist der Terminus „Dienstleistung" durchaus geeignet, die organisatorischen Rahmenbedingungen für die Bereitstellung von Kursen im Sinne der NutzerInnen zu kennzeichnen, so greift er doch wiederum zu kurz, wenn es um das Verständnis des angestrebten Bildungsprozesses geht: Er ist nicht als eine „Dienstleistung" konsumierbar, sondern erfordert die aktive und häufig auch anstrengende und mühevolle Beteiligung der TeilnehmerInnen – ein Aspekt, der um der Marktgängigkeit willen in der Veranstaltungswerbung gerne unterschlagen wird. Dass Kunden- und Teilnehmerperspektive zu differenzieren sind, zeigt sich auch am Beispiel jener Fälle, in denen der zahlende Kunde gar nicht der Teilnehmende ist, sondern ein Auftraggeber, der für die von ihm finanzierten Maßnahmen entsprechende Erfolge erwartet. Hier ist ein mögliches Konfliktpotential angelegt, insofern die Erwartungen eines Auftraggebers – sei es die Arbeitsverwaltung, eine Behörde, ein Betrieb – durchaus nicht identisch sein müssen mit den Interessen und Lernbedürfnissen der von ihnen entsandten TeilnehmerInnen.

Der Teilnehmer als Kunde – der Kunde als Teilnehmer

Das Eindringen des Kundenbegriffs in das Vokabular des Erwachsenenbildners führt – trotz begrenzter Tauglichkeit für die Beschreibung von Lehr-Lern-Prozessen – insgesamt zu einer Stärkung der Teilnehmerperspektive sowohl in Hinblick auf die Themenplanung als auch in Bezug auf die Frage nach der Qualität einer Veranstaltung. Entscheidend für den Kunden ist das Versprechen der individuellen Brauchbarkeit dessen, was ihm die gewählte Veranstaltung bietet. Vor dem Hintergrund des Tempos gesellschaftlicher Veränderungen, der allgemeinen Erwartung lebenslanger Lernbereitschaft und der genannten „Entgrenzungstendenzen" in der Weiterbildung ist die anbietende Einrichtung in hohem Maße auf Umweltoffenheit angewiesen: Sie muss ihre Angebote an den lebensweltlichen Verwendungszusammenhängen derer orientieren, die sie als Kunden gewinnen möchte. Hier treffen sich Konsequenzen aus dem Dienstleistungsgedanken mit der veränderten Sicht vom Lehren und Lernen aus der konstruktivistisch orientierten Debatte um die Aufwertung des Lernenden, dessen Aktivitäten nicht als Folge des Lehrens, sondern als eigenständige Aneigungs- und Gestaltungsleistung betrachtet werden, die der Lehrende durch die Schaffung eines offenen Lernraums unterstützt. Aus diesem Verständnis heraus verändert sich die Arbeit des Lehrenden stark in Richtung auf Beratungsleistung für die individuellen Bedarfe seiner „Kunden". Die Betonung der Eigenverantwortung des Lernenden aber macht aus dem Kunden wieder den aktiven Teilnehmer, der seine biographisch-spezifischen Interessen nur realisieren kann, wenn er sie mitgestaltend in den dialogischen Prozess einer heterogenen Lerngruppe einbringt.

Die Orientierung der Planung am Teilnehmer als Kunden stellt in der Konsequenz auch die bisher unter fachlichen Gesichtspunkten gegliederte interne Organisation der pädagogischen MitarbeiterInnen von Volkshochschulen in Frage. Angebote, die auf alltagsweltliche Verwendung ausgerichtet sein wollen, liegen in der Regel auf den Schnittstellen zwischen den bisherigen „Fachbereichen" und werden von diesen in innerbetrieblicher Konkurrenz – teilweise parallel und unverbunden – bearbeitet, was Ressourcen verschwendet und Synergieeffekte behindert oder nur in aufwendigen Kooperationsverfahren zugänglich macht. Das vielleicht gewichtigste Beispiel dysfunktionaler Abgrenzung eines Teilressorts ist der Bereich der beruflichen Bildung, der sich seit des durch Gelder der Arbeitsverwaltung gestützten Booms in den achtziger Jahren in vielen Volkshochschulen zu einem eigenen „Profitcenter" entwickelt hat, das heute Vorreiter für die Gewinnung von Firmen als Kunden ist. Die Folge seiner Abschottung gegen andere Bereiche blockiert aber zugleich die lebensweltlich orientierte Weiterentwicklung der Programmteile, die qua Entstehung in den Zuständigkeitsbereich der beruflichen Bildung gefallen sind. War es in der Anfangsphase z.B. angemessen, EDV-Kenntnisse ausschließlich in berufsbezoger Ausrichtung zu vermitteln, so erweist sich diese Zuordnung inzwischen als eine Perspektivbeschränkung, die unfähig macht, dem allgemeinbildenden Charakter gerecht zu werden, den informationstechnologische Kenntnisse mittlerweile angenommen haben. Aber auch all jene Teilgebiete der beruflichen Bildung, die unter dem Stichwort „Soft Skills" zusammen gefasst werden, haben längst die Grenze zur Lebenswelt überschritten und können gleichfalls für sich reklamieren, Teil von Allgemeinbildung zu sein. Umgekehrt haben aber auch Bereiche, die traditionell z.B. ins Aufgabengebiet der kulturellen Bildung in freizeitorientierter Ausrichtung fielen, ebenfalls im Zuge der Aufwertung von „Soft Skills" Bedeutung für die Arbeitswelt gewonnen, wo z.B. kreative Techniken der Problemlösung gefragt sind und ästhetische Bildung als Beitrag zur adäquaten Wahrnehmung komplexer Situationen geschätzt wird.

Eine Organisation, die auf solche Veränderungen in der Nachfrage angemessen reagieren will, muss die Abgrenzung fachlicher Subsysteme in Abteilungen auflösen und an ihrer Stelle ein Netzwerk von Planungsteams aufbauen, deren Zusammensetzung sich an der jeweiligen Aufgabe orientiert. Das schließt kontinuierlich arbeitende Teams keineswegs aus, sorgt aber zugleich für den nötigen Wissenstransfer in alle projektbezogenen Gruppen, die Angebote für Querschnittsfelder erarbeiten, in denen interdisziplinäre und zielgruppenbezogene Aspekte zu integrieren sind.

KursleiterInnen als ‚Dienstleister' zwischen Volkshochschule und TeilnehmerInnen

Alle Bemühungen der Volkshochschule um Professionalität und Qualität hängen davon ab, wie und in welcher Weise ihre Prinzipien, Ziele und

Angebote von den MitarbeiterInnen aufgegriffen und umgesetzt werden. Vor allem die mit der Kernaufgabe – der Lehrtätigkeit – beauftragten freiberuflichen KursleiterInnen wirken als Repräsentanten der Institution und prägen gegenüber den TeilnehmerInnen das Bild der Einrichtung. Ihre Motivationsstruktur, ihr Aufgabenverständnis sowie ihre fachliche und pädagogische Kompetenz sind damit entscheidende Faktoren im Zusammenhang von Programmplanung und -durchführung. Ihre institutionelle Einbindung – unter pädagogischer Perspektive schon immer Aufgabe der hauptberuflichen MitarbeiterInnen – bekommt im Kontext der beschriebenen Veränderungen einen neuen Stellenwert.

Die Gruppe der KursleiterInnen ist in sich äußerst heterogen und umfasst die Berufseinsteiger ebenso wie die „Nebenberufler" herkömmlicher Art und in zunehmenden Maße die Freiberufler im eigentlichen Sinn, die ihren Lebensunterhalt – sei es freiwillig, sei es aus Mangel an festen Arbeitsplätzen – durch ihre Tätigkeit bei verschiedenen Weiterbildungseinrichtungen verdienen. Neben der unterschiedlich ausgeprägten Motivation zum Gelderwerb für das Unterrichten an der Volkshochschule ist bei allen Gruppierungen ein dominierendes Interesse an der Arbeit mit den TeilnehmerInnen vorhanden, während ihre Bindung an die Einrichtung selbst eine durchaus zwiespältige ist. Ihr pädagogisches Engagement gehört den TeilnehmerInnen, deren Interessen sie im Konfliktfall auch gegen die VHS vertreten – zumal in den marktfernen Bereichen bildungspolitisch motivierter Angebote und der Arbeit mit Teilnehmergruppen, die als sozial benachteiligt gelten. Hier liegt ein Konfliktpotential, das keineswegs neu ist. Es stellt sich unter den veränderten Bedingungen jedoch verschärft und in anderer Form dar. Unter Bedingungen des Marktes erscheint die VHS nicht mehr als der verlässliche Rahmen, der öffentliche Gelder für Kursleiterhonorare bereit hält, damit die Kommune ihre gesetzlich vorgeschriebenen Weiterbildungsaufgaben wahrnehmen kann. Die VHS wird statt dessen zum „Kunden" der KursleiterInnen, deren Leistung sie in Hinblick auf die eigenen Kunden, nämlich ihre TeilnehmerInnen, definiert und unter den von ihr gesetzten Bedingungen in Anspruch nimmt. Dies bedeutet für viele KursleiterInnen eine völlige Verkehrung ihres bisherigen Selbstverständnisses und stößt dementsprechend auf teilweise massive Abwehr. Es ist zweifellos Aufgabe der Einrichtung, die tiefgreifenden Veränderungen in der Erfüllung ihres Weiterbildungsauftrags nicht nur in der Organisationsentwicklung mit den festen MitarbeiterInnen zu bearbeiten, sondern an diesem Prozess auch die KursleiterInnen zu beteiligen.

Anknüpfungspunkte dafür liegen auf zwei Ebenen. Auf der Ebene der Organisation ist es das Interesse der KursleiterInnen an der Aus- und Mitgestaltung der Arbeits- und Vertragsbedingungen, das die VHS aufgreifen kann. Ziel wäre ein gemeinsamer Aushandlungsprozess über die wechselseitig zuzusichernden Leistungserwartungen und Leistungserbringungen, die als für beide Seiten verbindlich und transparent zu beschreiben sind. Die Beteiligung der KursleiterInnen an einem solchen Prozess dient nicht nur deren Interessensicherung, sondern bedeutet zugleich auch einen Schritt zur Identifikation mit der VHS als Bildungseinrichtung, die ihren Service gegenüber den TeilnehmerInnen zu verbessern sucht.

Die andere Ebene ist die des Pädagogischen und kann am Interesse der KursleiterInnen an gelingenden Veranstaltungen anknüpfen. Liegt die Verantwortung für die „Einrichtungs-" und „Angebotsqualität" auf der Ebene der Organisation, so ist die „Durchführungsqualität" untrennbar an die beteiligten Personen gebunden und damit nur als Ergebnis der Interaktion zwischen KursleiterInnen und TeilnehmerInnen realisierbar. Diese Qualität zu fördern und in diese Förderung die differenzierte Wahrnehmung der TeilnehmerInnen als Kunden *und* als Lernende einzubeziehen, bedeutet Einbindung der KursleiterInnen in die erwachsenenpädagogischen Reflexionsprozesse der hauptberuflichen MitarbeiterInnen. Gemeinsam ist das schwierige Thema der Balance zwischen „Kundenzufriedenheit" und Lernerfolg der TeilnehmerInnen in der Diskussion zu halten. Gemeinsam sind Verfahren zu erarbeiten, um der prozessbegleitenden Reflexion in der Kursarbeit zu ihrem zentralen Stellenwert für teilnehmerorientierte Pädagogik zu verhelfen und Raum für die Verständigung zwischen gleichberechtigten Lehr- und Lernpartnern zu schaffen. Gemeinsam ist schließlich das Interesse an systematischer Rückkoppelung durch Evaluation, die im Handlungszyklus der Einrichtung im Sinne der Marktbehauptung für VHS und KursleiterInnen eine fundamentale Bedeutung für laufende Aktualisierung und Anpassung an die sich wandelnden Bildungsinteressen der TeilnehmerInnen hat.

Mechthild Bayer

Weiterbildungspolitik heute – Modernisierung wohin?

Lebenslanges Lernen: *Ideologie und Realität*

Weiterbildung ist unter dem Stichwort lebenslanges Lernen in den letzten Jahren zu einem Schwerpunkt der Diskussion über Wirtschafts-, Arbeitsmarkt-, Technologie- und Bildungspolitik geworden. Hintergrund für Umfangs- und Bedeutungswachstum sind technisch-ökonomische, demographische und kulturelle Impulse, und es sind bekanntermaßen die Umbrüche in der Arbeitswelt wie Globalisierung von Produkten und Märkten, Strukturwandel, Dynamik des Beschäftigungssystems, Entwicklung hin zur Informations- und Dienstleistungsgesellschaft, die für die Expansion insbesondere der beruflichen Weiterbildung sorgen. Gemessen an Teilnahmezahlen und Finanzen ist hier mittlerweile der größte Bildungsbereich herangewachsen. Allein die finanziellen Aufwendungen werden inzwischen auf über 100 Milliarden DM geschätzt. Gleichzeitig gibt es aber eine erhebliche Diskrepanz zwischen allseits betontem Bedeutungszuwachs und Realität: Weiterbildung ist nach wie vor weit davon entfernt, ein gleichberechtigter vierter Teil des Bildungswesens zu sein, und angesichts der vielfältigen Defizite droht das Konzept des lebenslangen Lernens zur Ideologie zu werden, wenn verkannt wird, dass Lernprozesse im Erwachsenenalter nicht voraussetzungslos sind und sowohl eine bestimmte gesellschaftliche Strukturierung und Sichtbarkeit erfordern als auch bestimmte materielle und ideelle Anreize.

Im Folgenden möchte ich deshalb den Schwerpunkt meiner Argumentation nicht – wie es häufig geschieht – auf Bedarfe an Weiterbildungsaktivitäten und deren vielfältige Begründung legen, sondern den Blick auf Weiterbildungsabstinenz, Motivationsverluste, Spaltungslinien und Hürden, kurz auf objektive Barrieren lenken, die das System hervorbringt und die sich subjektiv auf der Seite der WeiterbildungsteilnehmerInnen als Hemmnisse niederschlagen (zu diesem Subjektansatz vgl. Bolder u.a. 1993, 1995, 1998). Wie also sieht die empirische Realität herrschaftlicher Lernbehinderungen bei gleichzeitiger normativer Forderung nach lebenslangem Lernen aus?

Soziale Selektion

Dass laut dem neuen Berichtssystem Weiterbildung VII (Infratest Burke Sozialforschung im Auftrag des BMBF 1999) nahezu jeder Zweite in Deutschland die Möglichkeit zur Weiterbildung wahrnimmt, dass dies mit sechs Prozent eine deutliche Steigerung darstellt gegenüber dem Untersuchungszeitraum des Berichtssystems Weiterbildung VI (1994) – mit eindeutigem Schwergewicht bei der beruflichen Weiterbildung: hier hat sich die Zahl der TeilnehmerInnen gegenüber 1979 verdreifacht –, gehört zu den Erfolgsmeldungen. Richten wir den Blick aber auf die Frage, warum Nicht-Teilnehmer nicht teilnehmen, so ergibt sich ein differenzierteres und keineswegs so positives Bild.

Die Teilnahmechancen sind weiterhin unterschiedlich verteilt: Nach Geschlecht: Zwar beträgt die Differenz der Weiterbildungsbeteiligung nur noch zwei Prozent (Männer 49, Frauen 47 Prozent); bei der beruflichen Weiterbildung aber dominieren weiter die Männer mit einer Teilnahmequote von 35 Prozent gegenüber Frauen mit 26 Prozent. Nach Altersgruppen: 53 Prozent der 19- bis 34-Jährigen, aber nur 36 Prozent der 50- bis 64-Jährigen beteiligen sich. Nach Schulbildung: 34 Prozent mit niedrigen Schulabschlüssen, aber 65 Prozent mit Abitur. Nach beruflicher Qualifikation: 24 Prozent ohne Berufsausbildung, aber 69 Prozent mit Hochschulabschluss. Nach beruflicher Position: 40 Prozent der Arbeiter, aber 72 Prozent der Beamten. Wenn an betrieblicher Weiterbildung 1997 nur sieben Prozent der un- und angelernten Arbeiter, 26 Prozent der Fachkräfte und 42 Prozent der Führungskräfte teilgenommen haben, dann führt sie nach wie vor dazu, die Spaltungslinien und Qualifikationsgräben zwischen verschiedenen Beschäftigtengruppen (Stamm- und Randbelegschaften) zu verstärken und Segmentation zu befördern (vgl. Hendrich/ Büchter 1999).

Trotz der deutlichen Steigerungsrate weist die Teilnahme also erhebliche Ungleichgewichte auf. Sie geht vorwiegend zurück auf Jüngere, Hochqualifizierte mit entsprechendem beruflichen Status, Besserverdienende und Erwerbstätige in Großbetrieben oberhalb der Facharbeiterebene, was bedeutet: Weiterbildung verstärkt soziale, schulische, berufliche, altersbedingte und geschlechtsspezifische Benachteiligungen statt sie zu harmonisieren. Besonders der hohe und zunehmende Anteil privater Finanzierung – laut der letzten Untersuchung des BIBB von 1995 betragen die individuellen Ausgaben inklusive Freizeitkosten 45,9 Milliarden von insgesamt 100 Milliarden geschätzten Gesamtausgaben – gibt Anlass zur Sorge über eine wachsende Polarisierung zwischen denen, die lebenslange Anforderungen und Möglichkeiten zum vielfältigen Lernen in sich entwickelnden modernen Lerngesellschaften annehmen und nutzen, und denjenigen, die am Rande dieser neuen Lernbewegung zurückbleiben. Das Risiko eines *knowledge gap* wächst mit der neoliberalen Konzeption selbstorganisierten Lernens, das in der Weiterbildung einen anhaltenden Boom erlebt. In dieser Konzeption angelegt ist die Individualisierung von Verantwortung und Kosten, und ihr liegt, wenn auch nicht offen formuliert, weithin das Leitbild eines neuen Sozialdarwinismus zugrunde, nach dem die Besten, als Leistungsträger mit hohen Kompetenzen ausgestattet, zu den Gewinnern gehören (vgl. Faulstich/Gnahs/Seidel/Bayer 2002).

Schwächen in allen Teilbereichen und in verschiedenen Aufgaben

Wenn eine Chance nur so viel wert ist wie die gesellschaftlichen und ökonomischen Bedingungen ihrer Realisierung, dann gilt es zu fragen: Welche gesellschaftlichen und ökonomischen Barrieren gibt es in Deutschland für Weiterbildung? Für die Förderung lebenslangen Lernens als selbstverständlichen und kalkulierbaren Teil von Biographien fehlen institutionelle, finanzielle, zeitliche und organisatorische Voraussetzungen. Es fehlt ein Gesamtkonzept, das flächendeckend und für alle einen generellen Anspruch auf Weiterbildung regelt, Lernzeitansprüche vorsieht und ausreichende Finanzierung sichert. Dazu ein paar Schlaglichter besonders aus der beruflichen Weiterbildung, weil hier Defizite handfest aufgezeigt werden können:

Ohne die systematische Verknüpfung der Teilbereiche der beruflichen Weiterbildung und den Abbau der Barrieren zwischen den verschiedenen Ressorts von Berufs-, Weiterbildungs-, Arbeitsmarkt-, Sozial- und Wirtschaftsförderungspolitik mit dem Ziel der stärkeren Verzahnung ihrer Instrumente, d.h. der Eröffnung neuer Schnittfelder zur betrieblichen Personalpolitik wie auch zur Arbeitszeit- und Tarifpolitik, bleiben integrierte Konzepte von Lernen und Arbeiten, von Aus- und Weiterbildung und flexible Übergänge zwischen Bildung und Beschäftigung eher die Ausnahme als dass sie zur Regel werden. Konkret ist z.B. zu denken

- an *‚Erwerbs-Lernzeit-Kontingente'* als institutionell, versicherungsrechtlich und finanziell abgesicherte Verbindung von Teil-, Vollerwerbs- und Weiterbildungszeiten (vgl. Dobischat u.a. 1999);
- an *job-rotation*-Modelle als Form integrierter Arbeitsmarkt- und Qualifizierungspolitik, die Beschäftigte wie Erwerbslose in gleicher Weise einbezieht (vgl. Schönemann u.a. 1999);
- an eine *regionale Qualifikations- und Weiterbildungsentwicklungsplanung* und an *Qualifizierungsnetzwerke* als Zusammenschlüsse von

betrieblichen und überbetrieblichen Aus- und Weiterbildungseinrichtungen, welche durch gemeinsame Nutzung regionaler Ressourcen Leistungen anbieten können, die bei getrenntem Vorgehen die Kapazität aller übersteigen würden. Zu solchen Leistungen gehören Informationssysteme, trägerübergreifende Beratung, Aus- und Weiterbildung im Verbund, Erhöhung der Angebotsflexibilität, bessere Auslastung usw. (vgl. Dobischat/Husemann 1997).

Obwohl in den letzten Jahren in einer vorher so nicht vorstellbaren Dimension in der Modernisierungsdiskussion die Erstausbildung mit der Weiterbildung verknüpft wird, ist die *Integration von Erstausbildung und Weiterbildung* real noch immer eine Strategie der Grenz- und Revierüberschreitung zwischen politischen und administrativen Kräfteverhältnissen. Die zukünftig notwendige inhaltliche, institutionelle und personelle Verzahnung der Bereiche wirft viele Fragen auf – wie zum Beispiel nach:

- der gleichzeitigen Nutzung von Wahlqualifikationseinheiten und Wahlkomponenten in den Modernisierungskonzepten von Medienindustrie und Laborberufen für Weiterbildungsbausteine und -standards und deren Zertifizierung;
- der Gestaltung eines „eigenständigen und gleichwertigen Berufsbildungssystems" (BIBB-Vorschlag, vgl. Dybowski u.a. 1994) etwa durch Integration der beruflichen Weiterbildung als eines konstitutiven Teils dieses Systems, durch Zulassung von Doppelqualifizierungen und Herstellung von Durchlässigkeit zwischen beruflicher Erstausbildung und Hochschulen;
- der möglichen Rolle von Berufsschulen als regionalen Zentren für Innovation, Beratung und Bildung im Weiterbildungsmarkt und der rechtlichen, organisatorischen und verwaltungsseitigen Voraussetzungen, um überhaupt erweiterte Aufgaben wahrnehmen zu können;
- der Gestaltung der Berufsqualifikation einschlägiger Studiengänge für das Personal mit dem Ziel, Tätigkeiten sowohl in der Berufsschule als auch in der Weiterbildung zu ermöglichen.

Wie immer die einzelnen Probleme der Verzahnung gelöst werden: Sie ist grundsätzlich nicht denkbar ohne eine tiefgreifende bildungspolitische Gestaltungsarbeit, die auf die Aufhebung der juristischen, curricularen und finanziellen Trennung der Bereiche zielt und auf eine mindestens mittlere Systematisierung der Weiterbildung.

Die *AFG-geförderte berufliche Weiterbildung* für die Arbeitslosen und von Arbeitslosigkeit Bedrohten war in den vergangenen Jahren vor allem durch eine ständige *stop-and-go*-Politik je nach Lage der Haushalte gefährdet, was wechselnde Auf- und Abwärtsbewegungen bei den Teilnahmezahlen und mangelnde mittel- und langfristige Planung bei den

Trägern zur Folge hatte. Erfreulicherweise wurde von der rot-grünen Bundesregierung im Verwaltungsrat der Bundesanstalt für Arbeit mit den Gewerkschaften im Jahr 2000 einen Haushalt verabschiedet, der es erlaubt, die aktive Arbeitsmarktpolitik auszubauen und damit die berufliche Weiterbildung zu verstetigen. Das war angesichts anhaltend hoher Arbeitslosigkeit ein erster Schritt in die richtige Richtung, aber es war nur ein erster Schritt, weil die gesetzlichen Grundlagen nach wie vor im Sozialgesetzbuch III (SGB) geregelt waren, das als wichtiges Reformprojekt der Regierung Kohl verabschiedet wurde. Mit dem das AFG ablösenden, seit Januar 1998 in Kraft befindlichen SGB III war eine Entwicklung in Gang gesetzt worden, die trotz einiger positiver Elemente – Regionalisierung, Dezentralisierung, Verlagerung regionaler Entscheidungskompetenz auf regionale Arbeitsämter, Zusammenführung von Fach- und Ressourcenkompetenz – als die Abkehr von drei Jahrzehnten staatlicher Arbeitsmarktpolitik gesehen werden muss: Das SGB III betonte den Arbeitsmarktausgleich als oberstes Ziel.

Weiterbildung geriet damit unter das Diktat von ‚Eingliederungsbilanzen' mit der Gefahr des Ausschlusses von Langzeitarbeitslosen; auf Weiterbildungsmaßnahmen gab es keinen Rechtsanspruch, sie blieben Kann-Leistungen; berufliche Weiterbildung war ohne Anreize und Finanzierungsgrundlage. Von einer unter der rot-grünen Regierung eigentlich geplanten großen SGB III-Reform, die mit dem ab 2002 voraussichtlich in Kraft tretenden Job-Aktiv-Gesetz auf eine Teilreform reduziert wurde, durfte erwartet werden, dass sie nicht die ungleiche Verteilung der Beschäftigungschancen fortschreibt und ihre Forcierung in einem Niedriglohn- und Niedrigqualifiziertensektor unterstützt, sondern einen Beitrag zur Schaffung qualifizierter Arbeitsplätze und zur entsprechenden Qualifizierung der Arbeitskräfte leistet. Konkret hätte das u.a. bedeutet: Wiederaufnahme des individuellen Rechtsanspruchs auf Weiterbildung, Aufnahme von job-rotation als umfassendes Modell integrierter Arbeitsmarkt- und Qualifizierungspolitik für Beschäftigte und Arbeitslose, Anhebung des Unterhaltsgelds bei Weiterbildungsteilnahme über das Niveau des Arbeitslosengeldes, verbindliche Quotierung für Frauen, Sicherung der Kontinuität aktiver Arbeitsmarktpolitik und Ausgaben, die nicht unter 50 Prozent der Gesamtausgaben der Bundesanstalt für Arbeit liegen sollten, sowie Verbreitung der Finanzierungsbasis durch erweiterte Steuerfinanzierung (vgl. Bayer u.a. 1998, 1999/Arbeitskreis Arbeitsmarktpolitik 2000).

Die angestrebte umfassende Förderung der Qualifikation des Nachwuchses in Industrie, Dienstleistung und Handwerk konnte mit der im März 1996 beschlossenen Neuregelung der Aufstiegsförderung im Aufstiegsfortbildungsförderungsgesetz (AFBG) nicht erreicht werden: Die

Teilnehmerzahlen blieben weit hinter den erwarteten zurück (im Jahr 2000 nur 50.000 statt der geplanten 90.000 Personen), weil das Förderinstrument mit zu geringer Unterhaltsleistung und der Darlehensfinanzierung von Lehrgangs- und Prüfungsgebühren bis zu 20.000,- DM demotivierend wirkte. Es bleibt abzuwarten, ob die 2001 im Bundeskabinett verabschiedete Reform mit der Ausweitung und Verbesserung der Förderung ausreicht, um diesen Trend umzukehren. Dazu kommt die Reduzierung klassischer Aufstiegsmöglichkeiten (Techniker- und Meisterpositionen) durch die zunehmende Enthierarchisierung betrieblicher Strukturen. Unter diesem Gesichtspunkt reicht auch die zweite, positiv zu bewertende Entscheidung in Sachen Aufstiegsfortbildung, nämlich die im Dezember 1996 abgeschlossene Vereinbarung zur beruflichen Fortbildung gemäß § 46 BBiG/§ 42 HWO zwischen den Sozialparteien nicht aus. Nach dieser Vereinbarung wird die bis dahin geltende Kleinstaaterei von 500 verschiedenen Fortbildungsberufen, aufgesplittet in 2000 örtliche Prüfungsregelungen, ersetzt durch einen Kompromiss, der für zwei Drittel der FortbildungsteilnehmerInnen bundeseinheitliche, modernisierte Fortbildungsabschlüsse regelt und durch Mindeststandards bei Bundesregelungen Ansätze von Verbraucherschutz sicherstellt. Ohne die Gleichzeitigkeit der Berufsbildungspolitik von Staat und Sozialparteien, die neue Fortbildungsgänge schafft, institutionalisiert und finanziell absichert, und der Politik der Tarifpartner sowie der betrieblichen Personalpolitik, die neue inner- und zwischenbetriebliche berufliche Entwicklungsmöglichkeiten sichert (vgl. Drexel 1999) – und zwar unter Verzicht auf den klassischen vertikalen Aufstieg (so genannte diagonale Karrieremuster) – werden durch Fehlorientierung von Bildungsströmen die Entwertung von Weiterbildung, Motivationsverlust und Weiterbildungsabstinenz riskiert.

Weiterbildungsabstinenz hat eine subjektive Rationalität, wenn nach wie vor – trotz vieler wichtiger Fortschritte gerade in der Neuordnung der IT-, Medien- und Laborberufe sowie im Tischlerhandwerk – kein aufeinander abgestimmtes System von Erstausbildung und Weiterbildung existiert, das Durchlässigkeit bis hin zur Hochschule fördert, systematisch Arbeiten und Lernen, Theorie und Praxis verbindet sowie gesellschaftliche Sichtbarkeit und Anerkennung der Resultate sicherstellt. Gewährleistet sein müssen gegenseitige Anrechenbarkeit der Abschlüsse der zersplitterten Aus- und Weiterbildungsinstitutionen, Arbeitsmarktgängigkeit, reale Beschäftigungschancen, zufriedenstellende Arbeitsinhalte und Entlohnung, anstatt Nutzen- und Ertragsillusionen zu erzeugen. Ein guter Ansatz dafür ist die Vereinbarung zwischen IG Metall, Postgewerkschaft und dem Zentralverband Elektrotechnik- und Elektroindustrie/Deutsche Telekom zur Neuordnung der beruflichen Weiterbildung vom Juli 1999 auf der Basis der im Bündnis für Arbeit diskutierten „Offensive zum Abbau des IT-Fachkräftemangels" (vgl. GEW-Hauptvorstand 1999).

„Schneisen ins Gestrüpp?" –
Mehr öffentliche Verantwortung für die Weiterbildung

Die Antwort der früheren Bundesregierung auf die Große Anfrage der SPD *Lebensbegleitendes Lernen – Situation und Perspektive der beruflichen Weiterbildung* (1997) hat Schwächen gezeigt, die das Weiterbildungssystem insgesamt prägen: mangelnde Qualität, Qualitätssicherung und Qualitätskontrolle, mangelnde Information, Transparenz und Beratung, Unterversorgung mit Angeboten, Institutionen-Egoismus statt Kooperation der Träger, unzureichende Professionalisierung des Weiterbildungspersonals, juristische Desintegration, mangelnde Integration von beruflicher und politischer Weiterbildung (vgl. Faulstich 1991, GEW 1998). Zutreffend ist dieser Zustand als „Dschungel, Gemischtwarenladen, Dornengestrüpp" charakterisiert worden (Die Zeit, 14. Januar 1999). Diffusität und Intransparenz erfordern eine Modernisierung des Systems Weiterbildung, die angemessene Strukturen für die Realisierung wachsender Lerninteressen und für die Verbesserung der Leistungsfähigkeit im Sinne der Effizienzsteigerung und Synergiegewinnung bereitstellt. Die Zielsetzung des Ausbaus zur vierten gleichberechtigten Säule des Bildungssystems findet sich in den Koalitionsvereinbarungen der rot-grünen Bundesregierung. Sie wird außerdem gefordert von den Verfassern des Berliner Memorandums *Innovation, Beschäftigung, Wachstum, Wettbewerb – Strategien zur Halbierung der Arbeitslosigkeit* (1997), ferner in der *Streitschrift wider die Zukunftskommission für Zukunftsfragen der Freistaaten Sachsen und Bayern"* (1998), im *„Hamburger Manifest zur Weiterbildung* (1998) sowie von den Gewerkschaften. Da Modernisierung, Innovation und Reform inzwischen für verschiedene politische Handlungskonzepte stehen, sollen im folgenden einige Relevanzkriterien für den anzustrebenden und für notwendig erachteten Gestaltungsbedarf genannt werden.

1. Um nicht einer Spaltung in Modernisierungsgewinner und -verlierer Vorschub zu leisten, sollte die Gestaltung der Weiterbildung in die Entwicklung einer solidarischen Gesellschaft gegen neoliberale Tendenzen, eingebunden sein. Kriterien für den Ausbau sind unter dieser Prämisse Innovation und Chancengleichheit. Die Reform der Weiterbildung muss in das alte/neue Projekt der Thematisierung der sozialen Frage und der Entwicklung einer solidarischen Gesellschaft eingebettet werden. Es ist Aufgabe der Politik, Veränderungsvolumen im Sozialen und in der Ökonomie

unter den Vorbehalt eines Begriffs wie Gerechtigkeit zu stellen, anstatt die Durchdringung aller gesellschaftlichen Bereiche mit betriebswirtschaftlichen Kalkülen im Interesse der *shareholders* und den möglichst ersatzlosen Abbau des Sozialstaates zum Paradigma der Modernisierung zu erheben.

2. Modellprojekte sind notwendig, aber keineswegs hinreichend für Innovation (vgl. Bayer 1997). Notwendig ist auch expansive Strukturpolitik in der Weiterbildung, d.h. mehr Systematisierung und Regulierung des Bereichs, die ohne ein Mehr an öffentlicher Verantwortung nicht zu erreichen ist. Es ist ein entscheidendes Versäumnis der Bildungspolitik der letzten zwanzig Jahre, dass die öffentliche Verantwortung für die Weiterbildung nicht ausgebaut und umgesetzt wurde. Mit dem Hinweis auf die Prinzipien von Pluralität, Markt und Subsidiarität hat die alte Bundesregierung dagegen auf eine selbststeuernde Regulierung gesetzt und die Strukturdefizite billigend in Kauf genommen. Die Devise „Mehr Markt in der Weiterbildung", die von den Unternehmerverbänden schon vor 15 Jahren propagiert worden ist, greift deshalb immer breiter und findet sich heute in neoliberalen Politikkonzepten als Abkehr von staatlicher Verantwortung. Dazu gehört das von Richard Sennet in seinem Buch *Der flexible Mensch* beschriebene Leitbild des autonomen, risikobereiten Individuums, das alle Umbrüche des Lebens beschäftigungswirksam in seine Biographie einbaut und dementsprechend auch seine Weiterbildungsprozesse eigenverantwortlich regelt und gestaltet. Dabei können die negativen Konsequenzen des jahrelangen Politikverzichts und der vorwiegend marktmäßigen Gestaltung für Lernende und Gesellschaft insgesamt im Weiterbildungssystem beispielhaft studiert werden.

3. Für den Prozess des Ausbaus der öffentlichen Verantwortung ist die Konstruktion der Gegensätze Staat – Markt, Regulierung – Modernisierung, Systematisierung – Flexibilität sowie Individualität – Solidarität falsch und schädlich. Öffentliche Verantwortung heißt nicht unmittelbar staatliche Regulierung, Normierung und Intervention. Anzustreben ist vielmehr die gemeinsame Verantwortung von Staat und gesellschaftlichen Gruppen für Organisation, Finanzierung, Gestaltung, Regelung des Zugangs, für Abschlüsse und Qualifizierung des Personals. Ziel ist es, die bisher voneinander getrennten Aktionsfelder der Weiterbildung und ihre Träger in einen Kommunikations- und Kooperationsprozess einzubinden (Netzwerke, Räte). Es ist eine gemeinsame Aufgabe in einem demokratischen Staat, Weiterbildungsentwicklung zu fördern und die verschiedenen gesellschaftlichen Interessengruppen und Institutionen zu einem Diskurs und Konsens über das Notwendige und Machbare zu bewegen. Dem Ausbau öffentlicher Verantwortung liegt also nicht die Konzeption eines alles steuernden und hierarchischen Staates zugrunde, sehr wohl aber, in

Abgrenzung zu dominanter Marktregulation und einem Nachwächterstaat, die Vorstellung einer aktiv gestaltenden Weiterbildungpolitik wie beispielsweise in Frankreich und Dänemark zum Zwecke der Regulierung und Systematisierung des Gesamtbereichs. Es geht um

– Aktivitäten für juristische Rahmensetzung und Absicherung, die nicht nur einer Aufsichtspflicht genügen, sondern gestalterisch in Richtung auf eine curriculare und institutionelle Integration wirken;
– finanzielle Förderung, die auch eine öffentliche Finanzierung von Weiterbildungsangeboten beinhaltet, statt immer mehr auf nur private Finanzierung abzustellen;
– infrastrukturelle Unterstützung, die nicht einen von selbst funktionierenden Markt unterstellt, sondern Entwicklungsarbeit in Richtung auf ein höheres Maß an Integration und Transparenz gewährleistet, sowie
– institutionelle Gewährleistung in dem Sinne, dass der Staat Grundstrukturen eines zugänglichen Weiterbildungssystems sichern und auch durch staatliche Trägerschaft ein ‚Grundangebot' gewährleisten muss.

4. Handlungsbedarf gibt es bei Unternehmen, Institutionen, Bund, Ländern und Kommunen. Regelungsbereiche, die auf Bundesebene anstehen, sind insbesondere: Zugang, Durchlässigkeit und Übergänge, Qualitätssicherung, Anforderungen an Institutionen und Personal, Zertifizierung, Lernzeitansprüche, Finanzierung, Statistik und Forschung. Dazu schlagen GEW, IG Metall und ver.di ein *Bundesgesetz Berufliche Weiterbildung* vor, mit dem der Bund die ihm zustehenden Kompetenzen nach Art. 74 Nr. 11 GG wahrnimmt (vgl. GEW u.a. 2001). Die politische und allgemeine Weiterbildung, für die die Länder die Gesetzgebungs- und Verwaltungskompetenz besitzen, ist in den Prozess stärkerer Systematisierung einzubeziehen, damit der Bedeutungsverlust der politischen Weiterbildung durch Regulierung des ohnehin dominanten beruflichen Bereichs der Weiterbildung nicht noch befördert wird. Um die Leistungsfähigkeit des Systems zu verbessern, sollen daher die auf der Ebene der Länder (durch das Zuständigkeitsgeflecht eingeschränkt) vorhandenen Regulierungs- und Steuerungsprozesse im Hinblick auf Planung und Entwicklung des Weiterbildungsangebots, Beratung, Verknüpfung von Weiterbildung mit anderen Politikbereichen sowie Qualitätssicherung und Information kurz- und mittelfristig genutzt werden (vgl. GEW 1998). Zum anderen soll langfristig das Ziel einer Bundesrahmenordnung für den gesamten Weiterbildungsbereich verfolgt werden, die die juristischen Trennungen beseitigt.

Mit einem Bundesgesetz Berufliche Weiterbildung sollen Schwerpunkte und Vorgaben für Aktivitäten auf Landes- und Gemeindeebene sowie für tarifvertragliche und betriebsverfassungsrechtliche Ansätze festgelegt werden. Es geht also um Vorschläge „mittlerer Reichweite", die in umfassende Veränderungen der Bildungspolitik insgesamt, der Arbeitsmarkt-, Sozial- und Steuerpolitik eingebunden werden müssen. Sie lehnen sich an das Berufsbildungsgesetz (BBiG) und an das SGB III an, können bei Novellierungen darin einbezogen werden und nutzen bestehende Institutionen für einen erweiterten Auftrag. Weitergehende arbeitsmarkt- und arbeitszeitpolitische Regelungen, die allerdings tarifvertraglicher, betrieblicher und einzelarbeitsvertraglicher Vereinbarungen bedürfen, sollen angestoßen werden. Die Kosten für den Ausbau erfordern Konzentration und Umverteilung von Mitteln und eine Gesamtkostenrechnung, die langfristige individuelle, kollektive, materielle und symbolische Gewinne gegenüber kurzfristigen Spareffekten berücksichtigt. Als Initiative der Gewerkschaften GEW, IG Metall und ver.di wurden die *Vorschläge für Bundesregelungen in der beruflichen Weiterbildung* bundesweit bekannt gemacht, verbunden mit einer breit angelegten Unterschriftenaktion bei den verschiedensten gesellschaftlichen Akteuren der Weiterbildung. Ziel ist es, ein Bündnis für eine Reformbewegung in der Weiterbildung herzustellen und ihm öffentlich Gehör zu verschaffen, das in einem Bundesgesetz Berufliche Weiterbildung hinsichtlich der juristischen Rahmensetzung und -absicherung sowie hinsichtlich der Möglichkeit, Verlässlichkeit, Verbindlichkeit und Planungssicherheit herzustellen, einen gangbaren Schritt zur Etablierung der Weiterbildung als viertem Bereich des Bildungssystems sieht.

So begrüßenswert die von der Bundesregierung geplanten Innovationen für die Weiterbildung, nämlich das Programm *Lebensbegleitendes Lernen für alle* sowie das BLK-Modellversuchsprogramm *Lebenslanges Lernen* jedenfalls in einzelnen Schwerpunkten sind (eine auch hier angebrachte, detaillierte Kritik würde den Rahmen dieses Beitrags sprengen), so klar ist doch, dass sie sich im wesentlichen auf Projektförderung beschränken und damit dem *mainstream* folgen: Förderung und Hervorhebung von *best practice*, Unterstützung von Transfermöglichkeiten, Veränderung vor Ort durch Dialog und Übereinkunft. Dagegen gibt es keine Strukturpolitik, keine Setzung von Rahmenbedingungen, keine Gesetzgebungsverfahren. Es sei aber erwähnt, dass im Antrag der SPD-Fraktion vom 16. März 2000 *Lebensbegleitendes Lernen für alle – Weiterbildung ausbauen und stärken* strukturelle Veränderungen gefordert werden, und zwar ein Weiterbildungsaudit zur Förderung der Weiterbildungsbereitschaft und entsprechender Aktivitäten der Betriebe; eine Bundesanstalt für Arbeit und Weiterbildung; eine aussagekräftige Statistik und ein entsprechendes Berichtssystem; aussagekräftige Zertifikate; ein neues Weiterbildungsfinanzierungssystem etc. Es ist notwendig, beide Gestaltungswege nicht gegeneinander auszuspielen; sie sollten vielmehr beide gegangen werden. Wenn es darum geht, lebenslanges Lernen aus Postulaten in die Realität umzusetzen, müssen, dafür die Voraussetzungen geschaffen werden. Es geht darum, Ansprüche zu sichern (Bayer 2001). Über Betriebsvereinbarungen und Tarifverträge hinaus müssen, um Gleichheit derr Lebensbedingungen zu gewährleisten und Exklusion zu verhindern, einheitliche Zugangsmöglichkeiten und entsprechende Berechtigungen für alle geschaffen werden. Die Teilhabe an Weiterbildung wird damit zu einer neuen sozialen Frage.

Literatur

Arbeitskreis Arbeitsmarktpolitik (Hg.): Eckpunkte für die Reform der Arbeitsförderung. Frankfurt am Main 2000.
Bayer, M.: Anforderungen an Innovationen. In: Faulstich, P. u.a. (Hg.): Zukunftskonzepte der Weiterbildung. Weinheim und München 1997.
Bayer, M./Dobischat, R./Kohsiek, R. (Hg.): Die Zukunft der AFG-AFRG geförderten beruflichen Weiterbildung. Vom Arbeitsförderungsgesetz zum Sozialgesetzbuch III. Frankfurt am Main 1998.
Bayer, M./Dobischat, R./Kohsiek, R. (Hg.): Das Sozialgesetzbuch III. Praxis und Reformbedarf in der Arbeitsförderung und Qualifizierung. Frankfurt am Main 1999.
Bayer, M: In: Schumacher, E./Mägdefrau, J. (Hg.): Soziale Ungleichheit als pädagogische Herausforderung. Bad Heilbrunn tbp 2002.
Bolder, A. u.a.: Weiterbildungsabstinenz. 4 Bde., Köln 1993, 1995, 1998a + b.
Dobischat, R. u.a. (Hg.): Beiträge zur Zukunftswerkstatt „Zeitpolitik und Lernchancen" am 29./30. April. Duisburg 1999.
Dobischat, R./Husemann, R.: Berufliche Bildung in der Region. Berlin 1997.
Drexel, I.: Arbeitnehmervertretung vor neuen Differenzierungen des Bildungssystems. München 1999.
Dybowski, G. u.a.: Ein Weg aus der Sackgasse – Plädoyer für ein eigenständiges und gleichwertiges Berufsbildungssystem. In: Berufsbildung in Wissenschaft und Praxis. 23/6. Bonn 1994.
Faulstich, P./Teichler, U./Döring, O.: Bestand und Perspektiven in der Weiterbildung. Weinheim 1991.
Faulstich, P./Gnahs, D./Seidel, S./Bayer, M. (Hg.): Praxishandbuch zum selbstbestimmten Lernen in der Aus- und Weiterbildung. Weinheim, München 2002.
GEW, IG Metall und ver.di: Vorschläge für Bundesregelungen in der beruflichen Weiterbildung. Frankfurt am Main 2001.
Gewerkschaft Erziehung und Wissenschaft (Hg.): Dialog über die Zukunft der Weiterbildung. Die GEW stellt ihr weiterbildungspolitisches Programm vor (überarbeitete Auflage). Frankfurt am Main 1998.
GEW-Hauptvorstand: Kriterien für die Weiterbildungsgesetze der Länder. Frankfurt am Main 1998.
GEW-Hauptvorstand: IT-Branche verständigt sich auf eine neue Weiterbildungspolitik. (Dokumentation 120/99 des Organisationsbereiches Berufliche Bildung und Weiterbildung vom 24.11.99) Frankfurt am Main 1999.
Hendrich, W./Büchter, K. (Hg.): Politikfeld betriebliche Weiterbildung. München und Mering 1999.
Infratest Burke Sozialforschung: Berichtssystem Weiterbildung VI und VII. Bonn 1994 und 1999.

Schönemann, K. u.a.: Institutionelle und finanzielle Rahmenbedingungen für job-rotation in neun europäischen Ländern. Schriftenreihe der Senatsverwaltung für Arbeit, Berufliche Bildung und Frauen Nr. 36. Berlin 1999.

Senatsverwaltung für Arbeit, Berufliche Bildung und Frauen (Hg.): Berliner Memorandum Innovation, Beschäftigung, Wachstum, Wettbewerb – Strategien zur Halbierung der Arbeitslosigkeit (Langfassung). Berlin 1997.

Senatsverwaltung für Arbeit, Berufliche Bildung und Frauen (Hg.): Die Sackgassen der Zukunftskommission. Streitschrift wider die Zukunftskommission der Freistaaten Sachsen und Bayern. Berlin 1998.

SPD-Fraktion: Lebensbegleitendes Lernen. Situation und Perspektiven der beruflichen Weiterbildung. Große Anfrage im Bundestag am 29.1.1997. Dokumentation des Organisationsbereichs Berufliche Bildung und Weiterbildung beim Hauptvorstand der GEW Nr. 4, 1997.

SPD-Fraktion + Fraktion Bündnis 90/DIE GRÜNEN: Lebensbegleitendes Lernen für alle – Weiterbildung ausbauen und stärken. Dokumentation des Organisationsbereichs Berufliche Bildung und Weiterbildung beim Hauptvorstand der GEW Nr. 68, 2000.

Jürgen Lüthje

Privatisierung des Bildungsbereichs – Reflexion angesichts der Erfahrungen an der Universität Hamburg

Privatisierung des Bildungsbereichs ist ein Thema, das derzeit besondere Aktualität hat und in Zukunft eine noch größere Aktualität erhalten wird. Wir erleben im Augenblick *auch* einen Prozess der Privatisierung im Bildungsbereich. Nachdem in den zurückliegenden Jahren die Existenz von Privatschulen selbstverständlich war, die neben dem öffentlichen Schulwesen fast immer mit erheblicher öffentlicher Förderung eine bestimmte Funktion im gesamten Schulwesen wahrgenommen haben, ist die Herausbildung privater Hochschulen nun ein neues Element des Hochschulsystems in Deutschland. Dieses neue Element privater Hochschulen ist quantitativ noch nicht sehr bedeutsam: Weniger als ein Prozent der Studierenden studiert an solchen Hochschulen. Aber in seinen Wirkungen ist das Aufkommen privater Hochschulen ein weitreichender, tiefgreifender Vorgang.

Die Gründung privater Hochschulen verfolgt das Ziel, für eine ausgewählte Gruppe von Studierenden besonders günstige Studienbedingungen zu schaffen, die Zahl der so Ausgebildeten bewusst zu begrenzen und dieser Personengruppe damit die Chance zu öffnen, sich als Elite zu profilieren. Durch die Verknappung solcher Ausbildungsmöglichkeiten und durch die private Finanzierung dieser Bildungseinrichtungen wird ihnen in der öffentlichen Diskussion schon vorweg das Merkmal der Exzellenz zugeschrieben. Dies ist *ein* Aspekt der „Privatisierung des Bildungsbereichs". Wir erleben zeitgleich auch einen anderen Prozess: Die öffentlich finanzierten und staatlichen Bildungseinrichtungen, auch die staatlichen Wissenschaftseinrichtungen wie Universitäten und Hochschulen bemühen sich zunehmend, die Bereitschaft der Menschen zu aktivieren, privates Geld für Bildung und Wissenschaft einzusetzen.

Es ist beim Thema „Privatisierung des Bildungsbereichs" außerordentlich wichtig, diese beiden unterschiedlichen Vorgänge nicht zu vermengen, sondern zwischen der privaten Bildungseinrichtung, die sich eventuell sogar vollständig privat finanziert oder aber auf der Grundlage staatlicher Regulierung mit öffentlichen Zuschüssen arbeitet und zusätzlich private Finanzmittel benötigt und in Anspruch nimmt, und öffentlichen Einrichtungen zu unterscheiden, die nicht nur aus staatlichen Quellen finanziert werden, sondern darüber hinaus die vorhandene Bereitschaft von Bürgern nutzen, sich durch Spenden oder Zuwendungen an der Finanzierung von Bildungs- und Wissenschaftseinrichtungen zu beteiligen.

Die Universität Hamburg steht für die zweitgenannte Möglichkeit. Sie ist die größte staatliche Bildungseinrichtung in Hamburg – der Stadt und des Bundeslandes Hamburg. An dieser Universität studieren etwa 40.000 Studierende, arbeiten etwa 12.000 Menschen, die im öffentlichen Dienst dieser Stadt beschäftigt sind. Sie ist als staatliche Universität gegründet worden, doch ohne private Initiative und ohne private Finanzierung wäre sie mit großer Wahrscheinlichkeit nicht entstanden. Bis zum Jahre 1919 hatte Hamburg als eine der größten Städte Deutschlands keine Universität. Es gab vorlaufend zur Universitätsgründung unmittelbar nach dem Ende des Ersten Weltkrieges eine Hamburgische wissenschaftliche Stiftung, die engagiert versuchte, eine Universitätsgründung in dieser Stadt einzuleiten und finanziell zu unterstützen. So wurde im Vorlauf und im Vorgriff auf die Universitätsgründung das jetzige Hauptgebäude der Universität als Vorlesungsgebäude, als Heimstatt des allgemeinen Vorlesungswesens in Hamburg – übrigens auch aus dem staatlichen Haushalt finanziert – durch eine Stiftung von Edmund Siemers errichtet. Ohne die Verfügbarkeit dieses Gebäudes hätte die Hamburgische Bürgerschaft in der wirtschaftlichen Katastrophensituation und angesichts der politischen Krise nach dem Ende des Ersten Weltkrieges wohl kaum den Mut gehabt, die Universitätsgründung einzuleiten. Am Anfang der Geschichte dieser staatlichen Universität steht also private Förderung, steht das Engagement von Bürgerinnen und Bürgern dieser Stadt, die zeigen wollten, wie sehr ihnen an der Gründung einer staatlichen Universität liegt. In ihrer gesamten bisherigen Geschichte hat die Universität Hamburg regelmäßig und in bedeutendem Umfang öffentliche Aufgaben wahrgenommen und dafür private Förderung erfahren. In keinem der mir bekannten Fälle ist diese private Förderung mit Erwartungen verbunden worden, die die inhaltliche Freiheit der Universität in der Wahrnehmung ihrer wissenschaftlichen Aufgaben eingeschränkt hätte. Auch die neuen, so genannten Flügelbauten des Hauptgebäudes sind privat gestiftet worden. Das Ehepaar Prof. Dr. Helmut Greve und Frau Hannelore Greve hat sie der Universität Hamburg aus Anlass des 75-jährigen Jubiläums der Universität gestiftet. Die Flügelbauten sind wahrscheinlich die größte private Stiftung im deutschen Universitätssystem nach dem Zweiten Weltkrieg; sie um-

Privatisierung des Bildungsbereichs 275

fassen ein Finanzvolumen von etwa 60 bis 80 Mio. DM und bilden einen bedeutenden Beitrag zur Entwicklung der Universität: Sie schaffen eine Verbesserung und Entwicklung der Arbeitsbedingungen, die unter den Bedingungen der zurückliegenden zehn und wahrscheinlich auch der vor uns liegenden zehn Jahre anders nicht erwartet werden konnten.

Diese Unterscheidung ist also wichtig: Ob es darum geht, eine in öffentlicher Verantwortung betriebene Einrichtung auch privat zu fördern und ihr damit zu ermöglichen, diese private Förderung aktiv entgegen zu nehmen und für diese private Förderung aktiv zu werben, damit sie gleichberechtigt und mit gleichen Chancen an der Entwicklung des Bildungssystems teilhaben kann, oder ob Menschen aufgrund ihres finanziellen Potentials die Möglichkeit haben, für sich eine separierte Bildungseinrichtung zu schaffen. Es wäre der Diskussion nicht förderlich, wenn diese beiden unterschiedlichen Vorgänge zusammengefasst und dadurch der wichtige Unterschied aufgehoben würde, der zwischen Einrichtungen, die in privater Regie und Verantwortung betrieben werden, und Einrichtungen, die in öffentlicher Verantwortung Gemeinwohlaufgaben wahrnehmen, besteht.

Es ist auffallend, wie häufig in der Diskussion die Begriffe „privat" und „staatlich" als Antinomie gegenüber gestellt werden. Dahinter steckt ein typisch deutsches Gesellschaftsbild: Es gibt den staatlich organisierten Bereich öffentlicher Aufgaben und Gemeinwohlaufgaben und den Bereich, der privater Verfügung unterliegt. Angelsachsen würden darüber sicher ganz anders denken. Angelsachsen würden zwischen staatlich, öffentlich und privat unterscheiden, sie würden einen Begriff von Zivilgesellschaft mitdenken, die *civil society* dabei aufgefasst als wichtige Alternative zur Wahrnehmung öffentlicher Aufgaben in ausschließlich staatlich administrativen Handlungsformen. Wir erleben gegenwärtig einen Prozess der Entdeckung des Potentials von Zivilgesellschaft in unserem Land – weil in Deutschland über mehr als fünfzig Jahre hinweg privates Vermögen angesammelt werden konnte, und zwar nicht nur in der Hand von Millionären oder Konzernen, sondern in der Hand vieler Menschen dieser Gesellschaft, wenngleich bei weitem nicht aller. So verfügt diese Gesellschaft heute über ein privates Vermögen, das das finanzielle Potential des Staates weit übersteigt. Die gegenwärtige Steuerdiskussion oder die Diskussion über die Verteilung von Lasten auf den Staat oder auf private Verantwortungsträger verdeutlicht ein neues Nachdenken darüber, ob alle Aufgaben, die öffentlichen Charakter haben und dem Gemeinwohl dienen, gemeinschaftlich finanziert werden sollen. Wir erleben also eine Diskussion darüber, ob Gemeinwohlaufgaben sinnvollerweise in der Hand staatlicher Administration, staatlicher Verwaltung liegen sollen. Und welchen Stellenwert in unserer Gesellschaft eine andere Form der öffentlichen Organisation haben soll, nämlich eine, die an die Bereitschaft zu persönlicher Initiative appelliert, etwa in Form der Selbstverwaltung oder gemeinnütziger Selbstorganisation – nicht um private Interessen, sondern um Gemeinwohlaufgaben wahrzunehmen, allerdings nicht in Form staatlichen Verwaltungshandelns.

Ich bin überzeugt, dass in diesem Prozess ein Element der Demokratisierung liegt und kein Element der Entdemokratisierung. Folgender Hinweis macht das plausibel: Unsere Demokratie lebt von der Mehrheitsentscheidung und macht sie verbindlich. Sie wird bindende Leitlinie des Verwaltungshandelns. Damit bleibt aber das, was eine Minderheit, möglicherweise eine sehr starke Minderheit, wollte und für richtig hält, im Willen des staatlich administrativen Handelns unberücksichtigt. Eine Gesellschaft muss Chancen für jene Positionen eröffnen, die im demokratischen Prozess keine Mehrheit bilden konnten. Sie muss auch diese Vorstellung von der Organisation und von der Arbeit des öffentlichen Gemeinwesens verwirklichen. Sonst läuft diese Gesellschaft Gefahr, ihre Minderheit ins Abseits zu stellen oder das mögliche Engagement und Potential dieser Minderheit für die Gesellschaft nicht zu aktivieren. Es scheint mir deswegen eine kluge Strategie gesellschaftlicher Organisation zu sein, neben den Bereichen, die nur mehrheitlich demokratisch gestaltet werden können, einen breiten Raum zu lassen, in dem Privatpersonen ebenso wie private Unternehmen die Möglichkeit erhalten, ihre Vorstellungen von gesellschaftlicher Entwicklung durch eigenes und auch finanzielles Engagement voranzutreiben. Sofern dieses Engagement den Zielen des Gemeinwohls nützt, sollte es als förderungswürdig und für die Gesellschaft willkommen angesehen werden.

Zwei Beispiele aus der Universität Hamburg mögen meine Auffassung verdeutlichen. Wir konnten die extreme Finanzknappheit der Universität bei der Unterhaltung der öffentlichen Bauten in eindrucksvoller Weise mildern, indem wir an die Bürgerinnen und Bürger dieser Stadt appellierten, bei der Neubestuhlung des Auditorium Maximum zu helfen. Dort sind aus privaten Kleinspenden 1.700 Stühle im Gesamtwert von etwa 1,5 Mio. DM finanziert worden. Die Universität hat sich bei den Spendenden mit einem Kulturfest bedankt, das zahlreiche Menschen wieder an die Universität herangeführt hat. Ich habe selber viele Briefe bekommen, in denen diese Menschen ihre Motive dargelegt und gebeten haben, sie auch künftig anzuschreiben, wenn die Universität Förderung benötigt. Viele dieser Spender haben sich in einer zweiten Spendenaktion wieder engagiert: Derzeit ruft die Universität unter dem Stichwort „Ex libris – Wissen spenden" zusammen mit dem *Hamburger Abendblatt* und dem *NDR* die Bürgerinnen und Bürger Hamburgs dazu auf, für die Universitätsbibliotheken, für die Instituts-, Seminar- und Fachbereichsbibliotheken zu spenden. Auch dort haben wir inzwischen einen Spendenbetrag von etwa 1 Mio. DM aufbringen können. Es gibt in unserem Lande also ein Bewusstsein, dass öffentliche Bildungseinrichtungen es Wert sind, *auch* durch privates Engagement finanziell gefördert zu werden. Dieses Bewusstsein müssen wir stärken – weil die öffentlichen Bildungseinrichtungen auch zukünftig finanziell immer unter Knappheitsbedingungen arbeiten werden, weil sie gerade nicht die Preise nehmen wollen, die auf dem Bildungsmarkt in bestimmten Bereichen erzielt werden könnten, wie das private Bildungseinrichtungen tun. Die Beobachtung, dass die Menschen in dieser Stadt und in diesem Land bereit sind, für öffentliche Aufgaben privates Geld einzusetzen, können wir als eine wichtige Entwicklungsressource öffentlicher Bildungseinrichtungen einsetzen und nutzen. Wir wären falsch beraten, dieses Potential nicht zu aktivieren – denn es sucht sich seinen Ort. Wenn die öffentlichen Bildungseinrichtungen dabei abseits stehen bleiben, wird dieses Geld in private Bildungseinrichtungen mit Exklusivcharakter fließen. Das geschieht bereits, und diejenigen, die sich als Elite einstufen, gehen z.B. in die USA und zahlen dort Studiengebühren, die sie aufgrund ihres Vermögens auch bezahlen können.

Vor diesem Hintergrund muss die Frage, wie weit wir als öffentliche Bildungseinrichtung private Förderungsbereitschaft und private Initiative zu Gunsten öffentlicher Bildung erschließen, in Anspruch nehmen und auch aktiv dafür werben, gerade im Interesse der Entwicklung eines öffentlichen Bildungswesens offen diskutiert werden. Das berührt übrigens auch die Frage, die in Hamburg von der Handelskammer aufgeworfen wurde: Die Universität solle eine Stiftungsuniversität werden, am besten in privater Rechtsform. Das halte ich für falsch. Ihrer Rechtsform nach sind Hochschulen Körperschaften des öffentlichen Rechts und zugleich staatliche Einrichtungen. Hinter dem Begriff „staatliche Einrichtung" steht, dass Hochschulen nicht nur Selbstverwaltungskörperschaften sind – das sind sie nur im akademischen Bereich von Forschung, Lehre, Studium und Selbstverwaltungsangelegenheiten. Der gesamte Bereich der Wirtschafts-, Personal- und Finanzangelegenheiten von Hochschulen wird in der Rechtsstellung einer unselbständigen staatlichen Anstalt oder Behörde wahrgenommen. Hochschulen sind demnach eingegliedert in die staatliche Administration wie jede staatliche Schule und unterliegen damit auch der fachaufsichtlichen Weisung der Einzelsteuerung.

Wenn Universitäten umfassend selbstverwaltete Einrichtungen werden sollen, die sich gerade auch gegenüber der staatlichen Administration als autonom profilieren und ihre Aufgaben selbständig verwirklichen können sollen, dann lohnt es darüber nachzudenken, ob eine weitergehende rechtliche Verselbständigung sinnvoll ist. Das kann durch den

Status einer voll rechtsfähigen und ausschließlichen Körperschaft des öffentlichen Rechts geschehen. Dies hat das Konzil der Universität Hamburg vor kurzem beschlossen. Allerdings würde diese Rechtsform bedeuten, dass man etwa mit der Übertragung des Eigentums an den Grundstücken und Gebäuden einer Universität vom Staat erwarten würde, dass er dieses Eigentum in die Hände der Universitätsmitglieder legt. Wenn sich der Staat dazu bereit fände, präferierte ich diese Lösung, da sie besser wäre als der jetzige Rechtszustand. Ich bin aber skeptisch, ob die Bürgerschaft und der Senat und wir einer solchen selbstverwalteten Körperschaft Universität zutrauen, mit diesem anvertrauten Vermögensbestand auch möglichst wirtschaftlich und effizient umzugehen. Ich vermute, dass bei manchem Bürger und bei manchem staatlichen Vertreter die Befürchtung aufkäme, dieses Vermögen würde zu sehr im Eigeninteresse der Mitglieder verwaltet. Wir wären deswegen gut beraten, auch über andere rechtliche Gestaltungsmöglichkeiten nachzudenken – beispielsweise die Kombination der Körperschaft öffentlichen Rechts als Form des Handelns im wissenschaftlichen Bereich und der Stiftung des öffentlichen Rechts als Vermögensträger und wirtschaftliche Gestalt der Universität, die ihr ein zweckgebundenes und verlässlich verfügbares Vermögen zur Seite stellte. Diese öffentlich-rechtliche Stiftung wäre dann in gleicher Weise öffentlich wie die heutige Universität. Dieses Modell hätte nichts mit Privatisierung zu tun, könnte aber ein höchst attraktiver Empfänger von Zuwendungen, Stiftungen oder Erbschaften werden. Gerade in einer Stadt wie Hamburg, die eine ausgezeichnet entwickelte Stiftungskultur und eine stark entwickelte Kultur privater Förderung von Gemeinwohlaufgaben hat, in der sich aber diese private Förderungsbereitschaft von Gemeinwohlaufgaben bisher vor allen Dingen auf den kulturellen und sozialen Bereich konzentriert, lohnte es sich, den Bereich Bildung und Wissenschaft mit ins Blickfeld zu rücken. Ich würde gerade in dieser gesellschaftlichen Umgebung und vor dem besonderen historischen Hintergrund der Universität Hamburg ein solches Modell ausprobieren. Das wäre sicher kein Patentrezept für alle Hochschulen – aber warum sollte die Universität Hamburg dieses Experiment nicht wagen?

Martin Bennhold

Die Bertelsmann Stiftung, das CHE und die Hochschulreform: Politik der ‚Reformen' als Politik der Unterwerfung[1]

Jeder ist unseres Glückes Schmied
Bertelsmann AG: Motto für das Jahr 1999

Wir wollen die Welt erobern
Äußerung eines Regierungschefs während der EU-Finanzminister-Konferenz in Malmö
(Financial Times Deutschland vom 23. April 2001)

An den Hochschulen und im Bildungssystem überhaupt regt sich Widerstand. Er ist zunehmend mit dem Interesse verbunden, die Zusammenhänge zu erkennen, in denen die so genannten – und von vielen als höchst merkwürdig und inkompetent empfundenen – ‚Reformen' stehen.[2] Allerdings ist die Bewegung noch klein; und noch wenig begriffen ist, in welchem Maße mit den vorgesehenen neuen Strukturen an den Hochschulen und insgesamt im Bildungswesen hohe Politik betrieben wird, ja, im wahrsten Sinne herrschende Politik: im nationalen wie im internationalen Maßstab.

Es geht in der ‚Reform'-Debatte nicht einfach darum, Mängel in Lehre und Forschung zu beseitigen oder gar linke und andere kritische Positionen zu eliminieren. Es geht mindestens im selben Umfang um die Auflösung von Positionen, die an ständisch-traditionellem Gedankengut, z.B. an der überkommenen Ordinarienherrschaft, orientiert sind. Das macht die Lage

---

[1] Der folgende Beitrag ist ein fortgesetzter Versuch, die Hintergründe der sog. „Reformen" zu analysieren, die die Hochschulen (aber auch insgesamt das Bildungswesen) in Deutschland zu überrollen drohen. Frühere Fassungen der CHE-bezogenen Teile des Beitrags sind in *Forum Wissenschaft* 3/1999, sodann in dem Sammelband *Butterwegge/Hentges 1999* erschienen; für die Zustimmung zum Wiederabdruck der entsprechenden Abschnitte danke ich dem *agenda Verlag,* Münster. Die Untersuchung bleibt weiterhin ein Versuch, also lückenhaft; die Komplexität des Themas erfordert eine interdisziplinäre Herangehensweise – also einen kollektiven Zusammenschluss in der kritischen Analyse, wie ihn die „Reformen" selbst und die verschärfte Konkurrenz, die sie anpeilen, gerade verhindern sollen.

[2] So haben z.B. Senat und Konzil der Universität Osnabrück (in Beschlüssen vom 13. Dezember 2000 und vom 7. Februar 2001) zum ersten Mal konfrontativ gegen den Entwurf eines auf jener „Reform"-Linie vorpreschenden Landeshochschulgesetzes der Regierung in Hannover Stellung genommen, desgleichen gegen die „Reform"-Grundzüge des Fakultätentags – nicht zu vergessen die neuerlichen Proteste der StudentInnen z.B. an der Freien Universität Berlin in der Immatrikulationsfeier am 18. April 2001, zuvor an sächsischen Hochschulen am 7. und am 12. Dezember 2000, sowie den daraus hervorgegangenen bundesweiten Protesttag am 16. Mai 2001.

einerseits kompliziert, andererseits wird dadurch klar, dass es sich hierbei nicht um einen bloßen Rückschritt handelt, etwa im Sinne einer Wiederherstellung alter Strukturen oder eines Machwerks der Ewiggestrigen, sondern dass es um etwas Neues geht, um eine fundamentale Strukturänderung – so fundamental, dass sie auch mit allen demokratischen Kontrollen und sonstigen Demokratie-Elementen an Hochschulen Schluss machen soll, desgleichen mit traditioneller Autonomie sowie mit den sozialen Elementen, die das deutsche Hochschul- und Schulsystem noch kennzeichnen.

Bei der folgenden Untersuchung eines Teils der Instrumente, Methoden und Hintergründe, die zur Planung und Durchsetzung der herrschenden Hochschulpolitik gehören, wird differenziert zwischen einer politischen Freiheit, an der demokratische Maßnahmen und Kontrollen stets zu messen sind, und einer Markt-‚Freiheit‘, welche die beliebige Disposition über jene besondere Art Eigentum meint, womit man über Kapital und damit nach dessen Gesetzen über andere Menschen und deren Arbeitskraft, desgleichen über die Arbeitskraft ganzer Regionen verfügen kann.

Ökonomie und Politik des konzentrierten Kapitals

Wir haben es an der Wende zum 21. Jahrhundert – wie vor 100 Jahren schon einmal – mit einem Schub besonders rapider politisch-ökonomischer Entwicklungen zu tun. Die Konzentrations- und Zentralisationsbewegungen des Kapitals sind von gewaltigen Beschleunigungen bestimmt. Eine Kapitaleinheit frisst die andere, treibt sie in den Ruin, vereinigt sich mit ihr per Ausgleich oder Zielanpassung, damit die nächsten Fusionen vorbereitend. So sind heute feindliche und freundliche Übernahmen an der Tagesordnung. Die größten Kapitale schließen sich Ländergrenzen und Kontinente übergreifend auf höchster Ebene zusammen, und dabei wird so getan, als ob dies rein ökonomische oder gar fortschrittliche Prozesse seien. Tatsächlich handelt es sich um höchst politische Prozesse, die jeweils zugleich Schritte in Richtung ökonomisch-politischer Diktate auf wachsender Stufenleiter darstellen. Und jede dieser Stufen verschärft den Widerspruch zwischen demokratischer Einflussnahme und sozialer Kontrolle von unten auf der einen und der tatsächlichen ökonomisch-gesellschaftlichen Macht auf der anderen Seite.

Dies ist der Grund dafür, dass sowohl soziale als auch politische Kontroll- und Widerstandspotenziale sowie demokratische Strukturen zunehmend eingeschränkt, abgebaut und ersetzt werden sollen: einerseits durch Mechanismen mit vielfach scheinhaften, reinen Legitimationsfunktionen, andererseits durch verschiedene Arten ökonomisch-politischer Diktate, mit denen etwa Regierungsprogramme bestimmt werden, Kabinette verändert,

Minister zum Rücktritt gezwungen, Gesetze präjudiziert oder in aller Öffentlichkeit missachtet etc. Dabei verfährt man mit solchen Diktaten immer ungeschminkter und selbstverständlicher. Die Diktate folgen oft genug nicht etwa ökonomischer Not, sondern umgekehrt und dann in besonders verschleierter Weise ökonomischen Interessen an weiterer Bereicherung und weiter optimierten Bedingungen für jeweils nächste Konzentrationsbewegungen des Kapitals, die nächste gesellschaftliche Machterweiterung anpeilend. All dies ist heute so fortgeschritten, dass der alte Streit über die Priorität von Ökonomie *oder* Politik längst obsolet ist: *diese* Ökonomie *ist* die Politik des Kapitals – sie ist durchgängig politische Ökonomie. Für das Kapital auf einem solchen Niveau ist der Begriff „Reichtum" schon lange nicht mehr angemessen, sondern eine verschleiernde Kategorie, die hinter dem Schein rein quantitativer Differenzen zwischen Arm und Reich die hochpolitische Qualität jenes Kapitals verschwinden lässt.

Mit Konzentrationsbewegungen der beschriebenen Art wird die Zahl der Menschen, die das Kapital repräsentieren, immer kleiner, und deren Interessen geraten in immer tieferen Widerspruch zu den in der Gesellschaft verbreiteten sozialen, ökonomischen, politischen und das heißt zugleich: demokratischen Interessen. So entwickelt sich eine kleinste Minderheit, ausgestattet mit unglaublicher ökonomischer Macht und in deren Ausübung kaum noch behindert, außer z.B. durch soziale und andere Mindeststandards garantierende nationalstaatliche Gesetze und Maßnahmen sowie durch soziale und demokratische Bewegungen, die sich der Durchsetzung solcher Standards widmen. Was ich mit „kleinster Minderheit" meine, sei nur mit zwei Zahlenangaben illustriert: Der reichste Mann der Welt (nicht mehr Bill Gates, sondern nunmehr Sam Robson Walton) verfügt über ein Vermögen von umgerechnet 150 Mrd. US-Dollar, also über weit mehr als die Jahreshaushalte der meisten Staaten. Noch deutlicher als im Einzelbesitz kommt die am Ende des 20. Jahrhunderts erreichte Zentralisation des Kapitals – das notwendige Ergebnis des Konkurrenzprinzips – in der Verteilung ökonomischer Mittel am oberen Ende und am unteren Ende der Eigentumsskalen zum Ausdruck: Nach dem UN-*Bericht über die menschliche Entwicklung* von 1996 besaßen Mitte der neunziger Jahre 358 Dollar-Milliardäre, eine verschwindende Minderheit unter den damals 4,6 Mrd. Menschen, soviel wie fast die Hälfte der Menschheit. Und dies ist nur eine vorläufige Stufe der Entwicklung; der Bericht stellt eine weiterhin „wachsende Ungleichheit der Einkommen auf nationaler wie auf internationaler Ebene" fest (Frankfurter Rundschau vom 5. November 1996, 12).

Aber dies gilt längst nicht nur auf globaler, es gilt ebenso auf nationaler Ebene: In der Bundesrepublik Deutschland z.B. verfügte bereits 1992 das oberste Prozent der reichsten Haushalte (in den alten Bundesländern) über 23 Prozent des westdeutschen Privatvermögens, und die oberen 10 Prozent der Haushalte besitzen inzwischen deutlich über 50 Prozent jenes Gesamtvermögens. Die untere Hälfte der Haushalte dagegen, also 50 Prozent der westdeutschen Gesellschaft, verfügten bereits vor 10 Jahren nur über 2,5 Prozent des gesamten Privatvermögens. Und so schlägt sich die Spaltung zwischen Arm und Reich auch in den Einkommen nieder: Während die Einkommen der Selbständigen in den neunziger Jahren rapide stiegen, ist 1997 (im dritten Quartal) erstmals seit Bestehen der Bundesrepublik die Bruttolohn- und -gehaltssumme gegenüber dem entsprechenden Zeitraum des Vorjahres gesunken (Huster 1996, 1997, Schui 1996, Becker 1997). Das heißt zugleich, dass sich in Deutschland ein Phänomen immer mehr ausbreitet, das uns aus den reichen, hochindustrialisierten Ländern USA und Großbritannien längst bekannt ist: Auch bei wachsendem gesellschaftlichem Reichtum nimmt Armut unter den dortigen Bedingungen zu, oder mit den Worten des Caritas-Präsidenten Helmut Puschmann: „Armut und Armutsgefährdung fressen sich bis weit in die mittleren Schichten der Gesellschaft hinein" (Frankfurter Rundschau vom 3.6.2000, S. 11). Immerhin hat in Deutschland, einem Land wachsender Armut, das Privatvermögen (ohne Kredite) von 1,2 Billionen DM (1970) über 9,5 Billionen DM (1992) auf heute über 14 Billionen DM zugenommen (Neue Osnabrücker Zeitung vom 18. Januar 2000).

Mit solchen Zahlen wird verständlich, dass diese Phänomene mit dem Gegensatz *reich* und *arm* nicht mehr angemessen erfasst werden können, dass es auch eine Beschönigung ist, wenn hier von Ungleichheit oder von Unterprivilegierung gesprochen wird oder gar von einem Gerechtigkeitsdefizit. Es handelt sich hier um einen fundamentalen Widerspruch, der nicht nur die Ökonomie betrifft, sondern immer zugleich die Politik; und dies umso mehr, als das so konzentrierte Kapital im Maße seiner Konzentration darauf angewiesen ist, zu expandieren und nochmals zu expandieren und dafür auch die politischen Bedingungen zu schaffen, sei es mit friedlichen, sei es mit kriegerischen Mitteln. Das vergangene Jahrhundert gibt dafür hervorragende Beispiele, vor allem in den Großkriegen, an denen das Deutsche Reich mit seinen ökonomischen und territorialen Expansionsinteressen beteiligt war. In *dieser* Hinsicht haben wir heute keine neuen Verhältnisse. Auch heute gilt, dass jene kleinste Minderheit ihre Diktate demokratischen Bewegungen und Interessen scharf entgegensetzt, nicht zuletzt durch politisch-ökonomischen Druck auf staatliche Willensbildungsprozesse mittels kapitalistischer Gründungen, Stiftungen und anderer ökonomischer Maßnahmen oder aber über scharfe Sanktionen wie Entlassungen, Kreditentzug usw.

Die Politik einer solchen extremen Minderheit, d.h. *diese* politische Ökonomie, kommt ohne dreierlei nicht aus: erstens eine kontinuierliche, sich intensivierende Propaganda für ‚unpopuläre Maßnahmen', zweitens die fundamentale Verkehrung von Sprache als Kommunikations- und Erkenntnismittel in ein Instrument zur Verschleierung und Erkenntnisverhinderung sowie, vermittelt dadurch, drittens die Schaffung von Ideologien, die *gesellschaftlich* herrschende Gesetze der Ökonomie als unvermeidliche Naturgesetze erscheinen lassen und ‚geistige Orientierung' mithilfe von Wirklichkeitskonstruktionen liefern sollen, denen die Fähigkeit zugesprochen wird, den gesellschaftlichen Zusammenhalt überhaupt erst zu gewährleisten (vgl. Schöller 2001). Häufig werden dabei positiv besetzte Begriffe für Maßnahmen verwendet, die die Lebensbedingungen einer wachsenden Mehrheit von Menschen substanziell verschlechtern. Was Pierre Bourdieu für Frankreich feststellt, gilt auch hierzulande: „alles kommt in einer schönfärberischen Sprache daher, die uns förmlich überschwemmt, die wir aufsaugen, wenn wir die Zeitung aufschlagen, wenn wir Radio hören [...]; man spricht nicht mehr von Stellenabbau, sondern von ‚Verschlankung', in Anlehnung an den Sport (ein kräftiger Körper muss schlank sein). Wenn ein Unternehmen 2000 Leute entlässt, wird man von einem ‚mutigen Sozialplan' sprechen. Es gibt ein ganzes Spiel mit den Konnotationen und Assoziationen von Wörtern wie Flexibilität, Anpassungsfähigkeit, Deregulierung, das glauben macht, die neoliberale Botschaft sei eine der allgemeinen Befreiung" (Bourdieu 1998, 50). Dazu gehört auch, dass heute alles ‚Reform' heißen muss, und zwar umso entschiedener, je brutaler der Eingriff ist.

Dies weiß am besten ein Medienunternehmen wie die Bertelsmann AG, ein Konzern mit flexibler christlicher und NS-Vergangenheit (Die Woche vom 18.1.2000). Dieser Medienriese ist der größte in der Bundesrepublik und der weltweit verflochtenste, global ungleich verbreiteter als seine mächtigsten Konkurrenten AOL Time Warner und Vivendi Universal. Auf Initiative dieses Konzerns und aus seinen Strukturen heraus, insbesondere über die *Bertelsmann Stiftung*, wurde im Mai 1994 das *Centrum für Hochschulentwicklung* (CHE) gegründet – ein Instrument zur Steuerung der Hochschulreform mit Zielen, die weder altruistisch noch gemeinwohldienlich sind, sondern mit den Interessen des Konzerns selbst und sonstigen hochkonzentrierten Kapitals zu tun haben.

Das CHE – personelle und institutionelle Einbindungen

Das *Centrum für Hochschulentwicklung*, angesiedelt in Gütersloh, dem Sitz sowohl des Konzerns als auch der Bertelsmann Stiftung, hat eine private Rechtsform und dennoch öffentliche Funktionen. Das garantiert ‚Unabhängigkeit' – man ist frei von allen, auch indirekten demokratischen Kontrollen und nur dem Konzernkapital verpflichtet –, aber auch Einfluss, dessen Umfang von der Macht des Kapitals abhängt, das hinter ihm steht, sowie von den Verpflichtungen und Verbindungen, die es repräsentiert. Im Falle des CHE wird dies in spezifischer Weise ergänzt durch eine breite öffentlich-institutionelle Fundierung, d.h. durch engste Verflechtung mit Einrichtungen des hoheitlichen Sektors. Mit einem Jahresetat von 2-3 Mio. DM ist das CHE eine private, als gemeinnützig anerkannte GmbH und dennoch mitgegründet durch die Hochschulrektorenkonferenz (HRK), also durch eine Versammlung der Repräsentanten hoheitlicher Bildungseinrichtungen, die der Form nach wiederum durch die Stiftung zur Förderung der Hochschulrektorenkonferenz (als juristische Person) vertreten sind. Bis heute steht das CHE in engstem Verbund mit der HRK.

Sein Leiter, Detlef Müller-Böling, Professor für Betriebswirtschaftslehre an der Universität Dortmund, hatte schon während der 13. Wahlperiode (1994-98) des Bundestages enge Beziehungen zum damaligen Wissenschaftsminister Jürgen Rüttgers. Er war von ihm an jenen Runden Tisch berufen worden, der im Wissenschaftsministerium zum Hochschulrahmengesetz eingerichtet worden war. Zum damaligen Bundespräsidenten Roman Herzog und zu dessen Amt bestanden enge und immer wieder erneuerte Kontakte. Unter seiner Schirmherrschaft wurde der *Initiativkreis Bildung* tätig, welcher – an prominentester Stelle – Vorschläge zur *Erneuerung des Bildungswesens* entwickeln und damit einer der zahlreichen institutionellen Impulsgeber sein sollte, die das CHE etabliert hat. Desgleichen wurden im Benehmen mit dem und unter Beteiligung des damaligen Bundespräsidenten ab und zu *Nationale Bildungskongresse* veranstaltet, sämtlich mit der Funktion bedacht, die vom CHE längst propagierten Umstellungsimpulse zum Bildungswesen auf zentraler Ebene zu verstärken.

Auf Länderebene ist das CHE vielfach aktiv. Sein Leiter ist, um nur einige Beispiele zu nennen, Mitglied der Hochschulstrukturkommission in Baden-Württemberg und Berater des Bundes Norddeutscher Hochschulen; das CHE leitet bei der Landesregierung Niedersachsen den Wissenschaftlichen Beirat, der das *Modellvorhaben für eine Erprobung der globalen Steuerung von Hochschulhaushalten* im Auftrag des Niedersächsischen Ministeriums für Wissenschaft und Kultur begleitet.[3] Außerdem steht das CHE in vertraglicher Kooperation mit dem Ministerium für Wissenschaft, Forschung und Kultur des Freistaates Thüringen. Damit sind nur einige der zahlreichen institutionalisierten und in juristische Formen gegossenen Kooperationen genannt.

---

3 Dieser immerhin von einer Landesregierung eingesetzte Beirat hat seine Geschäftsstelle in den Räumen des CHE in Gütersloh, das seinerseits innerhalb des Bertelsmann-Anwesens residiert.

Interessant ist der zehnköpfige Beirat, den die Bertelsmann Stiftung dem CHE zugeordnet hat. In ihm saßen 1999 zwei hochrangige Kapitalvertreter: Mark Wössner, Vorstandsvorsitzender der Bertelsmann Stiftung (in dieser Eigenschaft und in seiner Beiratsfunktion hat er im Oktober 1998 Reinhard Mohn abgelöst, den einflussreichsten Vertreter der Familie Mohn, die den Bertelsmann-Konzern insgesamt beherrscht), und Tyll Necker, Vizepräsident des Bundesverbandes der Deutschen Industrie, sowie acht Universitätsprofessoren, darunter zwei Wissenschaftsminister (Sachsen, Rheinland-Pfalz), der Präsident der Hochschulrektorenkonferenz, Klaus Landfried, sowie dessen Vorgänger, der nachmalige Präsident der Vereinigung der Rektorenkonferenzen der EU-Mitgliedstaaten, Hans-Uwe Erichsen. Für lange Zeit war auch der einflussreiche Politikwissenschaftler Werner Weidenfeld im CHE-Beirat; er gehörte zu den engen Vertrauten des damaligen Bundeskanzlers Helmut Kohl und ist bis heute Mitglied des Vorstands der Bertelsmann Stiftung. Werner Weidenfeld ist damit an führender Stelle der Bertelsmann Stiftung, die – wie das Handelsblatt schreibt – die „wahrscheinlich größte, auf jeden Fall aber einflussreichste Stiftung Deutschlands" ist (vgl. M – Zeitung der IG Medien für die Fachgruppe Journalismus, 3/2000, 19), und verbindet sie mit seinem Münchner *Centrum für angewandte Politikforschung* (CAP), einem 1995 gegründeten Institut, das heute seinerseits die größte und einflussreichste Einrichtung ihrer Art in Deutschland ist. Gemeinsam stehen sie in unmittelbarer „Beratungskooperation mit dem Planungsstab des Auswärtigen Amtes" (CAP 2001). Alle diese Personen und Institutionen sind beteiligt an einer geradezu institutionalisierten Loslösung wichtiger Planungs- und Entscheidungsprozesse von demokratischen Einflussmöglichkeiten, sind beteiligt an systematischer Entdemokratisierung, ohne die die Hochschul-‚Reformen' wohl kaum durchzusetzen wären.

Verbindungen zwischen Bertelsmann AG, Stiftung und CHE

Das CHE ist nicht nur eine Gründung der Bertelsmann Stiftung, sondern auch in seiner Existenz und seinem Wirkungsgrad von ihr abhängig. An der Spitze der Stiftung stand lange Zeit Mark Wössner; er war bis Oktober 1998 Chef der Bertelsmann AG, die ein Weltkonzern in der Form einer Holding ist. Sein Vorgänger in beiden Funktionen, Reinhard Mohn, hatte die Stiftung 1977 gegründet, und zwar entsprechend seinem Motto „Eigentum verpflichtet zur Verantwortung für die Gesellschaft". Wohl zunächst unter steuerlichen Gesichtspunkten etabliert, wurde die Stiftung schon bald für zahlreiche Unterstützungsmaßnahmen in Anspruch genommen. Die entscheidende Perspektivänderung nahm Reinhard Mohn

1993 vor. Er übertrug 68,8 Prozent (heute sind es 71,1 Prozent) des Grundkapitals der Bertelsmann AG auf die Stiftung, also über zwei Drittel der Anteile des Bertelsmann-Konzerns als Holding, und verband mit dieser gewaltigen Transaktion eine neue programmatische Perspektive: Von der Stiftung sollten nicht mehr im wesentlichen Einzelprojekte gefördert werden, sondern flächendeckende Initiativen mit gesamtgesellschaftlicher und damit hochpolitischer Wirksamkeit.

Wie eine solche Aktivität aussieht, sei an einem Beispiel verdeutlicht. Die Bertelsmann Stiftung hat sich bereits 1996 – über eine im Vorjahr durchgeführte weitere Gründung, die Bertelsmann Wissenschafts-Stiftung – mit Werner Weidenfelds *Centrum für Angewandte Politik* (CAP) zusammengetan, um Empfehlungen für eine Kosovo-Politik auszuarbeiten. Die Zusammenarbeit mündete in *Strategies and Options for Kosovo* und stand u.a. unter der Fragestellung *How to realise independence for Kosovo?* (vgl. Troebst 1998, 88, der dies nicht ohne Genugtuung berichtet).

Dementsprechend reichlich und z.Zt. rapide wachsend ist das Budget der Bertelsmann Stiftung: Es betrug 1998/99 nicht weniger als 83 Mio. DM, das waren 11 Mio. DM mehr als im voraufgegangenen Geschäftsjahr, und ist 1999/2000 auf über 100 Mio. DM angewachsen. Die Stiftung ist somit ein gewichtiger Teil der Gesamtstruktur der Bertelsmann AG, welche bis dahin zu 90 Prozent ihres gesamten Kapitals und zu 100 Prozent des stimmberechtigten Kapitals der Familie Mohn und der Bertelsmann Stiftung gemeinsam gehört hatte. Mit dem Rest ihres Kapitals ist die Stiftung mit der der Wochenzeitung *Die Zeit* verbunden; die ZEIT-Stiftung hält zehn Prozent nichtstimmberechtigter Aktien.

Nach einer Umstrukturierung im Juli 1999 trat an die Stelle der bis dahin führenden Konzernfigur Reinhard Mohn eine neu gegründete *Bertelsmann Verwaltungsgesellschaft mbH* als sechsköpfiges Leitungs- und Lenkungsgremium für den gesamten Konzern mit Mark Wössner als Geschäftsführer. Auf der Grundlage einer minimalen Beteiligung am Konzernkapital soll ihr die alleinige Entscheidungskompetenz für alle den Konzern betreffenden Grundsatzfragen vorbehalten bleiben – und dies trotz der gewaltigen Kapitalbeteiligungen (ohne Stimmrecht) seitens der Bertelsmann Stiftung und der Familie Mohn. Das ist in der Tat eine für heutige Kapitalentwicklungen interessante Trennung von Kapitalmacht und Entscheidungsgewalt – fast deren Virtualisierung – an der Spitze eines milliardenschweren Konzerns.

Dieser Konzern beschäftigt heute 76.000 Menschen in 58 Ländern der Erde und hat inzwischen eine „Kriegskasse" im Umfang von 30 Mrd. DM angesammelt (Financial Times Deutschland vom 7.2.2001, 5, 17). Er war insbesondere in den letzten Jahren mit milliardenschweren Umsätzen im In- und Ausland erfolgreich: 1996/97 mit 22,4 Milliarden

DM und 1997/98 mit 26,5 Milliarden DM. Zugleich machte er Gewinne im Umfang von mindestens 805 Millionen DM im Jahr 1995/96, von über einer Milliarde DM im Jahr 1996/97 (vgl. Dohmen 1998, 68; Liedtke 1998, 87). Wie global die Holding agiert, zeigt sich darin, dass ihr Gesamtumsatz zu zwei Dritteln außerhalb der Bundesrepublik anfiel. Wie ein solcher Konzern aussieht und welche Tätigkeiten er umfasst, sei anhand der vier wichtigsten „Linien" skizziert:

1. Die auf Bücher bezogene Linie umfasst Buch-Clubs und 25 Verlage (Der Spiegel Nr. 30/1999). In den Clubs sind weltweit über 25 Millionen Menschen auf allen Kontinenten organisiert – von Nord- und Südamerika über die meisten Staaten Europas bis hin zur Volksrepublik China. Der Verlagsbereich konzentriert sich auf den deutschsprachigen Raum, expandiert hier bis in die neueste Zeit (Oktober 1998: Übernahme des Springer-Wissenschaftsverlags und – vorübergehend – des Nomos-Verlags) und dehnt sich zunehmend auch auf Spanien und die USA aus. In den USA wurde Bertelsmann 1998 durch Vereinnahmung von Random House zum größten Buchverleger der gesamten englischsprachigen Welt.

2. Der Entertainment-Bereich umfasst die weltweiten Tonträger- und TV/Film-Aktivitäten des Konzerns. Zu den Bertelsmann-Labels im Schallplattenbereich gehören z.B. so mächtige wie RCA, Ariola, Arista sowie 200 weitere kleine Labels in über 50 Ländern der Erde. Im TV-Bereich des Konzerns ist CLT-UFA mit 22 Fernsehsendern und 18 Radiostationen in elf Ländern führend in Europa (Stand 1998). Inzwischen ergänzt um die britische Pearson TV und in RTL Group umbenannt, umfasst diese TV-Holding RTL, RTL 2, Super-RTL und Vox. An ihr ist Bertelsmann seit Februar 2001 mit 67 Prozent (bisher 37 Prozent) beteiligt (Financial Times Deutschland vom 7.2. 2001). In Frankreich gehören zum Konzern M6, Serie Club, Multivision, TMC und RTL 9. Ihm gehören überdies weitere Sender in Großbritannien und allen drei Benelux-Staaten an. Mit der RTL Group ist Bertelsmann klarer Marktführer des werbefinanzierten Fernsehens in Europa und damit, weil eben deren Profiteur, organisatorischer Hauptträger der fortschreitenden Niveau-Senkung in diesem Bereich. Ein gewaltiges Geschäft und ebenfalls der Niveau-Senkung dienlich ist der Handel mit Aufführungsrechten – sie werden in über 140 Länder verkauft.

3. Der dritte Hauptbereich heißt aus historischen Gründen „Produktlinie Gruner + Jahr" und umfasst 75 Zeitschriften (davon 34 in Deutschland) sowie zehn Zeitungen. Der Konzern beherrscht so bekannte Zeitschriften wie *Stern, Brigitte, Frau im Spiegel, Eltern, Geo, Capital, Art, Marie Clair, Essen & Trinken* und *Schöner Wohnen*. Seit 1990 ist er in den Aufkauf und die Übernahme ostdeutscher Tageszeitungen eingestiegen (z.B. *Berliner Zeitung, Chemnitzer Morgenpost, Dresdner Morgen-*

post, Sächsische Zeitung). Darüber hinaus beherrscht er heute drei bedeutende Zeitungen in Ungarn und der Slowakei.

4. Im Multimedia-Bereich ist der Konzern auch nach dem Verlust von AOL weiterhin aktiv und bemüht, seine zur Zeit beschränkten Positionen auszubauen. – Die sonstigen Aktivitäten reichen vom Immobilienhandel im In- und Ausland bis zu Finanzverschiebungen über eine Bertelsmann International Finance Limited NV, die auf der Insel Curaçao ansässig ist – einer Antilleninsel mit nicht nur klimatisch paradiesischen Charakter. Bertelsmann ist weltweit so vielfältig aufgegliedert, dass eine einheitliche, schaubildmäßige Darstellung sich längst verbietet; die fast 600 zählbaren Einheiten muss die Publikation *Konzerne in Schaubildern* (laufend ergänzt im Hoppenstedt-Verlag, Darmstadt) auf 14 Seiten verteilen.

„Eigentum verpflichtet"

Das CHE ist vollständig von der Bertelsmann Stiftung finanziert und nur dem dahinter stehenden Kapital verantwortlich. Es handelt sich hier zum einen um den organisatorischen Hebel einer ökonomisch gewaltigen und medial erfahrenen Einflussgruppe, nein Machtzentrale, zum anderen um eine Einrichtung, die den privaten Bereich, den Bereich der freien Verfügung über Kapital, in dem sie agiert, mit öffentlichen Funktionen zu ergänzen und aufzuladen sucht. Dabei geht es vor allem um die Zurückdrängung öffentlicher oder gar demokratischer Kontrollen, was am konsequentesten durch eine Übertragung öffentlicher Funktionen auf privates Kapital zu gewährleisten ist. Das Besondere und Auffällige am CHE sind die öffentliche Akzeptanz und staatliche Förderung der Aktivitäten eines privaten Unternehmens, ja dessen Mitinitiierung durch staatliche Hoheitsträger und engste institutionelle Verflechtung mit staatlichen Instanzen – trotz (oder gerade wegen) offensichtlichster Abhängigkeit von dem mächtigen Bertelsmann-Konzern und seinen privaten Interessen. Es liegt auf der Hand, dass damit Zuständigkeitsbereiche, die öffentlicher Kontrolle zu unterliegen haben, von einer privaten Einrichtung Schritt für Schritt besetzt werden. Das interessegeleitete Diktat, die schiere Kontrolle durch das Kapital und seine Funktionäre, erfasst immer weitere Bereiche der Gesellschaft, höhlt verbliebene Entscheidungs- und Kontrollkompetenzen öffentlicher Organe vollends aus oder entwertet diese zu bloßen Instanzen einer Legitimation, die nur noch der Lähmung von Kritik und Widerstand dient.

Reinhard Mohn stellt die Bertelsmann Stiftung unter das Motto *Eigentum verpflichtet*, unter jenes Prinzip also, das die Eigentumsgarantie in Artikel 14 Grundgesetz ergänzt und absichert. „Sozialpflichtigkeit" meint im allgemeinen Verständnis die Einschränkung der freien Verfügung über Eigentum bzw. der reinen Privatnützigkeit in der Zielsetzung des Kapitaleinsatzes. Seitdem in Deutschland Kapital wieder in höchster Konzentration auftritt, wird dieses Verständnis der Sozialpflichtigkeit vom Kapital selbst ausgehebelt. Längst ist die Sozialpflichtigkeit in einem dem Kapital überaus günstigen Sinne umdefiniert, ja geradezu pervertiert, indem die Privatnützigkeit, in totaler Konsequenz angewandt, quasi zur obersten Pflicht des Kapitals avanciert – so in der herrschenden Lehre seit Anfang der achtziger Jahre. Bereits in den siebziger Jahren formulierte Hermann Josef Abs (ehedem führend beteiligt an der „Entjudung" deutschen Kapitals ab 1938 sowie ausländischen Kapitals ab 1939) als Vorstandssprecher der Deutschen Bank und seinerzeit vielleicht wichtigster Repräsentant des deutschen Kapitals: „Eine parlamentarische Demokratie ist geradezu dadurch charakterisiert, dass die Legitimation durch Wahlen und die Legitimation durch Privateigentum in einem Gleichgewicht stehen." (Abs 1976, 92f.)

Hier war bereits eine spezielle Legitimation der Kapitalbesitzer zum Eingreifen in Politik gefordert oder behauptet worden, eine Legitimation, die gleichsam selbstverständlich aus der Verfügung über konzentriertes Kapital erwachsen sollte. Diese Position wurde von Staatsrechtlern konsequent ausgebaut und 1983 in eine quasi offiziöse Kommentierung zum Grundgesetz aufgenommen, nämlich in den renommierten Grundgesetz-Kommentar von Maunz-Dürig (unter Auswechslung des Kommentators und der bisherigen Grundlinie des Kommentars zu Art. 14).

Hans-Jürgen Papier, der neue Kommentator, vollzog in über 600 Randnoten eine wahrhaft gründliche Umkommentierung. Danach beinhaltet die Sozialpflichtigkeit geradezu einen Anspruch des Kapitals auf Einmischung in die Politik, und zwar in dem Maße wachsend, wie das Kapital konzentriert und mächtig auftritt. Das Gewicht des jeweiligen Kapitals gilt nicht mehr als Gefahr für die Demokratie, sondern umgekehrt die Demokratie als Gefahr für die Freiheit des agierenden Kapitals; deshalb wird es – zu seinem Schutz – regelrecht verpflichtet, mit welchen Mitteln auch immer als Teil der gesellschaftlichen Gewalten aufzutreten. Unsere „Eigentumsordnung" erfordere dies „gerade auch wegen ihrer politischen Explosivität" (Maunz-Dürig 1983ff. Art. 14, Rdnr. 5).

Papier hebt dabei hervor, dass die Einmischung nicht einmal das Gemeinwohl, also übergreifende Ziele, im Auge zu haben brauche. Vielmehr beinhalte die Sozialpflichtigkeit des Eigentums eine Einmischung „mit privatnütziger Zielsetzung" (Rdnr. 4 und 276) bzw. mit dem Ziel einer „privatnützigen Mitgestaltung der Sozialordnung" (Rdnr. 12). Dafür wird sogar ein neues Verständnis der Gewaltenteilung eingeführt: Papier spricht von einer unsere Verfassung prägenden sozialen „Gewaltenteilungsfunktion" des Art. 14 (Rdnr. 4), wonach dem Kapital im Grade seiner Konzentration eine besondere Legitimation, nämlich die Legitimation zur Teilhabe an gesellschaftlicher Gewalt zukomme, als Gegengewicht zu den demokratischen Rechten des Volkes. Eine rein auf den Volkswillen gestützte Demokratie lehnt er entschieden ab: Das Grundgesetz kenne gemäß Art. 14 „keine Totalität des (demokratisch legitimierten) Hoheitsakts [...], keine potentiell absolute Herrschaft der politischen Demokratie über Gesellschaft und Wirtschaft" (Rdnr. 4). Papier, mittlerweile zum Richter am Bundesverfassungsgericht und zum Vorsitzenden von dessen Erstem Senat aufgestiegen, hat damit die verfassungsrechtliche Anpassung an den herrschenden Neoliberalismus geleistet. Seine extreme Interpretation der Sozialpflichtigkeit des Eigentums, welche die Demokratie einschränkt und sie subtil eines totalitären Charakters verdächtigt, entspricht neoliberalen Vorstellungen und Interessen.

Dies blieb nicht nur theoretische Konstruktion, sondern fand seine Entsprechung in einer praktischen Politik, für die von Regierung und Parlament die Tore bereits weit geöffnet waren. Seit Anfang der achtziger Jahre sind die Steuern auf Kapital, insbesondere auf das konzentrierteste Kapital, stufenweise und schließlich radikal gesenkt worden. Dies hatte für unseren Zusammenhang zweierlei Folgen: Zum einen wuchs die Beweglichkeit des Kapitals, wuchs die Möglichkeit, es frei einzusetzen, in hohem Maße; zum anderen verarmten die öffentlichen Haushalte zunehmend – eine für das weitere Erstarken des Kapitals wichtige Schwächung des öffentlichen Sektors.

An dieser Stelle muss auf den hochpolitischen und entdemokratisierenden Charakter von Steuersenkungen zugunsten einflussreicher Konzerne hingewiesen werden. Jede Schwächung staatlicher Finanzkraft, z.B. im Hinblick auf das Bildungswesen, reduziert die Fähigkeit der öffentlichen Hand, solche Aufgaben zu erfüllen; es sind aber gerade die hoheitlichen Institutionen, die noch einer gewissen öffentlichen Kontrolle unterliegen. Ökonomisch tritt nun an deren Stelle die umso größere Fähigkeit der steuerlich begünstigten Konzerne, diese Funktionen in eigener Regie und ohne derartige Kontrolle wahrzunehmen. Das ist zwar am deutlichsten bei Steuerentlastungen zugunsten des konzentriertesten Kapitals, gilt aber prinzipiell auch für alle Gesetzesregelungen, die einen speziellen Steuererlass für Stiftungen und Sponsorentum vorsehen. Auch hier tritt nämlich – wie sehr die von Stiftungen und Sponsoren Bedachten im Einzelnen davon profitieren mögen – an die Stelle abgebauter Steuereinnahmen eine umso größere Fähigkeit privaten Kapitals, ohne jede demokratische Kontrolle entsprechende gesellschaftliche Aufgaben – in seinem Sinne – zu übernehmen.

Funktionen und Ziele des CHE

Das CHE bezeichnet sich selbst gern als Denkfabrik. Man ist stolz darauf, sogar mit Arbeitspapieren für die Weltbank befasst zu sein. Aber diese Bezeichnung ist eine Beschönigung, denn das CHE ist ein Instrument, das anderswo längst vorentschiedene Ziele durchsetzen soll und dementsprechend vorgegebene Interessen verfolgt. Freilich, es fabriziert Gedanken. Sie sind aber nicht ausgerichtet an fundamentalen Alternativen, um Lebensverhältnisse zu verbessern, sondern am *Wie?*, an den Möglichkeiten gesellschaftlicher Durchsetzung von Zielen, die nicht ohne akademisches Raffinement erreichbar sind. Dem CHE zum Vorteil gereicht hierbei die Fähigkeit zu Kampagnen mit langem Atem. Die „Arbeit der Einprägung" ist in der Tat eine Kärrner-Arbeit, denn „es braucht Zeit, damit Falsches zu Wahrem wird" (Bourdieu 1998, 49).

Tatsächlich stimmt das CHE inhaltlich in seinen wesentlichen hochschulpolitischen Forderungen und Perspektiven überein mit denen des Bundesverbands der Deutschen Industrie (BDI) und der Bundesvereinigung der Deutschen Arbeitgeberverbände (BDA), mit denen des Bundesverbands des Deutschen Groß- und Außenhandels sowie denen des Deutschen Industrie- und Handelstags (DIHT), aber auch mit den Vorschlägen des Stifterverbands für die Deutsche Wissenschaft, mit dem das CHE teilweise unmittelbar kooperiert. Schon lange vorbereitet sind die von ihm propagierten Ziele und Perspektiven durch Ausarbeitungen des in Europa überaus einflussreichen *European Round Table of Industrialists* (ERT) mit Sitz in Paris, in dem die mächtigsten Konzerne und Industriellen des Kontinents vertreten sind. Sie werden insbesondere dort aktiv, wo es um ihre kontinentalen oder um ihre globalen Expansionsinteressen geht; in den Hauptstädten Mittel- und Osteuropas sind sie zur Zeit regelmäßig präsent (vgl. CEO 1999).

All diese Organisationen entwickeln und verbreiten entsprechende Informationsmaterialien und Broschüren. Aber im geschickten, vorsichtigen, z.T. experimentellen Vorgehen, überhaupt im professionellen Geschick der Durchsetzung ist das CHE selbst den genannten Institutionen überlegen – ganz der ihm gestellten Aufgabe gemäß. Es ist seine Funktion, im Sinne seines Auftrags methodisch und gezielt vorzugehen:

– durch erfahrene Nutzung und Bearbeitung der Medien, nicht zuletzt erleichtert durch die oben beschriebenen Konzern-Verbindungen, zusätzlich durch die gegenseitigen Verflechtungen mit dem Springer-Konzern, der ZEIT-Stiftung und dem Spiegel-Verlag von Rudolf Augstein;
– durch Symposien und Kongresse, oft verbunden mit gezielten Abschlusserklärungen, z.B. die als *Ruck* verstandene *Leipziger Erklä-*

rung zur Hochschuleingangsprüfung von 1996 oder die vom CHE zusammen mit dem ausscheidenden Bundespräsidenten Herzog organisierte Berliner Tagung vom 13. April 1999, für die rasch noch eine kleine CHE-nahe Studentenorganisation gegründet wurde;
- durch Förderung mit dem CHE kooperierender StudentInnen und Initiierung sowie Aufbau eines Studentenverbandes namens *scheme* oder *sCHEme*, bestehend „aus handverlesenen Studenten aus ganz Deutschland" (so Die Zeit vom 11.2.1999);
- durch Projekte mit Modellcharakter (z.B. das genannte Modellvorhaben zur Erprobung der globalen Steuerung von Hochschulhaushalten in Niedersachsen und zahlreiche andere Kooperationen mit Hochschuleinrichtungen), desgleichen durch Modellentwicklungen z.B. in Kooperation mit dem Stifterverband für die Deutsche Wissenschaft und mit anderen wirtschaftsnahen Organisationen;
- durch Gewinnung weiterer Multiplikatoren, vorzugsweise als links geltender Personen, z.B GewerkschafterInnen, und Organisationen, z.B. der Hans-Böckler-Stiftung (vgl. Halimi 2001); nicht zuletzt durch die unentwegte Präsenz Detlef Müller-Bölings selbst in Printmedien und in Sendungen einschlägiger Fernsehanstalten.

So tritt das CHE z.B. als Promotor für ‚Leistungsgerechtigkeit', d.h. für verschärfte Konkurrenz unter Lehrenden und Lernenden auf, ferner für die Einführung von Studiengeldern – sie sind von strategischer Bedeutung und werden, schöngefärbt, Kostenbeteiligung genannt –, für Hochschuleingangsprüfungen, für die Einsetzung von Hochschulräten (Beiräten, Kuratorien), bezeichnet als „Vertretungen gesellschaftlicher Gruppen" (keineswegs nur mit beratender Funktion), für neue, nämlich privatisierte Formen der Hochschulfinanzierung (mit allen Folgen auch inhaltlicher Abhängigkeit), für neue Strukturen der inneruniversitären Mittelverteilung, für eine damit verbundene Konzentration der Führungsfunktionen an den Universitäten auf Dekane und den Präsidenten (mit großen Machtbefugnissen aufgrund ihrer Mittelverteilungsprivilegien) sowie für die Einführung von Evaluationen, die auch bei der Lehre im wesentlichen nicht von den Studierenden getragen werden sollen. All dies soll letztlich eine intensive Einflussnahme seitens privater Geldgeber auf inhaltliche Prozesse und personelle Entscheidungen garantieren, ja, wo es nötig erscheint, bis in Einzelheiten hinein den Durchgriff des Kapitals ermöglichen, wie es bereits 1997 in dem heftigen Konflikt zwischen dem Vorstandsvorsitzenden des Bertelsmann-Konzerns, Mark Wössner, und der vom Konzern abhängigen Privatuniversität Herdecke vorexerziert worden ist (vgl. Die Welt vom 24. März 1997).

Im Interesse an der Bekämpfung und Verhinderung einer „undifferenzierten Demokratisierung der Hochschulen" (Müller-Böling, Süddeutsche Zeitung vom 21. Februar 1998) tritt das gewaltige Eingriffsinteresse, das mit solchen ‚Reformen' durchgesetzt werden soll, klar hervor. Die Durchsetzung all dessen ist trotz aller noch herrschenden Lethargie an den Hochschulen nicht leicht möglich. Da ist man schon auf Verschleierungsbegriffe wie *Autonomie, größere Handlungsspielräume, doppelte Legitimation, neue Formen der Partizipation* etc. angewiesen. Anders wären die unternehmerähnlichen Führungsfunktionen des CHE zu offensichtlich und würden stärkeren Widerstand provozieren. Und die Formel *korporative Autonomie* hört sich doch einschmeichelnder an als offene Propaganda für Führer-Strukturen.

Abbau von Demokratie und Kritikfähigkeit

Das, was die ‚Reformen' durchsetzen sollen, geht so weit, dass es sich verbietet, sie nur als vorübergehende Phänomene zu analysieren. Wenn die größten Konzerne, unterstützt von weiteren Industrieverbänden, sich um diese ‚Reformen' kümmern und dies mit hohem Aufwand und Kosten betreiben, dann sind die Interessen daran offensichtlich gewaltig. Umso notwendiger ist es, deren Grundlagen zu untersuchen. Im Folgenden seien zwei Erklärungen angeboten, beide bezogen auf historisch-ökonomische Entwicklungen: Zum einen geht es um *Demokratie* und um *Kritikfähigkeit* sowie um deren Dynamik im Verhältnis zur der des Kapitals; zum andern geht es um das immer virulentere *Expansionsinteresse*, genauer: um die Expansionsnotwendigkeit des Kapitals, und zwar im internationalen Maßstab. Angesichts der fortgeschrittenen Kombination von Geheimhaltung und Verwirrungspolitik, verbunden mit taktischer Flexibilität, erfordern die Ermittlungen in Bezug auf einen solchen Gegenstand ein geradezu kriminalistisches Vorgehen. In diesem Sinne sind meine Erklärungsangebote mindestens noch ergänzungsbedürftig.

Die oben beschriebenen Aktivitäten, die die Hochschul-‚Reformen' vorantreiben sollen, sind kein Skandal, der einer antidemokratischen Haltung nur personell zuzuordnen wäre, sondern das logische Ergebnis eines mit jedem Konzentrationsschub notwendigerweise wachsenden Widerspruchs: Je mächtiger und gewaltiger das konzentrierte Kapital auftritt, desto unerträglicher werden ihm alle demokratischen bzw. sozialen Bändigungsversuche und institutionellen Regelungen. Deren Einschränkung oder Beseitigung ist kein willkürliches, sondern sein expansionsbedingtes, also lebensnotwendiges Ziel. Es geht hier eben nicht nur um reine Ökonomie, um billige, kurzfristig verwertbare Arbeit in Forschung und

Lehre oder auch nur um billige und kurzfristig abgeschlossene Ausbildung (so vor allem in den neuen Bachelor-Studiengängen); es geht darüber hinaus – und wiederum nicht nur – um eine nicht zuletzt ideologische Ausrichtung des Studiums allein auf Marktprinzipien, auf ein Selbstverständnis der eigenen Qualifikation, wonach diese nichts anderes mehr darstellen soll als eine ‚Investition in die eigene Person' (deutlich insbesondere bei Studiengebühren).

Um all dies geht es zwar auch, aber letztlich stehen im Mittelpunkt längerfristige, strategische politisch-ökonomische Perspektiven: die Durchsetzung einer Art ‚Sachgerechtheit' als Prinzip, eine mentale Einstimmung, die sich jedes Fragen oder gar In-Frage-Stellen hinsichtlich der Bedingungen von Vorgängen oder Maßnahmen verbietet, so dass diese gleichsam als religiös oder naturgesetzlich akzeptiert werden. Sie sind einer demokratischen Perspektive auf die Hochschulen und ihrer aufklärerischen Funktion, die Menschen aus ihrer Opferrolle herauszuholen, ihnen die Bedingungen ihres Handelns verstehbar und ihr eigenes Handeln begreifbar zu machen, diametral entgegen gesetzt. Folge soll vielmehr sein, dass z.B. der Abbau von 50 Prozent der Studierendenzahlen als Ergebnis einer unwiderstehlichen, durch das Marktgeschehen erzwungenen Naturgesetzlichkeit gilt. Es geht dabei um den Versuch einer Ersetzung von Politik durch marktgesetzliche ‚Sachgerechtheit' und um den Aufbau von Strukturen, deren Sinn es nicht zuletzt ist, jeden Widerstand als widersinnig, als naturwidrig, letztlich als paranoid darzustellen, als Selbstschädigung der Subjekte, die ihn leisten. Daher als Ziel: Eliminierung jeder Wahrnehmung allgemein-politischer Interessen, nachdem allgemein-politische Äußerungen von VertreterInnen der Studierenden längst verboten sind, Eliminierung der Befähigung zu allgemein-politischer Analyse, Eliminierung aller an Utopien ausgerichteten Denkformen und ihre Ersetzung durch das kalte Kalkül als Lebensperspektive. Allgemein-politische Interessen – sowohl allgemein in der Gesellschaft als auch gerade unter den Studierenden – stellen für die Freiheit des Kapitals eine potenzielle Einschränkung, also eine Gefahr dar und werden so wahrgenommen. Die Frage der Studiengebühren ist politisch hier angesiedelt: Mit ihnen sollen im Rahmen von ‚Sparmaßnahmen' zwar auch Einnahmen zu Gunsten der öffentlichen Haushalte erzielt werden. Aber vor allem geht es um eine soziale und eine ideologische Selektion, mit der letztlich durchgesetzt werden soll, dass nur noch solche Mentalitäten geduldet und gefördert werden, die sich an den ‚Gesetzen des Marktes' orientieren.

All dies sind in Wissenschaft und Forschung keine völlig neuen Phänomene. Entsprechende Mechanismen der Drittmittel-Finanzierung sind längst verbreitet und jene Abhängigkeit damit konstituiert. Aber sie flächendeckend zu etablieren, sie zum Grundprinzip aller Wissenschaft,

Forschung und Lehre zu erheben, das ist das Ziel der aktuellen Veränderungsprozesse. Damit soll die konsequente Einbindung aller Hochschulangehörigen in das marktgerechte Unterdrückungssystem durchgesetzt werden. Vielleicht gibt es bereits heute ein ideales Vorbild für die Strukturen, die letztlich angepeilt werden. Im Oktober 1998 hat die Bertelsmann AG eine hauseigene *Corporate University* eröffnet, in Form einer virtuellen Universität, perfekt ausgerichtet auf die Interessen des Konzerns: Führungskräfte aus 50 Ländern werden hier in ihre Tätigkeiten im Konzern eingewiesen und periodisch weiterqualifiziert. Dabei soll es nicht nur um die Vermittlung substanzieller Qualifikationen gehen, sondern zugleich und vor allem um die Schaffung eines neuen Bewusstseins, nämlich einer *Corporate Identity*, die das Denken über den Dienst am Konzernkapital hinaus ausschließt, die also hoch effektiv den Gesetzen dieses Kapitals angepasst ist. Nur – was unter hochbezahlten Konzernfunktionären widerstandslos hingenommen werden mag, braucht selbst an künftig umgestülpten Hochschulen nicht widerstandslos zu funktionieren.

Expansionsinteressen seit 1990

Im Jahr 1990 hob der Staatssekretär im Bundeswirtschaftsministerium, Dieter Würzen, am internationalen Handel und dem ihm zugrundeliegenden Vertragswerk des *General Agreement on Tariffs and Trade* folgende Problembereiche hervor: Zum einen überlasse GATT den Regierungen noch zu weite Bereiche politischer Entscheidungen; es komme vielmehr darauf an, „to limit the latitude of political decisions". Würzen betonte dabei besonders den Bereich der „protection of intellectual property", den Schutz geistigen Eigentums. Zum andern müsse das GATT auf landwirtschaftliche und Textilprodukte ausgeweitet werden (Oppermann/Molsberger 1991, 55). Er hat damit in der achten GATT-Verhandlungsrunde, der so genannten Uruguay-Runde, ein Anliegen artikuliert, das offenbar auch die Bundesregierung teilt: die konsequente Kommerzialisierung geistiger Prozesse und Produkte.

Das ursprüngliche GATT von 1948 hatte sich auf die klassischen Industriegüter konzentriert und den Handel mit ihnen geregelt. Das Interesse an weiteren Liberalisierungen, d.h. ausgedehnteren Zugriffsmöglichkeiten der stärksten Handelsnationen, war Mitte der achtziger Jahre so weit fortgeschritten, dass mit der achten GATT-Verhandlungsrunde sowohl eine Ausweitung der vom GATT erfassten Güter und Eigentumsrechte Hauptgegenstand der Verhandlungen wurde als auch neue Formen und Instanzen des internationalen Handelssystems. Erweitert wurde der Kreis der erfassten Güter zunächst um landwirtschaftliche Güter und solche der Textilbranche, sodann aber insbesondere um den großen Bereich des geistigen Eigentums, der *intellectual property rights*. Er wird in der Schlussakte der Uruguay-Runde durch das gesonderte, 73 Artikel umfassende Abkommen über *Trade-Related Aspects of Intellectual Property Rights* (TRIPS) erfasst (May 1994, 97-99; Buck/Baumann 1994, 131-156).

Dessen Art. 4 legt fest, dass die Mitglieder der Welthandelsorganisation verpflichtet sind, „alle Vorteile, Begünstigungen, Befreiungen und Rechte, die sie im Zusammenhang mit Rechten des geistigen Eigentums einem anderen Land oder einem Staatsbürger eines anderen Landes zugestehen, unverzüglich und bedingungslos für alle Rechte des geistigen Eigentums allen anderen WTO-Mitgliedsstaaten und ihren Staatsbürgern auch zu gewähren" (Senti 1994, 42). Des weiteren gilt nach diesem Abkommen das Prinzip der Gleichstellung von Inländern und Ausländern beim Handel mit solchen Rechten. Das klingt zunächst harmlos, denn es beinhaltet nichts anderes, als was aus den traditionellen Handelsbedingungen bezüglich industrieller Produkte längst bekannt ist.

Tatsächlich aber geht mit dem Wechsel des Gegenstands von Industrieprodukten zu *geistigen Eigentumsrechten* ein grundlegender Wandel in den gesellschaftlichen und politischen Folgen vor sich. So ist die ökonomisch-rechtliche Regelung geistigen Eigentums in allen modernen Staaten viel komplexer als im Falle von Industrieprodukten. In konsequenter Anwendung der beiden Prinzipien der Meistbegünstigung und der Inländer-Ausländer-Gleichbehandlung müssten ausländische Investoren beim Aufkauf geistigen Eigentums „auch in den Genuss sämtlicher Förderungsmittel, Steuervergünstigungen, Investitionsanreize kommen, die die Länder inländischen Investoren gewähren" (Mies 1998, 122). Ergebnis der Uruguay-Runde war außerdem die Gründung der *World Trade Organisation* (WTO) im Jahre 1995, die seitdem weit mehr Kontrollrechte besitzt als alle ihre Vorgängerinnen. Neu war nunmehr vor allem, dass die Handelsregelungen und ihre Überwachung sich nicht mehr nur auf die Grenze selbst bezog, auf den grenzüberschreitenden Transport. Vielmehr war nunmehr ein Regime etabliert, das sich mitten in die Staaten hinein auswirkte.

Wohin die Entwicklung gehen sollte, zeigte sich sodann bei den Verhandlungen zum *Multilateral Agreement on Investment* (MAI, in Glunk 1998, 13-127). Seit 1995 wurden Verhandlungen darüber in Paris, in den Räumen der OECD, durch Repräsentanten der 29 OECD-Mitgliedsländer geführt, in so geheimer Weise, dass erst zwei Jahre später über diese Verhandlungen in der Öffentlichkeit Näheres bekannt wurde (Mies/v. Werlhof 1999). Die Beratungen zum MAI waren ein klassisches Beispiel von Verhandlungen, die vor der Öffentlichkeit geheimgehalten werden sollten. Der Inhalt des Abkommens hätte nur ein gesetzgeberisches Schnellverfahren erlaubt, da jede ernsthafte Kenntnisnahme seine Verabschiedung prekär gemacht hätte. Jene Beratungen scheiterten schließlich 1998 am Widerstand Frankreichs, freilich unterstützt durch eine sich rasch entwickelnde Widerstandsbewegung in zahlreichen Ländern. Wäre das MAI in Kraft getreten, so wäre der oben zitierte Wunsch des deutschen Wirtschaftsstaatssekretärs Würzen „to limit the latitude of political decisions" umfassend erfüllt worden. Der MAI-Entwurf in seiner letzten Fassung (Glunk 1998, S. 13-127) zeigt, in welche Richtung die weitere Entwicklung der ökonomischen Beziehungen zwischen den Staaten hätte gehen sollen und in welche Richtung vor allem die auf WTO-Ebene zu erwartenden Verhandlungen gehen könnten:

Über die beiden oben genannten Prinzipien der Meistbegünstigung und der Gleichbehandlung hinaus ist im MAI-Entwurf vorgesehen, dass Bildungsinstitutionen, die in Deutschland ja Ländersache sind, als Staatsmonopole gelten, die als solche auf kommerzielle Betriebsformen umgestellt werden und künftig „ausschließlich nach kommerziellen Kriterien handeln" sollten (Mies/v. Werlhof 1999, 123). Damit ist zwar noch nicht notwendigerweise Privatisierung verlangt, aber man braucht längst auch in Deutschland unter Hinweis auf ‚die Notwendigkeit zu sparen' nur das Budget zu kürzen, Schritt für Schritt und verbunden mit zermürbenden Anforderungen, dann stellt sich das Interesse der Institutionen, die budgetären Lücken privatwirtschaftlich zu schließen – mit geistigen Produkten zu handeln, soziale Prinzipien des bisherigen Hochschulwesens über Bord zu werfen, Studiengebühren zu verlangen u.a.m. –, wie von selbst ein.

Geht es bei dem skizzierten Prozess – von GATT über die Uruguay-Runde bis hin zur WTO und den vorläufig abgewehrten Regelungen des MAI, nicht zu vergessen die EU-Verträge seit Maastricht 1991 – um den Zugriff auf schrittweise neu eroberte gesellschaftliche Bereiche, vor allem um den Zugriff auf geistiges Eigentum? In der Tat läge dann die Verfügung über Forschung, Bildung, Studium in höchstem Kapitalinteresse. Besteht das Geheimnis der vielgepriesenen *Wissensgesellschaft* vielleicht gerade darin, dass mit ihr eine Zurichtung der Köpfe gemeint ist, die sie unweigerlich zur Selbstdarbietung gegenüber dem Kapital veranlasst? Dann aber wäre es realitätsnäher, statt von Privatisierung und Liberalisierung von *Kolonisierung des Bildungswesens* zu sprechen, denn es ist ökonomische Ungleichheit, die formale Gleichheit und Freiheit so profitabel und herrschaftsträchtig macht. Wenn dies die Grundlagen der ‚Reformen' der Hochschule sind, dann wird deutlich, wieviel Aufwand bei deren Durchsetzung noch zu gewärtigen ist – und auch, wie wichtig es ist, diese Grundlagen zu ermitteln und zu analysieren.

Pierre Bourdieu hat auf die Mühe hingewiesen, die die Erfindung der schönfärberischen Sprache und die Verdrehung von Falschem zu Wahrem bereiten (Bourdieu 1998, 48f.). Vielleicht hatte aber doch schon der alte Hegel Recht. Von seinem Gespräch mit Goethe am 18. Oktober 1827 berichtet Eckermann: „Sodann wendete sich das Gespräch auf das Wesen der Dialektik. ‚Es ist im Grunde nichts weiter', sagte Hegel, ‚als der geregelte, methodisch ausgebildete Widerspruchsgeist, der jedem Menschen innewohnt, und welche Gabe sich groß erweiset in Unterscheidung des Wahren vom Falschen.' ‚Wenn nur', fiel Goethe ein, ‚solche geistigen Künste und Gewandtheiten nicht häufig gemißbraucht und dazu verwendet würden, um das Falsche wahr und das Wahre falsch zu machen!' ‚Dergleichen geschieht wohl', erwiderte Hegel, ‚aber nur von Leuten, die geistig krank sind.'" (zit.n. Gutenberg 2001)

Literatur

Abs, H.-J.: Lebensfragen der Wirtschaft. Düsseldorf/Wien 1976.
Becker, I./R. Hauser: Einkommensverteilung und Armut. Frankfurt am Main 1997.
Bourdieu, P.: Gegenfeuer. Wortmeldungen im Dienste des Widerstands gegen die neoliberale Invasion. Konstanz 1998.
Buck, P./J. M. Baumann: Schutz geistigen Eigentums in der Uruguay-Runde des GATT. In: Engels 1994, 131-156.
Butterwegge, Chr./G. Hentges (Hrsg.): Alte und Neue Rechte an den Hochschulen. Münster 1999.
CAP, Centrum für Angewandte Politikforschung: Homepage, http://www.cap.uni-muenchen. de/bertelsmann/english/soe.html (im Juni 2001).
CEO, Corporate Europe Observatory, Amsterdam: Issue No. 5, October 1999, http://www.xs4all.nl/%7Eceo/observer5/ert.html (im Juni 2001).
Dohmen, F.: Medien und Macht. Hamburg 1998.
Engels, B. (Hrsg.): Weiterentwicklung des GATT durch die Uruguay-Runde. Hamburg 1994.
Glunk, F.R. (Hrsg.): Das MAI und die Herrschaft der Konzerne. Die Veränderung der Welt durch das Multilaterale Abkommen über Investitionen. München 1998.
Gutenberg, http://www.gutenberg.aol.de/eckerman/gesprche/gsp3068.htm (im Juni 2001).
Halimi, S.: Die Globalisierer vereinnahmen ihre Gegner. Vom Protest zur Lobby. Le Monde diplomatique (deutsche Ausgabe), April 2001, 3.
Huster, E.-U.: Armut in Europa. Opladen 1996.
Huster, E.-U.: Reichtum in Deutschland. Zweite Auflage Frankfurt am Main 1997.
Liedtke, R.: Wem gehört die Republik? Die Konzerne und ihre Verflechtungen. Frankfurt am Main 2000.
Maunz, Th./G. Dürig u.a.: Grundgesetz. Kommentar (Loseblattsammlung). München (seit 1958).
May, B.: Die Uruguay-Runde (Forschungsinstitut der Deutschen Gesellschaft für Ausw. Politik). Bonn 1994.
Mies, M./C. von Werlhof (Hrsg.): Lizenz zum Plündern. Das Multilaterale Abkommen über Investitionen "MAI". Zweite Auflage Hamburg 1999.

Oppermann, Th./J. Molsberger (eds.): A New GATT for the Nineties and Europe '92. Baden-Baden, 1991.
Ronge, V.: Der Geist des neuen Hochschulgesetzes. Deregulierung und Ökonomisierung (Stellungnahme des Rektors der GHS/Universität Wuppertal zur Novelle eines nordrhein-westfälischen Hochschulgesetzes). In: Forum Wissenschaft (2000) 1, 23-25.
Schöller, O.: „Geistige Orientierung" der Bertelsmann-Stiftung. Beiträge einer deutschen Denkfabrik zur gesellschaftlichen Konstruktion von Wirklichkeit. In: PROKLA 122 (2001) 1, 123-143.
Schui, H./E. Spoo (Hrsg.): Geld ist genug da. Reichtum in Deutschland. Heilbronn 1996.
Senti, R.: GATT – WTO. Die neue Welthandelsordnung nach der Uruguay-Runde. Zürich 1994.
Troebst, St.: Conflict in Kosovo: Failure of Prevention? An Analytical Documentation 1992-1998. European Centre for Minority Issues (ECMI) (Hrsg.). Flensburg 1998.

Alternativen für den Zugang zu Wissen und Informationen

Rainer Rilling

Virale Eigentumsmuster
Über einige Anfechtungen der Hegemonie des Privateigentums

Die Ökonomie des Erdrutsches

Eric Hobsbawm hat in seinem „Zeitalter der Extreme" für die Zeit nach 1973 das Wort vom *Erdrutsch* gefunden: Die Welt taumelte in eine Folge von Krisenjahrzehnten, geprägt von Instabilitäten, Kriegen, Regimezusammenbrüchen und neuen Machtkonstellationen. Mittlerweile gibt es viele Versuche, die globale politische Ökonomie der Zeit des Erdrutsches und des politischen Triumphes des Neoliberalismus zu erfassen. In hohem Maße selbstverständlich und deshalb kaum analysiert ist die ungeheure Dynamisierung des Privateigentums in dieser Zeit, die nach dem Zusammenbruch des realsozialistischen Staatenverbundes auch mit der dramatischen Raumausdehnung des Kapitalismus verknüpft war. Die Privatisierung vormals öffentlichen oder gesellschaftlichen Eigentums, dessen Unveräußerlichkeit kulturell lange außer Frage stand, entfaltet sich seit über drei Jahrzehnten mit konzeptioneller Stärke, ungeahnter Dynamik und hoher Durchsetzungskraft. Neuerdings werden auch überkommenes wie neues Wissen, kulturelle Produkte, Daten, Kommunikationen usw. dem öffentlichen Raum entzogen. Es scheint, als sei das Inventar des gemeinschaftlichen Reichtums nur noch ein historisches Dokument, das nicht mehr weitergeschrieben wird. Die Anschlussfähigkeit an Märkte, die sich in dieser Zeit als Wirkungsvoraussetzung für vordem eigensinnige Praxen in den unterschiedlichsten gesellschaftlichen Bereichen – ob Politik, Wissenschaft, Bildung, Kultur oder Technik – zu etablieren begann, bedeutete zugleich Anschlussfähigkeit an die privaten Formen der Ökonomie und ihre kulturellen Arrangements. Wo es selbstverständlich wurde, die Werte, Normen und Ziele vormals ökonomiefreier oder - ferner Gesellschaftsbereiche mehr oder weniger unter den Vorbehalt ihrer Marktfähigkeit zu stellen, da etablierte sich zugleich eine neue Normalität des Privaten.

Dieser neue Siegeszug des Privateigentums hat viele Gesichter, Akteure, Orte, Rechtfertigungen, Kulturen, Utopien. Im alten Binnenland des Kapitalismus brach das Privateigentum in die traditionellen öffentlichen Räume der klassischen Infrastrukturen (Energie, Wasser, Verkehr,

Bildung) ein und transformierte zugleich in bloß einer Handvoll Jahren die zentrale New Economy der Erdrutschzeit – die aufkommenden netzbasierten Industrien – in das wirtschafts- und industriepolitische Schlüsselprojekt der neuen privaten Massenökonomie. Innerhalb eines Jahrzehnts verankerte es sich tief in der Ökonomie des neuen Internets und fasste so Fuß an den Schalt- und Schnittstellen, über welche diese historisch bisher mächtigste Transaktionstechnologie kontrolliert werden kann.

Die privaten Kerne dieser neuen Technologie der elektronischen allgemeinen Vermittlung der gesellschaftlichen Funktionssysteme, deren innere Ratio auf die nicht endenwollende Verknüpfung von allem aus ist, was digitalisierbar ist, haben sich mittlerweile massiv gepanzert. Ihre Kapitalballungen sind umgeben von frisch angepassten Rechtsregeln (Copyright, Urheberrecht, Warenzeichen, Patente usw.), politischen Allianzen, Institutionen und verwertbaren Alltagsgewohnheiten der Konsumenten (User). In den Worten des Chefs der *Motion Picture Association of America*: „If you can't protect that which you own, then you don't own anything" (vgl. Rilling 2001). In den Zentren der immateriellen Produktion, vor allem der neuen, für die zukünftige Bildungsordnung ausschlaggebenden *Content-* und Wissensordnung, sind das Privatkapital und seine juristisch wie kulturell abgesicherten Maximen privater Verwertung mittlerweile gut platziert.

Noch im 18. Jahrhundert war die Vorstellung äußerst befremdlich, dass es neben dem ‚greifbaren' Eigentum an Land, Gebäuden, Tieren oder Juwelen ein juristisch analog ausgestaltetes, ‚immaterielles' Eigentum geben könnte, das sich auf exklusive Nutzungs- bzw. Verwertungsrechte an Bildern, Texten, Melodien oder technischen Erfindungen bezieht (Geser 1999). Im 19. Jahrhundert wurde das juristische Instrumentarium zur Absicherung des Warencharakters ideeller Produkte (Patente, Urheberrecht, Warenzeichen usw.) zur Reife gebracht, und im 20. Jahrhundert wurden mit seiner Hilfe weite Sektoren der immateriellen Produktion kommodifiziert. Eine Reihe klassischer Staatsaufgaben (Bildung, Grundlagenforschung, Verkehr) blieb als öffentliche Güter der unmittelbaren privaten Verwertung entzogen. Seit ungefähr 20 Jahren jedoch wird das gesamte Feld der Produktion, Zirkulation und Verteilung immaterieller Güter (einschließlich des Bildungswesens) einem neuen Kommodifizierungsschub unterworfen. Dabei geht es auch um die Einschränkung von Möglichkeiten: Zum Beispiel hat ein öffentlich-rechtliches Fernsehen, das sein Budget weitgehend für Fußballübertragungsrechte einsetzen muß, keinen Spielraum mehr für Alternativen.

Anfechtungen

Die aktuell bestehende Hegemonie des Privaten und des Privateigentums ist jedoch keineswegs unumstritten und unangefochten. Wer die neue Dynamik des Privaten im Raum der Bildung analysiert und kritisiert, sollte die gegenstehenden und gegenläufigen Prozesse, die Entwicklungswidersprüche nicht ignorieren. Zur politischen Ökonomie des Erdrutsches gehört eben auch ein wildes Muster der Ungleichzeitigkeiten und neuen Konflikte, der Kämpfe um die Revitalisierung alter Ideen des Öffentlichen, der Gemeinschaftlichkeit, des Gemeineigentums und des Allgemeinen als Referenz ökonomischen Handelns. Diese Realitäten und Optionen stehen in den Traditionen der *res publicae* und *res communes*, der *Allmende* und des *Gemeineigentums*, des *Commonwealth,* der *Commons* und *Cooperatives* oder der *public domain* und der öffentlichen *Treuhänderschaft*. In ihren radikalen Varianten zielen sie auf die *res extra commercium,* also die Überwindung der Kommodifizierung und die soziale Konstruktion einer Unveräußerlichkeit der Güter. Um welche Anfechtungen der Hegemonie des Privaten geht es?

Die funktionelle Veränderung des Privaten

Wo in der Gesellschaft und ihrer Ökonomie bislang öffentliche, aufs *Allgemeine* zielenden Funktionen privatisiert werden, wirkt dies auf das, was „privat" ist, selbst zurück. Privateigentum, einmal etabliert, hört nicht auf, sich zu verändern – auch wenn die Privateigentümer sich selbstverständlich als *Ende der Geschichte* (sie meinen natürlich: als ihren unübertrefflichen Höhepunkt) darstellen und das Privateigentumsverhältnis als unveränderbar, als ewig deklarieren wollen. Eine private Neuorganisation der alten und neuen gesellschaftlichen Infrastruktur – der allgemeinen Bedingungen der Produktion – ist ohne eine Veränderung des Privaten nicht zu machen: So wird seine Diskriminierungskraft (also die Kontrolle der Unterscheidung zwischen privat/nicht-privat, der Grenzen des Privateigentums und damit die Entscheidungsfähigkeit über Inklusion oder Exklusion) relativiert und abgeschwächt. Das bedeutet nichts weniger, als dass damit auch die traditionell aus dem Privateigentumsverhältnis begründeten Ansprüche auf Nutzung und Verwertungssouveränität relativiert werden (Leibinger 2001).

Die Wirkung der Zeit auf die Eigentumsverhältnisse

Alter hinterlässt Spuren an den Eigentumsverhältnissen. Einiges – etwa ein Fossil, ein historisches Dokument, ein Platz wie Stonehenge, historische Güter, Antiquitäten, manche Kunstwerke, historische Gebäude, Landschaften – wird ungeachtet seiner formellen Eigentumsverfassung als inhärent gemeinschaftliches Eigentum angesehen und kulturell entsprechend definiert. Bestimmte Normen gelten hier: Es ist als Original zu erhalten, und Zugänge dazu für die Allgemeinheit oder auch mehr oder weniger uneingeschränkte Formen des Gebrauchs und der Nutzung sind zu sichern. Die in der formellen Eigentumsverfassung begründeten Verfügungsrechte werden insofern eingeschränkt. Natürlich werden solche Normen ständig verletzt; so hielt eine französische Familie fast ein Jahrzehnt lang ein Manuskript aus dem zehnten Jahrhundert unzugänglich, welches zwei der berühmtesten Wissenschaftstexte von Archimedes enthielt. Schließlich gehören Kontrolle und Proprietarisierung der *Zeit* durch Privatisierung der Dinge, die diese auf besondere und seltene Weise repräsentieren, zu den ertragreichsten Modi Exklusivität begründenden Eigentums. Dennoch wird jeder beliebige Eigentümer eines *Empire State Building* oder eines Eiffelturms solche historischen Artefakte weder abreißen noch substantiell verändern oder den Zugang zu ihnen versperren können. Sie sind Bestandteile des öffentlichen Raums als eines sozialen und kulturellen Orts, der von seiner juristischen Definition und ökonomischen Existenz unterschieden ist und als Medium bzw. Gegenstand der Identitätsbildung der Gesellschaft existiert.

Hier geht es vor allem um gemeinsame kulturelle Güter als ästhetische Exemplifizierungen einer immer schon allgemein-sozialen Lebensweise, um Artefakte und ihre räumlichen Kontexte, die von jedermann angeeignet werden können und die das Ergebnis der Pluralität der Menschen sind (Arendt). Vor allem die Möglichkeit zur Herstellung von *Unzugänglichkeit* und damit die Grenzkontrolle als zentrale *assets* der Privateigentumsbeziehung werden hier untergraben, eingeschränkt oder sogar aufgehoben. Diese ständige Irritation des Privaten baut sich in der Zeit auf, als zwingendes Ergebnis des geschichtlichen Handelns der Menschen und ihres Bewusstseins davon.

Das Staatseigentum als Nothelfer

Der Vorrat an *staatlich* arrangierten gesellschaftlichen, ökonomischen und natürlichen Ressourcen ist immer noch groß und vielfältig. Dass es außerordentlich schwierig ist, seinen Umfang und ökonomischen Wert exakt zu bestimmen, zeigt im Grundsatz, dass er in der gesellschaftlichen Rechnungsführung des Kapitalismus ein externer Faktor ist, der in der Regel nur dann kalkuliert wird, wenn es um seine Privatisierung geht. *Staatliche* oder *öffentliche* Bereitstellungen von Grundgütern des gesellschaftlichen Bedarfs – Nahrung, Wohnen, Mobilität, Gesundheit, Energie, Kommunikation, Bildung, Erholung, Sicherheit usw. – in *Privateigentumsverhältnisse* und darüber arrangierte Regulierungsformen zu überführen, ist zwar prinzipiell möglich, da es keine *logische* Schranke der Privatisierung gibt. Historisch konkret stößt ein solcher Umbau jedoch immer wieder auf soziale und politisch-kulturelle, aber auch ökonomische Schranken. Weiterhin sind große gesellschaftliche Gruppen auf die öffentliche Bereitstellung dieser Güter angewiesen und versuchen, gemeinschaftlich ihre Positionen der Benachteiligung und Unterlegenheit auszugleichen und zu überwinden.

Die globalen öffentlichen Güter

Die Neuentdeckung der Ökologie in den 70er Jahren erneuerte im Konzept der *globalen Gemeinschaftsgüter* die Theorie der *öffentlichen Güter* (public goods) und zugleich die Idee der Common Pool Resources (CPR) bzw. der Analyse damit verbundener Eigentumsregimes wie beispielsweise des Gemeineigentums (common property). Die systematische Formulierung der Theorie der öffentlichen Güter wurde 1954 mit Paul Samuelson relevant und in den 60er und 70er Jahren vor allem von Mancur Olsen (1965) fortgesetzt. In den 90er Jahren wurde diese Theorie auf die globalen Probleme übertragen (global public goods). Hier geht es um global relevante Güter – eingeschlossen sind hierbei auch Werte wie Frieden oder Gerechtigkeit –, die der Markt nicht bereitstellen kann. Zu solchen Gütern (oder öfters: zu den globalen Commons) gehören vor allem Ressourcen des gemeinsamen Menschheitserbes („common heritage of mankind") wie die Hoch- und Tiefsee, der Weltraum, die Atmosphäre, Teile der Antarktis oder der Regenwälder, die allen Nationen nützlich sind, niemandem besonderen gehören und deren Nutzung (was freilich auch heißt: gemeinsame Verwertung und Ausbeutung) nach der zugrundeliegenden normativen Vorstellung innerhalb einer Nutzergruppe, z.B. zwischen Staaten zu teilen sei (Clancy 1999; Kaul u.a. 1999).

Die New Commons

Eine zweite Traditionslinie, die nicht mit der klassischen Gemeinwohldebatte oder der Frage nach der *guten Gesellschaft* zu verwechseln ist, entstand mit den Beiträgen von Gordon (1954) und Scott (1955). Sie setzten eine erste ökonomische Diskussion um die Common Pool Resources (CPR) in Gang, wobei es im Wesentlichen um natürliche Ressourcen und ihre Nutzung ging (Landwirtschaft, Wälder, Fischgründe, Wasser, Tierwelt, Weideländer). Diese Diskussion setzte sich im neu entstehenden ökologischen Diskurs in den späten 60er Jahren vor allem mit Garrett Hardins einflussreichem Aufsatz *The Tragedy of the Commons* (1968) und der Kritik daran fort. Autoren wie Ostrom (1990), die die Frage nach der Rolle gemeinschaftlicher bzw. geteilter Naturressourcen in der Folgezeit vertieften, verknüpften unterschiedliche disziplinäre Ansätze und standen bereits für die breite Anwendung dieses Konzepts auf die Entwicklungsländer. Mittlerweile liegen tausende theoretischer und experimenteller Analysen und Fallstudien zum Thema CPR vor, vor allem im englischsprachigen Raum und in Entwicklungsländern (vgl. Hess 2000, 6).

In den neunziger Jahren ging es nicht mehr nur um Naturgüter oder Landrechte – nun wurden städtische Räume oder Straßen, Volksmusik, Müll, Car-Sharing, das Internet, Autobahnen, Staatshaushalte, Radio, ehemalige Militärbasen, der menschliche Genpool oder Sport unter der Überschrift der *New Commons* verhandelt. „Reinventing des Commons" war das Thema der 5. Tagung der *International Association for the Study of Common Property* (IASCP) in Norwegen. Zur Debatte stand, „wie und warum Einrichtungen, die Gemeineigentum sind, Ressourcen auf eine gerechte und nachhaltige Weise verwalten können" (Berge 1995). Zugangskontrolle, Regulierung der Aneignung, Nutzung und Betreuung von Anlagen und Ressourcen des Gemeineigentums, Entscheidungsgewalt, Kooperations- und Konfliktarrangements sind die Schlüsselfragen – gleichgültig, ob aus dem Gebrauch des Gemeineigentums Einkommen entsteht (wie z.B. in der Fischerei) oder ob es um unmittelbare Dienstleistungen geht (z.B. Bereitstellung von Straßen, Netzen; Entsorgung). Hier wird vor allem auch darauf reagiert, dass sich im Produktions- und Verteilfeld der zentralen Arbeitstechnologie der New Economy, nämlich der Software, eine neue Dynamik nicht privatförmiger Eigentumsenklaven entwickelt hat.

Deren Kultur folgt dezidiert *nicht* den Maximen des Privaten, d.h. Recht auf Verfügungs-, Nutzungs- und Zugangskontrolle und damit Schließung (Exklusion) statt Offenheit und Zugang (Access) – also der Praxis der Konstruktion und Sicherung von Knappheit und Seltenheit. Auf exklusive Bearbeitungs-, Kopier- und Distributionsrechte (die den

Kern der Urheberrechts-, Copyright- oder Patentregelungen bilden) wird dabei verzichtet, weshalb die Kontrahenten dieser Bewegung die rechtliche Absicherung dieses Verzichts auf privateigentümliche Regelungen, die General Public Licence (GPL), zu Recht als „intellectual-property destroyer" charakterisieren (so James Allchin, bei Microsoft verantwortlich für Betriebssysteme, *The Economist* vom 12.4. 2001).

Ins Blickfeld gerät das Internet als zentrales *digital commons*. Die Frage nach der Möglichkeit einer gerechten und nachhaltigen Regelung gemeinsamer Angelegenheiten unter den Bedingungen gemeinschaftlichen Eigentums akzeptiert also die verbreitete Annahme nicht, wonach durch dieses Medium weder gerechte Aneignung noch nachhaltige Ressourcensicherung gewährleistet werden könnten. Sie steht auch für den Versuch, Hardins einflussreiche pessimistische Voraussage einer *Tragedy of the Commons* zu kritisieren. Hardins These war, dass frei zugängliche und verfügbare Ressourcen – zum Beispiel Weideland oder Fischressourcen – mit der Zeit verfallen:

„The tragedy of the commons develops in this way. Picture a pasture open to all. It is to be expected that each herdsman will try to keep as many cattle as possible on the commons... As a rational being, each herdsman seeks to maximize his gain. Explicitly or implicitly, more or less consciously, he asks, 'What is the utility to me of adding one more animal to my herd?' This utility has one negative and one positive component.

1. The positive component is a function of the increment of one animal. Since the herdsman receives all the proceeds from the sale of the additional animal, the positive utility is nearly +1.
2. The negative component is a function of the additional overgrazing created by one more animal. Since, however, the effects of overgrazing are shared by all the herdsmen, the negative utility for any particular decision-making herdsman is only a fraction of -1.

Adding together the component partial utilities, the rational herdsman concludes that the only sensible course for him to pursue is to add another animal to his herd. And another; and another... But this is the conclusion reached by each and every rational herdsman sharing a commons. Therein is the tragedy. Each man is locked into a system that compels him to increase his herd without limit – in a world that is limited. Ruin is the destination to which all men rush, each pursuing his own interest in a society that believes in the freedom of the commons. Freedom in a commons brings ruin to all." (Hardin 1968)

Nach Hardin bleibt also der Zugewinn durch individuelle Nutzungsausweitung – will sagen: durch maximale Ausbeutung – beim Einzelnen, die Kosten der wachsenden Nutzung aber werden allen auferlegt. Es gebe also unter den Bedingungen einer allgemein zugänglichen und nutzbaren Ressource (was keineswegs gemeinsames Eigentum an dieser Ressource bedingt) einen Anreiz für individuelle Überausbeutung dieser Ressource. Als Lösungen des Dilemmas werden angesehen: die Regulierung durch eine Disziplin der Selbstbeschränkung oder die Ermöglichung von Ausschluss durch Bildung von Privateigentum.

Hardin entwickelte hier übrigens ein paralleles Argument zu der klassischen These, dass es eine Tendenz zur strukturellen Unterversorgung mit öffentlichen Gütern gebe, da es für Einzelakteure meist die beste und rationalste Strategie bedeute, andere diese Güter bereitstellen zu lassen und sie dann kostenlos zu genießen: Solche Güter haben die doppelte Eigenschaft der Nichtausschließbarkeit und Nichtrivalität im Konsum. Nichtausschließbarkeit meint, dass Güter wie zum Beispiel ein Feuerwerk oder Straßenbeleuchtung, Parks oder Leuchttürme, sind sie erst einmal vorhanden, nur mit hohem Aufwand oder überhaupt nicht der Allgemeinheit vorenthalten werden können. Es sind in der Regel *open-access-regimes*. Das bedeutet, dass die Nutzung eines Gutes nicht über Geld geregelt werden kann, weil eine bezahlte Nutzung entweder extrem teuer oder technisch unmöglich ist. Nichtrivalität meint, dass der Konsum eines Nutzers den Konsum anderer Nutzer nicht tangiert und der Nutzen des Gutes nicht von der Zahl der Nutzer abhängt. Daher gibt es kein Motiv, ein solches Gut auf den Markt zu bringen, weil alle anderen dieses Gut ohne Zahlung eines Entgelts nutzen können, also Trittbrettfahrer sind. Daraus resultiert tendenziell Unterversorgung.

Bei Hardin ist soziales Handeln nur das Resultat eines binären Kosten-Nutzen-Kalküls individueller Akteure. Andere Handlungsmotive werden ebenso ignoriert wie die wirkliche Vielfalt historischer Prozesse, welche auf eine einlinig zweckrationale Dimension reduziert wird, wonach Gesellschaft nur als Summe kalkulierter Individualhandlungen angesehen werden kann. Die Ressourcen von Hardins Modellwelt sind begrenzt („a world that is limited"), und aus der Endlichkeit oder Knappheit der physischen Ressourcen (Güter) ergibt sich, dass der Verbrauch des einen die Nutzung des anderen begrenzt.

Dieser Sachverhalt nun gilt für den Bereich der ideellen Produktion und Güter nicht, denn sie werden auch bei mehrfacher Nutzung nicht verbraucht: Es gibt keinen erschöpflichen Nutzensvorrat (David 2000; Vaver 1999). Im Falle des Internets etwa, das auch als ein faktisch unbegrenztes Kopiersystem begriffen werden kann, gibt es keinerlei Verknappung der vorhandenen Informationsmenge durch deren Konsumption; aus einem Informationspool entnommene Informationen werden geteilt und müssen nicht ersetzt werden. Der vorhandene Informationsvorrat wird dadurch nicht vermindert, im Gegenteil: Der Wert einer Netzwerkverbindung hängt von der Anzahl der bereits vernetzten Teilnehmer ab. Dann ist es nicht mehr die Knappheit, sondern die Verbreitung und damit der Überfluss, welche den Wert eines Gutes bestimmen. Das gemeinsame Teilen von Wissen erzeugt mehr Wissen (Multiplikatoreffekt) – die *comedy of the commons* (Carol Rose). Es gibt also insofern keine Tragödie der digitalen Gemeingüter, denn die Intensität der

Nutzung („Übernutzung") und das Maß der Verbreitung sind hier belanglos.
 Knappheit muss – wie im Falle der immateriellen Produktion insgesamt – demnach artifiziell hergestellt und ständig neu durch juristische Formen (Patente, Copyright, Warenzeichen, Kopierverbote) oder Geheimhaltung gesichert werden. Da die Grenzkosten der Reproduktion immaterieller Güter extrem gering sind und nicht steigen, sinken die Durchschnittskosten der Produktion mit wachsender Verbreitung rapide, so dass eine erfolgreiche Proprietarisierung hohen Gewinn verspricht. Die Sicherung durch Recht und somit durch staatlichen, außerökonomischen Zwang ist deshalb von ganz entscheidender Bedeutung für die strategische Einbindung auch der *New Commons* in die *New Commodification*. Dies erfordert übrigens eine präzise Identifikation jeder Person, die gegen die Garantien der Knappheit verstößt – hier ist der innere Zusammenhang zwischen der Kommerzialisierung des Internets und der aktuellen Politik der Identifizierung und Authentifizierung der Netznutzer durch digitale Signatur, Überwachungssysteme wie Echelon oder weitgehende Protokollierungspflichten der Provider (Barbrook 2000).

Enclosing Microsoft!

Nicht umsonst also der scharfe Kommentar des Vizepräsidenten der Firma Microsoft, Craig Mundie, zur General Public Licencse (GPL), die eine private Proprietarisierung so lizensierter Software verhindert: „This viral aspect of the G.P.L. poses a threat to the intellectual property of any organization making use of it" (New York Times vom 3.05. 2001). Die hier ungewöhnlich aggressiv angegangene rechtliche Absicherung der freien Software ist nur ein Aspekt einer alternativen Eigentumspolitik. Mundie sieht zu Recht eine Strategie, die „community, standards, business model, investment and licensing model" umfasse (ebd.).
 Mittlerweile ist der Konflikt um freie Software bzw. *open source* in das eigentums-, industrie- und rechtspolitische Zentrum der New Economy eingerückt. Die Auseinandersetzung findet dabei auf den unterschiedlichsten Ebenen statt, und ihre Schauplätze lassen sich über den Globus verstreut ausmachen. In den 90er Jahren dominierte noch fast uneingeschränkt der Diskurs einer Einhegungsbewegung (*enclosure movement*), welche nach und nach ehedem offene Daten- und Informationsräume in private Nutzungs-, Verfügungs- und Aneignungszusammenhänge transferieren und eine sehr einfache Erwartung in den Köpfen verankern wollte: dass Informationen oder generell die Resultate geistiger Arbeit jemandem gehören und sie durch einen Eigentümer kontrolliert werden,

der das Recht hat, alle andere von ihrem Gebrauch auszuschließen (ausführlich Benkler 1999, 2001, 2002; Bollier, 2001).

Die Dominanz dieses Diskurses und auch, wenigstens in ersten Ansätzen, der damit verknüpften Politik ist mittlerweile deutlich geschwächt, auch wenn beim weltweit mächtigsten Akteur auf dem Feld des *private intellectual property* über dessen potentielle Einhegung selbstredend weiter nachgedacht wird. Die damit verbundenen Auseinandersetzungen sind unter eigentumspolitischer Perspektive bemerkenswert, weil keine der neuen Großtechniken des 20. Jahrhunderts das Problem einer alternativen Vergesellschaftungsform an zentraler Stelle aufgeworfen hatte. Dies hat sich mittlerweile dramatisch geändert. Es gibt kein unumstrittenes eigentumspolitisches Paradigma der New Economy mehr, und die Konflikte, die sich hier entwickeln, beziehen sich auch auf andere Auseinandersetzungen, die ebenfalls eigentumspolitische Dimensionen haben.

Genau dieser Zusammenhang macht das Konzept der *Commons* theoriepolitisch spannend. Seine begriffspolitische Reichweite macht es zum ersten Kandidaten für die Entwicklung alternativer Positionen zum hegemonialen Diskurs des Privateigentums – oder, in den Worten Mundies – zum Virus mit hohem Verbreitungspotential. *Commons* meint *Öffentlichkeit*, die auf dem Diskurs von Privateigentümern aufbauen kann; es meint *öffentlichen Raum* (Public Space), den zu unterschiedlichen Zwecken zu betreten und zu nutzen jede/r das gleich Recht hat; es meint *Public Domain* (als handlungs- und damit nutzungsoffenen Raum, der nicht durch juristische Formen wie das Copyright geschützt ist, welches in der Rechtssprechung freilich oftmals nur als unbestimmte Residualkategorie behandelt wird); es meint *öffentliche Güter, Gemeinschaftsressourcen, Netzwerkgüter* oder *Geschenkökonomien*; es meint *gemeinsame governance, Nutzung* oder *Aneignung* auf der Basis von Gemeineigentum und anderen Eigentumsformen; es meint endlich eine Kultur und Ökonomie des *communi-care*, des *gemeinsam Machens, Teilens, Mit-teilens*. Das Konzept steht für vielfältige Facetten einer anderen Ökonomie und Kultur als die neue Privatökonomie der neoliberalen Zeit des Erdrutsches sie vorsieht.

Welchen Raum es durch eine flexible und lernfähige Verknüpfung des Spektrums alternativer Eigentumspolitiken gewinnen kann, wird über die zukünftige Bildungsverfassung entscheiden.

Literatur

Barbrook, R.: The Regulation of Liberty: free speech, free trade and free gifts on the Net (2000) www.cl.cam.ac.uk/CODE/texts/barbrook.html

Benkler, Y.: The Battle over the Institutional Ecosystem in the Digital Environment, in: Communications of the ACM 44 (2001), No. 2 S. 84-90, http://www.law.nyu.edu/benklery/CACM.pdf

Benkler, Y.: Intellectual Property and the Organization of Information Production. http://www.law.nyu.edu/benklery/IP&Organization.pdf

Benkler, Y.: Free as the Air to Common use... First Amendment Constraints on Enclosure of the Public Domaine. In: New York University Law Review (21) 1999 Nr. 2, http://www.nyu.edu/pages/lawreview/74/2/benkler.pdf

Benkler, Y.: Siren Songs and Amish Children: Autonomy, Information, and Law. In: New York University Law Review 23 (2001) No.1, http://www.nyu.edu/pages/ lawreview/76/1/benkler.pdf

Berge, E.: A Prolegomena to 'Reinventing the Commons'. Bodoe 1995

Bollier, D.: Public Assets, Private Profits. Reclaiming the American Commons in an Age of Market Enclosure Washington 2001-03-17

Clancy, E.A.: The Tragedy of the Global Commons, Indiana University 1999, www.law.indiana.edu/glsj/vol5/no2/12clancy.html

David, P.A: A Tragedy of the public knowledge „commons"? Global Science, Intellectual Property and the Digital Technology Commons, Oxford 10.9.2000, http://siepr.stanford.edu/papers/pdf/00-02.pdf

Geser, H.: Copyright oder Copy left? Prekäre immaterielle Eigentumsverhältnisse im Cyberspace, 1999, http://socio.ch/intcom/t_hgeser08.htm

Gordon, H. S.: The Economic Theory of a Common-Property Resource: The Fishery. In: Journal of Political Economy 62 (1954), 124-142.

Hardin, G.: The Tragedy of the Commons. In: Science 162 (1968), 1243-1248, http://dieoff.org/page95.htm

Hess, Ch.: Is There Anything New Under the Sun? A Discussion and Survey of Studies on New Commons and the Internet. Bloomington (Indiana) 2000, http://129.79.82.27/IASCP/Papers/hessc042400.pdf

Hobsbawm, E.: Das Zeitalter der Extreme. München Wien 1995, S. 503ff.

Kaul, K./Grunberg, I./Stern, M.A. (Hrsg.): Globale öffentliche Güter (public goods). Veröffentlicht für das Entwicklungsprogramm der Vereinten Nationen (United Nations Development Programme) New York, Oxford 1999, http://www.undp.org/globalpublicgoods/

Leibinger, J.: Die Eigentumsfrage im Kapitalismus des 21. Jahrhunderts. In: utopiekreativ 127 (2001)

Olson, M.: The Logic of Collective Action: Public Goods and the Theory of Groups. Cambridge 1965

Ostrom, E.: Governing the commons. The evolution of institutions for collective action. New York 1990

Rilling, R.: Eine Bemerkung zur Rolle des Internets im Kapitalismus. In: Hans-Jürgen Bieling u.a.: Flexibler Kapitalismus. Hamburg 2001, http://www.rainer-rilling.de/texte/kapitalismus.htm

Scott, A. D.: The Fishery: The Objectives of Sole Ownership. In: Journal of Political Economy 65 (1955), 116-124.

Vaver, D.: Intellectual Property: Where's the World Going? Oxford Intellectual Property Research Centre, Seminar Papers S 01/99, http://www.oiprc.ox.ac.uk/Seminar0199.html

Sämtliche Netzquellen wurden am 8.7.2001 überprüft.

H. J. Krysmanski

Cyber-Genossenschaften oder: Die Assoziation freier Produzenten

Bildung bezieht sich auf Forschung und Lehre, geht dem geistigen Produktionsprozess voraus und nach. Bildung bezieht sich auf gesellschaftliche ‚Totalität', deren Denkbarkeit sie ermöglicht. Bildung befähigt zum Bestehen im ‚Ganzen' im Sinne des Überlebens, des Widerstands und der Entfaltung. Insofern gehört es zum Bildungsauftrag, sich *nicht* vorstellen zu können, dass ‚der Kapitalismus' oder gar eine ‚neuzeitliche Eigentumsgesellschaft' (Heinsohn/Steiger) das ‚Ganze' sei. Dennoch sind die totalitären Profitoperationen der ‚Globalisierung' der Einstiegspunkt für jeden Bildungsprozess: der Beginn eines ‚cognitive mapping' (Jameson), an dessen Ende ein neuer Begriff von gesellschaftlicher Totalität stehen könnte. Es gibt Hoffnung. Der Kapitalismus war nie die ganze Ökonomie, war nie in der Lage, die ganze Produktivität der Menschen unter sein Kommando zu bringen. Aber bei Gott, er versucht es. Und im neuesten Schub der Produktionsmittelentwicklung – der kybernetisch-,algorithmischen' Revolution – sieht er seine Chance, die Sache zu Ende zu bringen.

Im Folgenden möchte ich die kybernetische Revolution mit einer alten ökonomischen Kooperationsform in Verbindung bringen, mit der Genossenschaft oder Co-operative. Kybernetik ist eine angewandte Theorie zur Kontrolle komplexer Systeme, sowohl menschlicher als auch elektronisch-mechanischer Systeme. Kybernetik impliziert konstante ‚Beobachtung' und ‚Rückkoppelung'. Algorithmen sind systematische Verfahren, die in komplexen System in einer bestimmten Zahl von Schritten zu Problemlösungen führen. Die kybernetisch-algorithmische Revolution basiert auf der ungeheuren Beschleunigung solcher Operationen durch die digitale Computertechnik. Der Begriff Genossenschaft meint Erinnerungen an Vergesellschaftungsformen der Frühgeschichte, an Alternativformen wie klösterliche Gemeinschaften oder Hippie-Kommunen, aber selbstverständlich auch: Bezug zu kapitalistischem bzw. sozialistischem Kollektiveigentum und letztlich: die Aufhebung der Trennung zwischen Arbeitskraftbesitz und Produktionsmittelbesitz. Und Genossenschaft impliziert auch die Möglichkeit solidarischer Vergesellschaftungsprozesse auf höchster technischer Stufenleiter.

Die kybernetische Produktionsmittelentwicklung ist im Schoße des Kapitalismus entstanden. Im Realsozialismus wurde viel darüber geredet, aber wenig dafür getan. Heute wollen die neo-liberalen Ideologen aus dem Silicon Valley und ihre hiesigen Nachbeter mithilfe der Kybernetik die Moderne, wie sie sie verstehen, ,vollenden'. Doch die Modernisierungsideologie hängt an den Fortschrittsvisionen des 19. Jahrhunderts und hat wenig mit dem Wesen der Kybernetik zu tun. Deshalb gleichen die Neo-Liberalen letztlich ihren Antagonisten der letzten Jahrzehnte: den Stalinisten. Darauf hat schon Immanuel Wallerstein hingewiesen. Jetzt liefert Richard Barbrook ein schönes Vergleichstableau:

Stalinist communism	*California ideology*
vanguard party	Digerati
The Five-Year Plan	The New Paradigm
boy meets tractor	nerd meets Net
Third International	Third Wave
Moscow	Silicon Valley
Pravda	Wired
party line	unique thought
Soviet democracy	electronic town halls
Lysenkoism	memetics
society as factory	society-as-hive
New Soviet Man	post-humans
Stakhanovite norm busting	overworked contract labor
Purges	downsizing
Russian nationalism	California chauvinism

Hier werden Stalinismus und kapitalistische Moderne zu ihrer eigenen Karikatur. Doch dies ist nur die bunte Oberfläche. Wir müssen für unser Thema hinter die Kulissen schauen. „Die Konsumtion der Arbeitskraft, gleich der Konsumtion jeder anderen Ware, vollzieht sich außerhalb des Marktes oder der Zirkulationssphäre. Diese geräuschvolle, auf der Oberfläche hausende und aller Augen zugängliche Sphäre verlassen wird daher, zusammen mit Geldbesitzer und Arbeitskraftbesitzer, um beiden nachzufolgen in die verborgene Stätte der Produktion, an deren Schwelle zu lesen steht: No admittance except on business." (Das Kapital Bd. 1, MEW, 189) Von Arbeitskraft und Produktionsmitteln, von Produktivkräften und – in Maßen – von Produktionsverhältnissen, Produktionsweisen und Überbauten wird also die Rede sein.

Vor ein paar Jahren, 1996, inszenierte das Berliner Ensemble eine Veranstaltungsreihe mit dem schönen Titel ,Kapitalschulung'. In der ersten Folge referierte der Soziologe und Luhmann-Schüler Dirk Baecker

Cyber-Genossenschaften oder: Die Assoziation freier Produzenten 317

Thesen aus seinem Buch ‚Postheroisches Management'. Inzwischen ist Baecker Inhaber des ‚Reinhard-Mohn-Lehrstuhls für Unternehmensführung, Wirtschaftsethik und gesellschaftlichen Wandel, insbesondere Unternehmenskultur' an der privaten Universität Witten/Herdecke. Damals wollte sich das Berliner Ensemble der ‚paradoxen Frage' stellen: Wie kann man mit marktwirtschaftlichen Mitteln die ruinösen Folgen der Anwendung marktwirtschaftlicher Mittel bekämpfen? Ja, wie?

Jeremy Rifkin hat ein neues Buch geschrieben. Es trägt im Amerikanischen den angemessen komplizierten Titel ‚Das Zeitalter des Zugriffs: Die neue Kultur des Hyperkapitalismus, die das Leben zu einer rundum zahlungspflichtigen Erfahrung macht'. Der Kapitalismus der transnationalen Konzerne verwandelt, so Rifkin, die gesamte menschliche Lebenszeit in eine Ware, er will nicht nur unsere Arbeitszeit, er will auch unsere Freizeit, und unseren Tiefschlaf dazu. Er will uns unsere Tage und Nächte abkaufen, im Paket, möglichst billig, und will sie uns zurückverkaufen, portionenweise, möglichst teuer. Das ist die glänzende Idee der totalen, globalen Mehrwertproduktion. Und dieser Kapitalismus der transnationalen Konzerne ist, um dieses Missverständnis gleich auszuräumen, nicht anonym, nicht subjektlos – wie uns die Luhmannianer weismachen wollen. Nein: es entsteht eine transnationale Kapitalistenklasse, eine herrschende globale Elite, im Verhältnis zur Weltbevölkerung kleiner, im Vergleich zu früheren Herrschaftsverhältnissen mächtiger als jede herrschende Klasse zuvor. Diese neue herrschende Klasse hängt an der kybernetisch-algorithmischen Produktionsmittelentwicklung wie der Vampir an der Kehle Gaias. Was tun?

Zunächst muss man den Mechanismus kennen. „AOL-Time Warner, Disney, Viacom and Sony Corp.", sagt Jeremy Rifkin, „sind nicht nur Medienkonzerne, sie sind die globalen Kontrolleure des Zugangs zu einem riesigen Spektrum kultureller Erfahrungen, einschliesslich des globalen Tourismus, von Themenparks, Unterhaltungszentren, Gesundheitsgeschäft, Mode und Cuisine, Sport und Spielen, Musik, Film, Fernsehen, Buchverlagen und Zeitschriften. Die Reise des Kapitalismus endet mit der Umwandlung der menschlichen Natur in eine Warenwelt. Transnationale Medienkonzerne samt weltumspannenden Kommunikationsnetzen schürfen die kulturellen Ressourcen in jedem Winkel der Welt und verpacken sie zu Kulturwaren und Unterhaltungsgütern. Die oberen 20 Prozent der Weltbevölkerung geben heute fast so viel ihres Einkommens für derartige ‚kulturelle Erfahrungen' aus wie für gewerbliche Güter und Basisdienstleistungen. Dadurch, dass sie die Kanäle kontrollieren, auf denen die Menschen miteinander kommunizieren, und dadurch, dass sie die Inhalte formen, die gefilmt, gesendet oder ins Internet plaziert werden, können Konzerne wie AOL-Time Warner die Erfahrungen von Menschen überall auf der Welt gestalten. Diese Art der überwältigenden Kontrolle menschlicher Kommunikation ist beispiellos in der Geschichte."(Rifkin 2000b).

Unsere Gesellschaft und mit ihr das höhere Bildungssystem durchläuft einen epochalen Wandel. Das sagen alle und beispielsweise auch ein von Bertelsmann bezahlter ‚Expertenkreis Hochschulentwicklung durch neue Medien'. Die neuen Informations- und Kommunikationstechnologien erzeugen ‚die globale Wissensgesellschaft'. „Das Wissen", schreibt der Expertenkreis,"wird integraler Teil des industriellen Prozesses. Und solch ein Teil wird das Wissen durch die neuen Informations- und Kommunikationstechnologien." *In Wirklichkeit aber ist die Sache genau umgekehrt*: nicht die Informations- und Kommunikationstechnologien haben ‚das Wissen' zu einem ‚integralen Teil des industriellen Prozesses' gemacht, sondern ‚Wissensproduzenten' haben Informations- und Kommunikationstechnologien entwickelt, die heute Teil des industrie-kapitalistischen Prozesses sind. Die Verknüpfung der IuK-Technologien mit der Industrie ist *ihrerseits* nichts als ein Moment des allgemeinen menschlichen Wissensprozesses, der seinerseits weit über die Interessen der Industrie- und Finanzkonzerne hinausreicht. Aber wo die Macht ist, muss bekanntlich nicht argumentiert werden.

An dieser Stelle helfen der Blick in die ‚verborgene Stätte der Produktion' weiter und die Begriffe Arbeitskraft, Produktionsmittel, Produktivkräfte, Produktionsverhältnisse. Es wäre aber zuvor auch nützlich, über Technikkultur zu reflektieren. Dazu fehlt die Zeit. Nur so viel vielleicht: AOL und Microsoft und auch Time Warner und Disney haben eine Vor- und Nebengeschichte in der alternativen Basis-Kultur ihres Landes, aus der entscheidende technikkulturelle Impulse kamen, etwa hinsichtlich des PCs oder der zivilen Nutzung der Netze. In der Bundesrepublik dagegen findet die Förderung der IuK-Technologien etatistisch-monopolistisch – von oben – statt, als enge Elitenführung, ästhetisch depraviert, geprägt von einer Heidenangst vor allen Formen von grassroots-Bewegungen. Auch die USA sind natürlich kein Rosengarten. Dort ist es leider gelungen, den Alternativbewegungen als einziges Ventil das Internet anzudienen und Softwareentwicklung als den Königsweg der Selbstverwirklichung zu etablieren. Dennoch: dieses technikkulturelle Umfeld erlaubt Fragen nach den tätigen, handelnden, produzierenden Subjekten in der kybernetisch-algorithmischen Kulturrevolution, die weit über die *California ideology* hinausgehen. In den verborgenen Stätten der Produktion aber entwickelt sich ein neues Paradigma um ‚Produktivkraftentwicklung und Subjektivität', um den Weg vom ‚eindimensionalen Menschen zur unbeschränkt entfalteten Individualität'. So jedenfalls sieht es der ‚kritische Informatiker' Stefan Meretz.

Cyber-Genossenschaften oder: Die Assoziation freier Produzenten

‚Produktivkraft': Vor zwanzig, dreißig Jahren noch in aller Munde, jetzt ein Tabu – und in der Tat vorbelastet durch die Produktivkraftmystik des Stalinismus. Doch der Begriff fasst das Wesentliche des Zusammenhangs von Natur, Gesellschaft und Technik besser als jeder andere – und führt im übrigen geradenwegs in das Verständnis der kybernetisch-algorithmischen Revolution. Er wird allerdings erst verständlich, wenn man Produktivkraftentwicklung als die Dialektik von Produktionsmittel- und Arbeitskraftentwicklung begreift, als die Entwicklung von Energiemaschinen, Prozessmaschinen, Algorithmusmaschinen einerseits und von menschlicher Kreativität andererseits. Produktivkraftentwicklung erscheint dann als ein Algorithmus der Algorithmen:

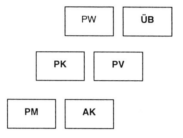

Die Handlungsfähigkeit der Menschen, ihre Fähigkeit, ihre äußere und innere Umwelt und vor allem ‚sich selbst' zu gestalten, ist gebunden an die Entwicklung der Produktionsmittel, die ihrerseits Ergebnis der sich entwickelnden Handlungsfähigkeit der Produzenten gegenüber der Natur und gegenüber der Natur des Menschen sind usw. Die Entwicklung der individuellen und gesellschaftlichen Produktivkräfte stösst an Grenzen, die durch die Produktionsverhältnisse, Produktionsweisen und Überbauten gesetzt werden. Die menschliche Arbeitskraft, so einst Herbert Marcuse, droht immer wieder ‚eindimensional' zu werden. Historisch betrachtet hing die ‚Eindimensionalität' der Handlungsmöglichkeiten zunächst am beschränkten Entwicklungsstand der Produktionsmittel, dann an der *Trennung* der Produzenten von den Produktionsmitteln (in der Sklavenhaltergesellschaft, im Feudalismus), dann, in der kapitalistischen Moderne, an der systematischen *Verwertung* dieser Trennung – und heute an der Fesselung der neuen Produktivkräfte (in denen jene Trennung an sich aufgehoben wird) durch die kulturelle Logik des Spätkapitalismus. Die andere Seite des Spätkapitalismus oder der Postmoderne ist es, dass die ‚unbeschränkt entfaltete Individualität' und die ‚unbeschränkt entfaltbaren Produktivkräfte', dass ‚Multidimensionalität' zum zentralen Thema werden.

Erinnern wir uns an Marx: „Der Kapitalismus entsinnlichte alle personal-vermittelten Zusammenhänge" (Meretz) – machte Big Brother realer als little brother. Das war ein epochaler Fortschritt. Denn dadurch wurden zunächst einmal die Gewaltverhältnisse zwischen Produktionsmittelbesitzern und Arbeitskraftbesitzern – diese ‚persönlichen Abhängigkeitsverhältnisse' (gipfelnd in Sklaverei und Hörigenwesen) – versachlicht und entkrampft. Der nüchtern-rechnerische Vergleich zwischen Gebrauchs- und Tauschwert begann. „Die Herstellung der gesellschaftlichen Beziehungen als Beziehungen von Sachen" erhielt „seine subjektlose Dynamik durch die Selbstverwertung von Wert in der Konkurrenz." (Meretz). Das ist das Wirtschaften in der Eigentumsgesellschaft, für das Gunnar Heinsohn und Otto Steiger so schöne, einfache Formeln gefunden haben: Kapitalismus als Eigentumsoperation auf Kreditbasis zwischen Gläubigern und Schuldnern...

Nun aber ist eine neue Situation eingetreten. Die kybernetisch-algorithmischen Produktionsmittel haben die Systeme der gesellschaftlichen Produktion, Distribution und Konsumtion revolutioniert – und darüber hinaus eine Kulturrevolution, ja eine Verflüssigung aller bisherigen Überbauten, bewirkt. Nennen wir diese neue Qualität der Kultur, wie sie auch Jeremy Rifkin so eindrucksvoll beschreibt, für einen Augenblick *Simulationskultur*. Die Simulationskultur hebt in einem ganz bestimmten Sinne nicht nur die Trennung von Produktionsmitteln und Produzenten auf, sondern reisst auch die Grenzen zwischen Realität und Spiegelwelten ein. Im Film *The Matrix* arbeitet der Softwareentwickler Neo tagsüber als Technosklave der Cyberindustrie, nachtsüber nutzt er die gleiche Technologie als Technospartakus für die Cyberrevolution. Die kybernetisch-algorithmischen Produktionsmittel funktionieren ambivalent, systemstabilisierend und systemüberwindend – und die Produzenten haben auch ausserhalb des Arbeitsplatzes Zugriff auf sie. Die herrschende Simulationskultur allerdings versucht, auch diesen Produktivkraftschub in kapitalkonforme Bahnen zu lenken. Sie präsentiert sich als kulturelle und gesellschaftliche Totalität schlechthin, sie saugt alle kulturellen Traditionen in sich auf, sie verkündet den Triumph des Konstruktivismus, sie erhebt Legitimitätsansprüche. Doch zugleich sind diese Ansprüche der globalen Simulationskultur durch die Produktivkraftentwicklung nicht mehr abgesichert. Die kulturellen Produktivkräfte schiessen längst übers Ziel hinaus, sie zerstören die Simulationen, die sie herstellen. Das Ende ist offen.

Im Zentrum dieses Prozesses steht der Computer als ‚Universalmaschine', als ‚Algorithmus der Algorithmen' (Bühl 1997):

Cyber-Genossenschaften oder: Die Assoziation freier Produzenten 321

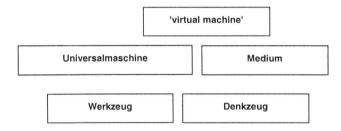

In der Produktion, Distribution und Konsumtion wird – nach den Fließbändern des Fordismus – die Stufe des ‚Toyotismus' erreicht: Flexibilisierung, *production on demand*, kontextuelle Steuerung transnationaler Konzernverbunde, Ankoppelung an die Bedürfnisse und Bewegungen der Finanzmärkte. „Auf den übergreifenden Modus wertbestimmter Vergesellschaftung bezogen bildet der Toyotismus die letzte innerkapitalistische Entfaltungsvariante entfremdeter Produktivkraftentwicklung. Er hat gleichzeitig die Bedingungen geschaffen, dass sich an den ‚Rändern' wertvermittelter Produktion neue Vergesellschaftungsformen herausbilden können." (Meretz). Die Mega-Fusionen laufen an eine Wand, sagt die Trendforscherin Li Edelkoort: Als „Folge dieser Machtkonzentrationen wird eine zweite, eine Art Pop-Wirtschaft entstehen, die Ideen werden künftig von den kleinen Firmen geboren." Auch das Konsumverhalten könnte sich ändern: „Ab einem bestimmten Grad der Verwöhnung und Übersättigung ist es für die Avantgarde nicht mehr interessant, Geschmack zu haben" – und zu kaufen (Edelkoort 2000). Noch aber kann das Kapital diese Veränderungen in der Arbeitsorganisation und in der Konsumkultur auffangen: „Die alte, unmittelbare Befehlsgewalt über die Arbeitenden, die dem Kapitalisten qua Verfügung über die Produktionsmittel zukam, wird ersetzt durch den unmittelbaren Marktdruck, der direkt auf die Produktionsgruppen und Individuen weitergeleitet wird. Sollen doch die Individuen selbst die Verwertung von Wert exekutieren und ihre Kreativität dafür mobilisieren – bei Gefahr des Untergangs und mit der Chance der Entfaltung." (Meretz 1999).

Wilfried Glißmann, ein IBM-Betriebsrat, beschreibt, was jetzt der Fall ist: „Die neue Dynamik im Unternehmen ist sehr schwer zu verstehen. Es geht einerseits um ‚sich selbst organisierende Prozesse', die aber andererseits durch die neue Kunst einer indirekten Steuerung vom Top-Management gelenkt werden können, obwohl sich diese Prozesse doch *von selbst organisieren*. Der eigentliche Kern des Neuen ist darin zu sehen, dass *ich als Beschäftigter* nicht nur wie bisher für den *Gebrauchswert-Aspekt*, sondern auch für den *Verwertungs-Aspekt* meiner Arbeit zuständig bin. Der sich-selbst-organisierende Prozess ist nichts anderes als das Prozessieren dieser beiden Momente von Arbeit *in meinem praktischen Tun*. Das bedeutet aber, dass ich *als Person* in meiner täglichen Arbeit mit beiden Aspekten von Notwendigkeit oder Gesetzmässigkeit *unmittelbar* konfrontiert bin. Einerseits mit den Gesetzmässigkeiten im technischen Sinne (hinsichtlich der Schaffung von Gebrauchswerten) und andererseits mit den Gesetzmässigkeiten der Verwertung. Ich bin als Person immer wieder vor Entscheidungen gestellt. Die beiden Aspekte zerreissen mich geradezu, und ich erlebe dies als eine persönliche Verstrikkung." (Glißmann 1999, 152).

Drinbleiben oder Aussteigen, bis 40 sein Schäfchen ins Trockene bringen oder einen Teilzeit-Job auf Dauer, teilselbständig, selbständig oder auf ‚reflektierte' bzw. ‚zivilcouragierte' Weise abhängig usw. – das sind jetzt die Optionen derjenigen, die in die neuen Arbeitsmärkte einsteigen. Jedenfalls scheint die Multidimensionalität der Produktivkraftentwicklung immer mehr ‚Arbeitnehmern' zumindest im Umfeld der Cyberindustrie die Lebensperspektive eines partiellen Ausstiegs nahezulegen. Sie sehen in der Kybernetisierung und Algorithmisierung von Produktion, Distribution und Konsumtion Chancen eines ‚multidimensionalen' Arbeitslebens, weil Arbeits-Zeit in Frei-Zeit und Frei-Zeit in Arbeits-Zeit übergegangen sind. Das scheint zunächst ein Gemeinplatz zu sein. ‚Natürlich' ist unsere Freizeit längst durchkommerzialisiert, ‚natürlich' wird vom leistungsbereiten Arbeitnehmer verlangt, auch in seiner Freizeit ‚den Betrieb' nicht zu vergessen. Doch jetzt ist der Kampf um die Begrenzung der individuellen Arbeitszeit endgültig in die unabweisbare Notwendigkeit der Neuverteilung gesellschaftlich notwendiger Arbeitszeit übergegangen. Nach André Gorz wäre es möglich, die notwendige Arbeit in viel weniger Zeit zu leisten, wenn sie von der gesamten Bevölkerung getragen würde. Schon vor Jahren trat er dafür ein, und beispielsweise Oskar Lafontaine nahm das auf, dass jeder Bürger die gesamte Anzahl zu leistender Arbeitsstunden in seinem Leben selbstständig einteilen sollte und dass ein soziales Einkommen den Lebensstandard garantieren müsse, um die Menschen von ihren Existenzängsten zu befreien. Alle Welt hat darüber gelacht. Doch eines ist klar: andere Zeithorizonte als der Rhythmus des Kapitals sind wirksam und werden gelebt und bilden die Basis künftiger Möglichkeiten.

Aber das Kapital will die Sache zu Ende bringen. Inzwischen saugt der kapitalistische Verwertungsprozess nicht nur die verschiedenen Varianten der Beschleunigung auf, sondern auch die Langsamkeit, die Muße, die Zeit der Liebenden usw. Der Widerstand der Globalisierer gegen alle Versuche der Befreiung der Arbeitszeit mündet in einem umfassenden, viele Herrschaftstraditionen der letzten Jahrtausende effektiv bündelnden Konzept, das ich als *globale Dienstleistungsgesellschaft* bezeichnen möchte. Die Zukunft der Arbeit, schreibt das Hamburger Obdachlosen-Magazin *Hinz&Kunzt*, heisst ‚Stets zu Diensten' – und mit diesem ‚stets' wird alle Zeit zu mehrwertproduzierender Arbeits-Zeit! 98 Prozent der Menschheit sollen in den feinsten Abstufungen und Hierarchien, mit den delikatesten Unterschieden, zu ‚Dienstleistern' getrimmt werden für jene kleine, unvorstellbar mächtige globale Elite, von der schon die Rede war. Das Modell für diese schöne neue Welt sind Mega-Cities wie Bombay, Rio de Janeiro, New York, Shanghai. Die dortigen Ringe des Elends, der Armut, der Bescheidenheit, des Kummers, der Exklusion und Inklusion dienen zu nichts anderem als zur Entwicklung und Erhaltung eines unglaublichen Spektrums von Dienstleistungen für die *lucky few*. Und dann die Politik. *Wenn* es beispielsweise einen gemeinsamen Nenner für das Verhalten der neuen politischen Klasse der ‚westlichen Welt' gibt, von Clinton über Blair über Schröder über Fischer bis Putin, so ist es ja deren ‚Diensteifrigkeit' – ohne dass sich klar erkennen ließe, wem gegenüber. Nur eben eines ist sicher: Sie verhalten sich wie Hofschranzen. Sie zeigen keinerlei Loyalität nach ‚unten', aber irgendwie scheint ihnen ein ‚Oben' erschienen zu sein, dem sie Tag und Nacht zuarbeiten. Sie kennen und brauchen – bei *den* Gratifikationen – keine Frei-Zeit mehr: Frei-Zeit, die auf theoretischer Ebene mit Kritik und auf politischer Ebene mit Widerstand zu übersetzen wäre. So lebt die politische Klasse vor, wie aus der Dienstleistungsgesellschaft eine Dienstbotengesellschaft wird. Auch das Bildungswesen wird nach dem Motto ‚Stets zu Diensten' umgebaut. Was heisst ‚Privatisierung des Bildungsbereichs' denn letztlich? Nichts anderes, als dass in die Ausbildung von Experten (und Generalisten) auch noch ein neues Moment der Servilität injiziert werden soll. Wie anders ist die Freude der Präsidentin der Hamburger Hochschule für Wirtschaft und Politik zu verstehen, dass Microsoft sie sponsort? Hier geht es stracks vom Staatsdienertum zum Dienertum.

Die wissenschaftspolitischen Konzepte für diesen Umbau allerdings kommen in der systemtheoretischen Sprache des höheren Managements daher. In einem Rundfunk-Manuskript ‚Wozu brauchen wir eine universitäre Erziehung?' (1999) äußert der schon erwähnte Dirk Baecker von der Universität für den höheren Privatberaternachwuchs Witten/Herdecke: „Unsere Krise der Universität ist dem Umstand geschuldet, dass die Matrix, die unsere Universität produziert, gesellschaftlich nicht mehr brauchbar ist." Baecker hat genug von der traditionellen Expertenausbildung, vom Objektivitätsanspruch der Wissenschaft, er will die ‚Universität als Algorithmus'. „Die Gesellschaft sucht nach einer neuen Universität, deren Qualität [...] in der Fähigkeit (liegt), die Performanz der eigenen Weltkonstruktionen bei der Beobachtung der Probleme und, schlimmer noch, ihrer Lösungen in Rechnung zu stellen." Die globale *power elite* ist in der Tat, und Baecker schlägt das vor, an *postmodernen Akademien* interessiert, in denen „die universitäre Differenz der Schulen und Disziplinen" zurückgenommen und „wieder Elemente des Gesprächs, ja sogar Elemente der peripatetischen Interaktion eingeführt" werden. Die „Performanz der Rede" sei in Rechnung zu stellen, „die Konstruktivität unserer Ausdrucksweisen, also der Umstand, dass wir uns unsere Welt *machen* und im Streit durchsetzen". Zu welchem Zweck das alles? Zwei führende Funktionäre der *Evian Group*, eines Forums zur Förderung der *global liberal economy*, geben die Antwort: „*This is a time that urgently calls for global corporate statesmanship.*" (David de Pury/Jean Pierre Lehmann 2000).

Auch Dirk Baecker, obgleich von Bertelsmann bezahlt, kommt hier allerdings ganz dicht an die Möglichkeiten heran, von denen mein Referat handelt. Wie gesagt, in seiner ‚postmodernen Akademie' soll eine Nachwuchs-Elite der ‚persönlichen Berater' ausgebildet werden. „Natürlich würde es niemanden überzeugen, für die Organisation dieser Akademie noch auf Hierarchie und Disziplinen zu vertrauen. Statt dessen gibt sich die postmoderne Akademie die Form der Differenz einzelner Projekte, die dadurch definiert sind, dass in ihnen bestimmte sachliche Orientierungen und persönliche Engagements für eine zeitlich begrenzte Frist zur Einheit gebracht werden." Da ist sie wieder – bei allem, was gut und schön ist – die ‚zeitlich begrenzte Frist', die von aussen, durch ‚Projektträger', begrenzte Zeitsouveränität – und da ist er wieder, der durch Geldgeber von außen definierte Praxisbezug.

Genau an diesem Punkt möchte ich abschließend den Begriff der *Genossenschaft* wieder ins Spiel bringen – und gleich dazu sagen, dass man sich darunter sehr wohl auch ‚Projekt-Teams' vorstellen könnte – andere allerdings als Baecker, andere als die Glißmannschen IBM-Projektgruppen. Denn der Begriff Genossenschaft impliziert vor allem und zuallererst *Zeitsouveränität* – Verankerung in der ‚Frei-Zeit' – und eine *offene Praxis*. Eine solche Bestimmung erleichtert, wie gesagt, die Erinnerung an Vergesellschaftungsformen der Frühgeschichte, an Alternativformen wie klösterliche Gemeinschaften (mit ihren rigiden Exerzitien der Zeitsouveränität) oder an Hippie-Kommunen. Die Bestimmung der Zeitsouveränität und des offenen Praxisbezugs erschwert zugleich die Erinnerung an Formen des kollektiven Wirtschaftens, wie sie sich im Realsozialismus und im kapitalismuskritischen Milieu als *Genossenschaftswesen* (Kibbuzzim, LPGs der DDR, italienische Produktionsgenossenschaften) herausgebildet hatten. Die genossenschaftliche Projektarbeit, die ich mir vorstelle, findet tatsächlich ausserhalb der Produktionssphäre und an den durchlässigen Rändern der Simulationskultur statt. Es geht also, das ist nicht zu verschweigen, um die Bedingung der Möglichkeit einer *Assozia-*

tion freier Produzenten, einer „Assoziation, worin die freie Entfaltung eines jeden die Bedingung für die freie Entfaltung aller ist." (Marx/Engels, Kommunistisches Manifest, MEW 4, 482). Und es geht um die Feststellung dessen, was schon ist. Der Begriff der Arbeit ist, ob die Simulationskultur das erlaubt oder nicht, wieder zum zentralen Gegenstand gesellschaftlicher Auseinandersetzung geworden. Windige Dienstleistungen von Politikern und Management-Professoren werden mit astronomischen Summen honoriert, die Güterproduktion aber wird zu den ärmsten der Armen dieser Welt verlagert und entsprechend entlohnt. Da stellt sich doch die Frage, was heute eigentlich produktive Arbeit und was unproduktive Arbeit ist.

Es besteht kein Zweifel, dass mit der Entwicklung der industriellen und vor allem der postindustriellen Produktivkräfte die Voraussetzungen für ein Zurückdrängen des ‚Reiches der Notwendigkeit' geschaffen werden. Produktivkraftentwicklung zur Schaffung von Frei-Zeit für freie kreative Tätigkeit, für „menschliche Kraftentwicklung, die sich als Selbstzweck gilt" (Marx, Das Kapital, MEW 25, 828) *bleibt* folglich das Gegenprogramm zur Logik der Produktion des relativen Mehrwerts für eine kleine Gruppe von Milliardären.

Zur Logik der Produktion des relativen Mehrwerts hier noch eine Zwischenbemerkung, die sich auf die Neufassung der Profitlogik durch Heinsohn/Steiger bezieht (vgl. ihren Beitrag in diesem Band): Selbstverständlich lässt sich der Wirtschaftsprozess als eine durch Eigentumsrecht gesicherte Profitoperation beschreiben, in welcher Eigentumstitel durch Beleihung ‚dynamisiert' werden. Geld-Zins-Beziehungen zwischen Schuldnern und Gläubigern machen in der Tat gesellschaftliche, kulturelle und psychologische Triebkräfte frei, welche ihrerseits die Transaktionen zwischen Geldbesitzern und Arbeitskraftbesitzern in der Produktionssphäre beflügeln (MEW 23, 189). Diese Operationen setzen allerdings zahlungswillige bzw. zahlungsfähige Schuldner (mit ‚Sicherheiten') und mächtige, über die Rechtsordnung verfügende Gläubiger voraus. Beide Voraussetzungen sind in den Profitoperationen des globalen (Finanz-) Kapitalismus nicht mehr gegeben. Auf den Aktienmärkten beleihen mächtige Schuldner (Konzerne) und kleine Ideenbesitzer (IT-Firmen) ‚Eigentum', das gar nicht existiert, sondern aus Versprechungen, ‚futures' und dergleichen besteht. Letztlich können kleine Gläubiger (Aktionäre) dafür keinerlei Rechtssicherheit einfordern (Spekulationsrisiko). Den großen Gläubigern aber (institutionelle Anleger, ‚Risikokapital' etc.) geht es gar nicht mehr um den ‚Zins' (Detailprofit), sondern um die Aneignung der gesellschaftlichen, kulturellen usw. Bedingungen des Wirtschaftens selbst, also um die Bestimmung dessen, was ‚Totalität' ist. In allen diesen Fällen also schlägt die Eigentumsoperation, die in der Neuzeit so schön

begann, entgegen den Illusionen von Heinsohn/Steiger in eine *Enteignungs*operation um, eine Enteignungsoperation, für welche ‚Globalisierung' die Bedingung ist.
Denken wir also zum Schluss (und für weiterführende Diskussionen) nach über die Möglichkeit von frei-zeitlichen Arbeitsformen, die Subversion *und* Widerstand auf dem angemessenen technologischen Niveau (also im Verhältnis von kybernetisch-algorithmischen Produktionsmitteln und kybernetisch-algorithmisch versierter Arbeitskraft) zwanglos verkörpern können. Dabei ergibt sich das Genossenschaftliche fast von selbst. Denn kybernetisch-algorithmische Produktionsmittel verlangen – ob sie in der Arbeits-Zeit oder in der Frei-Zeit auftreten – auf jeden Fall die entwickelte, hochindividualisierte Arbeitskraft in kooperativer, gemeinschaftlicher, genossenschaftlicher Gestalt – nur eben: Das eine Mal in der Microsoft-Variante, das andere Mal in der Linux-Variante ... Und bei der Linux-Variante übt das eine Bein des Arbeitskraftbesitzers schon einmal den Ausstieg, den Ausstieg aus der kapitalistischen Produktionssphäre und aus der postmodernen Simulationskultur. Dafür gibt es, jetzt schon, verschiedene Möglichkeiten:

- die Stufe des individuellen Ausstiegs in die spontane Freizeit-Kollektivität (Jobben plus freie Kreativität)
- die Stufe der alternativen systemischen Kooperation (Linux, open theory, open fun ...)
- die Stufe der Ankoppelung an nicht-monopolistische Wirtschaftsformen (‚Pop-Wirtschaft')
- die Stufe der Assoziation freier Produzenten zwecks Produktion freier Assoziationen (Wallerstein 2000)
- die Stufe der Assoziation freier kybernetischer Produzenten zwecks Produktion freier algorithmischer Assoziationen (vgl. z.B.die Künstlergruppe RTMark)
- usw.

Zugleich entsteht hier eine praktische Kontroverse. Ist der Ausstieg aus dem Verwertungsprozess Voraussetzung für die ‚Befreiung' oder ist der Verwertungsprozess auf seiner jetzigen Stufe nicht selbst schon das Milieu für Assoziationsformen freier Produzenten? Man bedenke:

- Produktionsmittel und Arbeitskräfte werden ‚identisch'
- Arbeitszeit und Freizeit werden ‚identisch'
- die gesellschaftlich notwendige Arbeitszeit ist bereits radikal abgesenkt
- die herrschaftlich eingeforderte Dienstleistungszeit steigt drastisch an und provoziert *Renitenz* (‚will der Herr Graf ein Tänzchen wagen?')

– die verdinglichten Sozialbeziehungen werden durch die Simulationskultur hypertrophiert und provozieren *Resistenz* in der Simulationskultur selbst (,The Matrix').

In dem Augenblick, in dem die Arbeits-Zeit die Frei-Zeit fressen will, kann auch die Frei-Zeit ihr Maul aufsperren – und immer wieder einmal und immer öfter wird sich der Fressakt dann umkehren – als materielle Kritik, als materieller Widerstand und damit als nicht eingegrenzte Entwicklung und Entfaltung ... Mein Eindruck ist, dass die beiden Alternativen so dicht aneinander gerückt sind, dass nur der Praxistest weiterführt, wobei Praxistests mit dieser Zielsetzung in jedem Fall äußerste Klarheit, eindeutige Verhaltensweisen und ‚persönliche Konsequenzen' verlangen, ähnlich der Art, wie sie in der vielfältigen und bunten Mönchskultur des Frühmittelalters (als die Moderne begann) jedem einzelnen, der ‚aus'-, oder ‚um'- oder ‚ein'-steigen wollte, abverlangt wurden. Testen wir selbst die Beispiele, die uns täglich über den Weg laufen: ‚Linux'; das Thema ‚Open Source'. Ich empfehle die Lektüre von Cyberpunk-Literatur, von William Gibsons ‚Neuromancer' bis Neal Stephensons ‚Snow Crash' und ‚Diamond Age'. Wir können reden über das ‚Global Business Network' (GBN), über das ‚Blair Witch Project' vor seiner Kommerzialisierung, über die Firma ‚Bitfilm' oder über das ‚Cluetrain Manifesto' und anderes (vgl. z.B. meine Website: Krysmanski 2001). Und vielleicht ist auch die wiederholte Lektüre eines Buchs von Fredric Jameson angesagt, *The Seeds of Time,* in welchem viele der Antinomien unserer Zeit ausgestellt sind, deren Entwicklungspotential uns die Simulationskultur verstellen will, obgleich sie es schon entfaltet.

Literatur

Baecker, D.: Die Universität als Algorithmus: Formen des Umgangs mit der Paradoxie der Erziehung. In: Berliner Debatte INITIAL 10,3. 63-75; vgl. auch: Wozu brauchen wir eine universitäre Erziehung? Südwestfunk, 08.11.99.
Barbrook, R.: Cyber Communism: How the Americans are superseding Capitalism in cyberspace. http://www.nettime.org/nettime.w3archive/199909/msg00046.html (März 2000).
Bühl, A.: Die virtuelle Gesellschaft. Opladen 1997.
Edelkoort, L.: Über Pop-Wirtschaft. Frankfurter Rundschau, 03.06.00.
Gibson,W.: Neuromancer. In: Die Neuromancer-Trilogie. Frankfurt 1996.
Glißmann, W.: Die neue Selbständigkeit der Arbeit. In: S. Herkommer (Hg.): Soziale Ausgrenzungen. Gesichter des neuen Kapitalismus. Hamburg 1999.
Heinsohn, G./Steiger, O: Wirtschaft, Schule und Universität: Nachfrage-Angebot-Beziehungen im Erzieher-Zögling-Verhältnis (in diesem Band).
Jameson, F.: Postmodernism or The Cultural Logic of Late Capitalism. Durham 1991.
Jameson, F.: The Seeds of Time. New York 1994.

Krysmanski, H. J.: Texte zu den Themen dieses Aufsatzes unter http://www.hjkrysmanski. de/; http://www.uni-muenster.de/PeaCon/dffb-cyberspace/dffb-d-cyberspace.htm (März 2001).
Marx, K.: Das Kapital. MEW 23-25. Berlin 1973.
Marx, K./Engels, F.: Das Kommunistische Manifest. MEW 4. Berlin 1973.
Meretz, S.: Produktivkraftentwicklung und Subjektivität. Vom eindimensionalen Menschen zur unbeschränkt entfalteten Individualität. http://www.kritische-informatik.de/index.htm?pksubjl.htm 1999 (März 2001).
Pury, D. de/Lehmann, J.-P.: Speak Up for Globalization, International Herald Tribune, 14.6.2000, 7.
Randow, M.v.: Genossenschaftsförderung in Italien – Ein Beispiel für Auswege aus der wirtschaftspolitischen Erstarrung? http://www.leibi.de/takaoe/82_09.htm (März 2001).
Rifkin, J.: The Age of Access. The New Culture of Hypercapitalism Where All of Life Is a Paid-For Experience (dt: Access. Das Verschwinden des Eigentums. Frankfurt a.M. 2000 (a))
Rifkin, J.: The New Capitalism Is About Turning Culture Into Commerce. In: International Herald Tribune, 17.1. 2000 (b), 8.
Stephenson, N.: Snow Crash. Goldmann Bd. 23686, 1995.
Wallerstein, I.: A Left Politics for the 21st Century? or Theory and Praxis Once Again, http://www.transformaties.org/bibliotheek/wallersteinleftpol.htm (März 2001).

Im Aufsatz angesprochene Netzprojekte mit URLs (März 2001)

Bitfilm: http://www.bitfilm.de/
Blair Witch Project: http://www.blairwitch.co.uk/
Cluetrain Manifesto: http://www.cluetrain.com/
Global Business Network: http://www.gbn.org/
Linux: http://www.gnu.org/; http://www.kritische-informatik.de/linuxswl.htm
Open Source: http://www.heise.de/tp/deutsch/special/wos/default.html
RTMark: http://rtmark.com/

Michael Schenk

Erfahrungen mit einer Genossenschaft – Das Beispiel *ISP Service eG*

Umfeld und Aufgaben

Die *Internet Service Provider Service eG* (ISPEG) ist Dienstleisterin in der Internet-Branche. Der Markt ist sehr dynamisch und turbulent; Übernahmen prägen das Bild. Marktteilnehmer sind bereits länger bestehende Unternehmen, die ihr Tätigkeitsspektrum erweitert oder verlagert haben – Deutsche Telekom, American Telegraph & Telephone, Japan Telecom – und neu entstandene Unternehmen, die mit der Branche groß geworden sind, wie America Online, UUnet, Xlink Internet Service (jetzt: KPNQwest Germany). In letzter Zeit treten vermehrt branchenfremde Investoren auf (Callahan, Distefora). Eine entscheidende Rolle spielen Carrier, also Unternehmen, welche die Infrastruktur des Internets bereitstellen, die mit ihrer z.T. in der Vergangenheit liegenden Monopolstellung als Telekommunikationsanbieter auf eine bereits existierende Infrastruktur sowie hohe Monopolgewinne zurückgreifen können. Für die nahe Zukunft ist, mit einsetzender Konsolidierung des Marktes, ein stärker werdender Verdrängungswettbewerb absehbar. Am Markt erfolgreiche Produkte zeichnen sich entweder durch ein hohes Maß an Standardisierung und Automatisierung sowie den damit ermöglichten niedrigen Preis aus oder durch hohe Individualisierung, verbunden mit intensiver persönlicher Beratung.

ISPEG versteht sich als Dienstleisterin für kleine und mittlere Internet Service Provider (ISP), deren Fokus auf der Bereitstellung individuell angepasster Produkte liegt. Die Ziele der ISPEG sind:

– ein unabhängiges Überleben der Genossen am Markt sichern zu helfen;
– *economies of scale* für nicht differenzierungsrelevante Produkte zu generieren;
– administrative Aufgaben zu zentralisieren;
– *know how* bündeln und bereitstellen sowie ein Forum für Austausch zu bieten.

Warum gerade Genossenschaft?

Im Folgenden stelle ich einige Unternehmensformen kurz gegenüber, um die Entscheidung für die Institutionalisierung als Genossenschaft zu beleuchten. Die Genossenschaft zeichnet sich dadurch aus, dass sie in der Regel keine Gewinne erzielen möchte. Ihr Eigenkapital erwächst zunächst aus den Anteilen, welche durch die Genossen gezeichnet werden. Im Insolvenzfall sind die Genossen verpflichtet, einen in der Satzung festgelegten Nachschuss zu leisten; weitere Ansprüche bestehen nicht. Es besteht ein (in der Satzung zu präzisierender) großer Einfluss der Genossen auf die Entwicklung der Genossenschaft; grundsätzlich ist diese Einflussmöglichkeit von der Zahl der Anteile unabhängig. Der Wechsel der Gesellschafter ist leicht möglich. Andere Unternehmensformen unterscheiden sich von der Genossenschaft durch ihr Ziel, Kapital zu beschaffen und Gewinne zu erzielen. Der Einfluss der einzelnen Gesellschafter ist von ihren Stamm- bzw. Kapitalanteilen abhängig. Bei der GmbH ist der Gesellschafterwechsel aufwendig. Der idealistische Verein darf sich nicht wirtschaftlich betätigen, die Mitglieder des wirtschaftlichen Vereins sind zu unbeschränkter und solidarischer Haftung verpflichtet. Im folgenden einige Beispiele von Branchen, in denen sich Genossenschaften etabliert haben:

– Volks- und Raiffeisenbanken (12 Mio. Mitglieder),
– Ländliche Waren- und Dienstleistungsgenossenschaften (Vieh- und Milchwirtschaft, Winzer; 4 Mio. Mitglieder),
– Gewerbliche Waren- und Dienstleistungsgenossenschaften (Lebensmitteleinzelhandel, Bekleidung; 260 000 Mitglieder)

Beispiele von Neugründungen in „modernen" Branchen sind etwa Internet (z.B. *DENIC Domain Verwaltungs- und Betriebsgesellschaft*, ISPEG) oder Strom (*Greenpeace energy*).

Ähnlich den Industrie- und Handelskammern existiert auch im Genossenschaftsbereich ein regional strukturierter Dachverband, der Geno-Verband. Die Geno-Verbände und ihre angeschlossenen Tochterunternehmen bieten eine Reihe von Dienstleistungen: Beratungen im Rahmen der Gründung einer Genossenschaft, Rechts- und Steuerberatung sowie Erstellung des Jahresabschlusses und dessen Prüfung.

Vorgeschichte

Die Idee zur Gründung der ISPEG wurde 1998 aufgegriffen; im Herbst 1999 wurden die Gründungsversammlung durchgeführt und der Geschäftsbetrieb aufgenommen. Mitglieder werden juristische Personen, nämlich Firmen aus der Branche der Internet Service Provider. Die Unternehmer lassen sich grob in zwei Gruppen aufteilen: Auf der einen Seite handelt es sich um (ehemalige) Studenten, die ihr Unternehmen bereits während ihres Studiums als „Nebenbeschäftigung" gründeten. Auf der anderen Seite stehen EDV-Dienstleister, die neben ihren angestammten Dienstleistungen zusätzlich Internet-Dienstleistungen anbieten. Gemeinsam werden sie von dem Willen zur wirtschaftlichen Unabhängigkeit getragen, sehen aber ebenfalls die Notwendigkeit zur Kooperation, um ihre Unabhängigkeit zu wahren. Der Weg zur Gründung sei kurz skizziert: Nach dem Entwurf von Gründungsidee und Konzept ging es darum, die für die Gründung notwendige Mindestzahl von Genossen (sieben) und einen Geschäftsführer zu finden. Die weiteren Schritte wurden vom Geno-Verband mit regelmäßiger Beratung unterstützt: Arbeiten zur wirtschaftlichen Planung und Satzung folgten. Die erstellte Satzung wurde auf der Gründungsversammlung bestätigt; damit konnte der Geschäftsbetrieb aufgenommen werden. Mit der Eintragung ins Genossenschaftsregister, zu dem das Gründungsgutachten des Geno-Verbandes benötigt wird, ist die Gründung der Genossenschaft vollendet. Die genannten Schritte lassen sich in etwa sechs Monaten gehen.

Praxis der Genossenschaft

Der laufende Geschäftsbetrieb der ISPEG vollzieht sich, ohne dass die Unternehmensform einen sichtbaren Einfluss ausübt. Die Genossen verhalten sich wie Kunden eines „normalen" Dienstleisters. Die Möglichkeiten der genossenschaftlichen Selbstverwaltung bleiben weitgehend ungenutzt; neue Projekte innerhalb der ISPEG ins Rollen zu bringen, bleibt hauptsächlich dem GF überlassen. Die in Vorstand und Aufsichtsrat gewählten Personen fahren, um ihren Aufgaben gerecht zu werden, ein Minimalprogramm. Die Zahlungsmoral der Genossen ist bescheiden, der Ausgleich der Rechnungen wurde auf Einzug von einem angegebenen Konto umgestellt. Die Einschränkungen sind hauptsächlich der Tatsache geschuldet, dass die Arbeitsbelastungen in der Branche exorbitant sind. Der durch die Arbeit der ISPEG erzielte Zeitgewinn wird durch die Anforderungen des laufenden Geschäftsbetriebs der Genossen sofort wieder aufgefressen.

Ausblick

ISPEG hat die wichtigsten Ziele ihres Daseins erreicht: Mittelfristig ist eine wirtschaftliche Konsolidierung zu erwarten; die Unabhängigkeit der Genossen kann, im Rahmen der Möglichkeiten der ISPEG, unterstützt werden. Allerdings ist zu vermerken, dass die angedachte Ausweitung der Aufgaben der ISPEG in absehbarer Zeit wahrscheinlich nicht realisiert werden wird, weil die dazu notwendigen Kapazitäten nicht bereitgestellt werden können.

Literatur

Glenk, Hartmut: Die eingetragene Genossenschaft. In: Praxis des Handels- und Wirtschaftsrechts (1996), H. 7.
Reith, Daniel: Innergenossenschaftlicher Wettbewerb im Bankensektor. Sternenfels, Berlin 1997.
Geno-Verband: http://www.geno-stuttgart.de.
Greenpeace energy: http://www.greenpeace-energy.de.
ISPEG: http://www.ispeg.de.
DENIC: http://www.denic.de.

Stefan Meretz

„GNU/Linux ist nichts wert – und das ist gut so!" – Kampf ums Eigentum im Computerzeitalter

Man versteht wie etwas ist, wenn man versteht wie es geworden ist. Daher beginne ich mit einem kurzen Rückblick in die (Vor-) Geschichte Freier Software. Im zweiten Abschnitt befasse ich mich mit der Frage, wie Freie Software ökonomisch in unser Wirtschaftssystem, den Kapitalismus, einzuordnen ist. Hieraus gewinne ich Kriterien für die Beleuchtung der scheinbar konträren Positionen von E. S. Raymond und R. M. Stallman, die stellvertretend für prominente Strömungen Freier Software stehen. Ich schließe ab mit einer Betrachtung der individuellen Handlungsmöglichkeiten und der Rolle, die Freie Software dabei spielen kann.

Eine kurze Geschichte Freier Software

Freie Software hat ihre Wurzeln im wissenschaftlichen Bereich. Der wissenschaftliche Prozess lebt vom freien Austausch der Informationen, vom gesellschaftlichen Akkumulieren des Wissens. Wissenschaft ist damit nicht marktgängig. Marktgängig sind nur Produkte, die knapp sind. Die verknappte Form gesellschaftlichen Wissens in Softwareform ist die proprietäre Software – Software, die einem Eigentümer gehört und anderen nicht. Jede Restriktion der gesellschaftlichen Wissensakkumulation ist betriebslogisch funktional und systemlogisch, im Sinne des Kapitalismus, dysfunktional. Für die Entstehung Freier Software sind vor allem die beiden Linien interessant, die zur Entwicklung des Betriebssystems UNIX und des Internets führten.

Es gibt *freie* Software, weil es *unfreie* Software gibt. Unfreie Software ist ‚proprietäre Software', also Software, die einem Eigentümer gehört[1].

---

1 Der „Proprietär" ist der „Eigentümer", und „proprietär" als Adjektiv heisst so viel wie „einem Eigentümer gehörend". Doch der Begriff wurde „rundgeschliffen" in Richtung auf „nicht offengelegte Schnittstellen und Datenformate". Das sind jedoch nur einige

Das wäre nicht weiter schlimm, würde die Tatsache des Privateigentums an Software nicht zum Ausschluss anderer führen. Der Eigentümer schließt andere von der Nutzung der Software aus, um ein knappes Gut zu erzeugen. Das geht bei Software relativ einfach durch Zurückhalten des Quellcodes des Programms. Nur knappe Güter besitzen Tauschwert und lassen sich zu Geld machen. Das ist das Funktionsprinzip des Kapitalismus[2]. Unfreie wie freie Software gibt es noch nicht lange, gerade einmal etwa zwanzig Jahre. Die Entstehung unfreier wie freier Software versteht man, wenn man in die Vorgeschichte schaut. Im Kalten Krieg, wir befinden uns in den fünfziger Jahren, wurde zwischen den USA und der Sowjetunion verbissen um die ökonomische Vorherrschaft gerungen. Vorherrschaft hatte damals eine militärische und eine symbolische Komponente, beide waren oft miteinander verwoben. So war es ein ungeheuerlicher Vorgang, als es der Sowjetunion 1957 gelang, den Sputnik in die Erdumlaufbahn zu schießen. Davon erholen sich die USA mental erst 1969, als sie es waren, die den ersten Menschen zum Mond brachten. Der Sputnik wurde als technologische Niederlage erlebt. Sofort begannen hektische Aktivitäten, um den vermeintlichen Rückstand aufzuholen. 1958 wurde die ARPA (Advanced Research Projects Agency) gegründet, die die Aufgabe hatte, die Forschungsaktivitäten zu koordinieren und zu finanzieren. In einem Klima der Offenheit und Innovationsfreude wurden in der Folgezeit zahlreiche seinerzeit revolutionäre Produkte geschaffen, von denen ich zwei herausheben möchte, weil sie für die Freie Software eine besondere Bedeutung bekommen sollten: das Internet und das Betriebssystem UNIX (beide 1969). In diese Phase der staatlich finanzierten und koordinierten Forschung fällt auch die Festschreibung zahlreicher Standards, die heute noch Bestand haben.[3]

Zum staatlichen Interesse an starken Standards kam das geringe Interesse der Computerindustrie an der Software. Computerindustrie war Hardwareindustrie, Software war Beiwerk zum Hardwareabsatz. Das änderte sich erst Ende der siebziger Jahre, als Computer immer leistungsfähiger wurden und Software auch eigenständig vermarktbar zu werden begann. In dem Maße, in dem Software zur profitablen Ware wurde, zog sich der Staat

---

Mittel (neben Knebel-Lizenzen, Patenten etc.), um die *Exklusivität* des Eigentums zu sichern - das alles nur, um künstlich *Knappheit* zu erzeugen bei einem Produkt, das reichlich vorhanden, weil leicht kopierbar ist.

2 So werden auch die „Perversionen" des Kapitalismus erklärlich: Obwohl in vielen Bereichen genügend viele Güter zur ausreichenden Versorgung der Menschheit da wären, gibt es Armut. Nur wo Knappheit herrscht, ist Tauschwert realisierbar. Der Regulator ist das Geld – wo keines ist, herrscht Armut.

3 Solche Standards werden in informellen Dokumenten mit dem Titel *Request for Comments* (RFC) aufgeschrieben. Ihre hohe Verbindlichkeit resultiert aus ihrem offenen Charakter (etwa im Gegensatz zu einem Patent) und der breiten Konsensbildung.

aus den Innovationen zurück. Um die je eigene Software verwerten zu können, musste der Quelltext[4] dem Konkurrenten und damit auch dem User verborgen bleiben. Software war nur als proprietäre Software profitabel. Mit offenen Quellen hätte sich zum Beispiel Microsoft nie als monopolartiger Moloch etablieren können. Staatsrückzug und Privatisierung von Software bedeuteten jedoch auch eine Aufweichung von Standards. So entstanden in der Folge sehr viele miteinander wenig oder gar nicht kompatible Unix-Versionen (AT&T, BSD, Sun, HP, DEC, IBM, Siemens etc.).

Die Konsequenzen für den universitären Forschungsrahmen waren verheerend: Wo früher freier Austausch von Ideen herrschte, wurden jetzt Forschende und Lehrende gezwungen, Kooperationen zu beschränken oder ganz zu unterlassen. Software als Ergebnis von Forschungsaktivitäten durfte nicht mehr dokumentiert werden, sobald es über proprietäre Software an Firmen oder Patente gekoppelt bzw. selbst für die Patentierung vorgesehen war. Richard Stallman beschreibt diese Situation so: „1983 gab es auf einmal keine Möglichkeit mehr, ohne proprietäre Software einen sich auf dem aktuellen Stand der Technik befindenden Computer zu bekommen, ihn zum Laufen zu bringen und zu nutzen. Es gab zwar unterschiedliche Betriebssysteme, aber sie waren alle proprietär, was bedeutet, dass man eine Lizenz unterschreiben muss, keine Kopien mit anderen Nutzern austauschen darf und nicht erfahren kann, wie das System arbeitet. Das ist eine Gräben öffnende, schreckliche Situation, in der Individuen hilflos von einem ‚Meister' abhängen, der alles kontrolliert, was mit der Software gemacht wird." (Stallman 1999).

Der erste Geniestreich: das GNU-Projekt

Als Reaktion darauf gründete Stallman das GNU-Projekt[5]. Ziel des GNU-Projekts und der 1985 gegründeten *Free Software Foundation* (FSF) war die Entwicklung eines freien Betriebssystems. Hunderte Komponenten für ein freies Betriebssystem wurden entwickelt. Doch die wirklich geniale Leistung des GNU-Projekts bestand in der Schaffung einer besonderen Lizenz, der GNU General Public License (GPL) – auch „Copyleft" genannt. Die Lizenz beinhaltet folgende vier Prinzipien:

– das Recht zur freien Benutzung des Programms,

---

4   Als Quelltext (oder Source Code) bezeichnet man den von Menschen les- und änderbaren Programmtext. Das maschinenausführbare Programm wird dagegen Binärcode genannt.

5   GNU ist ein rekursives Akronym für GNU Is Not UNIX. Es drückt aus, dass das freie GNU-System funktional den proprietären Unix-Betriebssystemen entspricht, jedoch nicht wie diese proprietär, sondern frei ist.

- das Recht, Kopien des Programms zu erstellen und zu verbreiten,
- das Recht, das Programm zu modifizieren,
- das Recht, modifizierte Versionen zu verteilen.

Diese Rechte werden gewährleistet, in dem die GNU GPL vorschreibt, dass

- der Quelltext frei jederzeit verfügbar sein und bleiben muss,
- die Lizenz eines GPL-Programms nicht geändert werden darf,
- ein GPL-Programm nicht Teil nicht-freier Software werden darf.[6]

Die besondere Stärke der GNU GPL besteht in dem Verbot, GPL-Programme in proprietäre Software zu überführen. Auf diese Weise kann sich niemand offene Quelltexte aneignen und modifiziert in binärer Form in eigenen Produkten verwenden. Damit kann Freie Software nicht reprivatisiert werden, die Freiheit bleibt gewährleistet. Die besondere Stärke der GPL, die Reprivatisierung zu unterdrücken, ist in der Augen der Privatisierer ihr größter Nachteil. In der Folge entstanden daher zahlreiche Lizenzen (vgl. Tabelle), die die strikten Regelungen der GPL aufweichen, um auch Freie Software kommerzialisierbar zu machen. Ich komme darauf zurück.

Tabelle: Vergleich der Lizenzarten

Lizenz-Eigenschaften Software-Art	Null-Preis	Freie Verteilung	Unbegrenzter Gebrauch	Quellcode vorhanden	Quellcode modifizierbar	Alle Ableitungen müssen frei sein	Keine Vermischung mit proprietärer SW
Kommerziell („Microsoft")							
Probe-Software, Shareware	(X)	X					
Freeware („Pegasus-Mail")	X	X	X				
Lizenzfreie Libraries	X	X	X	X			
Freie Software (BSD, NPL etc.)	X	X	X	X	X		
Freie Software (LGPL)	X	X	X	X	X	X	
Freie Software (GPL)	X	X	X	X	X	X	X

---

6 Um freie Software-Bibliotheken auch in nicht-freier Software benutzen zu können, wurde die GNU Library GPL geschaffen, die diese Vermischung erlaubt (z.B. die GNU C-Library). Mit Version 2.1 wurde sie umbenannt in GNU Lesser GPL, vgl. http://www.gnu.org/copyleft/lesser.html

Der zweite Geniestreich: Linux

Das GNU-Projekt entwickelte ein nahezu komplettes Betriebssystem – bis auf einen kleinen, aber nicht unwichtigen Rest: den Kernel. Obwohl seit Beginn des GNU-Projekts geplant, gelang es nicht, einen GNU-Kernel zu entwickeln. Die missliche Situation änderte sich 1991 schlagartig, als Linus Torvalds die Version 0.01 eines freien Unix-Kernels vorstellte – fortan „Linux" genannt. Die Entwicklungsdynamik war rasant, der Erfolg überwältigend – so überwältigend, dass heute oft vergessen und sprachlich verdrängt wird, welchen Anteil das GNU-Projekt am Zustandekommen des freien Betriebssystems hatte und hat.

Warum gelang aber einem finnischen Studenten, was einem ausgewachsenen Projekt wie GNU nicht glückte? Die Antwort ist nicht so naheliegend und einfach: Es lag am unterschiedlichen Entwicklungsmodell. Stallman und die GNU-Leute hatten die klassische Vorstellung, dass ein komplexes Programm wie ein Kernel nur von einem kleinen, eingeschworenen Team entwickelt werden könne, da sonst der Überblick und die Kontrolle verloren gehen würden. Das hat Torvalds intuitiv auf den Kopf gestellt. Ein Ausschnitt aus der inzwischen in die Geschichte eingegangenen Tanenbaum-Torvalds-Debatte[7] verdeutlicht das. Tanenbaum schreibt: „Ich denke, dass die Koordination von 1000 Primadonnas, die überall auf der ganzen Erde leben, genauso einfach ist wie eine Herde Katzen zu hüten ... Wenn Linus die Kontrolle über die offizielle Version behalten will und eine Gruppe fleißiger Biber in verschiedene Richtungen strebt, tritt das gleiche Problem auf. Wer sagt, dass eine Menge weit verstreuter Leute an einem komplizierten Stück Programmcode hacken können und dabei die totale Anarchie vermeiden, hat noch nie ein Softwareprojekt gemanagt." Torvalds antwortet: „Nur damit niemand seine Vermutung für die volle Wahrheit nimmt, hier meine Stellungnahme zu ‚Kontrolle behalten' in zwei Worten (vier?): Habe ich nicht vor [I won't]."

Torvalds veröffentlichte frühzeitig und in kurzen Zeitabständen neue Versionen. Es bildeten sich mehr und mehr freie Softwareprojekte, die ähnlich strukturiert waren und sind. Ältere Projekte strukturierten sich nach dem Vorbild von Linux um. Maintainer, einzelne Personen oder Gruppen, übernehmen die Verantwortung für die Koordination eines

---

7 Tanenbaum, ein Professor aus Amsterdam, veröffentlichte bereits 1986 sein „Mini-UNIX", genannt Minix, für Lehrverstaltungszwecke. Es konnte sich nie über den Hörsaal hinaus durchsetzen, da es einer restriktiven Lizenz unterlag und die Entwicklung nur von Tanenbaum selbst betrieben wurde. Dokumentiert z.B. in DiBona/Ockman/Stone (1999) oder im Internet unter http://www.lh.umu.se/~bjorn/mhonarc-files/obsolete/

Projektes. Projektmitglieder steigen ein und wieder aus, entwickeln und debuggen den Code und diskutieren die Entwicklungsrichtung. Es gibt keine Vorgaben, wie etwas zu laufen hat, und folglich gibt es auch verschiedene Regeln und Vorgehensweisen in den freien Softwareprojekten. Dennoch finden alle selbstorganisiert *ihre* Form, die Form, die ihren selbst gesetzten Zielen angemessen ist. Das einfache Prinzip, das reguliert, ist: Was funktioniert, das funktioniert! Ausgangspunkt sind die eigenen Bedürfnisse, Wünsche und Vorstellungen – das ist bedeutsam, wenn man freie und kommerzielle Softwareprojekte vergleicht.

Zusammenfassung zwischendurch

Überraschender Weise besteht die historische Leistung von Richard Stallman und Linus Torvalds nicht in den Softwarebausteinen, die sie entwickelt haben. Das haben sie auch getan, doch die eigentliche historischgeniale Tat haben beide sozusagen nebenbei vollbracht. Stallman schuf die GNU GPL, die Lizenz, ohne die Freie Software undenkbar wäre. Es ist die Lizenz von Torvalds' Linux[8], und es ist diese Lizenz, die dem Kapitalismus schwer im Magen liegt, wie wir gleich sehen werden. Torvalds hat intuitiv mit der alten hierarchischen Entwicklungsweise kommerzieller Software gebrochen. Ihm war die geldgetriebene Haltung des ‚ich muss die Kontrolle behalten' einfach zu blöd. Als pragmatischer Chaot hat er die Energien freigesetzt, von denen Freie Software lebt: die Selbstentfaltung des Einzelnen und die Selbstorganisation der Projekte.

Kapitalismus und Freie Software

Es gibt eine bekannte Comic-Vorstellung vom Kapitalismus. Oben gibt es die mit den schwarzen Zylindern, die über das Kapital und die Mittel zur Produktion verfügen. Unten gibt es die mit den blauen Overalls, die unter der Knute der Schwarzzylindrigen schwitzen, weil sie keine Produktionsmittel haben und deswegen ihre Arbeitskraft verkaufen müssen. Je nach persönlicher Vorliebe beklagt man, dass es ungerecht sei, dass die oben die unten ausbeuten, oder dass die Ausbeutung eben in der Natur des Unternehmertums liege. Dieses Comic taugt nichts, schon gar nicht, wenn man ‚Freie Software' verstehen will. Ein anderes Bild muss her.

---

8 Linus Torvalds in einem Interview mit der Tokyo Linux Users Group: „Linux unter die GPL zu nehmen, war das beste, was ich je getan habe." (O'Reilly & Associates Inc. 1999, 35).

Man kann den Kapitalismus als kybernetische Maschine verstehen, also einer Maschine, die ‚sich selbst' steuert. Das schließt ein, dass es keine Subjekte gibt, die „draußen" an den berühmten Hebeln der Macht sitzen, sondern dass die Maschine sich subjektlos *selbst* reguliert. Zentraler Regulator ist der (Tausch-)Wert,[9] und zwar in zweifacher Weise: für die Seite der Produktion und die des Konsums.

Der Produktionskreislauf

In der Produktion wird *Arbeit* verrichtet. Sie heißt *konkret*, insofern das Ergebnis ein Produkt ist, das auf ein Konsumbedürfnis trifft. Sie heißt *abstrakt*, weil es unerheblich ist, was produziert wird, Hauptsache es wird Wert geschaffen. Der Wert ist die Menge an Arbeitszeit, die in ein Produkt gesteckt wird. Werden auf dem Markt Produkte getauscht, dann werden diese Werte, also Arbeitszeiten miteinander verglichen. Zwischen den direkten Produktentausch tritt in aller Regel das Geld, das keinen anderen Sinn besitzt, außer Wert darzustellen.

Was ist, wenn beim Tausch im einen Produkt weniger Arbeitszeit als im anderen steckt? Dann geht der Hersteller des ‚höherwertigen' Produkts auf Dauer Pleite, denn er erhält für sein Produkt nicht den ‚vollen Wert', sondern weniger. Wer fünf Stunden gegen drei Stunden tauscht, verschenkt zwei. Das geht auf Dauer nicht gut, denn die Konstrukteure der Produkte, die Arbeiter und Angestellten, wollen für die volle Arbeitszeit bezahlt werden. Also muss der Tauschorganisator, der Kapitalist, zusehen, dass die für die Herstellung des Produkts notwendige Arbeitszeit sinkt. Das wird in aller Regel auf dem Wege der Rationalisierung vollzogen, dem Ersatz von lebendiger durch tote Arbeit (=Maschinen). Was der eine kann, kann der Konkurrent auch. Wichtig und entscheidend ist dabei: Es hängt nicht vom Wollen der Konkurrenten ab, ob sie Produktwerte permanent senken, sondern es ist das Wertgesetz der kybernetischen Maschine, das sie exekutieren. Das Wertgesetz der Produktion besteht im Kern darin, aus Geld mehr Geld zu machen. Die Personen sind so unwichtig wie die Produkte, das Wertgesetz gibt den Takt an. Oder wie es der oberste Funktionär der Wertgesetz-Exekutoren, Hans-Olaf Henkel (BDI-Präsident), formuliert:

„Herrscher über die neue Welt ist nicht ein Mensch, sondern der Markt. [...] Wer seine Gesetze nicht befolgt, wird vernichtet" (Süddeutsche Zeitung, 30.05.1996).

---

9 Ich verzichte auf eine differenzierte Darstellung der Einzelaspekte einer ‚korrekten' Wertformanalyse.

Der Konsumkreislauf

Das Markt- oder Wertgesetz bestimmt auch die, die nur ihre Arbeitskraft verkaufen können, um an das notwendige Geld zu kommen. Auch die Arbeitskraft besitzt Wert, nämlich soviel, wie für ihre Wiederherstellung erforderlich ist. Diese Wiederherstellung erfolgt zu großen Teilen über den Konsum, wofür Geld erforderlich ist, was wiederum den Verkauf der Arbeitskraft voraussetzt. Auch dieser Regelkreis hat sich verselbständigt, denn in unserer Gesellschaft gibt es kaum die Möglichkeit, außerhalb des Lohnarbeit-Konsum-Regelkreises zu existieren. Beide Regelkreise, der Produktionskreis und Konsumkreis, greifen ineinander, sie bedingen einander. Es ist auch nicht mehr so selten, dass sie in einer Person vereint auftreten. Das universelle Schmiermittel und Ziel jeglichen Tuns ist das Geld. Noch einmal sei betont: Die Notwendigkeit, Geld zu erwerben zum Zwecke des Konsums oder aus Geld mehr Geld zu machen in der Konkurrenz, ist kein persönlicher Defekt oder eine Großtat, sondern nichts weiter als das individuelle Befolgen eines sachlichen Gesetzes, des Wertgesetzes. Eine wichtige Konsequenz dieser Entdeckung ist die Tatsache, dass unser gesellschaftliches Leben nicht von den Individuen nach sozialen Kriterien organisiert wird, sondern durch einen sachlichen, kybernetischen Regelkreis strukturiert ist. Das bedeutet nicht, dass die Menschen nicht nach individuellem Wollen handeln, aber sie tun dies objektiv nach den Vorgaben des kybernetischen Zusammenhangs. Wie Rädchen im Getriebe.

Knappheit und Wert

Damit die Wert-Maschine läuft, müssen die Güter knapp sein. Was alle haben oder bekommen können, kann man nicht zu Geld machen. Noch ist die Luft kein knappes Gut, aber schon wird über den Handel mit Emissionen nachgedacht, denn saubere Luft wird knapp. Viele selbstverständliche Dinge werden künstlich verknappt, um sie verwertbar zu machen. Das prominente Beispiel, das uns hier interessiert, ist die Software. Software als Produkt enthält Arbeit wie andere Produkte auch.[10] Wie wir im historischen Exkurs gesehen haben, war Software solange frei verfügbar, wie sie nicht verwertbar erschien. Software wurde als Zugabe zur wesentlich wertvolleren Hardware verschenkt. Im Zuge gestiegener Leistungsfähigkeit und gesunkener Werthaltigkeit der Hardware (ablesbar an gesunkenen Preisen)

---

10 Jegliche Produktherstellung umfasst einen algorithmisch-konstruktiven und einen operativ-materialisierenden Aspekt. Bei Software geht der Anteil des zweiten Aspekts gegen Null. Mehr zum Thema Algorithmus in Meretz (1999a).

stieg auch die Bedeutung von Software – sie wurde auch für die Verwertung interessant. Um Software verwertbar zu machen, muss Knappheit hergestellt werden. Dies geschieht im wesentlichen durch Zurückhalten des Quellcodes, einschränkende Lizensierung und Patentierung. Wie bei jedem Produkt interessiert bei kommerzieller Software die Nützlichkeit und Brauchbarkeit den Hersteller überhaupt nicht. Ist ein aufgemotztes „Quick-And-Dirty-Operating-System" (QDOS)[11] verkaufbar, wird es verkauft. Ist das Produkt des Konkurrenten erfolgreicher, dann wird das eigene Produkt verbessert. Die Nützlichkeit und Brauchbarkeit ist damit nur ein Abfallprodukt – wie wir es zur Genüge von den kommerziellen Softwareprodukten kennen. Entsprechend sieht es auf der Seite der Entwickler/innen aus. Auch Softwareentwickler/innen liefern nur ihre abstrakte Arbeit ab. In kaum einer anderen Branche gibt es so viele gescheiterte kommerzielle Projekte wie im Softwarebereich.[12] Mit 40 gehören Entwickler/innen schon zum alten Eisen. Der fröhliche Optimismus der Newbies im Business verfliegt schnell. Wer erlebt hat, wie gute Vorschläge mit dem Hinweis auf die Deadline des Projektes abgeschmettert wurden, weiß, was ich meine. Ein Berufstraum wird zum traumatischen Erlebnis.

Freie Software befreit

Das ist mit Freier Software anders. Der erste Antrieb Freier Software ist die Nützlichkeit. Der erste Konsument ist der Produzent selbst. Es tritt kein Tausch und kein Geld dazwischen, es zählt nur *eine* Frage: Macht die Software das, was ich will. Da die Bedürfnisse der Menschen keine zufälligen sind, entstehen freie Softwareprojekte. Auch hier geht es nicht um Geld, sondern um das Produkt. Es gibt keine größere Antriebskraft als die individuelle Interessiertheit an meinem guten, nützlichen Produkt und der individuellen Selbstentfaltung. Das weiß auch der Exekutor des Wertgesetzes in der Produktion. Deswegen spielt der Spaß, das Interesse am Produkt auch in der geldgetriebenen Produktion eine wichtige Rolle. Es ist nur so, dass die abstrakte Arbeit immer vorgeht. Letztlich zählt eben nur, was hinten rauskommt – und zwar an Geld. Abstrakte Arbeit ist nervtötend. Wer sagt, ihm mache seine abstrakte Arbeit Spaß, der lügt – oder macht sich was vor, um die abstrakte Arbeit aushalten zu können.

---

11 Bill Gates hat QDOS für 50.000 Dollar gekauft und es unter dem Namen MS-DOS vermarktet, wodurch der Aufstieg von Microsoft begann.
12 Nach dem ‚Chaos Report' der Standish-Group (http://standishgroup.com/visitor/chaos.htm) wird nur ein Viertel aller Projekte erfolgreich abgeschlossen. Der Rest scheitert komplett oder wird mit Zeit- und Budgetüberziehungen von 200 Prozent zu Ende gebracht.

Abstrakte Arbeit ist unproduktiver als freiwilliges Tun – wozu soll ich mich für etwas engagieren, das mich eigentlich nicht interessiert? Also muss man mich ködern mit Geld. Da sieht es für Informatiker/innen zur Zeit gut aus. Aber die Green Card bringt auch das wieder ins Lot. Dann ist da noch die latente Drohung: „Wenn du nicht gut arbeitest, setze ich dich woanders hin oder gleich ganz raus". Wer sich bedroht fühlt, arbeitet nicht gern – und schlecht. Zuckerbrot und Peitsche, die Methoden des alten Rom. Und Rom ist untergegangen. Freiwilligkeit und nützliches Tun kann man nicht kaufen, jedenfalls nicht auf Dauer. Selbstentfaltung funktioniert nur außerhalb der rückgekoppelten Wert-Maschine. GNU/Linux konnte nur außerhalb der Verwertungszusammenhänge entstehen. Nur außerhalb des aus-Geld-mehr-Geld-machen-egal-wie konnte sich die Kraft der individuellen Selbstentfaltung zeigen.

Aber was ist mit den Geldmachern?

Machen wir uns keine Illusionen. Dort, wo man Geld machen kann, wird das Geld auch gemacht, und wenn es nicht anders geht, dann eben mit dem Drumherum von Freier Software. Das sind Absahner, nicht ohne Grund kommen sie alle zum Linuxtag. Das verurteile ich nicht, ich stelle es nüchtern fest. Maschinen haben den Vorteil, dass man ihre Wirkungsweise ziemlich nüchtern untersuchen kann. So sehe ich mir den Kapitalismus an. Wenn ich die kapitalistische Wert-Maschine verstehe, habe ich nützliche Kriterien an der Hand – für das eigene Handeln und für die Einschätzung so mancher Erscheinungen Freier Software. Auf beides will ich im Folgenden eingehen.

OSI und GNU – zwei verkrachte Geschwister

Anfang 1998 gründeten Eric S. Raymond und Bruce Perens die *Open Source Initiative* (OSI). Erklärtes Ziel ist die Vermarktung von Freier Software, die Einbindung Freier Software in die normalen Verwertungszyklen von Software. Zu diesem Zweck wurde der Marketingbegriff „Open Source" ausgewählt. Nur mit einem neuen Begriff sei die Wirtschaft für die Freie Software gewinnbar. Der Begriff der „Freiheit" sei für die Wirtschaft problematisch, er klinge nach „umsonst" und „kein Profit".[13] Im übrigen wolle man das Gleiche wie die Anhänger der Freien

---

13 Es ist schon bemerkenswert, wenn ‚Freiheit' als ehemaliger Kampfbegriff des Kapitalismus gegen den ‚unfreien' Sozialismus nun zur Bedrohung im eigenen Hause wird.

Software, nur gehe man pragmatischer vor und lasse den ideologischen Ballast weg. Richard Stallman, Gründer des GNU-Projekts, wirft den Open-Source-Promotern vor, in ihrem Pragmatismus würden die Grenzen zur proprietären Software verschwimmen. Der Begriff „Open Source" sei ein Türöffner zum Missbrauch der Idee Freier Software durch Softwarefirmen, die eigentlich proprietäre Software herstellen und vertreiben. Im übrigen sei man überhaupt nicht gegen Kommerz und Profit, nur die Freiheit müsse gewahrt bleiben.

Der Wirtschaftsliberalismus von ESR

Nachdem sich OSI-Mitgründer Bruce Perens wegen der zu großen Anbiederung an den Kommerz wieder von der OSI abgewendet hat, ist es kein Fehler, sich nur mit den Auffassungen von Eric S. Raymond (ESR) zu beschäftigen. In den drei Aufsätzen *The Cathedral and the Bazaar*, *Homesteading the Noosphere* und *The Magic Cauldron* entwickelt er ein Kompatibilitätskonzept für die Verbindung von Freier Software und Kapitalismus.[14] Mit Freier Software ist der kommerzielle Software-Verwerter in eine Klemme gekommen. Freie Software ist öffentlich und nicht knapp. Die in der Freien Software steckende Arbeit wird einfach verschenkt. Damit ist sie nicht mehr verwertbar, sie ist wertlos. ESRs Bemühen dreht sich nun emsig darum, die aus den Verwertungskreisläufen herausgeschnittene Freie Software durch Kombination mit ‚unfreien Produkten' wieder in die Mühlen der kybernetischen Wert-Maschine zurückzuholen. Seine Vorschläge, die er in *The Magic Cauldron* entwirft – er nennt sie „Modelle für indirekten Warenwert" –, seien im folgenden kurz untersucht.

„Lockangebot": Freie Software wird verschenkt, um mit ihr unfreie Software am Markt zu positionieren. Als Beispiel nennt ESR Netscape mit dem Mozilla-Projekt – ein Projekt, das mehrfach kurz vor dem Scheitern stand.[15] Was passiert hier? Eine Firma schmeißt ihren gescheiterten

---

Anscheinend handelte es sich hierbei auch um zwei ‚verkrachte Geschwister' – mit letalem Ausgang für den Einen.
14 Eine Diskussion der von ESR verwendeten ökonomischen Kategorien sowie seiner Spekulationen über die Motivation der Hacker (‚Geschenkökonomie') kann ich hier nicht vornehmen. Insbesondere die von ESR dargelegten ökonomischen Kategorien sind haarsträubend. So vertauscht er Gebrauchswert und (Tausch-) Wert sowie Wert und Preis nach Belieben. Das tut der Eloquenz seines Plädoyers für die Re-Integration Freier Software in die kybernetische Wert-Verwertungsmaschine keinen Abbruch. Zum Thema ‚Geschenkökonomie' vgl. Fischbach 1999.
15 Vgl. Jamie Zawinski, resignation and postmortem, http://www.jwz.org/gruntle/nomo.html.

Browser den freien Entwickler/innen vor die Füße und ruft: „Rettet unsere Profite im Servermarkt!" Dabei behält sie sich auch noch das Recht vor, die Ergebnisse wieder zu unfreier Software zu machen.

„Glasurmethode": Unfreie Hardware (Peripherie, Erweiterungskarten, Komplettsysteme) wird mit einem Guss Freier Software überzogen, um die Hardware besser verkaufen zu können. Mussten vorher Hardwaretreiber, Konfigurationssoftware oder Betriebssysteme von der Hardwarefirma entwickelt werden, überlässt man das einfach der freien Software-Community. Wie praktisch, die kostet ja nichts! Unvergütete Aneignung von Arbeitsresultaten anderer – nennt man das nicht Diebstahl? Nein, werden die Diebe antworten, das Resultat ist doch frei!

„Restaurantmethode": In Analogie zum Restaurant, das nur freie Rezepte verwendet, aber Speisen und Service verkauft, wird hier Freie Software von Distributoren zusammengestellt und zusammen mit Service verkauft. Die eigene Leistung besteht in der Zusammenstellung der Programme, der Schaffung von Installationsprogrammen und der Bereitstellung von Service. Unbezahlte Downloads oder gar Cloning der Eigenleistungen durch fremde Distributoren wird als Vergrößerung des gemeinsamen Marktes hingenommen. Oft werden gute Hacker von Distributoren angestellt, die Grenzen zwischen bezahlter und unbezahlter Arbeit sind fließend. Das Geschäftsgebaren der verschiedenen Distributionen ist durchaus unterschiedlich. Während sich das nichtkommerzielle Debian-Projekt mit seinem Gesellschaftsvertrag[16] zur Einhaltung bestimmter Standards und Unterstützung Freier Software verpflichtet hat, steht für andere der reine Selbstzweck der Markteroberung im Vordergrund (etwa SuSE oder diverse Cloner).

„Zubehörmodell": Hierzu gehören Herausgeber von Dokumentationen oder anderen Werken über Freie Software sowie andere Zubehörproduzenten, die nur auf der Welle mitschwimmen (etwa die Hersteller der Plüsch-Pinguine). Problematisch sind die exklusiven Lizenzen (Copyright), die eine Verbreitung schriftlicher Werke verhindern. Der Linuxtag ist selbst Opfer dieser Exklusion der Öffentlichkeit geworden. Verlage, die Texte vom letzten Linuxtag herausgebracht haben, sorgten dafür, das genau diese Texte von der Linuxtag-Website genommen werden mussten. Nur knappe Produkte eignen sich als Ware!

„Marketingmodelle": Unter Ausnutzung der Popularität Freier Software werden verschiedene Marketingtricks aufgelegt, um proprietärer Software ein besseres Image zu verleihen und für Verkaufbarkeit zu sorgen. Damit sind noch nicht einmal die Betrüger gemeint, die sich einfach selbst das Label „Open Source" oder „Freie Software" auf ihre proprietä-

---

16 Debian Social Contract (Gesellschaftsvertrag): http://www.debian.org/social_contract.

ren Produkte kleben, sondern Formen wie das Versprechen, proprietäre Software in Zukunft freizugeben; der Verkauf von Gütesiegeln, die erworben werden müssen, um „Freie Software" verkaufen zu dürfen; der Verkauf von Inhalten, die eng mit dem sehr speziellen freien Softwareprodukt verbunden sind (etwa Börsenticker-Software).

Es sollte deutlich geworden sein, dass alle diese ‚Modelle für indirekten Warenwert' dazu dienen, die aus der Marktwirtschaft herausgefallene Sphäre Freier Software wieder zurück in den Kreislauf der selbstgenügsamen Wert-Maschine zu holen. Da kapitalistische Verwertung auf Knappheit und Ausschluss von Öffentlichkeit beruht, Freie Software aber genau das Gegenteil darstellt, müssen hier Feuer und Wasser in eine ‚friedliche Koexistenz' gezwungen werden. Doch wie es sich mit Feuer und Wasser verhält, so auch mit Freier Software und Verwertung: Nur eine kann sich durchsetzen. Im neoliberalen Modell Freier Software von ESR gibt es folgerichtig keine wesentlichen Unterschiede zwischen freien Softwarelizenzen; vermutlich hat er nur mit Magengrimmen die GPL trotz des enthaltenen Privatisierungsverbots auf die Liste von OSI-zertifizierten Lizenzen gesetzt, da man an der GPL nicht gut vorbeikommt. Bis auf die Restaurantmethode, den Vertrieb Freier Software durch Distributionen, ist keine der oben genannten Praktiken mit Buchstaben und Geist der GPL vereinbar.[17] Die GPL schließt künstliche Verknappung und Privatisierung von Code aus, und das behindert die Verwertung von Software weitgehend.

Der Bürgerrechtsliberalismus von RMS

Dem ökonomischen Liberalismus von ESR steht der Bürgerrechtsliberalismus von Richard Stallman (RMS) entgegen. RMS argumentiert (1994), dass Software in privatem Besitz zu Entwicklungen führen würde, die dem gesellschaftlichen Bedarf entgegen laufen. Die Gesellschaft brauche *Information*, z.B. im Quellcode einseh- und änderbare Programme statt Blackbox-Software; *Freiheit* statt Abhängigkeit vom Softwarebesitzer; *Kooperation* zwischen den Bürgern, was die Denunziation von Nachbarschaftshilfe als ‚Softwarepiraterie' durch die Softwarebesitzer unterminieren würde. Das seien die Gründe, warum Freie Software eine Frage der ‚Freiheit' und nicht des ‚Preises' sei. Bekannt geworden ist der Satz „Think of ‚free speech', not of ‚free beer'". An diesen Kriterien orientiert

---

17 Natürlich wären auch Lockangebote auf Basis der GPL denkbar, doch die Öffentlichkeit würde solche Tricks schnell durchschauen, was dem Image des Lockenden schaden würde. Da ist die Netscape-Lizenz NPL ehrlicher, die besagt, daß man den öffentlichen Code jederzeit wieder privatisieren könnte.

sich auch die GNU GPL. Sie stellt sicher, dass Software dauerhaft frei bleibt – oder ökonomisch formuliert: Sie entzieht Software dauerhaft der marktförmigen Verwertung. RMS ist dennoch keinesfalls gegen den Verkauf Freier Software (1996). Auch die GPL selbst ermöglicht ausdrücklich das Erheben einer Gebühr für den Vertrieb Freier Software.

RMS formuliert seine Vision gesellschaftlichen Zusammenlebens im GNU-Manifest von 1984 so: „Auf lange Sicht ist das Freigeben von Programmen ein Schritt in Richtung einer Welt ohne Mangel, in der niemand hart arbeiten muss, um sein Leben zu bestreiten. Die Menschen werden frei sein, sich Aktivitäten zu widmen, die Freude machen, zum Beispiel Programmieren, nachdem sie zehn Stunden pro Woche mit notwendigen Aufgaben wie Verwaltung, Familienberatung, Reparatur von Robotern und der Beobachtung von Asteroiden verbracht haben. Es wird keine Notwendigkeit geben, von Programmierung zu leben" (Stallman 1984). Eine schöne Vision, die ich ohne zu zögern teilen kann. Nur: Wer glaubt, diese Vision unter den Bedingungen der kybernetischen Verwertungsmaschine mit Namen Kapitalismus erreichen zu können, rennt einer Illusion hinterher. Der einzige Zweck der Wert-Maschine ist, aus Geld mehr Geld zu machen – egal wie, egal womit. Freiheit von Mangel, Muße, Freude, Hacking-for-Fun sind darin nicht vorgesehen. Die von ESR mit angestoßene Open-Source-Welle führt das lehrbuchartig vor. Es geht überhaupt nicht mehr um gesellschaftliche Freiheit, die nur die Freiheit aller sein kann, sondern es geht um die Frage, wie ich aus etwas ‚Wertlosem' trotzdem Geld machen kann, wie ich die Freude der Hacker zu Geld machen kann, wie ich die Selbstentfaltung der Menschen in abstrakte, tote Arbeit verwandeln kann. Dieser mächtigen Welle vermag RMS mit dem Ruf ‚Freiheit geht vor' kaum etwas entgegenzusetzen. Vermutlich würde ESR antworten: Natürlich geht Freiheit vor, die ökonomische Freiheit! Hieran wird deutlich, dass der Liberalismus eben zwei Seiten hat: Wirtschaftsliberalismus und Bürgerrechtsliberalismus. Robert Kurz arbeitet in seinem eindrucksvollen Werk ‚Schwarzbuch des Kapitalismus' (1999) die gemeinsame Verwurzelung im historischen Liberalismus heraus.[18] Er zeigt, dass auch der Bürgerrechtsliberalismus nur dazu da ist, Menschenfutter für die kybernetische Verwertungsmaschine zu liefern. Wer vom Kapitalismus nicht reden will, soll über die Freiheit schweigen.

---

18 vgl. die Besprechungen in der ZEIT http://www.zeit.de/1999/51/199951_p_kurz.html (PRO) bzw. http://www.zeit.de/1999/51/199951_p_kurz_contra.html (CONTRA) oder bei *Telepolis*: http://www.heise.de/tp/deutsch/inhalt/co/5659/1.html.

Freie Software für freie Menschen

Die Gesellschaftsgeschichte lässt sich in drei große Zyklen der Produktivkraftentwicklung einteilen. Produktivkraft ist dabei nicht verdinglichend als Technik, sondern als Verhältnis von Natur, Mittel und Mensch zu begreifen. Jeder dieser drei Aspekte ist in einem historischen Zyklus dominant und bestimmt die jeweilige Epoche. Alle agrarischen Gesellschaften gehören demnach zur Natur-Epoche, die warenförmigen Industriegesellschaften zur Mittel-Epoche, und die „Epoche der Menschen" reift heran. Den jeweiligen Epochen entsprechen charakteristische Vergesellschaftungsformen; die Natur-Epoche war von personal-konkreten Herrschaftsstrukturen geprägt, die Mittel-Epoche von abstrakt-entfremdeten Vergesellschaftungsformen, und die „Epoche der Menschen" wird ähnlich wie die Natur-Epoche von personal-konkreten Vergesellschaftsformen bestimmt sein – jedoch auf der Grundlage von Herrschaftsfreiheit, Selbstorganisation und Selbstentfaltung.

Freie Software ist eine Keimform einer freien Gesellschaft. Bestimmende Momente einer freien Gesellschaft sind individuelle Selbstentfaltung, kollektive Selbstorganisation, globale Vernetzung und wertfreie Vergesellschaftung. All dies repräsentiert die Freie Software keimförmig. Das bedeutet: Freie Software ‚ist' nicht die freie Gesellschaft sozusagen im Kleinformat, sie ist auch nicht als „historisches Subjekt" auf dem Weg zu einer freien Gesellschaft anzusehen. Sie repräsentiert in widersprüchlicher und unterschiedlich entfalteter Weise die genannten Kriterien und gibt damit die Idee einer qualitativ neuen Vergesellschaftung jenseits von Markt, Ware und Geld. Nicht mehr – aber auch nicht weniger.

Wir sollten in die Offensive gehen! Wir sollten uns zum antikapitalistischen Gehalt der GPL bekennen! Wir können sagen: „GNU/Linux ist nicht wert – und das ist gut so!" Freiheit gibt es nur außerhalb der Verwertungs-Maschine. Die Freie Software da herausgeholt zu haben, war eine historische Tat. Jetzt geht es darum, sie draußen zu behalten, und nach und nach weitere Bereiche der kybernetischen Maschine abzutrotzen. Dafür gibt es zahlreiche Ansätze, die Stefan Merten im Beitrag „GNU/Linux – Meilenstein auf dem Weg in die GPL-Gesellschaft" skizziert. Wie kann das gehen, wird sich sicher mancher fragen. Man kann doch nicht einfach herausgehen aus den Verwertungszusammenhängen – wovon soll ich leben? Das sind berechtigte, zwingende Fragen. Ich denke, dass es nicht darum geht, sofort und zu 100 Prozent aus jeglicher Verwertung auszusteigen. Es geht darum, einen klaren Blick für die Zwangsmechanismen der kybernetischen Verwertungsmaschinerie zu bekommen und danach das individuelle Handeln zu bemessen. Ich will einige Beispiele nennen.

Konkrete und abstrakte Arbeit: Wenn ich für meine Reproduktion meine Arbeitskraft verkaufen muss, dann sollte ich nicht versuchen, darin Erfüllung zu finden. Natürlich ist es schön, wenn die Arbeit mal Spaß macht. Doch Lohnarbeit bedeutet abstrakte Arbeit, und dabei kommt es eben nicht auf meine Bedürfnisse, sondern die externen Zielvorgaben an. Selbstentfaltung gibt es nur außerhalb, z.b. in freien Softwareprojekten. Wenn ich die Erwartungshaltung an die Lohnarbeit nicht habe, kann ich sie auch leichter begrenzen. Und das ist aufgrund des endlosen Drucks in Softwareprojekten eine dringende Notwendigkeit.

Eine Firma gründen: Manche denken, sie könnten der abhängigen entfremdeten Arbeit dadurch entkommen, dass sie eine eigene Firma gründen. Das ist so ziemlich die größte Illusion, die man sich machen kann. Als Firmeninhaber bin ich direkt mit den Wertgesetzen der kybernetischen Maschine konfrontiert. Die eigene Entscheidung besteht nur darin, in welcher Weise ich diese Gesetze exekutiere, welches Marktsegment ich besetze, welchen Konkurrenten ich aus dem Feld steche usw.. Ich bin mit Haut und Haaren drin, muss permanent mein Handeln als das Richtige gegenüber allen rechtfertigen. Eine innere Distanzierung ist hier noch schwerer als bei der entfremdeten Lohnarbeit.

Verwertete Entfaltung: Die eigene Selbstentfaltung ist die letzte unausgeschöpfte Ressource der Produktivkraftentwicklung (Meretz 1999c). Das wissen auch die Exekutoren des Wertgesetzes, die die Selbstentfaltung der Verwertung unterordnen wollen. Sie bauen die Hierarchien ab, geben uns mehr Entscheidungsbefugnisse und Flexibilität bei der Arbeitszeit. Die Stechuhren werden abgeschafft, weil man sie nicht mehr braucht – alle arbeiten freiwillig länger nach dem Motto „Tut was ihr wollt, Hauptsache ihr seid profitabel". Die Zusammenführung der beiden Rollen des Arbeitskraftverkäufers und des Wert-Gesetz-Exekutors in einer Person ist der (nicht mehr so) neue Trick. Fallt darauf nicht herein! Die ‚Neue Selbständigkeit' kann zur Hölle werden,[19] denn Verwertung und Selbstentfaltung sind unvereinbar.

Selbstentfaltung: Die unbeschränkte Entfaltung der eigenen Individualität, genau das zu tun, was ich wirklich tun will, ist nur außerhalb der Verwertungs-Maschine möglich. Nicht zufällig war es der informatische Bereich, in dem wertfreie Güter geschaffen wurden. Uns fällt es noch relativ leicht, das eigene Leben abzusichern. Wir werden gut bezahlt, finden schnell einen Job. Freie Software zu entwickeln, ist kein Muss, es ist ein Bedürfnis. Wir sind an Kooperation interessiert und nicht an Verdrängung. Die Entwicklung Freier Software ist ein Beispiel für einen selbstor-

---

19 Wer das schlicht nicht glaubt, dem empfehle ich den Erfahrungsbericht der Betriebsräte von IBM-Düsseldorf als Lektüre (Glißmann 1999).

ganisierten Raum jenseits der Verwertungsmaßstäbe. Nur dort ist Selbstentfaltung möglich. Mit diesen Beispielen möchte ich für Nüchternheit, Klarheit und Offenheit plädieren – im Umgang mit anderen und sich selbst. Dazu gehört für mich auch, wieder über das gesellschaftliche Ganze zu sprechen, denn das sollten wir nicht den wirtschafts- oder bürgerrechtsliberalen Interpreten überlassen. Der Kapitalismus ist nichts Dämonisches, man kann ihn verstehen und sein Handeln daran ausrichten. Dann hat Freie Software als *wertfreie Software* auch ein Chance.

Hinweis: Dieser Text erscheint unter den Bedingungen der GNU Free Documentation License, Version 1.1 oder folgende (http://www.gnu.org/copyleft/fdl.html), und darf frei verwendet, kopiert, verändert und verbreitet werden, sofern diese Lizenznotiz erscheint sowie die Originalquelle http://www.kritische-informatik.de/lxwertl.htm und der ursprüngliche Autor genannt werden.

Literatur

DiBona, C./Ockman, S./Stone, M.: Open Sources: Voices from the Open Source Revolution. Sebastopol, Cal., http://www.oreilly.com/catalog/opensources/book/toc.html (1999)
Fischbach, R.: Frei und/oder offen? From Pentagon Source to Open Source and beyond. In: FIFF-Kommunikation 3/1999, 21-26.
Glißmann, W.: Die neue Selbständigkeit in der Arbeit und Mechanismen sozialer Ausgrenzung. In: Herkommer, S. (Hrsg.): Soziale Ausgrenzungen. Gesichter des neuen Kapitalismus, Hamburg 1999.
Kurz, R.: Schwarzbuch Kapitalismus: Ein Abgesang auf die Marktwirtschaft, Frankfurt am Main 1999.
Lohoff, E.: Zur Dialektik von Mangel und Überfluß. In: Krisis, Beiträge zur Kritik der Warengesellschaft 21/22. Bad Honnef 1998.
Meretz, S.: Die doppelte algorithmische Revolution des Kapitalismus – oder: Von der Anarchie des Marktes zur selbstgeplanten Wirtschaft. http://www.kritische-informatik.de/algorev.htm (1999 a)
Meretz, S.: Linux – Software-Guerilla oder mehr? Die Linux-Story als Beispiel für eine gesellschaftliche Alternative. In: FIFF-Kommunikation 3/99, 12-21. http://www.kritische-informatik.de/linuxsw.htm (1999 b)
Meretz, S.: Produktivkraftentwicklung und Subjektivität. Vom eindimensionalen Menschen zur unbeschränkt entfalteten Individualität. http://www.kritische-informatik.de/pksubj.htm (1999 c)
O'Reilly & Associates, Inc.: Open Source, kurz und gut. Köln 1999.
Raymond, E. S.: The Cathedral and the Bazaar. http://www.tuxedo.org/~esr/writings/homesteading/homesteading/cathedral-bazaar/; deutsche Übersetzung: Die Kathedrale und der Basar, http://www.linux-magazin.de/ausgabe/1997/08/Basar/basar.html (1997)
Raymond, E. S.: Homesteading the Noosphere, http://www.tuxedo.org/~esr/writings/homesteading/homesteading/; deutsche Übersetzung: http://www.phone-soft.com/raymondhomesteading/htn_g.0.html (1998)
Raymond, E. S.: The Magic Cauldron. http://www.tuxedo.org/~esr/writings/homesteading/magic-cauldron/; deutsche Übersetzung: Der verzauberte Kessel. http://www.phone-soft.com/raymondcauldron/cauldron.g.01.html (1999)

Stallman, R. M.: The GNU Manifesto. http://www.gnu.org/gnu/manifesto.html; deutsche Übersetzung: Das GNU-Manifest. http://www.gnu.de/mani-ger.html (1984)
Stallman, R. M.: Why Software Should Not Have Owners. http://www.gnu.org/philosophy/why-free.html (1994)
Stallman, R. M.: Selling Free Software. http://www.gnu.org/philosophy/selling.html (1996)
Stallman, R. M.: „Software muß frei sein!". Interview des Online-Magazins *Telepolis*. http://www.heise.de/tp/deutsch/inhalt/te/2860/1.html (1999)

Links

Projekt Ökonux (Ökonomie & GNU/Linux), http://www.oekonux.de
Projekt open theory, http://www.opentheory.org
Kritische Informatik, http://www.kritische-informatik.de
GNU-Projekt, http://www.gnu.org

Über die Autorinnen und Autoren

Dr. phil. habil. Hannelore *Bastian* (1948) hat Erziehungswissenschaft und Bildende Kunst studiert und ist seit 1976 haupt- und nebenberuflich in der Erwachsenenbildung tätig. Heute ist sie Programmdirektorin der Hamburger Volkshochschule, Mitglied der Jury für den Innovationspreis des Deutschen Instituts für Erwachsenenbildung (DIE) und Mitherausgeberin der DIE-Publikationsreihe *Perspektive Praxis*.

Mechthild *Bayer* ist Referentin für Berufsbildung und Weiterbildung beim Hauptvorstand der Gewerkschaft Erziehung und Wissenschaft in Frankfurt a.M. – Arbeitsschwerpunkte: Qualität, Finanzierung, Zeitpolitik, Abschlüsse, Personal in der Weiterbildung, SGB III-geförderte Weiterbildungspolitik, Ordnungspolitik sowie Weiterbildungssysteme im europäischen Vergleich. Sie ist im Beirat der *Senatsverwaltung für Arbeit, Soziales und Frauen Berlin* tätig, der regelmäßig bundesweite Memoranden zum lebenslangen Lernen herausgibt. Publikationen u.a.: Hrsg.: Qualitätssicherung in der Weiterbildung – Literaturrecherche und Texte. 3. überarbeitete Auflage, Kassel 1998.

Dr. iur. Martin *Bennhold* ist Professor für Rechtssoziologie an der Universität Osnabrück, Fachbereich Sozialwissenschaften.

Horst *Bethge* war nach dem Studium der Erziehungswissenschaft, Geographie und Geschichte von 1959 bis 1989 Grund-, Haupt- und Realschullehrer in Hamburg. Er hat zahlreiche Veröffentlichungen zur Bildungs- und Friedenspolitik vorgelegt, ist Mitglied des Geschäftsführenden GEW-Landesvorstands und bildungspolitischer Sprecher der PDS in Hamburg.

Peter Paul *Cieslik* (1950) war nach dem Studium des kirchlichen und weltlichen Rechts an der Albert Ludwig Universität in Freiburg/Brsg. und Absolvieren des ersten und zweiten juristischen Staatsexamens zunächst als Jurist in der Schulabteilung des Bistums Aachen tätig. Seit 1985 ist er Justitiar des Philologenverbandes NW und des Nordrhein-Westfälischen Lehrerverbandes in Düsseldorf. Arbeitsgebiete: das gesamte öffentliche Dienstrecht einschließlich des Personalvertretungsrechts; das Privatschulrecht NRW einschließlich des Dienstrechts der Lehrkräfte; das Bildungs- und Schulrecht Nordrhein-Westfalens.

Ralf *Dermietzel* (1965) hat nach seinem Abschluß als Diplomsozialpädagoge an der Fachhochschule den Magister in Erziehungswissenschaft an der Universität Hamburg absolviert. Seit 1992 ist er bei einem evangelischen Jugendhilfeträger im Bereich der Hilfen zur Erziehung in Hamburg tätig.

Dr. Ingrid *Gogolin* ist Professorin für Erziehungswissenschaft an der Universität Hamburg mit den Schwerpunkten Interkulturelle Pädagogik sowie International vergleichende Bildungsforschung. Sie ist Vorsitzende der Deutschen Gesellschaft für Erziehungswissenschaft (DGfE). Veröffentlichungen u.a.: Hrsg. (mit M. Krüger-Potratz, M.A. Meyer): Pluralität und Bildung. Opladen 1998; Hrsg. (mit S. Graap, G. List): Über Mehrsprachigkeit. Tübingen 1998. Web: http://www.erzwiss.uni-hamburg.de/Personal/Gogolin/gogolin.htm

Dr. Richard *Hatcher* is a senior lecturer in the Faculty of Education at the University of Central England in Birmingham, UK. He has written widely on education policy with particular reference to issues of equality. He is currently researching *Education Action Zones* in England and *Zones d'Education Prioritaires* in France. He is a founding editor of the journal *Education and Social Justice*.

Dr. phil. Dr. rer.pol. Gunnar *Heinsohn* ist Professor für Sozialpädagogik an der Universität Bremen und Sprecher des Raphael-Lemkin-Instituts für Xenophobie- und Genozidforschung. Arbeitsschwerpunkte: pränatale Psychologie und neue Säuglingsforschung; psychoanalytische Theorien seelischer Erkrankungen von Kindern, Jugendlichen und Erwachsenen; Theorie und Geschichte der Familie und nichtfamilialer Erziehungsinstitutionen; Theorie und Geschichte der Bevölkerungsentwicklung sowie Theorie der Zivilisation (Chronologie, Bevölkerung, Wirtschaft, Religion). http:// www1.uni-bremen.de/~sozarbwi/deutsch/person/personen/heinsohn.html

Nico *Hirtt* is a secondary-school physics teacher and an independent searcher on education policy. He is a leading member of the Belgian movement *Appel pour une école démocratique* and chief editor of it's quarterly newspaper *L'école démocratique*. Nico Hirtt published several books on the Belgian and European education policy: L'école sacrifiée (Brussels 1996); Tableau Noir (Brussels 1998); Les nouveaux maîtres de l'Ecole (Brussels, Paris 2000).

Dr. Dieter *Kirchhöfer* (1936) ist Professor am Institut für Pädagogik der Universität Potsdam. Seine Fachgebiete sind Kindheitssoziologie, Erziehungs-

Über die Autorinnen und Autoren

philosophie und Biographieforschung mit den Arbeitsschwerpunkten: Transformationsprozesse, Kinderarbeit und Kinderkultur sowie außerinstitutionelle Bildung.

Dr. Klaus *Klemm* ist Professor für Erziehungswissenschaft mit dem Schwerpunkt Bildungsforschung/Bildungsplanung an der Universität GHS Essen. Er ist Sprecher des *Sachverständigenrates Bildung* bei der Hans-Böckler-Stiftung und Mitglied im *Forum Bildung*.

Dr. Hans-Jürgen *Krysmanski* ist Professor für Soziologe an der Universität Münster, Leiter des Projekts *European Popular Science Information* der Europäischen Kommission und Mitglied des Beirats der Rosa Luxemburg Stiftung. Veröffentlichungen u.a.: Weltsystem, neue Medien und soziologische Imagination, in: S. Hradil (Hg.): Differenz und Integration, Frankfurt 1997; Indifferenz und Desintegration. Grenzen einer Soziologie der Moderne, in: Ästhetik & Kommunikation 102 (1998); *Global Ethic Airlines. Hans Küng's Normative Globalism in a Changing World*, in: International Journal of Politics, Culture and Society (Autumn 1999); TV-Reportagen (NDR, WDR, Spiegel-TV). www.hjkrysmanski.de

Dr. Ingrid *Lohmann* ist Professorin für Historische Erziehungswissenschaft an der Universität Hamburg. Arbeitsschwerpunkte: Bildung in der Post/Moderne; jüdische Bildungsgeschichte. Publikationen u.a.: http://www.bildung.com – Strukturwandel der Bildung in der Informationsgesellschaft. In: Gogolin/Lenzen (Hg.): Medien-Generation. Opladen 1999; Hg. (mit I. Gogolin): Die Kultivierung der Medien. Opladen 2000; Bernfelds *Sisyphos* oder Der geheime Zweifel der Pädagogik. In: K.-P. Horn, Ch. Ritzi (Hg.): Klassiker und Außenseiter. Pädagogische Veröfentlichungen des 20. Jahrhunderts. Hohengehren 2001; Hg. der Schriftenreihe *Jüdische Bildungsgeschichte in Deutschland*. www.ingridlohmann.de

Dr. Dr.h.c. Jürgen *Lüthje* ist seit 1991 Präsident der Universität Hamburg. Von 1973 bis 1991 war er Kanzler der Universität Oldenburg. Durch Gutachten für das Bundesverfassungsgericht und zahlreiche hochschulrechtliche Publikationen hat er die Entwicklung des Hochschulrechts beeinflusst.

Stefan *Meretz* arbeitet als Informatiker bei der Gewerkschaft ver.di. Er ist Maintainer der politisch-wissenschaftlichen Websites *kritische-informatik.de* und *kritische-psychologie.de*, gründete das freie Software- und Theorieprojekt *opentheory.org* und unterstützt das Projekt *oekonux.de* („Ökonomie & GNU/Linux"). www.kritische-informatik.de/

Dr. Rainer *Rilling* ist Privatdozent für Soziologie an der Universität Marburg und wissenschaftlicher Referent in der Projektgruppe *Wissenschaft und Politik* der Rosa-Luxemburg-Stiftung Berlin. Web: www.rainer-rilling.de

Dipl.Ing. Michael *Schenk* (1961) hat nach der Lehre zum Zweiradmechaniker und einigen Jahren Tätigkeit in diesem Beruf Maschinenbau mit Schwerpunkt Technologiemanagement studiert. Danach war er selbstständig als Berater für neue Medien tätig und ist, nach Gründung und Aufbau, heute mit der Leitung einer Genossenschaft kleiner und mittlerer Internet-Service-Provider beschäftigt. Er lebt in Stuttgart.

Martina *Schmerr* ist Referentin im Organisationsbereich Schule des Hauptvorstands der Gewerkschaft Erziehung und Wissenschaft in Frankfurt am Main. Ihre Arbeitsschwerpunkte sind Schulpolitik und -pädagogik, Schulverwaltung und -recht sowie neue Medien (außerdem: Kabarett). Letzte Publikation: Multimedia an Schulen zwischen Politik und Pädagogik. In: Beiträge Jugendliteratur und Medien – Vom Papiertheater zum Computer, 11. Beiheft 2000 (mit M. Demmer), Kurzfassung: http:// www.gew-hessen.de/ publik/hlz-2001/hlz_02_2001/hlz2b_2001.htm Email: schmerrm@gew.de

Dr. Otto *Steiger* (1938) ist Professor für Geldtheorie und Makroökonomik an der Universität Bremen (seit 1973). Nach dem Studium der Volkswirtschaftslehre und Wirtschaftsgeschichte (1958-1964) und der Promotion (1971) war er von 1971 bis 1973 Lektor für Wirtschaftstheorie und Wirtschaftsgeschichte an den Universitäten Uppsala, Stockholm und Umea. In den Jahren 1989-1992 war er Vorschlagsberechtigter bei der *Schwedischen Akademie der Wissenschaften* für die Verleihung des Nobelpreises in den ökonomischen Wissenschaften. www.iksf.uni-bremen.de/mitarbeiter/profs/steiger.html

Dr. Gita *Steiner-Khamsi* ist Professorin für Vergleichende und Internationale Erziehungswissenschaft an der Columbia University, New York (*Teachers College*). Sie hat langjährige Schulreformerfahrung in der Schweiz, u.a. als Leiterin des Sektors *Interkulturelle Pädagogik* bei der Bildungsdirektion des Kantons Zürich, und in den USA (seit 1995). Zur Zeit begleitet und evaluiert sie im Auftrag der Weltbank bzw. von Stiftungen mehrere langjährige Schulreformprojekte in der Mongolei, China und Mozambik.

Dr. Peter J. *Weber* (1966) ist Assistent und Privatdozent am Institut für International und Interkulturell Vergleichende Erziehungswissenschaft der Universität Hamburg. Er hat Wirtschaftspädagogik studiert und in den Fächern Romanistik und Betriebswirtschaftslehre promoviert. Sein Hauptforschungsgebiet ist: *Internationale Bildungsforschung* mit dem Schwerpunkt *Länder in Europa* (Bildungsorganisation, -management und -ökonomie sowie

Über die Autorinnen und Autoren

Informations- und Kommunikationstechnologien) und *europäische Bildungsdimension*.

Dr. Michael *Wimmer* (1951) ist Professor für Systematische Erziehungswissenschaft an der Universität Hamburg mit den Arbeitsschwerpunkten: Erziehungs- und Bildungsphilosophie; Dekonstruktion und Pädagogik; Psychoanalyse, Medientheorie und Kulturwissenschaft. Buchpublikationen: *Der Andere und die Sprache*, Berlin 1988; *Alterität Pluralität Gerechtigkeit*, Sankt Augustin/Leuven 1996 (zusammen mit Jan Masschelein); in Vorbereitung: *Dekonstruktion und Erziehung. Studien zum Paradoxieproblem in der Pädagogik*. Er ist Mitherausgeber der Reihe *Grenzüberschreitungen* (Leske + Budrich).